대 여 대 취

# 대여대취

크게 주고 크게 얻어라

| 신동준 지음 |

21세기북스

■ 일러두기

본문 중 인용문의 괄호 대목은 조조의 주석을 병기한 것이다. 『손자병법』의 원문과 함
께 읽으면 그 뜻이 더 명확할 것이다.

# 대여대취, 크게 주고 크게 얻어라

21세기는 누구나 맘만 먹으면 지구 반대편 사람과 실시간으로 얼굴을 마주보며 대화할 수 있는 '스마트 시대'다. 안방과 문밖의 경계가 사라진 까닭에 우물 안 개구리에 머물렀다가는 낙오하기 십상이다. 정반대로 기지를 발휘하기만 하면 천하의 부를 한 손에 거머쥘 수도 있다. 세계인의 애도 속에 영면한 애플의 스티브 잡스를 위시해 마이크로소프트의 빌 게이츠와 소프트뱅크의 손정의 등이 그 대표적인 인물이다.

저마다의 기지로 천하를 사로잡은 이들에게는 한 가지 공통점이 있다. 바로 모두 『손자병법』의 세례를 받았다는 것이다. 손정의는 『손자병법』을 자신의 경영 전략과 접목시킨 '자승병법自乘兵法'을 만들어 일본 최고의 부자가 됐다. 세계 최고의 부자 빌 게이츠도 오늘의 자신이 있는 것은 『손자병법』 덕분이라고 했다. 잡스가 스탠퍼드 대학교 졸업식 축사에서 말한 "Stay hungry, stay foolish!" 역시 여러 해석이 있으나 '끊임없이 임기응변하라, 변역은 안주하는 자에게 바보처럼 보이기 마런이다'로 풀이하는 것이 가장 그럴듯하다. 잡스가 '창조 경영'과 소프트웨어의 상징 애플제국을 건설하고, 게이츠가 윈도우 개발로 천하의 부를 거머쥐고, 손정의가 일본 최대의 컴퓨터 회사를 창립한 것은 결코 우연이 아니다. 고금을 관통하는 『손자병법』의 위대한 면모를 웅변하는 대목이다.

서양에서 『손자병법』을 안 것은 비교적 최근의 일이다. 나폴레옹이 『손자병법』을 손에서 놓지 않았다는 얘기가 전해지기는 하나 확인할 길은 없다. 분명한 것은 1970년에 작고한 20세기 최고의 군사 전문가 리델 하트의 저서 『전략론』에 『손자병법』이 대거 인용되어 있고, 웨스트포인트 사관학교가 『손자병법』을 교재로 택한다는 것이다. 또한 현재 세계 각국의 많은 사관학교와 경영대학원이 『손자병법』을 군사 전략과 경영 전략의 핵심 이론서로 가르친다.

『손자병법』의 가르침은 수신제가에서 치국평천하에 이르기까지 모든 유형의 갈등과 대립, 경쟁 원리에 그대로 적용된다. 전쟁 발발의 배경과 전개 과정, 전후 결과 등을 '이익을 향해 무한 질주'하는 인간의 본성인 호리지성好利之性에 입각해 정밀하게 추적한 덕분이다.

실제로 동양에서는 오래전부터 『손자병법』을 세상을 크게 바라보는 안목과 지혜로운 삶을 가능하게 하는 고전으로 간주했다. 대표적인 인물로 당나라 때 두보와 함께 이두二杜로 불린 두목杜牧을 들 수 있다. 그는 당대 최고의 풍류객으로 불리며 주옥같은 서정시를 많이 남겼다. 또한 두보와 마찬가지로 역사적 사실을 시제로 삼아 세상사를 읊은 영사시詠史詩의 대가였다.

하루는 유방에게 패한 항우의 넋을 기리기 위해 오강 주변에 놀러

갔다가 감개한 나머지 인구에 회자되는 「제오강정題烏江亭」을 일필휘지로 써내렸다.

승패는 병가의 상사이니 승리를 기약하지 않지勝敗兵家事不期
패배의 부끄러움과 치욕을 참는 게 대장부인데包羞忍恥示男兒
강동에 재주와 지혜가 뛰어난 인재가 많았으니江東子弟多豪傑
권토중래했다면 천하 주인이 누가 될지 몰랐다捲土重來未可知

인구에 회자되는 '병가상사'와 '권토중래' 출전이 여기에 있다. 또한 여기에는 항우가 한때의 분을 참지 못해 자진한 것에 대한 안타까움과 질책의 뜻이 담겨 있다. 그의 주석은 조조의 주석과 더불어 역대 『손자병법』 주석 가운데 가장 뛰어나다는 칭송을 받았다.

사상사적으로 볼 때 병가와 가장 가까운 제자백가는 노자로 상징되는 도가와 한비자로 요약되는 법가다. 『손자병법』과 『한비자』 모두 노자가 역설한 무위지치無爲之治를 최상의 치도治道로 간주했으며, 삼국시대 당시 천하통일 기반을 닦은 조조는 도가와 법가 사상에 입각해 『손자병법』을 새롭게 편제하고 주석을 가했다. 따라서 『손자병법』은 반드시 조조와 노자, 한비자의 시각에서 접근해야 기본 취지를 제대로 파악할 수 있다. 또한 제자백가 가운데 도가와 법가, 병가는 모두 인간의 호리지성을 전제로 사상과 이론을 전개한다. 이는 인의예지 등의 윤리도덕에 주목한 유가와 뚜렷한 대조를 이룬다.

21세기에 들어와 『손자병법』이 다슈히 전술서나 경영 전략서 차원을 넘어 역사학과 문학 등 인문학서의 일원으로 평가받는 것은 늦은 감이 있다. 일찍이 『손자병법』의 사실상 저자에 해당하는 조조는 유비와 함께한 술자리에서 그 유명한 '영웅론'을 설파한 바 있다.

"무릇 영웅이란 가슴에는 큰 뜻을 품고, 뱃속에는 좋은 계책이 있어야 한다. 이는 우주를 감싸 안을 기발한 지혜와 천지를 삼켰다 토했다 할 수 있는 의지를 지닌 사람을 말하는 것이다."

이는 스티브 잡스가 어렸을 때부터 '우주를 놀라게 하자'는 거창한 뜻을 품고 소프트웨어의 상징인 애플제국을 만든 것과 닮았다. 이 책의 제목이 '대여대취-크게 주고 크게 얻어라'인 것도 이 때문이다. 천지를 삼켰다 토했다 하는 포부와 지혜로 큰 인물이 되라는 주문을 한 것이다. 실제로 『손자병법』을 관통하는 병도兵道 역시 바로 이런 논리 위에 서 있다.

『손자병법』은 병가 사상의 정수를 응축한 최고의 고전이다. 수천 년에 걸쳐 많은 병서가 명멸했지만 유일하게 『손자병법』만 제왕을 위시해 일반 서민에 이르기까지 모든 사람들로부터 끊임없는 사랑을 받고 있다. 철저히 인간의 호리지성에 근거해 승패 원인을 과학적으로 분석한 덕분이다. 또한 전황戰況에 대한 냉철한 판단, 필승의 형세를 갖추기 위한 계책, 승리를 견인할 수 있는 장수의 기본 자세 등은 상도商道와 상황商況, 상략商略, 상술商術 등에 그대로 적용할 수 있다.

고금의 역사를 개관하면 알 수 있듯이 무력을 동원하기 전에 명예와 이익, 권력을 좋아하는 인간의 기본 심성을 적극 활용해 상대방을 제압하는 것이 고수의 비결이다. 『손자병법』은 바로 이런 이치를 체계적으로 정리해 놓았다. 잡스 같은 사람이 읽으면 글로벌 비즈니스의 아이디어를 얻을 수 있고, 두목 같은 문인이 읽으면 사람을 깊이 읽는 안목을 얻을 수 있으며, 조조 같은 위정자가 읽으면 치국평천하의 방략을 찾을 수 있다. 모두 하기 나름이다. 이 책이 '동북아 허브 시대'의 조속한 개막에 일조하고자 하는 사람들에게 적잖은 도움이 될 것으로 믿는다.

2012년 봄 학오재學吾齋에서

신동준

| 차례 |

서문 _ 대여대취, 크게 주고 크게 얻어라  005

서설 _ 조조의 『손자약해』  014

제1장  인리제권因利制權  임기응변으로 주도권을 쥐어라 [대계大計]
　　　국가 존망을 생각하라 • 025
　　　전쟁 이치를 파악하라 • 027
　　　천지운행을 이해하라 • 029
　　　냉철히 비교 분석하라 • 032
　　　적의 예상을 깨라 • 036
　　　이길 조건을 갖춰라 • 040

제2장  병귀신속兵貴神速  패할 때도 속전속결로 끝내라 [작전作戰]
　　　비용을 생각하라 • 047
　　　오래 끌지 말라 • 051
　　　현지서 조달하라 • 059
　　　민폐를 줄여라 • 062
　　　내 것으로 만들라 • 065
　　　속전속결을 행하라 • 069

제3장 **지피지기知彼知己** 적과 나의 실력을 알고 싸워라 [모공謀攻]

싸우지 말고 이겨라 • 075

유혈전을 피하라 • 086

유연하게 생각하라 • 089

양장을 선발하라 • 093

맡겼으면 믿어라 • 095

자신부터 돌아보라 • 101

제4장 **가승재적可勝在敵** 승리는 적에게 달려 있다 [군형軍形]

공격처럼 수비하라 • 109

패하지 않는 싸움을 하라 • 112

내부를 바르게 하라 • 116

인재를 길러라 • 119

제5장 **기정상생奇正相生** 기병과 정병을 뒤섞어 운용하라 [병세兵勢]

기병을 활용하라 • 125

절도를 갖춰라 • 133

미끼로 유인하라 • 139

전세를 장악하라 • 142

제6장 **피실격허避實擊虛** 실한 곳을 피하고 허한 곳을 쳐라 [허실虛實]

고정된 상식을 깨라 • 149

재빨리 치고 빠져라 • 152

힘을 집중시켜라 • 156

자취를 감춰라 • 161

제7장 병이사립兵以詐立 용병은 적을 속이는 데서 시작한다 [군쟁軍爭]

돌아가듯 직진하라 • 173
능력껏 짐을 져라 • 177
유리할 때 움직여라 • 182
상대를 흔들어라 • 186
퇴로를 열어 주어라 • 191

제8장 필사가살必死可殺 죽기로 싸울 것을 고집하면 패한다 [구변九變]

현장에서 대처하라 • 201
군명을 거부하라 • 209
유사시를 대비하라 • 218
자신을 경계하라 • 223

제9장 병비익다兵非益多 병력이 많다고 꼭 좋은 게 아니다 [행군行軍]

알고 움직여라 • 235
발밑을 조심하라 • 238
조짐을 읽어라 • 244
문무를 겸전하라 • 252

제10장 지천지지知天知地 천시와 지리까지 읽어야 이긴다 [지형地形]

현지 전술을 구사하라 • 265
내부부터 단속하라 • 272
백성을 보호하라 • 277
자식처럼 아껴라 • 281

제11장 **오월동주吳越同舟** 필요하면 적과 함께 배에 올라라 [구지九地]
상황에 적응하라 • 289
불리하면 중지하라 • 299
사지로 내던져라 • 303
오월동주를 행하라 • 308
필승을 기하라 • 312
천하를 품어라 • 319
임무만 알려라 • 325

제12장 **비리부동非利不動** 이익이 없으면 움직이지 마라 [화공火攻]
도구부터 준비하라 • 335
바람을 따르라 • 342
감정을 자제하라 • 350

제13장 **이지위간以智爲間** 지략이 뛰어난 자를 활용하라 [용간用間]
정보망을 갖춰라 • 361
보안에 주의하라 • 367
인재를 활용하라 • 374

후기 _ 21세기 승부는 손자병법 손에 있다! 380
참고문헌 _ 391

# 조조의 『손자약해』

나 조조가 듣건대 상고시대에는 무기를 사용해 세상을 바로잡는 이로움인 이른바 호시지리弧矢之利가 있었다고 한다. 『논어』 「안연」에서 확고한 군비를 뜻하는 족병足兵을 얘기하고, 『상서』 「홍범」에서 8정八政을 예로 들며 군사 문제를 언급한 것이 그 증거다. 『주역』 「사괘師卦」에도 "군사가 바르니 현명한 군주가 이끌면 길하다"고 했다. 『시경』 「대아, 황의」는 "주문왕이 크게 화를 내며 군사를 가지런히 갖춰 침략의 무리를 막았네!"라고 했다. 전설적인 성군인 황제黃帝와 상나라 창업주인 탕왕湯王, 주나라 건국주인 무왕武王 모두 무력을 동원해 세상을 구제했다. 옛 병서 『사마법』에 이르기를 "큰 잘못을 저질러 세상 질서를 어지럽힌 자는 죽여도 좋다"고 했다. 예로부터 칼의 힘에만 의지하는 시무자恃武者도 패망했고, 붓의 힘에만 의지하는 시문자恃文者도 패망했다. 오왕 부차夫差와 서언왕徐偃王이 바로 그런 자들이다. 성인의 용병은 평소 무기를 거두었다가 필요한 때에만 움직이는 집이시동戢而時動에 그 요체가 있다. 『도덕경』에 나오듯이 부득이할 때에 한해 용병하는 부득이용병不得已用兵이 그것이다. 내가 수많은 병서와 전략 등을 두루 살펴보았으나 이런 이치를 담은 손무의 『손자병법』만이 가장 심오하다. 그는 생전에 오왕 합려를 위해 병법 13편을 지었다. 당시 그는 합려의 궁녀들을 이끌고 시범을 보인 뒤 이내 오나라 장수에 발탁됐다. 이후 서쪽으로는 남방의 강국 초나라를 격파해 도성인 영도郢都까지 쳐들어갔고, 북쪽으로는 제齊나라와 진晉나라를 벌벌 떨게 만들었다. 그의 사후 100여 년 뒤 손빈孫臏이 나타났다. 그는 손무의 후손이다. 손무가 제시한 병법은 자세히 비교하고 신중하게 움직이는 심계중거深計重擧와 분명하게 계책을 세우고 깊이 도모하는 명획심도明畫深圖에 기초해 있다. 함부로 여길 수 없는 이유다. 그러나 세인들 입장에서는 그 이치를 깊이 헤아려 깨닫기가 매우 어렵다. 더구나 후대로 오면서 여러 사람이 장황한 설명과 함께 임의로 개작한 번잡한 글을 덧붙여 세상에 퍼뜨린 후에는 근본 취지와 핵심마저 잃고 말았다. 내가 뒤늦게 간략한 풀이를 덧붙인 『손자약해』를 펴낸 이유다.

이는 조조가 『손자병법』을 새롭게 편제한 『손자약해』를 펴내면서 그 취지를 밝히기 위해 쓴 서문의 전문이다. 내용을 보면 『손자병법』 제1편 「시계」 첫머리에 나오는 병도의 기본 이치를 풀이해 놓은 것이나 마찬가지다. 그는 여기서 병도의 기본 이치를 평소 무기를 거두어들였다가 부득이할 때 사용한다는 뜻의 '집이시동'으로 표현했다. 집이시동은 『손자병법』 전체를 관통하는 기본 이념에 해당한다. 그가 밝혔듯이

『도덕경』이 역설한 부득이용병과 맥을 같이한다. 『도덕경』 제32장의 해당 대목이다.

"병기는 상서롭지 못한 기물로 군자가 사용하는 기물이 아니다. 부득이할 때 용병해야 한다. 용병은 담백한 마음을 높이 친다. 이겨도 이를 좋게 여기지 않는 이유다. 이를 좋게 여기는 자는 살인을 즐기는 자다. 무릇 살인을 즐기는 자는 천하에 뜻을 얻을 길이 없다."

집이시동은 조조가 『도덕경』을 얼마나 깊이 탐사했는지를 방증한다. 그러나 많은 사람들이 이를 간과한다. 많은 관련서가 『손자약해』 서문을 생략한 채 『손자병법』을 풀이한 것이 그 증거다. 이는 『한비자』의 「외저설 좌상」에 나오듯 겉의 화려한 장식에 현혹되어 정작 알맹이를 놓치는 매독환주買櫝還珠의 우를 범하는 것이나 다름없다.

하루는 초나라 사람이 정나라로 가 진주를 팔려고 했다. 목란木蘭으로 상자를 만들고, 계초桂椒의 향료를 넣고, 겉을 갖가지 구슬과 붉은 구슬로 장식한 후 비취를 박았다. 구슬 상자를 본 정나라 사람이 상자만 사고 진주는 필요 없다며 돌려보냈다. 이를 두고 한비자는 이같이 꼬집었다.

"이는 상자를 잘 팔았다고 할 수는 있으나 진주를 잘 팔았다고 할 수는 없다."

시중의 『손자병법』 관련서가 대부분 이 매독환주의 덫에서 벗어나지 못한다. 조조가 역설한 집이시동 이치를 무시하거나 간과한 결과다. 조조는 집이시동을 이론적으로 뒷받침하기 위해 오왕 부차와 서언왕을 인용했다. 부차는 춘추5패의 일원이다. 그러나 그는 오자서의 간언을 무시하고 막강한 무력에만 의지하다가 끝내 월왕 구천에게 패망하고 만다. 지나치게 잦은 용병과 지나친 자신감이 패인이다. 조조가 그를 시무자의 전형으로 인용한 것은 타당하다.

오왕 부차와 반대로 서언왕은 오로지 붓의 힘만 믿은 시문자의 전형에 해당한다. 서언왕의 사적은 자세히 알려진 바가 없다.『후한서』「동이전」 등의 기록에 따르면 그는 주목왕 때 인정仁政을 펼쳐 명성을 날렸다고 한다. 관대한 인정으로 장강과 회수 사이의 제후 가운데 36국이 그를 따랐다는 기록이 보인다.

서언왕은 주목왕이 초나라를 시켜 토벌하게 했을 때 백성들을 사랑한 나머지 접전을 피하다가 목숨을 잃고 나라마저 패망하고 말았다. 주나라가 서언왕을 토벌한 뒤 관인한 덕치로 일관한 까닭에 패망했다는 식으로 왜곡했는지도 모를 일이다. 어느 경우든 그가 무비武備를 소홀히 하다가 패망한 것만은 분명하다. 그런 점에서 조조가 그를 시문자의 전형으로 취급한 것은 나름 타당하다.

고금을 막론하고 난세에 무력에만 의존하는 시무자와 덕치로 일관하는 시문자 모두 패망의 길이다. 조조가 집이시동을 역설한 이유다. 부득이용병과 집이시동을 뒤집어 해석하면 최후의 수단인 전쟁을 택하기 전에 더 나은 방안을 강구하라고 주문한 것이나 다름없다. 그것이 바로 '병도'다. 이 책의 제목처럼 크게 주고 크게 얻는 '대여대취大予大取'가 요체다.

대여대취는 곧 커다란 미끼로 상대방을 유인해 제압한다는 뜻이다. 이익을 향해 달려가는 인간의 본성을 최대한 활용해야 궁극적인 승리를 거둘 수 있다는 의미다.『손자병법』이「모공」에서 백전백승은 결코 최상의 계책이 될 수 없다고 못 박은 것도 바로 이 때문이다. 작은 승리는 아무리 얻어 보아야 남는 것이 없다는 취지에서 나왔다. 매사가 그렇듯이 큰 이익을 미끼로 내걸어야만 큰 고기를 낚을 수 있다.『장자』「외물」에 이를 뒷받침하는 일화가 나온다.

하루는 임공자任公子라는 사람이 커다란 낚싯바늘과 굵은 낚싯줄을 만들었다. 이어 50마리의 불친소를 미끼 삼아 회계산會稽山에 앉아 동해를 향해 낚싯대를 드리웠다. 날마다 낚시를 했으나 1년이 지나도록 물고기 한 마리 잡지 못했다. 어느 날 마침내 대어가 미끼를 물었다. 물고기는 거대한 낚싯바늘을 끌고 엄청나게 큰 쇠고기 미끼를 입에 문 채 바다 밑바닥까지 내려갔다가 다시 바다 위로 솟구쳐 오르더니 등지느러미를 마구 휘둘렀다. 흰 파도가 산과 같고, 바닷물이 온통 뒤집힐 듯 요동쳤다. 신음소리가 마치 귀신의 울부짖는 소리와 같아 1000리 밖에 있는 사람들까지 크게 놀라 두려움에 떨었다.

임공자가 이내 이 물고기를 낚아 올린 뒤 잘게 썰어 포를 만들었다. 절강浙江 동쪽에서 창오蒼梧 북쪽에 이르기까지 그곳에 사는 백성들 중 배불리 먹지 않은 사람이 없었다. 이후 후세의 천박한 재사와 떠벌리기를 좋아하는 무리들이 모두 놀라 이 얘기를 서로 전했다. 이를 두고 장자는 이같이 평했다.

"가느다란 낚싯줄을 묶은 낚싯대를 쳐들고 작은 도랑을 좇아 붕어나 잔챙이를 낚으려는 자들은 이런 대어를 낚을 수 없다. 쓸모없는 작은 학설을 좇아 현령 같은 자에게 작은 자리라도 요구하며 다니는 자들은 이처럼 큰 경지에 이른 대인과 비교할 수조차 없다. 임공자의 풍도를 아직 듣지 못한 자와는 함께 천하 경영을 논할 수 없는 것 또한 분명한 사실이다."

뜻이 작으면 그릇이 작고, 그릇이 작으면 담는 것도 적다. 나라가 작은 것이 문제가 아니라 뜻과 꿈이 작은 것이 문제다. 『손자병법』「병세」에 나오는 여지적취予之敵取 구절도 『장자』「외물」의 일화와 같은 취지다.

원래 장자 사상은 천하조차 자신의 정강이에 난 털과 바꾸지 않겠다고 선언한 양주楊朱의 위아爲我 사상으로부터 커다란 영향을 받았다. 그러나 장자 사상이 노자 사상에서 완전히 일탈한 것은 아니다. 인간의 호리지성을 통찰한 사실이 이를 방증한다. 실제로 『손자병법』의 저자로 알려진 손무와 이를 새롭게 편제한 조조, 무위지치를 역설한 노자, 무위자연을 내세운 장자, 공평무사한 법치를 역설한 한비자 모두 대여대취의 취지에 공명했다.

『손자병법』은 제자백가서 가운데 가장 현실적이면서도 과학적인 입장에서 병도를 설파한 고전이다. 부전승론不戰勝論, 임기응변론臨機應變論, 지행합일론知行合一論, 주객론主客論 등이 그렇다. 인간의 적나라한 모습이 그대로 드러나는 난세에 초점을 맞춘 덕분이다. 비현실적인 우화로 채워져 있는 『장자』와 항간의 얘기를 토대로 윤리 도덕을 설파한 『맹자』와 『묵자』 등과 대비된다.

난세에는 부모자식 간의 천륜조차 이해타산의 부산물로 전락하는 모습을 쉽게 찾을 수 있다. 『한비자』가 가장 가까운 사이인 부부와 부모자식 관계까지 이익 충돌의 관계로 파악한 이유다. 『손자병법』이 국익과 민생의 입장에서 국가 존망과 병사의 생사를 가르는 전쟁 문제를 집중 분석하는 것과 같다. 치세에 초점을 맞춘 『맹자』가 인륜 도덕을 역설한 것과 비교된다.

그러나 『손자병법』과 『한비자』가 세상을 '만인의 만인에 대한 투쟁'

으로 파악한 것은 아니다. 난세가 극에 달하면 치세를 향한 열망이 더욱 높아지고, 치세가 극에 달하면 난세의 어두운 그림자가 엄습한다는 사실을 통찰한다. 『손자병법』이 첫머리에 병도를 언급하고, 『한비자』가 공평무사한 법치를 뜻하는 법도法道를 역설한 이유다. 맹자가 500년을 주기로 한 치란治亂을 언급하며 덕치로 난세를 평정할 것을 주장한 것과 취지가 같다. 방법론만 다를 뿐이다. 그러나 맹자의 주장은 비록 바람직한 것이기는 하나 극히 비현실적이라는 점에서 적잖은 문제가 있다.

『손자병법』이 『한비자』와 더불어 21세기 현재에 이르기까지 수천 년 동안 '난세의 제왕학'으로 군림하는 것은 극히 현실적인 입장에서 난세의 종식 방략을 제시한 덕분이다. 진시황이 병가와 법가 사상에 입각해 사상 최초로 천하를 통일한 사실이 이를 방증한다. 조조가 당대 최고의 병법가이자 법가 사상가로 행보하며 삼국시대를 마무리 짓는 기틀을 닦은 것도 같은 맥락이다. 노자 사상의 세례를 받은 덕분이다. 조조가 『손자병법』을 새롭게 펴낸 『손자약해』 서문에서 『도덕경』의 제도帝道 이념을 병가의 병도 이념으로 끌어들인 사실이 이를 뒷받침한다.

현재 시중에는 『손자병법』 관련서가 지천이다. 그럼에도 대여대취 관점에서 접근한 책은 전무하다. 대여대취는 도가와 유가, 법가, 상가 등 제자백가 사상을 관통하는 핵심어다. 노자의 무위지치를 최상의 통치로 간주한 결과다. 동아3국을 통틀어 대여대취로 표현되는 병도의 관점에서 『손자병법』을 새롭게 풀이한 것은 이 책이 처음일 듯싶다.

여러분은 이 책을 통해 난세의 의미와 바람직한 난세 리더십 등을 자연스레 파악할 수 있을 것이다. 그러나 말을 물가로 끌고 갈 수는 있으나 강제로 먹일 수는 없는 일이다. 아무리 뛰어난 고전과 좋은 해설서가 있을지라도 그 가르침을 자신의 것으로 만들지 못하면 아무 쓸모가 없다. 『손자병법』을 통해 자신의 역량을 무한대로 키우고, 국민에게 희망을 주는 정치를 구현하고, 글로벌 시장을 석권하는 것 등은 전적으로 여러분의 몫이다. 실천이 요체다.

제1장

# 인 리 제 권
## 因 利 制 權

---

임기응변으로
주도권을 쥐어라

· · ·

[대계大計]

대계大計의 요체는 뛰어난 장수를 선발하고,

적정敵情을 치밀하게 분석하며,

전쟁터의 여러 조건을 잘 헤아리고,

좋은 병사를 엄선해 훈련시키는 데 있다.

군신은 조정에서 머리를 맞대고

전쟁터까지 거리가 얼마나 멀고 가까운지,

이동하는 행군로가 험한지 평탄한지 등

모든 여건을 면밀히 검토해 전략 전술을 세울 때

반드시 승산이 있는지 여부를 미리 확인해야 한다.

# 국가 존망을 생각하라

손자가 말했다. 전쟁은 국가의 중대사인 군국기무軍國機務다. 백성의 생사와 국가의 존망과 직결되어 있는 까닭에 깊이 생각하지 않을 수 없다.

『손자병법』 1편인 「시계」는 병도의 이치와 전략 전술의 큰 줄거리를 언급한 총론에 해당한다. 조조가 「시계」를 굳이 「대계」로 표현한 이유다. 첫머리의 "전쟁은 국가의 중대사인 군국기무다"는 구절은 대한민국 헌법 제1조 1항의 "대한민국은 민주공화국이다"라는 선언과 같다. 병가의 등장 배경과 존재 이유를 설명한 것이다. 뒤이어 나오는 "백성의 생사 및 국가의 존망과 직결되어 있는 까닭에 깊이 생각하지 않을 수 없다"는 헌법 제1조 2항의 "대한민국 주권은 국민에게 있고, 모든 권력은 국민으로부터 나온다"는 구절과 같은 취지다. 헌법 제1조 2항이 주권, 즉 헌법 제정 권력의 소재와 통치 권력 발동의 근거를 밝힌 것처럼 병가가 화두로 삼는 용병의 기본 도리를 언급한 것이다. 두 개 구절을 합쳐 통상 병도兵道라고 한다. 손자병법은 이처럼 병법보다 병도를 앞세운 유일한 병법서다.

이 구절을 두고 '전쟁은 정치의 연장선에 있다'고 해석하기도 하지

만, 이는 『손자병법』 기본 취지를 제대로 헤아리지 못한 것이다. 병도
는 기본적으로 노자와 공자의 치국평천하 사상과 일치한다. 노자와 공
자 모두 스스로를 낮추는 겸하謙下와 남에게 양보하는 예양禮讓을 역설
하며 부득이한 경우에 한해 전쟁에 나설 것을 주문했다. 『손자병법』 첫
머리 역시 바로 이를 언급한 것이다. "백성의 생사와 국가의 존망"은 표
면상 전쟁을 결정할 때 신중에 신중을 거듭해야 하는 이유를 역설한
것이기는 하나 내용상 국리를 달리 표현한 것으로 볼 수 있다.

동서고금의 모든 전쟁은 본질적으로 개인적인 다툼인 사투私鬪와 하
등 다를 바가 없다. 모든 사적인 분쟁이 사리私利 다툼에서 비롯된 것
처럼 전쟁 역시 국리國利 다툼에서 비롯된다. 명분 차이만 있을 뿐이다.
말로 해결이 안 되니 주먹다짐을 동원한다. 이는 최악의 경우로, 모든
우격다짐이 그렇듯이 공갈과 협박, 주먹다짐 등의 완력이 동원되면 원
만한 해결이 불가능하다. 굴복을 당한 사람에게 굴욕감과 적개심을 심
어 주기 때문이다. 적개심의 촉발은 자칫 더 큰 화를 불러일으킬 수 있
다. 사서에는 적개심을 지닌 자를 하수인으로 동원한 사례가 대거 수
록되어 있다. 진시황이 무력을 동원해 천하를 평정하는 과정에서 연나
라 태자 단旦이 자객 형가荊軻를 동원하고, 한나라 귀족 출신 장량이 역
사力士를 동원해 진시황을 테러 대상으로 삼은 것이 대표적인 예다.

지난 2001년 전 세계인을 경악하게 만든 9·11테러도 따지고 보면
사적인 적개심이 집단 간의 적개심으로 응축되어 극단적인 방법으로
표출된 경우다. 유일무이한 슈퍼 강국으로 군림한 G1 미국이 매사에
편파적으로 이스라엘 편을 들며 이슬람 세력의 적개심을 극도로 자극
한 후과다. 천하를 호령하면서 노자가 역설한 무위지치 차원에서 접근

하지 않은 것이 화근이다. 그 후과는 매우 크다. '테러와의 전쟁' 선포로 인한 천문학적인 군비 지출은 미국의 쇠락을 재촉하는 결정적인 빌미로 작용한다.

미국의 부시 정부가 정의의 전쟁으로 포장한 테러와의 전쟁이 암시하듯이, 전쟁은 아무리 정의로운 전쟁으로 포장된 의전義戰을 전면에 내세울지라도 속성상 사람을 강압하는 무력이 수반되는 까닭에 반드시 억울한 사람이 나오기 마련이다. 피해를 당한 당사자의 적개심과 복수심을 자극할 수밖에 없다. 피가 피를 부른다.


## 전쟁 이치를 파악하라

군주는 다섯 가지 사안에서 적과 아군을 분석하고, 양측이 처한 일곱 가지 상황을 비교해 승부의 흐름을 잘 짚어 내야 한다(아래에서 말하는 다섯 가지 사안과 일곱 가지 상황에 대한 비교 분석을 통해 본국과 적국의 실정을 정확히 파악해야 한다는 뜻이다). 다섯 가지 사안은 병도兵道, 천시天時, 지리地利, 장수將帥, 법제法制다. 병도는 백성이 군주와 한마음이 되어 생사를 함께하도록 하는 것이다. 그리하면 백성들은 군주를 위해 죽을 수도 있고 살 수도 있으며, 어떤 위험도 두려워하지 않을 것이다(병도는 교육과 훈령을 통해 백성을 인도하는 것을 말한다. 군주가 백성과 운명을 함께한다는 믿음을 주지 못하면 백성은 두려워한다. 두려움의 근원은 군주를 의심하는 데 있다).

『손자병법』에 나오는 모든 전략 전술은 기본적으로 부득이용병 또는 집이시동에 입각한다. 평시에는 무기를 거두었다가 전시에 무기를 들고 대응하라고 주문한다. 그렇다면 「시계」에서 부득이용병의 구체적인 방안으로 거론하는 도道, 천天, 지地, 장將, 법法은 과연 무엇을 뜻할까?

우선 「시계」에서 말하는 '도'는 『도덕경』에서 역설하듯이 '덕德'의 본원을 뜻한다. 덕을 두고 노자는 무위지치無爲之治, 장자는 무위자연無爲自然, 공자는 인仁, 묵자와 맹자는 의義, 순자는 예禮, 한비자는 법法, 손무는 무武라 했다. 이처럼 제자백가 모두 덕을 언급하지만, 모두가 최상으로 여겼던 것은 무위지치다. 무위지치는 제왕의 통치가 마치 해와 달이 만물을 고루 비추듯이 지극히 공평무사함을 뜻한다.

노자는 인위人爲, 즉 유위有爲가 개입되면 무위지치가 불가능하다고 본 까닭에, 유가에서 말하는 인의예지 등의 인위적인 덕목을 하덕으로 깎아내렸다(『도덕경』은 인의예지를 싸잡아 '하덕'으로 깎아내렸지만 '인'만큼은 하덕 목록에서 빼줄 필요가 있다고 생각한다). 노자에게 하덕은 나라를 다스리는 단위에서만 통용될 뿐, 천하를 다스리기 위해서는 도의 본체에 가까운 무위 덕목이 기준이 되어야 하며 그것이 바로 무위지치다.

제자백가 모두 인치와 법치, 무치는 치천하보다는 치국 단위에 더 잘 어울린다는 사실을 통찰하며, 치천하 단위에서 제 기능을 발휘하는 도치야말로 인간이 상상할 수 있는 가장 높은 수준의 통치라는 데 모두 합의했다(천지天志를 신봉한 묵자와 그의 사상적 후계자 맹자를 제외하고).

동서고금의 모든 전쟁은 선악善惡과 그 사촌 격인 윤리 도덕의 시비是非라는 잣대를 무리하게 적용한 데서 비롯한다. 이는 수천 년 동안

이어지는 중동의 종교전쟁을 통해서도 쉽게 이해할 수 있다. 종교는 본래 오류를 전혀 인정하지 않는 '무오류'의 전제 위에 서 있다. 이를 통상 '도그마'라고 한다. 이성적이고 논리적인 비판과 증명이 허용되지 않는다. 그럼에도 이슬람교와 기독교는 수천 년 동안 앙숙이다. 이는 편파적인 행보로 일관한 미국의 책임이 크다. 미국은 이라크 사태에서 보듯 전쟁을 즐기는 듯한 모습마저 보인다. 팍스 아메리카와 같은 '팍스' 체제가 유지되기 위해서는 막강한 힘을 배경으로 전 세계 모든 나라가 기꺼이 승복할 수 있으며 공평무사한 중재를 할 수 있는 G1이 필요한데, 미국은 그렇지 못했다. 미국의 급속한 쇠락 배경이 여기에 있다. 『손자병법』이 병도를 역설한 것도, 완력만 믿고 함부로 주먹을 휘두르면 그 주먹이 이내 부메랑이 되어 자신을 해치게 된다고 경고한 것이다. 「시계」의 '도'를 부득이용병의 병도로 해석해야 하는 이유가 여기에 있다.

## 천지운행을 이해하라

둘째, 천시는 밤낮의 날씨, 계절, 사계절의 변화 등 시간적인 조건을 말한다(천기 변화를 좇아 토벌에 나선다는 것은 음양과 사계절의 변환을 어떻게 적절히 활용할 것인지를 언급한 것이다. 『사마법』에서 "겨울과 여름에는 군사를 일으키지 않는다. 적국의 백성까지 배려해야 하기 때문이다"라고 말한 이유다). 셋째, 지리는 원근遠近, 험이險易, 광협廣狹, 생지生地와 사지死地 등의 지리적인 조건을 말한다(지리는 아홉 가지 지형과 형세가 저마다 다른 특징을 지니는 까닭에 상황에 따라 그 이로움을 적극 취해야 한다는 취지에서 나온 것이다. 이에 대한 구체적인 언급은 「구지」 편에 나온다). 넷째, 장수는 지혜와 신의, 인애, 용기, 엄정 등 다섯 가지 덕을 갖춘 사령관을 말한다(장수는 이들 다섯 가지 덕을 모두 겸비해야만 한다). 다섯째, 법제는 군대의 편제와 운용, 장수와 군관의 관리, 군수 물자의 조달과 공급 등을 말한다(군대 편제와 운용은 부대 편성과 작전 명령을 전달하는 깃발 신호 및 북과 징 신호에 관한 규정을 말한다. 장수와 군관의 관리는 정부 관원 및 군대 계급 체계에 따른 역할 분담을 뜻한다. 군수 물자의 조달과 공급은 국고 및 조세를 통해 군사 비용을 감당하는 것을 말한다). 장수된 자는 병도와 천시, 지리, 장수, 법제 등 다섯 가지 요소를 잘 알고 있지 않으면 안 된다. 이를 아는 자는 승리하고, 알지 못하는 자는 승리할 수 없다(장수는 이런 요소들이 구체적인 전쟁 상황에서 어떻게 극적으로 변화하는지를 잘 알아야만 승리를 거둘 수 있다는 뜻이다).

다음으로 '천'과 '지'는 병도에서 나온 전략의 대원칙을 언급한 것이다. '천'은 천지운행을 뜻한다. 사계절이 자리를 바꾸며 운행하는 이치와 같다. '지' 역시 물이 지형에 따라 자유자재로 변환하는 것처럼 용병 또한 고정된 것이 없다는 취지에서 나온 것이다. 임기응변을 달리 표현한 것이다. 「시계」의 '도'는 말할 것도 없고 통상 전략 개념으로 이해되는 '천'과 '지' 역시 단순히 도덕적인 정치와 자연 지리의 이점 등으로 좁혀 해석해서는 안 된다.

'장'과 '법'의 경우도 하등 다를 것이 없다. 「시계」 원문은 장수 리더십의 덕목으로 지혜와 신의, 인애, 용기, 엄정을 들면서 지智와 신信, 인仁,

용勇, 엄嚴으로 표현했다. 이에 대해 가장 널리 통용되는 해석은 10대 주석가 중 한 사람인 왕석王晳의 주석이다. 그는 유가의 5덕五德으로 풀이했다.

"지智는 미리 예측해 미혹되지 않고 깊이 생각해 상황에 따라 알맞게 변화하는 능력을 말한다. 신信은 행동과 명령에 일관성을 지니고 부하들이 언제나 믿고 따르게 하는 것이다. 인仁은 따뜻한 마음을 가지고 부하들을 측은히 여겨 부드럽게 어루만져 주는 것이다. 용勇은 의를 좇아 행하면서 두려움을 느끼지 않고 어떤 상황에서도 의연함을 잃지 않는 것을 의미한다. 엄嚴은 위엄과 공평무사한 태도를 견지해 부하들에게 권위를 잃지 않는 것을 뜻한다. 이 다섯 가지 덕목은 서로 꼬리를 물고 연결된 것이어서 어느 하나 빠뜨릴 수 없다."

지, 신, 인은 유가에서 말하는 5덕과 완전히 일치하며, 용과 엄은 의義와 예禮를 달리 표현한 것이다. 의는 거꾸로 해석하면 불의不義의 상황을 참지 못하는 강고한 의지를 지칭하며, 현실에서는 용勇으로 표출될 수밖에 없다. 그래서 의와 용은 늘 의용義勇으로 묶어 사용한다. 또한 예와 법은 동전의 양면과 같다. 예를 강제하면 법이 되고, 법의 자율성을 강조하면 예가 된다. 결국 왕석이 말한 지, 신, 인, 용, 엄은 유가의 5덕을 약간 돌려 표현한 것이나 다름없다. 이런 해석이 틀린 것은 아니나 『손자병법』의 근본 취지를 제대로 파악한 것은 아니다.

「시계」의 '장'은 공자가 말한 군자君子 개념과 같은 취지에서 나온 것이다. 군자는 백성을 사랑하는 애인愛人에 헌신하는 자를 뜻한다. '장'은 병사들을 사랑하는 애사愛士를 말하는 것이다. '법'도 마찬가지다. 단순히 군대 편제와 지휘명령 체계 만으로 해석해서는 안 된다. 법가 사상가들이 말하는 '법'은 노자의 도치와 마찬가지로 사사로움이 완전히 배제된 공평무사한 법치를 뜻한다. 법치의 관건은 공정한 법 집행에 있다. 군법의 경우는 더욱 그렇다. 법의 제정은 말할 것도 없고 집행에 이르기까지 통상적인 법보다 훨씬 엄격해야 한다. 군법이 무너지면 용병 자체가 불가능하기 때문이다.

## 냉철히 비교 분석하라

군주는 양측이 처한 다음 일곱 가지 상황을 면밀히 검토해 승부의 흐름을 잘 짚어내야 한다(양측 실정을 종합적으로 분석해 승부를 예측해야 한다는 뜻이다). 첫째, 군주는 어느 쪽이 더 치도에 부합하도록 다스리고 있는가? 둘째, 장수는 어느 쪽이 더 유능한가?(장수가 발휘하는 병도와 덕성은 지략과 지휘 능력에 달려 있다) 셋째, 천시와 지리는 어느 쪽이 더 유리하게 작용하는가?(천시와 지리 활용을 언급한 것이다) 넷째, 법령은 어느 쪽이 더 잘 집행하는가?(법령은 장수가 솔선해 지켜야 한다. 어길 경우 부하는 물론 자신 또한 반드시 벌을 받아야만 한다) 다섯째, 무기는 어느 쪽이 더 강한가? 여섯째, 병사들은 어느 쪽이 더 훈련을 잘하는가? 일곱째, 상벌은 어느 쪽이 더 공평히 시행하는가? 나는 이들 일곱 가지 상황을 비교하는 이른바 7계七計를 통해 전쟁의 승패를 미리 알 수 있다(이들 일곱 가지 상황을 기준으로 삼아 양측 전력을 비교하면 그 차이가 분명히 드러나는 만큼 능히 승부를 예측할 수 있다). 장수가 나의 이런 계책을 좇아 군사를 운용하면 반드시 승리할 것이다. 이런 장수는 유임시켜도 된다. 그러나 나의 이런 계책을 좇지 않은 채 군사를 운용하면 반드시 패할 것이다. 이 경우 곧바로 장수를 바꿔야 한다. 뛰어난 장수는 전황의 유리함과 불리함을 잘 따져 형세를 좇아 임기응변한다. 뜻밖의 상황에서도 제대로 대처하는 이유다(변화무쌍한 전쟁터에서 교범을 좇아 곧이곧대로 행하면 승리를 거둘 수 없다). 전쟁터의 형세는 유리하게 돌아가는 상황 변화를 적극 활용해 싸움의 주도권을 장악하는 이른바 인리제권因利制權을 뜻한다(주도권은 임기응변에서 나온다. 임기응변은 상황 변화를 좇아 재빨리 그에 부응하는 전략 전술을 구사해 계속 주도권을 쥐는 것을 말한다).

『손자병법』에서 역설하는 병도는 전략과 전술을 관통하는 기본 이념이다. 『주역』과 『도덕경』의 이론을 원용해 풀이하면 병도는 도체道體, 전략과 전술은 덕용德用에 해당한다. '천'과 '지'는 전략, '장'과 '법'은 전술 개념이다.

제1편인 「시계」는 병가 입장에서 바라본 치국평천하의 치도, 즉 병도를 언급한 것이고, 제2, 3편인 「작전」과 「모공」은 전략과 전술의 기본 이치인 이른바 전도戰道를 해설한 것이다. 전도는 「지형」에 나오는 용어로 전쟁의 기본 이치를 뜻하며, 서로 맞붙어 싸우는 전투를 극도로 피하기 위한 대원칙에 해당한다. 그런데 『손자병법』에는 전도와 달리 쟁도爭道라는 용어가 나오지 않는다. 내용상 제4편의 「군형」에서 제13편의 「용간」에 이르는 나머지 10개편은 쟁도 또는 투도鬪道의 차원에서 전술을 언급한 것이다. 이는 통상 적군은 말할 것도 없고 아군 역시 피해를 볼 수밖에 없는 유혈전의 피해를 최소화하기 위한 대원칙에 해당

한다. 『손자병법』 편제는 제1편 「시계」에서 제13편 「용간」에 이르기까지 병도와 전도, 쟁도가 마치 꼬리에 꼬리를 무는 것처럼 둥근 원의 모습을 하고 있다.

『손자병법』에서 말하는 병도와 전도, 쟁도를 종합 정리하면 다음과 같다.

첫째, 병도다. 전쟁을 최대한 피하는 대원칙, 즉 병도는 난세에 적용되는 치도인 난세지도亂世之道, 뛰어난 무위武威 자체로 싸움을 멈추게 해 무武의 기본 이념을 실현하는 도리인 무인지도武人之道, 크게 주고 크게 얻는 도가의 치국평천하 도리인 대여대취지도大予大取之道, 폭력을 힘으로 제압해 천하를 손에 거머쥐는 도리인 취천하지도取天下之道, 도덕 대신 힘으로 난세를 평정하는 패자의 도리인 패업지도覇業之道, 부득이할 때 최후의 수단으로 무력을 동원하는 부득이용병, 평시에 무기를 거두어들였다가 불가피할 때 움직이는 집이시동을 일컫는다.

둘째, 전도다. 전투를 최대한 피하는 대원칙, 즉 전략에는 상대방과 나를 안 연후에 용병하는 지피지기용병知彼知己用兵, 도천지장법道天地將法의 5사를 검토하고 상대방과 내가 처해 있는 일곱 가지 상황에 대한 비교가 끝난 후 비로소 용병하는 5사7계용병五事七計用兵, 최선책인 벌모伐謀와 차선책인 벌교伐交 및 차차선책인 벌병伐兵을 포함한 모공용병謀攻用兵, 최단기간 내에 승부를 결정지어 전승 효과를 극대화하는 속전속결용병速戰速決用兵, 국가재정과 재화의 확충을 전제로 백성의 요역을 최소화하는 국용유족용병國用有足用兵, 공평한 법 집행의 도리인 무사법치용병無私法治用兵, 공과 과에 따라 상과 벌을 엄히 시행하는 도리인 신상필벌용병信賞必罰用兵이 있다.

셋째, 쟁도다. 전화戰禍를 최대한 줄이는 대원칙, 즉 전술에는 속임수로 상대방을 함정에 빠뜨리는 궤도詭道, 상황에 따라 도덕과 정반대되는 계책을 과감하게 구사하는 권도權道, 상대방의 변화를 좇아 자유자재로 변신하는 권변權變, 때와 장소의 다양한 차이를 감안해 수시로 계책을 달리하는 임기응변臨機應變, 상대방이 허와 실을 구분하지 못하도록 유도하는 허허실실虛虛實實, 통상적인 용병과 변칙적인 용병을 섞어 사용하는 기정병용奇正竝用, 때가 오면 이를 놓치지 않고 결단하는 결기승乘決機乘勝, 무궁무진한 포석으로 용병하는 병무상형兵無常形, 나에게 유리한 쪽으로 판을 짜나감으로써 주도권을 쥐는 인리제권因利制權, 두꺼운 얼굴과 은밀한 속셈으로 상대방을 착각하게 만드는 면후심흑面厚心黑, 달빛 아래 은밀히 칼을 갈며 때를 기다리는 도광양회韜光養晦가 있다.

이를 통해 『손자병법』이 말하는 모든 전략 전술이 첫머리에서 얘기한 병도와 불가분의 관계를 맺고 있음을 단박에 알 수 있다. 병도는 노자의 무위지치를 병가의 관점에서 새롭게 풀이한 것으로 곧 도가의 도치, 즉 제도를 달리 표현한 것이다.

『도덕경』은 제30장에서 무력을 동원해 도치를 이루는 방법을 구체적으로 제시한다.

"용병에 능한 자는 오직 과감할 뿐 감히 강포한 모습을 취하지 않는다. 과감하되 뽐내거나 자랑하거나 교만하지 않는다. 과감하되 부득이할 때에 한해 용병하고, 과감하되 강포한 태도를 취하지 않은 까닭이다. 모든 사물은 장성하면 곧 노쇠하기 마련이다. 강포한 모습은 도에 맞지 않는다, 도에 맞지 않는 것은 일찍 끝나기 마련이다."

부득이 군사를 동원했으나 오직 위난을 구제하는 데 그칠 뿐 무력을 이용해 강포한 모습을 드러내지 않는 것이 바로 병도다. 많은 사람들이 이를 '도덕적인 정치' 등으로 해석하나 이는 병가의 기본 이치를 제대로 파악하지 못한 탓이다. 「시계」에서 말하는 병도와 전도, 쟁도는 상호 불가분의 관계를 맺는 까닭에 따로 떼어놓고 보아서는 안 된다.


## 적의 예상을 깨라

용병의 요체는 적을 속이는 궤도詭道에 있다(병법에 고정된 본보기는 없다. 임기응변으로 적을 속여 이기는 것이 요체다). 싸울 능력이 있으면서 없는 것처럼 보이고, 공격하려면서 하지 않는 것처럼 보이고, 가까운 곳을 노리면서 먼 곳을 노리는 것처럼 보이고, 먼 곳을 노리면서 가까운 곳을 노리는 것처럼 보여야 한다. 또한 적이 이익을 탐하면 이익을 주어 유인하고, 적이 혼란스러우면 기회를 틈타 공략하고, 적의 내실이 충실하면 더욱 든든하게 대비해야 한다(적의 전력이 아군보다 뛰어나면 반드시 굳게 지키면서 실력을 키워야 한다). 적이 강하면 정면충돌을 피하고 빈틈을 노려야 한다. 적의 주력 부대와 맞부딪치는 것을 피해야 한다. 적이 기세등등하면 노하게 만들어 냉정하게 판단하지 못하도록 유도한다(끊임없이 교란시켜 적의 힘이 분산되어 쇠약해지고 느슨해지기를 기다린다). 적이 조심하고 신중하면 자만심을 부추겨 교만하게 만들고, 적이 충분히 쉬어 안정되어 있으면 계책을 통해 사방으로 뛰어다니며 지치도록 만든다(미끼를 내걸어 적을 유인함으로써 식량과 전력을 낭비해 지치도록 만드는 것을 말한다). 적이 단합되어 있으면 이간해 분열시킨다(첩자를 보내 이간하는 계책을 말한다). 적이 미처 방비하지 못한 곳을 치는 공기불비攻其不備와 적이 전혀 예상하지 못했을 때 치는 출기불의出其不意를 구사한다(적군 가운데 군기와 전력이 느슨한 부대를 골라 집중 공격하고, 적이 예상치 못한 빈틈을 노려 불시에 공격하는 것을 말한다). 이것이 병가에서 말하는 승리의 이치다. 이는 너무 오묘한 까닭에 어떤 고정된 이론으로 정립해 미리 전수할 수 있는 것이 아니다(용병은 늘 상황 변화에 따라 임기응변해야 하는 만큼 고정된 형세가 없다. 마치 물이 지형에 따라 자유자재로 모습을 바꿔가며 흐르는 것과 같다. 적을 맞이해 싸우는 실전에서 구사되는 무궁무진한 임기응변 이치를 어떤 고정된 이론으로 정립해 미리 전수할 수 없다고 한 이유다. 그래서 말하기를 "장수는 냉철한 마음으로 적정을 파악해야 하고, 날카로운 안목으로 기회를 포착해야 한다"고 하는 것이다).

『손자병법』은 전술의 요체를 궤도에서 찾는다. 여기에 묵자와 맹자가 역설하는 '정의'의 잣대를 들이대서는 안 된다. 불가피하게 전쟁이 벌어지고, 여기서 한 발 더 나아가 부득불 전투가 개시되면 무조건 이겨야 한다. 싸움에서 패하면 무슨 말을 해도 변명에 지나지 않는다.

『사기』「회음후열전」에 따르면 기원전 204년, 한신이 위나라를 친 뒤 조나라로 진격하면서 지금의 하북성 정형현 북쪽에 있는 정형관井陘關을 지나가게 됐다. 이곳은 예로부터 길이 좁기로 악명 높았다. 기습을 받을 경우 속수무책이다. 당시 조나라에는 이좌거李左車라는 뛰어난 책사가 있었다. 그가 이를 그대로 둘 리 없었다. 실제로 그는 주군인 진여陳余에게 이같이 진언했다.

"한신이 승세를 타고 있어 그들의 예기銳氣를 당하기 어렵습니다. 제가 듣건대 '1000리의 먼 길에 군량을 운송하면 병사들에게 굶주린 기색이 있고, 아무 준비 없이 급히 나무나 풀을 베어다가 밥을 해 먹이면 병사들이 배불리 먹을 수 없다'고 했습니다. 정형관의 길은 매우 좁아 수레 두 대가 함께 지날 수 없고, 말도 대오를 지어 갈 수 없습니다. 지금 형세로 보아 한신은 행군의 길이가 수백 리에 이르고, 군량 또한 반드시 후미에 있을 것입니다. 원컨대 저에게 군사 3만 명을 빌려 주십시오. 그러면 샛길로 가서 군량과 군수품을 실은 그들의 치중輜重 수레를 모두 끊어버리겠습니다. 그 사이 장군은 해자를 깊이 파고 보루를 높인 채 교전에 응하지 않으면 됩니다. 한신은 앞으로 나아가 싸울 수가 없고, 뒤로 물러나 환군할 수도 없으며, 들판에서 노략할 것도 없습니다. 그리되면 제가 열흘이 채 못 되어 한신의 머리를 가히 장군 앞에 갖다 놓을 수 있을 것입니다. 만일 그리하지 않으면 우리는 반드시 그의 포로가 되고 말 것입니다."

그러나 맹자를 숭상한 유자儒者 출신 진여는 늘 의로운 군사인 의병義兵을 이끈다고 자처해 왔다. 속임수와 복병 등의 계책을 쓰는 것을 극도로 꺼린 그는 이같이 말했다.

"한신의 군사는 수도 적고 이내 피로도 감당하기 어려울 것이오. 그대 말대로 하면 제후들은 나를 겁쟁이라고 비웃으며 곧바로 달려와 나를 칠 것이오."

결국 그는 대패하고 말았다. 춘추시대 중엽 송양공이 제환공의 뒤를 이은 제2의 패자를 자처하며 인의에 입각한 전쟁을 역설하다 패망한 데서 나온 송양지인宋襄之仁의 우를 범한 셈이다. 당시 한신은 진여를 격파한 뒤 이좌거의 지략을 높이 평가해 그를 생포하라는 특명을 전군에게 내렸다. 이좌거가 한신 앞으로 끌려 나오자 버선발로 달려 나가 그의 포박을 푼 뒤 정중히 예우하면서 물었다.

"앞으로 북쪽 연나라를 치고 다시 동쪽 제나라를 치고자 생각하는데, 어떻게 하면 성공할 수 있겠습니까?"

이좌거가 대답했다.

"신이 듣건대 '패군지장은 군사를 말하지 말고, 망국亡國의 대부는 나라의 존속을 꾀하지 않는다'고 했습니다. 지금 신은 싸움에 패해 포로가 된 몸인데 어찌 대사를 논할 자격이 있겠습니까?"

'패군지장, 불가이언병' 성어는 여기에서 나왔다. 항간에서는 통상 '패전지장敗戰之將, 유구무언有口無言'으로 사용하는데, 같은 뜻이다.

전투 상황에서 갈등하면 생사를 장담할 수 없는 것은 물론 공동체 자체가 일순 붕괴되고 만다. 일단 살벌한 싸움이 시작된 이상 수단과 방법을 가리지 말고 이겨야 한다. 『손자병법』이 궤도를 역설한 이유다. 궤도는 상대방이 전혀 눈치 채지 못하게 속이는 것이 핵심이다.

제자백가 가운데 병가를 제외하고는 '궤도' 등의 노골적인 표현을 쓴 학단學團은 법가뿐이다. 『한비자』에는 병가의 궤도에 준하는 통치술을 대거 열거해 놓았다. 군주가 신하를 다스릴 때 사용하는 이른바 7술七術 가운데 거짓으로 명을 내리거나 하는 등의 수법으로 신하의 충성 여부를 알아내는 궤사詭使, 알면서 모른 척하며 질문하는 협지挾知, 말을 일부러 뒤집어 반대로 하는 도언倒言 등이 그것이다.

『한비자』에 신하가 충성스러운지 여부를 알아내는 제신술制臣術이 거론된 것은 기본적으로 군주와 신하 사이의 인간관계를 이익관계로 파악한 데 따른 것이다. 의리로 맺어진 것으로 파악한 유가의 입장과 대비된다. 가장 가까운 부부 사이도 예외가 아니다. 『한비자』의 「비내」에 이를 뒷받침하는 대목이 나온다.

"군주의 부인과 태자 가운데 간혹 군주가 일찍 죽기를 바라는 자가 있다. 옛날 초나라 사서인 『도올춘추』는 '군주가 병으로 죽는 경우는 절반도 안 된다'고 했다. 군주의 죽음으로 이익을 얻은 사람이 많을수록 군주는 위험해진다."

한비자가 군신관계는 말할 것도 없고 부부관계조차 이해관계로 얽혀 있다고 파악한 것은, 지금은 전해지지 않지만 초나라 역사서인 『도올춘추』 등의 사서를 숙독한 결과다. 인간관계를 이해관계로 파악한 나머지 궤도의 필요성을 역설한 점에서 법가와 병가는 일치한다.


## 이길 조건을 갖춰라

무릇 전쟁에 임해 싸움을 시작하기도 전에 묘산廟算을 통해 승리를 점칠 수 있는 것은 이길 조건을 충분히 갖췄기 때문이다. 싸움을 시작하기 전에 승리를 예측하지 못하는 것은 이길 조건을 충분히 갖추지 못했기 때문이다. 묘산이 주도면밀하면 승리하고, 허술하면 승리하지 못한다. 하물며 묘산이 없는 경우야 말해 무엇하겠는가? 나는 앞서 말한 5사五事와 7계七計를 통해 전쟁 승패를 미리 내다볼 수 있다(병도 이치에 입각해 승패를 예측함을 말한다).

'묘산'은 전쟁에 앞서 군신이 조정에 모여 머리를 맞대고 세우는 계책을 말한다. 여기서 주목할 것은 "묘산을 통해 승리를 점칠 수 있는 것은 이길 조건을 충분히 갖췄기 때문이다"라고 지적한 대목이다. 이는 뒤집어 해석할 경우 전쟁에서 패하는 것은 결국 이길 준비를 제대로 하지 않았다는 얘기나 다름없다. 부득불 전쟁이 일어나 유혈전으로 치닫는 이상 무조건 이겨야 한다. 병사의 생사와 국가 존망이 달려 있기 때문이다. 수단과 방법을 가리지 않는 궤도가 필요한 이유다. 『손자병법』이 말하는 '궤도'는 그 내용과 폭이 깊고 넓다. 유가에서 말하는 인의仁義 등의 도덕적 관점으로 접근해서는 안 된다. 인구에 회자되는 송양지인 성어가 이를 웅변한다.

『춘추좌전』에 따르면 기원전 638년 봄 3월, 정문공이 초성왕을 조현하기 위해 초나라로 갔다. 이때 정나라에 원한을 품었던 송양공이 일부 제후들의 군사와 합세해 정나라를 치려고 하자 내치를 담당하는 좌사左師로 있던 공자 목이가 간했다.

"초나라와 정나라는 가깝습니다. 만일 우리가 정나라를 치면 반드시 초나라가 정나라를 구원하러 올 것입니다. 이번에 대군을 이끌고 갈지라도 정나라를 이기기는 어렵습니다. 힘을 길러 때를 기다리느니만 못합니다."

송양공은 이를 듣지 않았다. 그해 여름, 송양공이 허許와 등滕의 소국 군주와 함께 연합군을 결성해 정나라를 쳤다. 정문공이 초성왕에게 도움을 청하기 위해 직접 초나라로 가자 초성왕이 이내 좌우에 명해 군사를 이끌고 가 송나라를 치게 했다. 같은 해 겨울 11월, 마침내 양측 군사가 지금의 하남성 자성현 서북쪽에 있는 홍수泓水 일대에서 충돌했다. 초나라 군사가 배를 타고 도강하기 시작하자 군사를 지휘하는 대사마大司馬 공손 고固가 간했다.

"저들은 병력이 많고 우리는 적습니다. 저들이 반쯤 건너왔을 때 공격하면 우리가 이길 수 있습니다. 만일 저들이 모두 상륙하면 중과부적으로 당하기 어렵습니다. 그러니 저들이 아직 물을 다 건너지 못하고 있을 때 공격해야 합니다."

송양공이 반대했다.

"과인은 진을 펴고 당당히 싸울 뿐이오. 어찌 적이 반쯤 건너오는 것을 칠 수 있겠소!"

삽시간에 도강이 끝났다. 그러나 아직 진형을 갖추지 못했을 때였다. 공손 고가 또다시 간하자 송양공이 화를 냈다.

"그대는 어찌해 일시적인 이익만 탐하고 만세의 인의를 모르는 것이오?"

그러고는 초나라 군사가 진형을 다 갖춘 뒤 비로소 접전을 시작했다. 송양공이 직접 군사를 지휘하며 초나라 진영 쪽으로 진격해 들어갔다. 공손 고가 그 뒤를 바짝 뒤쫓으며 송양공의 병거를 호위했다. 싸움 도중 송양공은 오른쪽 넓적다리에 화살을 맞고 힘줄이 끊어지는 큰 부상을 입었다. 송양공을 시위하던 군사들은 초나라 군사와 접전하다 모두 전사했다. 공손 고가 급히 달려가 송양공을 부축해 자신의 병거 위에 태운 뒤 좌충우돌하며 포위망을 뚫고 나갔다. 송나라 군사들이 그 뒤를 쫓아 일시에 퇴각하자 초나라 군사가 급히 그 뒤를 쫓았다. 이로 인해 송나라 군사는 대패하고 말았다. 사가들은 이를 통상 '홍수지역泓水之役'이라고 부른다. 이때의 역役은 전쟁을 뜻한다.

홍수지역의 패배 소식이 전해지자 전사한 송나라 병사들의 부형과 처자들이 궁궐 밖으로 몰려와 대성통곡하며 송양공을 원망했다. 송양공은 이들의 통곡과 원망 소리를 듣고도 이같이 말했다.

"군자는 부상당한 적을 죽이지 않고, 반백斑白이 된 늙은 적군을 포획하지 않는 법이다. 옛날 용병의 도리는 적이 불리한 상황에 처한 것으로써 승리를 도모하지 않았다. 과인은 비록 패망한 은나라의 후손이기는 하나 대열을 다 이루지 못한 적을 향해 진격을 명할 수는 없었다!"

이 소문을 들은 송나라 백성들은 하도 기가 막혀 송양공을 크게 비웃었다. 어리석은 사람의 잠꼬대 같은 명분론을 뜻하는 '송양지인' 성어가 나온 배경이다.

국공내전 당시 장개석은 전쟁 와중에 시간을 쪼개 고향인 절강성 봉화현과 인근에 위치한 학교 교직원과 학생들을 상대로 강연을 했다. 1944년에는 한 해 동안 무려 41회의 강연을 했다. 그는 강연에서 유교적 덕목인 인의를 역설했으나 아무 효과가 없었다. 내심 모택동에 비해 도덕적인 우위를 점한다고 생각했는지는 모르나 이는 송양지인에 지나지 않았다. 실제로 모택동은 장개석의 이런 행보를 두고 송양지인 운운하며 비웃었다. 그는 국공내전 중에 펴낸 『지구전론持久戰論』에서 송양지인을 이같이 평했다.

"우리들은 송양공이 아니다. 전쟁에서 자비와 정의, 도덕 등을 생각해 가책을 받을 필요는 없다. 승리를 얻기 위해서는 적을 장님으로 만들고, 귀머거리로 만드는 데 최선을 다해야 한다. 의도적으로 적을 착각하게 만들어 불의不意의 공격을 가하는 것이 싸움에서 주도권을 장악하는 방법이다. 동쪽을 칠 듯이 행동하면서 서쪽을 치는 성동격서聲東擊西가 적을 착각하게 만드는 길이다. 『손자병법』은 속임수를 두려워하지 않는다고 했다. '불의'는 무엇을 말하는가? 준비가 없었다는 변명에 지나지 않는다. 병력이 우세할지라도 준비가 없다면 참다운 우세가 아니고, 싸움의 주도권도 장악할 수 없다. 비록 병력이 열세할지라도 준비만 잘 갖추면 불의의 공격을 가해 우세한 적군을 격파할 수 있다."

모택동은 「시계」에서 말하는 묘산이 곧 궤도임을 이론적으로 뒷받침한 셈이다. 궤도의 의미를 이처럼 잘 설명하기도 어렵다. 그를 20세기 최고의 전략가로 손꼽는 것도 이와 무관하지 않다.

송양공의 행보는 용병을 궤도로 정의한 『손자병법』의 기본 원칙과 정면으로 배치된다. 동서고금의 전사戰史를 통틀어 국가 존망이 걸린 결정적인 전투에서 송양지인으로 승리를 거둔 적은 단 한 번도 없다. 『춘추좌전』을 보면 춘추시대 첫 번째 패자인 제환공을 비롯해 그의 뒤를 이어 두 번째 패자가 된 진문공晉文公이 송양지인과 유사한 행보를 보인 사례가 나온다. 하지만 이는 어디까지나 작은 전투에 한정된 것이고, 이들 역시 결정적인 전투에서는 어김없이 궤도를 구사했다. 그럼에도 성리학자들은 송양공을 제환공과 진문공에 이어 춘추시대의 세 번째 패자로 간주했다. 이들의 안목이 얼마나 비현실적이었는지를 여실히 보여 준다.

실제로 성리학을 맹종한 남송 사대부들은 전쟁을 이런 식으로 접근하는 바람에 요나라와 금나라의 압박을 받고 남쪽에서 잔명을 이어 가다가 이내 몽골 원나라에 패망하고 말았다. 조선조 사대부들이 구한말에 극단적인 성리학 명분론에 휩싸인 나머지 개화 문제를 놓고 중차대한 시기를 허송하는 바람에 나라를 패망하게 만든 것과 닮았다.

제2장

# 병 귀 신 속
## 兵 貴 神 速

---

패할 때도
속전속결로 끝내라

…

[작전作戰]

경전차는 가볍고 빨리 달리는 전차를 말한다.

말 네 필이 끄는데 보통 1000대의 규모로 하나의 전차 부대를 구성한다.

중전차는 곧 가죽을 씌운 장갑차를 말한다.

한 대가 기병 1만 명과 맞먹을 정도의 위력이 있다.

경전차 한 대는 말 네 필이 끌고, 부대 하나에 보병 3만 명이 배속된다.

전차 한 대에 장교 한 명, 기마병 10기가 따라 붙는다.

경전차 부대는 장교 한 명에 취사병 두 명이 붙어 음식을 맡고,

수행 병사 한 명이 붙어 옷이나 장비를 관리하며,

마구간 관리 병사 두 명이 붙어 말을 사육한다.

배속된 비전투 요원은 모두 다섯 명이다.

중전차 부대는 보병 열 명이 함께 움직인다.

큰 북이나 망루를 설치한 중전차는 소가 끈다.

중전차 부대는 장교 한 명에 취사병 두 명과

옷이나 장비를 관리하는 수행 병사 한 명이 붙는다.

비전투 요원은 모두 세 명이다.

무장 병사 10만 명이라고 말할 경우 이는 실제 전투 요원만 헤아린 것으로

비전투 요원을 포함시킬 경우 그 규모는 훨씬 커진다.

## 비용을 생각하라

손자가 말했다. 무릇 용병을 할 경우 최소한 전차 1000대, 치중차 1000대, 무장한 병사 10만 명이 동원된다. 게다가 원정을 할 경우 국경에서 1000리나 되는 먼 거리에도 불구하고 군량과 군수품을 수송해야 하는 부담 또한 막대하다(전쟁을 치를 경우 국경을 넘어 1000리 밖까지 진출하는 경우가 비일비재하다). 전방과 후방에 들어가는 군사 비용, 외교 사절 등의 접대비, 아교와 옻칠 등 무기와 장비를 만들고 수리하는 데 드는 비용, 전차나 갑옷을 만들고 수리하는 데 드는 비용 등을 포함하면 하루에도 1000금의 비용이 들어간다. 이런 여건이 마련된 연후에 비로소 10만 대군을 동원할 수 있다(첩자 매수비나 승전 이후의 포상 비용 등은 여기에 포함되지도 않았다. 이를 합칠 경우 그 비용은 천문학적으로 늘어난다).

「작전」은 말 그대로 전략을 짜는 것을 의미한다. 역대 전략가 가운데 21세기 현재에 이르기까지 최고의 전략가를 들라면 삼국시대 조조를 들 수 있다. 그가 『도덕경』의 무위지치를 원용해 병가 사상을 한 차원 높게 끌어올리면서 제시한 모든 전략 전술은 '싸움은 상대적이다'라는 대전제에서 나온 것이다. 그가 볼 때 국가 간의 우격다짐에 해당하는 전쟁이 빚어질 경우 그 배경과 결과, 전략 전술의 상호관계를 묶으면 크게 세 가지 유형에 지나지 않았다.

첫째, 중과부적衆寡不敵 상황. 상대방이 여러 면에서 압도적인 우위를 점했을 때다. 이때는 정면충돌을 최대한 피하면서 힘을 비축해야 한다. 달빛 아래서 은밀히 칼을 갈며 때를 기다리는 도광양회韜光養晦 책략이 필요하다. 도중에 적의 도발로 인해 불가피하게 싸움이 빚어졌을 때는 정규전을 최대한 피해 매복과 기습, 유격 등의 기병奇兵을 펼쳐야만 한다. 이를 최대한 활용하면 다윗이 골리앗을 이기는 기적을 만들 수 있다. 오늘날의 게릴라전법과 닮았다.

대표적인 예로 삼국시대 당시 조조가 관도官渡대전에서 원소의 대군을 격파하고, 주유가 적벽赤壁대전에서 조조의 대군을 물리친 것을 들 수 있다. 도강 작전을 최대한 활용한 덕분이다. 월남이 끈질긴 유격전 끝에 몽골군을 격퇴한 데 이어 20세기에 들어와 프랑스와 미국의 군사를 물리친 것도 세계 전사에 남을 일이다. 정글전의 개가다.

소련군을 격퇴시킨 바 있는 아프가니스탄이 21세기에 들어와 막강한 화력을 자랑하는 G1 미국을 퇴각하게 만든 것도 같은 맥락이다. 이는 해발 수천 미터에 달하는 산악 지형을 최대한 활용한 덕분이다. 이를 통해 병력의 많고 적음이 승패를 좌우하지 않는다는 것을 알 수 있다. 한 사람이 100명의 적군을 상대한다는 '일당백' 등의 용어가 나온 것도 이 때문이다.

둘째, 중과필적衆寡匹敵 상황. 양측 군사력이 엇비슷할 때를 말한다. 이는 자칫 최악의 상황으로 치달을 수 있다. 양측 모두 군사력과 국가 재정이 고갈되는 지경에 이를 때까지 끝없는 소모전을 펼칠 소지가 크기 때문이다. 제1차 세계대전 당시 독일과 프랑스의 국경 지대에서 전개된 공방전이 그 대표적인 예다. 당초 독일은 속전속결을 꾀했지만 개전한 지 얼마 지나지 않아 파리의 북동쪽 마른 강을 사이에 두고 독일과 영불연합군이 맞선 마른 전투에서 프랑스가 승리하자 이내 교착 상태에 빠지고 말았다.

셋째, 중과가적衆寡可敵 상황. 상대방이 여러 면에서 압도적인 우위를 점한 중과부적과 정반대 상황이다. 원소가 관도대전에서 조조에게 패하고, 조조가 적벽대전에서 주유에게 패한 것처럼 중과가적의 가장 큰 위험 요소는 자만심에 있다. 자만심이 만심慢心을 불러오고, 만심이 빈틈을 보이게 만들며, 마침내 상대방 기습을 초래해 순식간에 무너지는 이유다.

통상 학교와 가까운 거리에 사는 학생 가운데 지각생이 많은 이치와 같다. 『손자병법』「구변」에서 성미가 급하고 화를 잘 내는 장수는 이내 적에게 쉽게 넘어가 병사가 전멸을 당하고 자신 또한 죽임을 당하는 복군살장覆軍殺將 참화를 당할 수 있다고 경고한 이유다. 원소가 조조에게 패한 뒤 이내 피를 토하고 죽은 것도 같은 맥락이다.

동서고금의 모든 싸움은 이들 세 가지 유형 중 하나에 속하게 마련이다. 그러나 그 결과는 다양하게 나타난다. 최후의 순간에 작은 실수로 일순 역전패를 당하는가 하면, 적의 허점을 집요하게 파고들어 마침내 역전승을 거두는 등 그 결과를 예측하기 어렵다. 주목할 것은 중과부적과 중과필적, 중과가적 모두 일정 수준 이상의 무력을 지닌 저가 생사를 건 싸움을 벌여야 하는 까닭에 승리를 거두기 위해서는 천문학적 규모의 비용이 든다는 점이다. 『손자병법』이 「작전」 첫머리에 군비 문제부터 들고 나온 이유다.

사실 고금의 전사가 보여 주듯이 싸움이 붙은 이상 시종 일방적인 승리로 점철되는 경우는 없다. 미군이 막대한 전비를 쏟아 부었음에도 결국 베트남과 아프가니스탄 전쟁에서 '상처뿐인 영광'의 모습으로 철군한 것이 그 실례다. 이는 권투에서 일방적으로 상대방을 두들겼는데도 상대방이 오뚝이처럼 죽기 살기로 덤빌 경우 때리는 자가 오히려 제풀에 무너지는 것에 비유할 수 있다. 이 경우 흠씬 두들겨 맞은 자도 그 피해가 막심하지만 일방적으로 두들긴 자 역시 체력이 바닥나기는 마찬가지다. 21세기에 들어와 G1 미국이 휘청거리는 것이 아무 까닭 없이 그런 것은 아니다. '전쟁은 결국 경제력의 싸움이다'라는 말이 나오는 것도 이 때문이다.

사실상 G1 미국의 치명적인 약점은 막강한 군사력을 토대로 천하의 부를 빨아들이는 약탈 경제 시스템에 있다. 미래학자 조지 프리드먼은 창의적인 기업가 정신에 기초한 소프트 파워 덕분에 미국이 앞으로도 100년 동안 세계를 지배한다고 내다보았으나, 스티브 잡스 같은 인물이 매번 나오지는 않는다. 제조업 기반이 붕괴되고, 재정 악화로 막대한 군사비를 조달하기가 어려워지면서 미국을 G1으로 만드는 데 결정적인 공헌을 한 군사제국 체제가 오히려 부메랑이 되어 미국의 발목을 잡는다. 거시사 관점에서 보면 미국도 식민지 약탈 경제로 구축되었던 팍스 로마나와 팍스 브리타니카가 몰락한 과정을 밟는 셈이다. 『손자병법』의 가르침과는 정반대 방식으로 팍스 아메리카나를 구축한 데 따른 후과로 볼 수 있다.

# 오래 끌지 말라

군사를 동원해 전쟁을 치를 때는 반드시 신속하게 승리를 거두어야 한다. 싸우는 날이 길어지면 군사가 피로에 지쳐 예기가 꺾이고, 적의 성을 칠 때 병력 소모도 가장 많다(싸움을 거듭하면 칼이 무뎌지고 화살도 다 떨어지게 된다. 적의 성을 공략할 경우 폐해가 가장 심하다. 지구전으로 이어지면 결국 나라 재정이 바닥나고 만다). 군대가 나라 밖에서 전쟁을 치르는 이른바 폭사暴師가 길어지면 재정이 고갈되어 공급이 달린다. 무릇 군사가 피로에 지쳐 예기가 꺾이고, 병력 소모가 많아져 물자가 바닥나면 이웃 나라가 빈틈을 타 침공할 것이다. 그리되면 아무리 뛰어난 지모를 자랑하는 자일지라도 뒷수습을 잘할 수 없다. 병서에 비록 졸속이기는 하나 속전속결로 승리를 거둔 사례만 나오는 이유다. 나는 교묘한 계책을 구사하기 위해 전쟁을 오래 끈 경우를 본 적이 없다(비록 준비가 덜 되어 있을지라도 유리한 기회가 오면 곧바로 결단해 속전속결로 승리를 거두는 것이 낫다. 손무가 "교묘한 계책을 구사하기 위해 전쟁을 오래 끈 경우를 본 적이 없다"고 한 것은 그런 일은 결코 있을 수 없다는 취지로 말한 것이다). 무릇 전쟁을 오래 끌어 나라에 이익을 가져온 경우는 존재한 적이 없다. 전쟁에 따른 폐해를 제대로 알지 못하면 전쟁이 가져올 이익 또한 제대로 알 길이 없다.

『손자병법』이 「작전」에서 역설하는 것은 시간과 국가 재정, 민생의 상호관계다. 전쟁이 길어지면 길어질수록 국가 재정과 민생은 피폐를 면치 못한다. 동서고금의 모든 전쟁이 속전속결을 위주로 하는 이유다. 대다수 병서는 이를 '병귀신속兵貴神速'으로 풀이했고, 「작전」에는 "병귀승兵貴勝, 불귀구不貴久"로 표현했다. 여기의 승勝은 단순한 승리를 뜻하는 것이 아니라 속승速勝의 뜻을 내포한다. 결국 병귀신속과 같은 뜻이다.

삼국시대 당시 병귀신속 작전으로 승리를 거둔 대표 사례로 사마의가 맹달을 친 일화를 들 수 있다. 당초 맹달은 관우가 죽었을 때 유비의 문책이 두려운 나머지 이내 부하 4000여 명을 이끌고 위나라에 투항했다. 조비가 그를 건무장군에 제수하면서 지금의 안휘성 합비 서쪽에 있는 신성新城 태수에 임명했다.

신성은 서남쪽으로 촉, 동남쪽으로 오나라와 연접한 전략적 요충지였다. 맹달은 위나라에 투항해 신성 태수에 임명되었음에도 은밀히 촉의 제갈량과 교신하며 유사시를 대비했다. 맹달의 이중적인 행보가 곧 완성에 있는 사마의 귀에 들어갔다. 사마의는 맹달을 제거해 후환을 없애기로 작정했다.

그러나 신중을 기할 필요가 있었다. 행여 토벌 소식이 알려지면 혹을 떼려다 붙이는 격이 될 수 있었다. 이때 사마의가 구사한 전술이 바로 속전속결의 신속계神速計였다.

사마의가 나름 신중한 행보를 보였음에도 맹달 역시 이상한 낌새를 대략 눈치 챘다. 당시 맹달은 자신을 총애하던 조비가 죽고 조예가 즉위하자 크게 불안해했다. 그러다가 제갈량이 북벌에 나서기로 했다는 소식을 듣자 이내 결단해 제갈량에게 투항할 뜻을 전했다. 맹달이 다시 촉으로 마음이 기울어진 것은 그가 자발적으로 위나라를 배반한 것으로 보기보다는 제갈량의 2년간에 걸친 포섭 공작이 주효했던 결과라고 보아야 한다.

당시 조예는 제갈량이 관서를 침공한 지 근 1년이 다 되어서야 드디어 친정할 생각을 갖게 되었는데, 마침 화흠이 나서 이같이 권했다.

"촉병이 장안을 넘보려고 하니 폐하께서 크게 군사를 일으켜 어가친정하시는 것이 좋을 듯싶습니다. 장안을 잃으면 관중이 모두 위태롭게 될 것입니다."

조예가 이 말을 듣고 기뻐하며 곧 우장군 장합에게 명해 급히 보기 5만 명을 이끌고 서쪽으로 나아가 촉병이 장안으로 나오는 것을 막게 했다.

이어 완성에서 오나라 군의 진출을 방비하던 사마의에게 사자를 보내 속히 병마를 이끌고 장안으로 오도록 했다. 만반의 조치를 취한 후 그는 장수들과 함께 군사를 이끌고 장안을 향해 출발했다. 촉의 첩자가 이를 탐지해 제갈량에게 보고했다.

"조예가 장안으로 이동하면서 사마의에게 평서도독을 겸하게 해 남양의 군사를 이끌고 장안으로 오도록 했다고 합니다."

제갈량이 크게 놀라자 참군 마속이 말했다.

"조예 따위야 걱정하실 것이 있겠습니까? 그가 장안에 이르거든 사로잡으면 그만인데 승상은 어찌해 그렇게 놀라십니까?"

"내 어찌 조예를 두려워하겠소. 내가 이제 막 맹달과 더불어 대사를 도모하려고 하는데 혹여 맹달과의 모의가 새어 나가 사마의가 이를 알아차리지나 않을까 걱정하는 것이오. 맹달이 없으면 중원을 도모하기가 쉽지 않소."

"그렇다면 속히 글을 보내 맹달에게 사마의를 경계하도록 하십시오.”

제갈량이 그의 말에 따라 즉시 글을 써 신성에서 온 사람에게 주고 밤을 새워 돌아가 맹달에게 전하게 했다. 맹달은 편지를 전달받고 급히 뜯어보았다.

“요즘 듣자 하니 조예가 사마의에게 조서를 내려 완성과 낙양의 군사를 일으키게 했다고 하니 공이 거사했다는 소식을 들으면 반드시 먼저 거기에 갈 것이오. 부디 삼가고 삼가 대사를 그르치는 일이 없도록 하기 바라오.”

맹달이 그 글을 보고 크게 웃으며 말했다.

“사람들이 공명을 세심하다고 하더니, 이제 이 글을 보니 가히 그 이유를 알 만하다.”

이에 곧 제갈량을 안심시키는 답서를 써 심복에게 전하게 했다. 제갈량은 맹달의 답신을 보고 일면 안도하기는 했으나 일면 불안감을 떨치지 못했다.

당시 완성에 있던 사마의는 조예의 조서를 받자마자 형주와 양주의 군마를 완성으로 집합시킨 뒤 곧바로 군사들을 이끌고 장안을 향해 출발하려고 했다. 사마의가 막 출발하려고 할 때 위흥魏興 태수 신의申儀의 사자가 와서 맹달이 제갈량과 내통해 모반을 꾀한다는 사실을 전했다.

이에 사마의가 찬탄했다.

“이는 위나라의 복이다. 제갈량이 군사를 이끌고 기산으로 와 황제가 부득이 장안으로 행행했는데 만일 맹달이 한달음에 낙양을 치면 사태가 어찌 될 것인가!”

사마의는 곧 사람을 시켜 맹달에게 서신을 보냈다. 맹달이 서신을 뜯어보니 대략 다음과 같은 내용이 담겨 있었다.

"나는 근자에 장군이 신의의 참소를 받아 어려움을 겪는 것을 잘 알고 있소. 신의는 심지어 나에게 와서 장군이 촉과 내통한다는 무함까지 했소. 그래서 내가 서신을 보내는 것이니 부디 자중하기 바라오. 내가 곧 상표해 신의가 장군을 무함한 사실을 자세히 고해 엄형에 처하도록 할 것이니 장군은 마음을 편히 갖기 바라오. 혹여 장군이 노한 나머지 비상한 마음을 품었다면 부디 노여움을 풀고 군마를 파하기 바라오. 원컨대 장군은 부디 선제의 두터운 은의와 나의 충언을 소홀히 생각하지 말고 대위의 장군으로서 그 소임을 다하기 바라오."

맹달이 사마의의 서신을 보고 또다시 마음이 바뀌어 결정을 내리지 못한 채 머뭇거리며 시간을 허비하자 사마의의 큰아들 사마사가 건의했다.

"급히 표문을 써 황상께 상주하도록 하시지요."

"만일 천자의 칙지가 내리기를 기다리다가는 오고가는 데 한 달이 지나고 말 터이니 그 사이에 일은 그만 늦어지고 말 것이다."

사마의는 맹달이 눈치 채지 못하게 몰래 말머리를 신성 쪽으로 돌려 우선 맹달부터 제거하려고 생각한 것이다. 그러자 이를 안 장수들이 건의했다.

"맹달은 이미 제갈량뿐만 아니라 오나라와도 결탁한 것이 분명하니 일단 그의 동정을 관망한 뒤 움직이는 것이 좋을 듯합니다."

사마의가 손을 내저었다.

"맹달은 신의가 없기 때문에 지금 머뭇거리며 관망하는 것이오. 응당 그가 결정을 내리지 못하고 머뭇거리는 틈을 타 속히 그를 해치워야 하오."

사마의는 곧 장안으로 갈 것으로 생각하던 장병들을 모아 놓고 이같이 하령했다.

"신성을 향해 하루에 이틀 길을 가도록 하라. 만일 지체하는 자가 있으면 그 자리에서 목을 벨 것이다!"

당시 맹달은 또다시 한동안 머뭇거리다가 제갈량과의 교신 끝에 결국 제갈량에게 자신이 취할 일을 자세히 일러 줄 것을 청했다. 사마의는 참군 양기梁幾에게 격문을 들고 신성으로 밤을 도와 달려가 맹달 등에게 출전할 준비를 하도록 전하라고 이르면서 결코 맹달이 의심을 품지 않도록 조심할 것을 당부했다.

이듬해인 태화2년(228) 정월, 맹달은 군마를 조련하며 사마의의 사자가 오기를 기다렸다. 사마의의 참군이 와서 사마의의 영을 전했다.

"사마 도독이 천자의 조서를 받들어 각처의 군사를 일으켜 촉병을 물리치려 하시니 장군도 본부 군마를 모아 놓고 영을 기다리도록 하십시오."

"도독은 어느 날 출정하시오?"

"아마 지금쯤 완성을 떠나 장안을 향해 나아갈 것입니다."

"내가 차질 없이 준비하고 영을 기다린다고 전하시오."

맹달은 사마의의 참군을 내보낸 뒤 병마를 이끌고 방비가 허술해진 낙양을 취할 생각에 크게 기뻐했다. 이때 문득 성 밖에 티끌이 일어 하늘을 찌르며 어디서 오는지 모를 군사가 쳐들어온다는 보고가 들어 왔다. 맹달이 성 위로 올라가 멀리 바라보니 한 떼의 군마가 나는 듯이 성을 향해 달려오는 모습이 보였다.

크게 놀라 급히 적교吊橋를 끌어올렸다. 곧 얼마 안 되어 사마의가 대군을 이끌고 그 모습을 드러냈다. 사마의는 제갈량이 예측한 대로 밤낮을 쉬지 않고 달려 8일 만에 맹달이 있는 성 아래에 이른 것이다. 사마의가 돌연 직접 군사를 이끌고 도착하자 크게 놀란 맹달이 급히 제갈량에게 서신을 보냈다.

"내가 거사한 지 불과 8일밖에 안 되었는데 사마의가 어찌 이를 알고 벌써 군사를 이끌고 성 아래 도착했습니다. 그가 어찌 이렇게 귀신같이 빠르게 진군했는지 도저히 헤아릴 길이 없습니다. 승상께서 급히 원군을 보내 주면 안팎으로 협격해 사마의를 사로잡도록 하겠습니다."

제갈량이 맹달의 서신을 땅에 내던지며 한탄했다.

"맹달은 반드시 사마의 손에 죽을 것이다!"

마속이 물었다.

"승상은 어찌해 그같이 말씀하십니까?"

제갈량이 말했다.

"『손자병법』에 이르기를 '방비하지 않은 곳을 치고, 예측하지 못한 곳으로 나아간다'고 했다. 사마의가 어찌 표문을 올리면서 시간을 허비할 리 있겠는가!"

제갈량이 곧 맹달의 심복에게 글을 주어 급히 회보토록 하면서 이같이 당부했다.

"부디 성을 굳게 지키고 가벼이 교전하지 말라고 이르시오. 내가 곧 원군을 보내 돕도록 할 것이오."

맹달은 제갈량의 회신을 받고 원군이 오기만을 기다리며 성을 굳게 지키고 감히 사마의와 접전하지 않았다. 맹달은 제갈량의 말이 그대로 적중된 데 크게 놀라 탄식하며 자책했다.

"내가 시일을 끌다가 일을 그르치고 말았구나!"

제갈량은 급히 오나라와 연락해 맹달을 구하게 했다. 그러자 사마의는 일부 제장들을 나누어 이들을 막는 한편 급히 신성에 맹공을 퍼부었다. 사마의는 결국 신의를 이용해 맹달의 휘하 장수를 포섭해 밤에 몰래 성문을 열게 만들었다. 이에 사마의 군사들이 벌떼처럼 쳐들어갔다. 맹달은 갑옷도 제대로 입지 못한 채 급히 북문을 통해 도주하다가 추병의 창에 찔려 죽고 말았다. 사마의는 신성을 친 지 꼭 16일 만에 성을 공략하고 맹달의 목을 벤 것이다.

사마의는 삼국시대 당시 『손자병법』을 새롭게 편제하면서 정밀한 주석을 가한 조조와 필적할 만한 당대 최고의 전략가였다. 훗날 사마의는 신속계를 구사해 맹달을 격파한 배경을 이같이 설명했다.

"당시 맹달은 군사가 많지 않았으나 비축한 식량이 1년분이나 있었다. 우리 군사는 비록 맹달보다 네 배는 많았으나 갖고 있는 식량으로 한 달을 넘기기가 어려웠다. 한 달 식량을 가지고 1년분 식량을 가진 자를 도모해야 하니 어찌 속전속결을 취하지 않을 수 있었겠는가? 병사 네 명이 한 명의 적을 공격하는 셈이니 설령 군사의 반을 잃더라도 능히 적의 성을 공략할 수 있다면 가서 공격해야만 했던 것이다. 사상자를 계산에 넣지 않고 맹공을 퍼부은 이유다. 이는 식량을 가지고 적과 경쟁한 것이기도 하다."

제갈량이 사마의의 적수가 될 수 없었음을 짐작하게 하는 대목이다. 그는 『손자병법』 전략 전술을 훤히 꿰고 있었다.

## 현지서 조달하라

전쟁을 잘하는 자는 장정을 두 번 다시 징집할 일도 없고, 군량도 여러 차례 실어 나를 필요도 없다(징병은 부역이나 참전을 위해 선발되었다는 의미다. 횟수가 적을수록 좋다. 한 번 선발해 전쟁에서 이겼으면 환국한 자를 다시 선발해 전쟁터로 내보내서는 안 된다. 군량을 여러 차례 실어 나를 필요가 없다고 한 것은 처음에만 군량을 실어 나르고, 이후에는 적지에서 모든 수단을 동원해 자급해야 한다는 취지다. 그래야만 현지에서 조달한 물자를 토대로 계속 진격해 승리를 거둘 수 있고, 개선해 돌아올 때까지 다시는 군량을 싣고 가 맞이하는 일이 없다). 무기와 장비 등은 기본적으로 본국에서 가져다 쓴다. 그러나 군량만큼은 적지에서 조달해야 한다. 그래야 병사들을 넉넉히 먹인 가운데 용병할 수 있다(무기와 갑옷을 비롯한 모든 전투 장비는 싸움이 벌어지기 전에 본국에서 충분히 준비해 조달한다. 그러나 군량만큼은 반드시 적지에서 조달해야 한다).

나관중의 『삼국연의』에 조조의 용병술과 관련한 유명한 일화가 나온다. 유비가 조조에게 몸을 의탁하고 있을 때 하루는 조조가 유비를 불러 자리를 함께 하고는 이같이 말했다.

"나는 조금 전 후원의 매실이 익은 것을 보고 장수張繡를 정벌할 때가 기억나서 그대와 함께 담소하며 술이나 마시자고 불렀소. 그때는 행군 도중 물이 떨어져 병사들 고통이 아주 심했는데, 내게 문득 한 가지 묘안이 떠올랐소. 그래서 말채찍으로 앞을 가리키며 병사들에게 말하기를 '저 앞에는 넓은 매실나무 숲이 있는데 그 매실은 아주 시고도 달아 우리 목을 축이기에 충분할 것이다. 잠시만 참고 힘을 내자!'고 했소. 이 말을 들은 병사들은 매실의 신맛을 생각하고 입 안에 침이 돌아 갈증을 잊게 됐소. 그리고 오래지 않아 물 있는 곳을 찾아 다행히 갈증과 피로를 해소시켰소."

여기서 망매지갈望梅止渴 성어가 나왔다. 망매해갈望梅解渴, 매림지갈梅林止渴도 같은 뜻이다. 『삼국연의』에서 조조는 망매지갈 일화를 예로 들어 유비의 마음을 떠보고자 한 것이다.

남북조시대 남조 송나라 유의경이 쓴 『세설신어世說新語』에는 이 이야기가 위나라를 찬탈해 진나라를 세운 진무제 사마염의 일화로 나온다. 사마염이 오나라를 공격하던 중에 길을 잘못 들어 헤매다가 병사들이 갈증으로 고통을 호소하자 조조를 흉내 내 망매해갈의 계책으로 계속 진공해 오나라를 멸망시키고 천하를 통일하게 되었다는 이야기다. 『삼국연의』는 사마염의 망매해갈 일화를 조조의 일화로 뒤바꾼 것이다.

서양에도 유사한 일화가 있다. 1796년 프랑스 공화국 정부가 군사적 천재로 명망이 높은 나폴레옹을 이탈리아 방면 원정군 사령관에 임명했다. 당시 나폴레옹은 겨우 27세에 불과했다. 육군 장군 카루노가 나폴레옹에게 말했다.

"나는 당신이 나이 많은 부하 장수들을 제대로 통수할 수 있을지 없을지 걱정이오. 또한 지금 재정이 어려워 군자금을 제대로 지원할 수도 없소!"

나폴레옹이 대답했다.

"노장들을 다루는 방법이 있으니 염려 마십시오. 군자금에 대해서도 나름 방책이 있으니 크게 염려하지 마십시오!"

그러고는 곧 임지인 남부 니스로 달려갔다. 그러나 현지 상황은 열악하기 그지없었다. 3만 6000명의 장병, 4000필의 말, 30만 프랑의 은화, 보름치의 군량이 전부였다. 장병과 군마 모두 크게 지쳐 있어 도무지 쓸모가 없어 보였다. 나폴레옹이 장병들을 모아 놓고 일장 훈시를 했다.

"지금 먹으려고 해도 먹을 빵이 없고, 입으려고 해도 입을 옷이 없다. 그럼에도 제군들은 암굴 속에서 무기를 베개 삼아 토막잠을 자며 조국을 위해 몸을 내던져 싸웠다. 그 용기는 가상하기 그지없다. 우리 공화국 정부는 평소 제군들에게 커다란 기대를 걸고 있는데도 재정이 궁핍해 제대로 보답하지 못했다. 그러나 이제 안심해도 좋다. 나는 제군들을 지휘해 이 세상에서 가장 부유한 롬바르디아로 쳐들어갈 것이다. 수많은 금은보화를 모두 제군들이 다투어 가질 수 있도록 하겠다. 이제 나와 함께 조금만 참고 견디도록 하라. 그리고 함께 진격하자. 진격하는 곳에 명예와 영광과 부가 있을 것이다! 제군들, 전진할 용기가 없는가!"

땅에 가라앉았던 전군의 사기가 문득 하늘을 찌를 듯 치솟았다. 나폴레옹이 눈 덮인 알프스 산을 넘어 이탈리아를 일거에 제압한 배경이 여기에 있다. 그가 이끌고 간 병사들은 원래 패잔병이나 마찬가지인 존재들이었다. 그런 그들이 어떻게 그토록 용맹무쌍한 전사로 돌변한 것일까? 바로 이익 때문이었다. 나폴레옹은 이익을 보면 미친 듯이 달려가는 인간의 호리지성好利之性을 통찰한 것이다. 맘매지감 고사를 원용한 탁월한 용병술이 아닐 수 없다.

## 민폐를 줄여라

나라가 전쟁으로 인해 빈곤해지는 것은 군사를 멀리 보내 군수품과 군량 등을 먼 거리까지 실어 보내기 때문이다. 장거리 수송으로 많은 인력과 물자가 소모되면 백성들 또한 가난해질 수밖에 없다. 군수품의 긴박한 조달로 생필품 가격까지 덩달아 치솟으면 백성들은 이를 구입하기 위해 많은 비용을 치러야 하고 끝내 파산할 수밖에 없기 때문이다(군사가 국경 너머로 출정하면 군수품 관련 물자가 모두 부족해진다. 악덕 상인들이 이를 구실로 생필품까지 매점매석해 물가가 치솟는다. 결국 백성들은 이를 구입하기 위해 가진 재산을 모두 써버리고 파산할 수밖에 없다). 백성의 재산이 고갈되면 국가는 더욱 급하게 요역徭役과 부세賦稅를 늘린다. 국력이 이내 소진되고 재정까지 바닥나 마침내 나라 안의 모든 집이 텅 비는 이유다. 전쟁을 한 번 치르면 백성의 재산은 10분의 7이 허공으로 사라진다(백성의 요역과 부세를 뜻하는 구부丘賦는 원래 주나라 토지 제도인 정전제를 말한 것이다. 8가구가 우물 정井자처럼 똑같이 땅을 나누어 경작하는 이 제도는 16가구를 1구丘로 보았다. 백성의 재산이 고갈된 가운데 전쟁이 지속되면 곧 군량을 포함한 군수품의 생산과 운송 등을 떠맡은 백성들은 이내 힘이 다해 벌판에서 쓰러져 죽는다. 10분의 7은 적의 공격이 없을지라도 전쟁의 지속으로 백성이 피해를 입는 비율을 언급한 것이다). 백성의 재산이 허공으로 사라지면 나라 재정 또한 엄청난 타격을 입는다. 부서진 전차와 피로에 지친 말을 보충하고 투구나 갑옷, 활이나 쇠뇌, 창과 방태 등 갖가지 전투 장비와 무기를 조달하고, 군수품 및 군량을 실은 커다란 수레와 이를 끄는 소가 모두 큰 손상을 입는 까닭에 재정의 10분의 6이 허비된다(군수품 수송에 사용되는 소는 평소 농사를 짓는 소를 징발했다는 뜻이다. 군수품을 실은 커다란 수레는 세금으로 거둔 식량을 옮기는 데 사용되는 장곡거長轂車를 말한다).

원래 병사들에게 노획물과 전리품을 미끼로 내세워 사기를 진작시키는 방법은 하책이다. 중국의 국공내전 당시 홍군이 적으로부터 약탈하는 수법을 구사한 것은 부득이한 상황에서 최후의 수단으로 선택한 고육책이었다. 농민혁명과 반제국주의혁명, 의식혁명 등 높은 이상을 내걸고 싸우는 만큼 엄정한 군기가 필요했다. 자칫 약탈하는 것이 버릇 들면 무고한 농민들의 재산을 빼앗아 목을 축이고 배를 불릴지도 모를 일이었다. 그 경우 부패한 국민당 정부군과 하등 다를 것이 없다. 이는 혁명의 실패를 뜻한다. 모택동은 이를 염려했다. 이때 그가 만들어낸 것이 바로 '3대규율'과 '8항주의'였다.

'3대규율'은 첫째 모든 행동은 지휘에 복종하고, 둘째 인민의 바늘 하나와 실 한 오라기도 취하지 말며, 셋째 모든 노획물은 조직에 바친다는 내용이다. '8항주의'는 첫째 말은 친절하게 하고, 둘째 매매는 공평하게 하며, 셋째 빌려온 물건은 돌려주고, 넷째 파손한 물건은 배상하며, 다섯째 사람을 때리거나 욕하지 말고, 여섯째 농작물은 해치지 말며, 일곱째 여자를 희롱하지 말고, 여덟째 포로를 학대하지 말라는 내용이다.

홍군을 장개석을 포함한 기왕의 모든 대소 군벌 휘하 군사와 다르게 보이도록 만든 비결이 바로 여기에 있다. 인민과 하나 되어 그들의 아픔과 고통을 자신의 것으로 여기는 것이 요체다. 모택동이 '신중화제국' 창업주가 된 근본 배경인 3대규율과 8항주의는 지금도 중국군의 불문율로 통용된다. 요체는 명실상부한 인민의 군대가 되는 것이다. 고금을 막론하고 최강의 군사는 인민과 하나가 되는 인민의 군대다. 북한이 군대 명칭을 인민군으로 정한 이유이기도 하다. 그러나 이는 말장난에 지나지 않는다. 북한 소식통이 전하는 얘기는 온통 인민을 억압하고 약탈하는 얘기뿐이다.

그러나 모택동이 지도한 홍군은 이와 달랐다. 명실상부한 인민군이었다고 해도 과언이 아니다. 미국의 군사 전문가 베빈 알렉산더의 언급이 이를 뒷받침한다. 모택동을 세계 전사戰史 중 가장 출중했던 전략가 중 한 사람으로 지목한 그는 『위대한 장군들은 어떻게 승리했는가』에서 홍군을 이같이 묘사했다.

"이 군대는 계층적 명령 체계가 아니라 가능한 한 가장 민주적인 형태를 지향했다. 이들의 군대에는 서방이나 국민당 군대와는 달리 계층과 교육 정도에 의해 사병과 분리되는 명확한 장교단이 없었고, 계급과 기장記章도 없었다. 남자들은 물론 종종 여자들도 자신들의 능력을 보임으로써 리더가 되었고, 사병들은 그들을 '소대장 동무' '중대장 동무'처럼 직함으로 호칭했다. 장교들은 병사들을 구타하거나 학대하지 않았다. 모든 사람들은 함께 살았고, 같은 음식을 먹고, 똑같은 옷을 입었다."

중국 공산당은 '중화제국' 역사를 두고 하나의 작은 승리에 만족하지 않고 계속 더 큰 승리로 나아간 휘황한 역사라고 자찬한다. 그러나 사실 중국 공산당의 역사는 그리 명예로운 것만도 아니다. 그들 역시 장개석의 국민당과 마찬가지로 기만과 선동, 강탈, 이간 등의 수법을 구사했다. 안팎의 여러 정황이 맞아떨어져 천하를 거머쥐었을 뿐이다. 천시天時를 만난 셈이다.

## 내 것으로 만들라

지혜로운 장수는 적지에서 군량을 얻기 위해 애쓴다. 적지에서 얻은 군량 1종鍾은 본국에서 운송한 군량 20종, 적지에서 얻은 사료 1석石은 본국에서 운송한 20석과 맞먹는다(장거리 운송의 위험성과 비용 등을 빼면 20석 가운데 겨우 1석만이 도달할 뿐이다. 이게 군수 보급의 기본 이치다. 일설에 따르면 사료로 사용되는 '기萁'는 곧 콩대를 뜻하고, 지금의 무게로 70근이라고 한다. 손무가 현지에서 조달하는 군량과 사료가 본국에서 운송한 것보다 스무 배의 가치가 있다고 한 것은 운송에 따른 비용이 그만큼 크다는 것을 언급한 것이다). 병사들이 적을 무찌르게 하려면 적개심을 격발시켜야 한다. 위세와 적개심으로 무장해 적과 싸우는 것을 말한다. 마찬가지로 적의 무기나 물자를 빼앗고자 하면 포상을 적극 활용해야 한다(군대에 충분한 물자가 없으면 병사들을 모을 수 없고, 군공에 따른 포상이 없으면 병사들은 굳이 앞장서 싸우려 하지 않는다). 전차전에서 적의 전차를 열 대 넘게 노획할 경우 가장 먼저 노획한 자에게 상을 내리는 이유가 여기에 있다(통상 적의 전차를 대거 탈취할 때는 많은 병사들이 함께 힘을 합쳤기에 가능하다. 이들에게 두루 상을 내릴 수는 없다. 앞장서 노획한 자를 포상하는 방법으로 다른 병사들을 고취하려는 것이 근본 취지다. 다른 책에서도 있다. 이에 따르면 전차 열 대 이상을 이끌고 나가 싸울 경우는 공을 세운 전차만 포상하고, 열 대 미만을 이끌고 가 싸울 경우는 설령 단 한 대의 전차만이 전공을 세웠을지라도 나머지 전차까지 두루 상을 내린다는 것이다. 병사들의 사기를 높이는 방안으로는 나름 그럴듯한 해석이다). 이때 전차 깃발을 바꿔 달고 아군의 전차 부대에 편입시킨 뒤 전장에 투입한다(아군의 전차 부대에 편입한 까닭은 적과 구별하기 위함이다). 또 포로로 잡힌 적을 잘 대우해 투항하게 만든 뒤 전투에 투입한다(그러나 아무리 투항했을지라도 임의로 행동하도록 방치해서는 안 된다). 이런 식으로 전력을 증강해 나가는 것을 두고, 적을 이길수록 내가 더욱 강해지는 이른바 승적익강勝敵益强이라고 한다(적군을 투항시켜 아군을 증강시킨 덕분이다).

중국의 전 역사를 통틀어 농민 반란이 성공한 사례는 오직 '홍건적의 난'과 '홍군의 난'밖에 없다. 다만 주원장은 원제국 치하에서 명나라를 세운 뒤 농민 반란군 출신 배경을 부끄러워한 나머지 주군으로 받들던 홍건적의 수령 한림아韓林兒를 제거하며 경력을 '세탁'했고, 모택동은 자신을 위시한 홍군을 혁명 세력으로 치장한 점이 다르다. 그러나 이후 행보를 보면 판에 박은 듯이 같다. 주원장의 치세 때 빚어진 이른바 문자지옥文字之獄과 모택동이 주도한 문화대혁명이 대표적인 실례다. 주원장은 나름 경력을 세탁했음에도 늘 사대부들이 농민 반란군에서 졸지에 새 왕조의 창업주가 된 자신을 비웃는 것은 아닌지 의심했다. 모택동 역시 대약진운동 실패 후 이른바 백화제방百花齊放 운운하며 지식인들의 체제 비판을 허용했다가 비난의 화살이 자신을 겨냥하자 마침내 칼을 뽑아 들었다. 발단 및 전개 과정이 문자지옥과 하등 다를 바 없다.

후한 말기 실패로 끝난 장각張角의 '황건적의 난' 역시 여러모로 홍수전의 '태평천국의 난'과 닮았다. 태평도太平道 교주 장각과 배상제교拜上帝教 교주 홍수전이 각각 천공장군天公將軍과 천왕天王을 자처하고, 반란에 참여한 자들이 모두 재산을 교단에 바친 채 공동생활을 영위하며, 남녀를 가리지 않고 함께 전투에 참여한 점 등이 그렇다. 홍수전이 기독교 교리를 끌어들여 예수의 아우를 자처한 것은 모택동이 마르크시즘 외피를 입은 것처럼 껍데기에 지나지 않다. 홍수전의 롤 모델은 어디까지나 장각이었다. 그런 점에서 역대 사가들이 중국의 역사를 순환사관 관점에서 보는 것은 일리가 있다.

초평 3년(192) 겨울 12월, 조조가 황건적을 좇아 제북 땅에 이르렀다. 그곳은 자신의 가장 가까운 친구이자 열렬한 지지자였던 포신이 전사한 곳으로, 그의 원수를 갚기 위해 맹공을 가하자 궁지에 몰린 황건적이 이내 투항했다. 전투 요원 30여만 명을 포함해 남녀 100여만 명에 달했다. 조조는 이들을 모두 거둔 후 정예군을 골라 자신의 주력 부대로 삼았다. 이들 황건적 출신 정예병이 바로 조조 군의 승승장구를 가능하게 한 청주병青州兵이다.

이들 청주병은 조조 군의 최정예 부대로 전투가 벌어질 때마다 선봉에 나서 수훈을 세웠다. 조조의 세력이 욱일승천 기세로 확산된 계기가 바로 청주병 편제에 있었다. 당시 조조는 투항한 황건 잔당에게 둔전을 주며 군량을 자급자족하도록 했다. 경제와 군사를 일치시킨 것이다. 이는 전국시대 중엽 상앙商鞅이 구사한 이른바 농전農戰을 그대로 답습한 것이다. 평시에 농사를 짓다가 전쟁이 터지면 병사로 출전해 싸우는 것을 말한다. 상앙의 저서 『상군서商君書』는 제자백가서 가운데 시종 부국강병을 역설한 유일한 고전에 해당한다. 『상군서』를 관통하는 키워드가 바로 농전이다. 진시황이 사상 최초로 천하통일의 대업을 이룰 수 있었던 것도 바로 농전 덕분이었다.

조조의 이런 조치는 원소나 공손찬과는 확연히 다른 바가 있다. 조조는 황건적 침공에 대해 단호히 대처했으나 원소나 공손찬처럼 잔혹하게 살해한 적은 없다. 이에 반해 원소는 흑산적을 토벌하면서 5일 동안 포위 공격해 이들을 깨뜨린 뒤 우두머리인 우독을 비롯해 무리 1만여 명의 목을 베었다. 좌자장팔이 이끄는 무리를 칠 때는 무리 전체의 목을 베었다. 하북성 이현 남쪽의 박릉에서 장우각 등을 격파할 때도 수만 명을 격살했다. 공손찬 역시 청주와 서주의 황건적을 지금의 산동성 동광현東光縣 남쪽에서 격파한 뒤 3만여 명의 수급을 얻었다. 황건적이 황하를 넘어 도주하자 공손찬은 반쯤 넘어왔을 때 공격을 가해 다시 수만 명을 죽였다.

그러나 조조는 결코 그런 짓을 하지 않았다. 많은 사람들이 이런 대목을 소홀히 한다. 조조가 황건 잔당을 거둔 것은 천하대세의 흐름을 통찰한 결과다. 그는 천하대란으로 인해 군벌의 난립이 불가피하다는 사실을 숙지했다. 이런 상황에서는 기반을 확고히 해 세력을 확대하려면 반드시 대규모 병력이 필요하다. 어디서 병력을 충원할 것인가? 황건적과 흑산적 등 농민 반란군밖에 없었다. 조조가 이들 농민 봉기군을 진압하는 와중에 이들의 투항을 적극 유인한 배경이 바로 여기에 있다. 태평천국의 난을 진압한 증국번이 난을 진압하는 과정에서 시종 회유책을 구사한 것도 같은 맥락이다.

증국번은 황건 잔당을 투항시켜 청주병으로 활용한 조조를 롤 모델로 삼은 것이다. 그가 주변의 간곡한 권유에도 불구하고 마지막까지 청조의 충신으로 남은 것도 조조의 행보를 좇은 결과다. 그의 제자 이홍장이 의화단 사건의 뒤치다꺼리를 한 뒤 피를 토하며 죽은 것도 이와 무관하지 않다. 조조를 역신逆臣으로 간주하는 기존의 견해에 대한 일대 수정이 필요한 이유다. 조조가 농민 봉기군을 세력 확대 기반으로 삼은 것 자체가 당시로서는 혁명적인 발상이었다. 「작전」에서 말하는 '승적익강'의 대표적인 사례에 해당한다.


## 속전속결을 행하라

병법은 속전속결로 이기는 것을 귀하게 여기고, 길게 끄는 지구전을 천하게 여긴다(지구전이 되면 전비가 천문학적으로 늘어나 아무 이익이 없다. 전쟁은 요원의 불길과 같다. 목적을 이룬 뒤 곧바로 거두어들이지 않으면 불길은 불씨가 스스로 꺼질 때까지 모든 것을 태워버린다). 용병의 이치를 아는 장수는 백성의 생사를 관장하고, 국가안위를 좌우하는 주인공이다(장수가 현명하면 나라가 평안해진다는 뜻이다).

서양에서는 '신속계'를 이른바 전격전電擊戰으로 해석한다. 마치 번개가 치듯 급속히 달려가 적의 허점을 치는 계책을 말한다. 세계 전사에서 가장 유명한 전격전 가운데 하나로 제2차 세계대전 당시 히틀러가 감행한 '블리츠크리그Blitzkrieg'를 들 수 있다. 말 그대로 전격전이다. 이 전격전으로 프랑스가 자랑하던 난공불락의 마지노선은 제 기능을 하지 못했고, 당초 6년 정도 소요될 것으로 예상했던 두 나라 간의 전쟁도 단 6주 만에 끝났다. 이를 두고 당시 싸움이 독일군의 완전무결한 계획에 따라 한 치의 오차도 없이 전개되었고, 전쟁 개념을 완전히 뒤바꾼 전격전의 창시자는 바로 히틀러였다는 주장도 있다.

《타임스》 등에서 군사 전문 기자로 활약한 바 있는 영국의 전략가 리델 하트가 그 대표적인 인물이다. 그는 역저 『전략론』에서 히틀러를 탁월한 전략가로 평가했다. 선전, 침투, 협박, 교란, 심리전 등 『손자병법』의 「용간」에서 역설하는 첩보전과 심리전을 적극 활용하는 등 전쟁을 국가 총력전으로 파악했다는 것이 논거다. 사실 이는 칭기즈칸의 몽골 기마군단이 사용한 수법이다. 하트는 히틀러가 바로 이를 흉내 냈다고 지적했다.

그런데 서구의 군사학계에서 역사상 최고의 기습 공격으로 간주되는 히틀러의 전격전을 두고, 최근 독일 연방군 육군 대령인 프리저는 저서 『전격전의 전설』에서 적극적인 반론을 펴고 나섰다. 전격전은 히틀러가 창시한 것도 아닐 뿐더러 사전에 철저히 계획된 작전도 아니라는 것이다. 그의 주장에 따르면 전격전은 독일군이 전통적으로 추구한 기동전 및 포위섬멸전 개념에서 탄생한 역사적 산물에 지나지 않는다. 평범한 기습 작전이 엄청난 성공으로 이어지자 히틀러는 개인의 침략적 비전을 제시하기 위한 도구로 이를 이용했다는 것이 그의 주장이다.

그렇다면 당시 독일군이 거둔 기적적인 승리의 비결은 무엇일까? 프리저는 독일군이 무전 통신 체계와 전차, 항공기 등 첨단 기술을 접목한 새로운 전술을 구사한 데 반해, 프랑스군은 시대착오적인 지휘 체계로 방어 위주의 전술을 구사한 데서 찾았다. 객관적으로 볼 때 프리저의 반론이 타당할지라도 히틀러가 서구에서 사상 최초로 전격전을 구사한 사실이 달라지지는 않는다.

전국시대 말기 당대의 책사 범수范雎가 진시황의 증조부인 진소양왕에게 '원교근공遠交近攻'의 계책을 건의한 것을 두고 일각에서는 프리저와 유사한 비판을 가한다. 그러나 이 역시 범수가 원교근공 계책으로 진나라를 최강의 나라로 만든 사실이 달라지지는 않는다. 삼국시대 당시 제갈량이 유비에게 천하삼분지계天下三分之計를 건의하기 전에 유사한 견해를 피력한 사람들이 많았지만 제갈량의 건의가 퇴색하는 것은 아니다.

매사에 중요한 것은 고양이 목에 방울을 달아야 한다는 당위론이 아니라 누가 과연 이를 실천하는가 하는 현실론이다. 전략 전술에 관한 한 히틀러는 『손자병법』을 숙독한 덕에 최고의 전략가로 활약한 나폴레옹에 버금가는 당대 전략가에 해당한다. 하트의 평가는 역사적 사실에 가깝다.

여기서 하나 짚고 넘어갈 것은 히틀러의 전격전이 나오기 전까지 서구 군사학의 전략 전술은 『손자병법』이 극히 꺼리는 지구전 차원에 머물렀다는 점이다. 히틀러는 『손자병법』의 신속계를 흉내 낸 전격전을 도입해 서구의 군사학 수준을 한 단계 높인 장본인에 해당한다. 서구 군사학 수준이 극히 후진적인 상황에 머물러 있었음을 반증하는 대목이다.

정치학의 경우도 마찬가지다. 서구 학자들은 현대 정치학의 기점을 마키아벨리의 『군주론』 출현으로 잡는다. 통치 사상 및 통치술 관점에서 볼 때 『군주론』은 『한비자』의 초급 수준에 지나지 않는다. 경제 경영

학도 크게 다를 것이 없다. 『관자』와 『사기』의 「화식열전」은 애덤 스미스의 『국부론』보다 더 뛰어난 경제 경영 이론을 담고 있다. G2 시대를 맞아 이제 우리도 세계의 역사 문화를 보다 객관적으로 보는 안목이 필요하다. 해답은 『손자병법』 같은 동양 전래의 고전을 깊이 탐구하는 데 있다.

제3장

# 지피지기
## 知 彼 知 己

---

적과 나의 실력을
알고 싸워라

...

[모공謀攻]

적을 공격할 때는

반드시

먼저 꾀를 내어 도모하는 일부터

시작해야 한다.

# 싸우지 말고 이겨라

손자가 말했다. 용병의 기본 이치를 말하면 적국을 온전히 굴복시키는 전국全國이 최상이고, 적국을 무찔러 항복을 받아내는 파국破國은 차선이다(군사를 일으켜 적국 안으로 깊숙이 쳐들어가 적의 도성을 에워싼 뒤 안팎을 차단하는 식으로 해 적이 나라 전체를 들어 항복하도록 만드는 것이 최상의 계책이다. 적이 반격 태세를 갖춘 상황에서 공격을 가함으로써 불가피하게 유혈전을 통해 항복을 받아내는 것은 차선책에 지나지 않는다). 마찬가지로 적의 군단軍團을 온전히 굴복시키는 것이 최상이고, 무찌르는 것은 차선이다(『사마법』에 따르면 1개 군단은 1만 2500명이다). 적의 여단旅團을 온전히 굴복시키는 것이 최상이고, 무찌르는 것은 차선이다(『사마법』은 500명을 1개 여단으로 보았다). 적의 졸대卒隊를 온전히 굴복시키는 것이 최상이고, 무찌르는 것은 차선이다(졸대는 여단 이하 단위로 500명 이하에서 100명 사이를 말한다). 적의 오대伍隊를 온전히 굴복시키는 것이 최상이고, 무찌르는 것은 차선이다(오대는 100명 이하에서 다섯 명 사이를 말한다). 백 번 싸워 백 번 이기는 백전백승百戰百勝은 결코 최상의 계책이 될 수 없다. 싸우지 않고도 굴복시키는 부전굴인不戰屈人이야말로 최상의 계책에 해당한다(부전굴인은 싸우기 전에 적이 스스로 무릎을 꿇게 만드는 것을 말한다). 전쟁에서 최상의 계책은 지략으로 석을 굴복시키는 것이다(처음부터 계책을 세워 싸우면 적을 정벌하는 것이 용이하다). 차선책은 외교 수단으로 적을 굴복시키는 것이다(외교는 적이 동맹국과 합세해 감히 도모하는 것을 저지한다는 뜻이다). 그다음 차선책은 무력으로 적을 굴복시키는 것이다(이때는 상호 대치하는 형국이 만들어진 이후로 우세한 형세가 조성된 이후에만 병력을 움직인다). 최하 계책은 적의 성을 직접 공격하는 것이다(이는 적이 밖에서 식량을 가져다 성 안에 비축해 놓고 농성전에 들어갔을 때 공격하는 것으로 병력과 재원을 낭비하는 최하 방책이다).

『손자병법』은 「모공」에서 부득이 싸움을 할 경우에 구사하는 가장 높은 수준의 전술에서 최하 수준의 전술까지 단계별로 언급했다. 최상의 단계는 상대방을 온전히 굴복시키는 전승全勝이다. 이는 상대방의 마음을 얻어 굴복시키는 심복心服을 달리 표현한 것이다. 최하 단계는 유혈전을 동반하는 공성攻城이다. 『손자병법』은 더 이상 구체적인 언급을 하지 않았으나 '공성'의 최하 단계는 진흙 밭 개싸움인 이전투구다.

맹자는 이익 앞에서 배신을 일삼는 자들이 횡행할 경우 끝내 군신君臣은 물론 부자父子 사이에도 서로 상대방의 등에 칼을 꽂는 야만적인 '만인의 만인에 대한 투쟁'이 빚어질 수밖에 없다고 경고했다. 맹자와 비슷한 시대를 산 장자는 사람이 일생을 살아가는 유형을 크게 네 가지로 나눴다. 향락享樂, 명리名利, 귀의歸依, 초속超俗이 그것이다. 이는 삶과 죽음에 대한 기본 입장을 잣대로 삼은 것이다.

전국시대 말기에 활약한 한비자는 장자가 생각한 네 가지 유형의 삶 가운데 '명리'에 초점을 맞췄다. 그가 볼 때 열국의 군주를 위시해 일반 서민에 이르기까지 대다수 사람들이 지대한 관심을 기울이는 것은 어디까지나 명리였다. 이때 군주가 공명을 세울 수 있는 방안으로 한비자가 제시한 것은 크게 인심과 기능, 세위 등 세 가지다. 사람의 마음을 얻어 복종하게 하는 심복지계心服之計, 큰 이익을 주어 따르게 하는 대여지계大予之計, 보유한 권력과 위세를 이용하는 위권지계威權之計가 바로 이에 해당한다.

권력을 바라는 자에게는 위권지계, 이익을 밝히는 자에게는 대여지계, 명예를 탐하는 자에게는 심복지계를 구사한다. 한비자는 인간이 남의 칭송을 받는 것을 좋아하는 호명지심好名之心이 이익을 추구하는 호리지성 못지않게 강렬하다는 사실을 통찰했다.

삼국시대 당시 명예를 중시하는 인간의 호명지심을 적극 활용해 부하들의 충성을 얻어낸 대표적인 인물로 유비를 들 수 있다. 이익을 중시하는 인간의 호리지성을 적극 활용한 조조와 대비된다.

건안 13년(208) 9월, 조조가 형주를 접수할 당시 유비는 번성樊城에 있었다. 그는 뒤늦게 유종의 투항 사실을 알게 됐다. 그대로 있다가는 조조에게 포로로 잡힐 수밖에 없었다. 황급히 군사를 이끌고 번성을 떠난 이유다. 지금의 호북성 당양當陽에 도착했을 즈음 그의 뒤를 따르는 백성의 수가 10만 여 명에 달해 하루에 10여 리밖에 갈 수 없었다. 어떤 사람이 유비에게 말했다

"응당 빨리 가서 강릉을 보위해야 합니다. 지금 따르는 백성은 많고 무장한 병사는 적으니 만일 조공의 부대가 쫓아오면 무엇으로 대항할 것입니까?"

"무릇 대업을 완성하려면 반드시 사람을 근본으로 삼아야 한다. 지

금 사람들이 나에게 귀부했는데 내가 어떻게 그들을 버리고 떠날 수 있 겠는가!"

당시 조조는 유비가 군수 물자가 있는 강릉을 점거할까 두려워 경 무장한 군사를 이끌고 급히 당양에 도착했다. 유비가 이미 떠났다는 소식을 듣고 조조가 급히 정예 기병 5000명을 거느리고 추격했다. 꼬 박 하루 밤낮을 새워 300여 리를 달려가 당양 북쪽에 있는 장판長坂에 이르렀다. 유비는 처자를 버린 채 제갈량과 장비, 조운 등 수십 명만 이 끌고 급히 말을 몰아 도주했다. 장비는 조조 군사의 추격을 저지하는 역할을 맡았다. 먼저 20명의 기병을 이끌고 가 장판의 다리를 끊었다. 고리눈을 부릅뜬 채 창을 옆에 비껴 차고 큰소리로 외쳤다.

"내가 장익덕이다. 앞으로 나와 생사를 겨루자!"

조조의 사병이 감히 그에게 접근하지 못했다. 이때 어떤 사람이 유비 에게 황급히 보고했다.

"조운이 이미 북쪽으로 도주했습니다!"

유비가 수극手戟을 집어던지며 호통 쳤다.

"자룡은 나를 버리고 도주할 사람이 아니다."

과연 얼마 안 되어 조운이 유비의 외아들 유선을 품에 안고 돌아 왔 다. 유비의 '감복지계'가 구사된 것은 그다음이었다. 천신만고 끝에 유 비를 만난 조운이 유선을 공손히 바치자 유비는 유선을 땅바닥에 내던 지며 이렇게 말한다.

"못난 자식 때문에 나의 훌륭한 장수를 잃을 뻔했다!"

처자식보다 휘하 장수가 더 중요하다는 의중을 이같이 표현한 것이 다. 유비의 이 말을 들은 휘하 장병들이 모두 눈물을 흘리며 충성을 맹서했는데 당사자인 조자룡은 더 말할 것도 없다. 유비는 유선을 내던 지는 과장된 몸짓을 통해 처자식과 아끼는 장수를 버려 둔 채 도주했 다는 비난을 벗은 것은 물론, 졸지에 부하 장수를 아끼는 관인한 군주 로 각인된 셈이다.

조비도 유사한 심복지계를 구사한 바 있다. 건안 2년(197) 봄, 조조 와 적대했던 장수가 가후의 건의를 좇아 투항했다. 조조가 크게 기뻐 하며 커다란 잔치를 베풀었다. 조조가 돌아가며 술을 줄 때 전위는 큰 도끼를 들고 뒤에 서 있었다. 전위가 들고 있는 도끼날은 1척이나 되어 사람들의 간담을 서늘하게 만들었다. 조조가 한 사람 앞으로 가면 전 위는 즉시 도끼를 들고 그를 주시했다. 이로 인해 사람들은 감히 그를 쳐다볼 엄두도 내지 못했다.

조조는 연석이 파한 후 군사를 거느리고 완성으로 들어가 주둔하고 나머지 군사들은 성 밖에 주둔시켰다. 며칠을 계속해 장수가 매일 주 연을 벌이며 조조를 초청했다. 하루는 조조가 술에 취해 있자 한 측근 이 은근히 말했다.

"간밤에 제가 관사 곁에 가서 살펴보니 한 부인이 있어 용모가 아름 답기로 알아보았더니 바로 장수의 숙부 장제의 미망인이라고 합니다."

조조가 그 말을 듣고 좌우에 명해 부인을 데려오라 했다. 잠시 후 군중으로 데려온 것을 보니 과연 절색이었다. 그녀는 장수의 형수로서 과부였다. '영웅호색'이라고 하지만 조조는 이때 거의 죽을 뻔했다. 당 시 조조가 은밀히 그녀와 밤을 보내자 장수가 뒤늦게 이 사실을 알고 는 대로했다.

"조조란 도적놈이 나를 이같이 욕보이다니, 이는 너무 지나친 것이 아닌가?"

곧 가후를 불러 의논하자 가후가 계책을 일러 주었다.

"내일 조조가 장방에서 나와 일을 의논할 때 도모하는 것이 좋을 듯합니다."

이튿날 조조가 장방에서 나와 좌정하자 장수가 들어가 말했다.

"이번에 항복한 군사들 중 도망치는 자들이 많으니 중군 옆에 옮겨 두는 것이 좋겠습니다."

조조가 허락하자 장수는 수하 군사들을 중군 옆으로 옮겨 놓고 날짜를 정해 거사하기로 했다. 그러나 전위의 용맹이 두려워 섣불리 근접할 수 없었다. 이때 조조는 장수의 휘하 장수 호거아胡車兒를 총애한 나머지 호거아의 환심을 사기 위해 금덩이를 보냈다. 장수는 조조가 호거아를 통해 자신을 도모하는 것이 아닌지 크게 의심했다. 장수가 측근들과 이를 상의하자 한 사람이 계책을 냈다.

"주공은 내일 연회를 베풀어 전위를 만취하게 하십시오. 이후에 거사하면 가히 대사를 이룰 수 있을 것입니다."

당일 전위는 장수 부하들의 술대접을 받고 대취한 나머지 귀영하자마자 곯아떨어졌다. 이 틈을 타 장수가 조조의 영채를 습격했다. 고함소리를 듣고 잠이 깬 조조는 사방에서 불길이 치솟는 것을 보고 크게 당황해 전위를 찾았다. 전위가 잠에서 깨어났을 때는 장수의 군사들이 이미 영문 앞까지 들이닥친 때였다. 전위가 급한 나머지 보졸이 차고 있던 칼을 빼어 들고 곧바로 뛰쳐나갔다. 그가 칼을 휘두르며 영채 앞을 막아서자 적들이 더 이상 들어오지 못했다. 얼마 후 장수의 군사들이 각기 다른 문으로 공격해 들어왔다. 전위가 부하들과 함께 분전했으나 역부족이었다. 전위는 이내 수십 군데 상처를 입었다. 장수의 군사들이 앞으로 다가와 그를 잡으려고 하자 그가 두 명의 적을 두 겨드랑이 사이에 끼고 격살했다. 기세에 눌린 장수 군사들이 감히 앞으로 나오지 못했다. 그러나 그게 끝이었다. 상처가 너무 깊었다. 장수 군사들이 그의 목을 베었다.

전위가 영문을 막고 있는 사이 조조는 영채 뒤로 말을 타고 내뺐다. 오른 팔에 화살 한 대를 맞기는 했으나 다행히 목숨은 구했다. 이 싸움에서 조조는 맏아들 조앙과 조카를 잃었다. 조조가 다시 전열을 가다듬어 반격하자 장수가 군사를 이끌고 황급히 달아났다. 조조가 군공에 따라 상벌을 내린 뒤 곧바로 전위를 제사지내며 통곡했다.

"내가 비록 맏아들과 조카를 잃었으나 그 슬픔보다 큰 것은 전위를 잃은 것이다. 지금 내가 우는 것은 오직 전위를 위해서다! 전위여, 나의 전위여!"

이를 지켜보던 조조의 군사들은 감격을 금치 못했다. 조조는 본거지인 허도로 돌아와서도 다시 크게 제사를 지냈다. 전위의 혼을 위로하기 위해서였다. 추모행사가 끝난 뒤 조조가 좌우에 명했다.

"전위의 아들 전만을 중랑中郎에 임명하고 나의 부중에서 기르도록 하겠다."

장병들 모두 감격해 마지않았다. 조조는 비록 자신의 방심으로 자식과 조카, 총애하는 호위대장을 잃었으나 피붙이보다 장수 하나 잃은 것을 더 애통해 함으로써 부하 장병들을 감복시킨 셈이다. 유비가 유선을 내던지는 모습으로 휘하 장수들을 감복시킨 것과 닮았다. 유비이 과장된 몸짓은 말할 것도 없고 조조가 보인 극진한 애도 행사 역시 일정 부분 연출의 성격을 띨지라도 이를 탓할 수는 없다. 천하를 거머쥐려면 최소한 이런 수준의 전략적인 면모는 지녀야 하기 때문이다. 고금을 막론하고 사람을 감동시키는 것보다 더 나은 '모공'의 계책은 없다.

벌모의 두 번째 계책은 인간의 호리지성을 활용하는 '대여지계'다. 한비자는 제왕이 인재를 끌어 모으는 가장 효과적인 방안으로 작록을 내세웠지만 따지고 보면 이 또한 이익을 달리 표현한 것에 지나지 않는다. 작록도 인재들이 자신에게 이익이 된다고 판단했기에 발탁을 기대하고 몰려든 것으로 볼 수 있기 때문이다.

「화식열전」에서 시장에 대한 국가의 간섭을 질타한 사마천이 「평준서」에서 사치와 토지겸병을 일삼은 부호와 공실 이하의 사대부들을 성토한 것은 아나톨 칼레츠키의 『자본주의 4.0』 정신과 상통한다. 칼레츠키는 자본주의 4.0의 특징을 이른바 '적응성 혼합 경제'로 요약했다. 정부와 시장이 공히 중요한 역할을 하는 것이 '혼합 경제'이고, 상황과 여건에 따라 경제 규칙들이 끊임없이 변화하는 것이 바로 '적응성 경제'라는 것이다. 취지 면에서 사마천과 한비자의 주장과 하등 다를 바 없다.

정부와 시장이 내놓은 경제 규칙이 안팎의 상황 변화에 따라 다양한 조합을 이루어 임기응변의 대처를 해야 한다는 것은 곧 『손자병법』이 역설하는 임기응변의 병법 이론과 완전히 일치한다. 치세와 난세를 막론하고 오로지 덕치에 입각한 왕도를 구사해야만 천하인의 신망을 한 몸에 모아 천하통일을 이룰 수 있다는 맹자의 주장이 얼마나 공허한지 쉽게 알 수 있다. 이는 일신의 명예만을 챙기며 사람들 귀에 좋은 소리만 하는 인기영합주의의 전형에 해당한다. 이를 경계하는 『한비자』「외저설 좌상」의 해당 대목이다.

"무릇 어린아이들이 소꿉장난을 할 때는 흙으로 밥을 짓고, 진흙으로 국을 만들고, 나무로 고기를 만든다. 그러나 날이 저물면 반드시 집으로 돌아가 밥을 먹는다. 이는 흙으로 만든 밥과 진흙으로 만든 국은 가지고 놀 수는 있어도 먹을 수는 없기 때문이다. 성군에 관한 전설과 칭송은 듣기에는 좋으나 현실과 동떨어진 것이다. 전설적인 성군의 인의를 행하는 것으로 나라를 다스릴 수는 없다. 이 역시 소꿉장난처럼 즐길 수는 있지만 치국에 사용할 수 있는 것이 아니다. 인의를 숭상하는 바람에 나라가 약해지고 어지러워진 대표적인 나라가 바로 위魏나라다. 반대로 인의를 숭상하지는 않았지만 잘 다스려지고 강해진 대표적인 나라가 진나라다."

조선조의 패망은 한비자의 이런 경고를 귓등으로 흘려들은 결과로 볼 수 있다. 구한말 당시 고루한 사대부들은 이른바 위정척사를 외치며 문호 개방을 극렬히 반대했다. 인의로 대하면 섬나라 오랑캐는 물론 서양 오랑캐도 이내 감복해 침략 의도를 버릴 것이라는 논지에서 였다. 이는 나라를 통째로 들어 호랑이 앞에 고깃덩이로 내던진 것이나 다름없다. 동서고금을 막론하고 이익을 멀리하고 일신의 명예를 중시하는 자들은 나라를 패망으로 이끌 뿐이다.

벌모의 세 번째 방안은 위세와 권력을 이용해 상대방을 복종하게 만드는 '위권지계'다. 위권은 국가 원수의 공식 회동 때 통상 총칼을 든 위병들을 곁에 세우듯이 군주의 힘과 위세를 보이기 위한 수단이다. 상대방을 무위武威로 제압해 협상을 유리하게 이끌려는 고단수의 술책에 해당한다. 춘추전국시대부터 널리 사용된 방안이기도 하다.

대표적인 예로 춘추시대 첫 패업을 이룬 제환공이 남방의 대국 초나라를 제압할 때 써먹은 사례를 들 수 있다. 기원전 658년 겨울, 초나라 장수가 대군을 이끌고 가 제나라에 충성을 맹세한 정나라를 쳤다. 정문공이 급히 제나라에 사람을 보내자 제환공이 곧바로 제후들에게 격문을 돌린 뒤 연합군을 이끌고 진군했다. 연합군이 초나라 경계에 이르렀을 때 초성왕이 사자를 보내 이같이 말했다.

"군주는 북해에 살고 과인은 남해에 살고 있소. 서로 다툴 일이 없는데 어찌해 여기까지 온 것이오? 도무지 그 연고를 알 수가 없소."

관중이 제환공을 대신해 대답했다.

"지금 초나라가 특산물인 포모包茅를 진공하지 않자 왕실은 제사 술을 올릴 길이 없어 제사를 제대로 지내지 못하오. 그 공물을 얻기 위해 온 것이오."

'포모'는 초나라의 특산물인 푸른 띠 풀을 말한다. 제사용 술을 거를 때 사용한다. 초나라 사자가 대꾸했다.

"주나라가 기강을 잃었기 때문에 천하가 주왕에게 조공을 바치지 않는 것입니다. 그러나 포모를 올리지 않은 것은 과군의 잘못이니 이후 올리도록 하겠습니다."

그해 여름, 굴완屈完이 제나라 군중으로 갔다.

"과군도 포모를 바치지 않은 것을 후회합니다. 군주는 대군을 20리만 물려 주십시오. 그러면 과군은 틀림없이 제후들의 요구를 들어줄 것입니다."

"초나라가 다시 신하로서의 직분을 다한다면 과인도 돌아가 천자에게 성과 있는 보고를 할 것이오."

그리고는 곧 군사들을 뒤로 물려 소릉召陵에 주둔했다. 굴완이 곧 초성왕을 설득해 포모 한 수레와 주왕에게 바치는 표문表文을 가지고 왔다. 제환공이 군사들에게 명해 초나라 물품을 점검하게 한 뒤 굴완에게 물었다.

"대부는 우리 중원의 군대를 본 일이 있소?"

"궁벽한 남방에서 살았기 때문에 아직 중원의 성대한 군세를 보지 못했습니다."

제환공이 제후들의 군사를 도열시킨 후 굴완과 함께 수레를 타고 사열했다. 사열이 끝난 뒤 제환공이 굴완에게 물었다.

"어찌 제후들이 과인 때문에 이리 한 것이겠소? 모두 우호관계를 지속시키기 위한 것이오. 초나라도 나와 우호관계를 맺는 것이 어떻겠소?"

이튿날 소릉에 세운 단 위에서 제환공이 맹주가 되어 희생으로 바친 소의 귀를 잡았다. 이를 통상 '우이牛耳를 잡았다'고 표현하는데, 맹주가 되었음을 의미한다. 굴완도 초성왕을 대신해 맹세했다.

"이제부터 대대로 결호結好할 것을 맹세한다!"

초나라가 왕호王號를 사용하는 것을 금지하지 못한 점 등에 비춰 완벽한 심복을 받은 것은 아니다. 당시 상황에서 이를 관철할 수는 없었다. 초나라는 그만큼 막강했다. 그럼에도 왕호를 쓰며 남방을 호령하는 초나라로 하여금 주나라 왕실에 포모를 올리도록 한 것은 사실상 신하의 예를 취하도록 만든 것이나 다름없다. 소릉의 회맹을 나름 높이 평가해야 하는 이유다. 싸우지 않고도 초나라 굴복을 얻어낸 점에서 일종의 위권지계에 해당한다. 제환공이 연합군의 위세를 보이기 위해 의도적으로 굴원과 함께 열병을 행한 사실이 이를 뒷받침한다.

모든 종류의 무력시위는 이를 보는 사람들을 주눅 들게 만들려는 취지에서 나온 것이다. 한비자는 이를 통찰했다. 『한비자』 「난이」에 이를 뒷받침하는 구절이 나온다.

"무릇 관직은 현자를 등용하기 위한 방편이고, 작록은 공로에 대해 상을 주기 위한 수단이다. 관직을 만들고 작록을 벌여 놓으면 인재들은 저절로 모여든다. 사람을 찾는 일이 어찌 고생스러울 리 있겠는가?"

위권의 위력을 이처럼 잘 설명한 것도 없다.

## 유혈전을 피하라

적의 성을 직접 공격하는 방안은 부득이한 경우에 한한다. 이 경우 망루와 돌격용 전차인 분온轒轀을 만들고, 투석기 등의 공성 장비를 갖추는 데 3개월이 걸린다. 또 성 안의 동태를 감시하기 위한 토산土山도 3개월이 걸려야 완공할 수 있다. 장수가 분을 참지 못하고 초조한 마음으로 아무 준비도 없이 휘하 병사들을 개미떼처럼 성벽을 기어 오르게 하면 3분이 1이 희생할지라도 성을 함락시킬 수 없다. 이는 적의 성을 직접 공격한 데 따른 재난이다(장수가 쉽게 분노한 나머지 공성 무기가 완성될 때까지 기다리지 않고 병사들에게 성벽 위로 기어 오를 것을 명하는 경우가 있다. 수많은 병사가 마치 개미떼처럼 성벽 위에 붙어 있는 상황에서 적의 공격을 받으면 수많은 사상자가 나기 마련이다). 용병에 뛰어난 장수는 적을 굴복시킬 때 전투를 벌이지 않고, 적의 성을 함락시킬 때 공성전을 펼치지 않으며, 적국을 허물어뜨릴 때 지구전을 행하지 않는다(적국을 무찌를 때 장기전으로 치달아 오랫동안 사방의 위험에 군사를 노출시키는 일을 해서는 안 된다). 반드시 군사를 온전히 해서 천하의 승부를 다투는 까닭에 병력을 전혀 손상시키지 않고도 승리에 따른 이익을 온전히 할 수 있다. 이것이 계책으로 적을 치는 기본 원칙이다(적과 전면전을 치르지 않는 가운데 적이 미처 준비하기도 전에 도성을 점령하는 방법으로 재빨리 적국을 제압한 뒤 천하에 압승을 선포해야 한다. 그리하면 병사들이 전혀 다치지 않고, 칼날 또한 피를 묻힐 일이 없다).

'벌교伐交'는 '벌모伐謀'가 실패했을 때 동원하는 방안이다. 상대방이 동맹국을 끌어들일 가능성을 사전에 차단해 저항 의지를 미리 꺾는 것을 말한다. 기업 인수 과정에서 현재의 경영진과 우호적인 관계를 맺은 지분을 이탈시켜 경영권을 인수하는 것과 닮았다. 춘추전국시대에 벌교를 전문으로 연구한 학단이 있었으니 바로 종횡가縱橫家다. 요즘의 외교관 집단에 해당한다.

'벌병伐兵'은 벌교가 실패한 뒤에 구사하는 것이다. 무력을 동원한 쿠데타로 정권을 교체하는 경우가 이에 해당한다. 전쟁터의 승부 논리는 왕조 교체를 포함해 통상적인 정권 교체와 국가 병탄 과정에도 그대로 통한다. 이는 부득이한 경우에 사용하는 것으로 벌교보다 급이 낮다. 제3공화국이 나름 경제 발전의 초석을 놓는 등의 공을 세웠음에도 오늘날까지 비판의 도마 위에 오르는 현실이 이를 뒷받침한다.

『손자병법』이 최악의 경우로 든 것은 쌍방 모두 커다란 손상을 입는 유혈전이다. 「모공」은 이를 최하 수준의 공성 단계로 분류했다. 유혈전을 통한 제5공화국의 집권 과정이 이에 해당한다. 여야 정치권이 국가

안위와 관련한 사안까지 정쟁 대상으로 삼아 연일 드잡이를 하다가 툭하면 법정으로 달려가는 것도 같은 꼴이다.

해방 이후 우리나라에는 걸핏하면 매사를 법으로 해결하려는 그릇된 풍조가 만연해 있다. 고소와 고발 건수가 비율상 이웃 일본의 50배에 달하고, 대법원 판사가 하루에 1인당 7건을 처리하는 데 반해 영국에서는 1년에 7.5건을 처리하는 작금의 상황은 뭔가 크게 잘못되어 있다. 가장 큰 원인은 매사에 완승을 거두려는 풍조에 있다. 우리나라도 과거에는 이렇지 않았다. 서구의 잘못된 문화가 유입된 결과다.

실제로 서양은 로마공화정 때부터 법률을 교양인의 필수 지식으로 간주한 역사 문화를 갖고 있다. 동양 사대부들이 시문과 사서, 경서 등의 인문학을 습득한 것과 대비된다. 사실 클라우제비츠의 『전쟁론』은 벌모와 벌교에 관한 내용은 눈을 씻고 찾아도 찾을 길이 없고, 온통 벌병에 관한 얘기로 점철되어 있다. 같은 병서일지라도 『전쟁론』 시각으로 『손자병법』을 해석해서는 안 되는 이유다.

그럼에도 시중에 나와 있는 많은 해설서들이 『전쟁론』 시각으로 『손자병법』을 풀이했다. 병법 위에 병도가 있다는 사실을 언급하지 않는 것이 그렇다. 『손자병법』을 『전쟁론』처럼 오직 전략 전술 관점에서만 바라본 탓이다. 하버드 대학교 MBA를 비롯한 많은 경영대학원이 『손자병법』을 경영 전략의 보고로 활용함에도 오직 주가 상승에만 열을 올린다는 비난을 받으며 'MBA 무용론' 논란에 휩싸인 이유가 여기에 있다. 99%의 '반反월가 시위'가 이를 방증한다. 호수의 깊은 심연을 읽지 못하고 찰랑이는 수면만 본 탓이다.

『손자병법』에는 전쟁을 벌이기 전에 온전한 승리를 거두는 최상의 계책으로 벌모를 거론했음에도 구체적인 방안에 대해서는 입을 다물었다. 또 다른 병서인 『위료자』는 국제적인 위신 또는 압도적인 무력 등으로 굴복시키는 방법을 제시했으나 『한비자』는 인간의 호명지심과 호리지심 등을 이용한 매우 현실적인 계책을 제시한다. 실제로 진시황은 뇌물계와 사후 보장 등의 이간계 등을 구사해 불과 10년 만에 6국을 차례로 제압해 천하통일 대업을 이루었다. 천하통일에 따른 유혈전을 최대한 피한 것이다. 『손자병법』을 읽을 때 반드시 한비자를 비롯한 법가 사상가의 견해를 참조해야 하는 이유가 여기에 있다.


## 유연하게 생각하라

용병의 기본 이치를 말하면 아군의 병력이 적의 열 배일 때는 포위해 굴복시키는 것도 가하다(아군 병력이 적보다 열 배가 되면 포위해 싸울 수 있다고 한 것은, 적과 아군의 장수가 지략과 용맹 등에서 거의 같고 병사의 사기와 무기가 거의 비슷할 때 적용되는 원칙이다. 만일 아군 장수가 뛰어나고 병사의 사기나 무기가 적보다 압도적으로 우세하면 병력 차이가 반드시 열 배까지 날 필요가 없다. 나 조조는 단지 두 배 병력만으로도 하비성下邳城을 포위해 용맹하기 그지없는 여포를 생포한 바 있다). 다섯 배일 때는 공격해 굴복시키는 것도 가하다(아군 병력이 다섯 배나 많을 때는 5분의 3은 정병正兵, 나머지 5분의 2는 기병奇兵으로 활용한다). 두 배일 때는 분산시켜 공격한다(아군 병력이 두 배나 많을 때는 군사를 절반으로 나눈 뒤 한 부대는 징병, 다른 한 부대는 기병으로 활용한다). 비등할 때는 유리한 지형 등을 최대한 활용해 싸운다(적과 아군의 병력이 비등할 때는 매복이나 기습 등의 다양한 전술을 활용해야만 승리를 거둘 수 있다). 아군이 수적으로 적을 때는 충돌을 피한다(아군이 적을 때는 성벽을 높이고 보루를 튼튼히 하는 방법으로 맞서야 하고, 결코 가벼이 접전해서는 안 된다). 극히 열세일 때는 과감히 퇴각한다(병사를 이끌고 재빨리 피하는 것을 뜻한다). 병력이 크게 달리는데도 피하지 않고 굳게 버티면 결국 강대한 적에게 포로로 잡히고 만다(병력이 압도적으로 강한 적군과 정면으로 맞붙으면 이길 도리가 없다).

삼국시대 초기 신흥 강자 조조와 당대 최고의 무력을 자랑한 원소의 운명이 갈리게 된 결정적인 배경은 조조가 천자를 옆에 끼고 천하를 호령하는 이른바 '협천자挾天子, 영제후令諸侯'를 실행한 데 있다. 명분상의 우위를 점한 것이 요체다. 원소는 힘만 믿고 이를 무시했다. 대개 원소의 자만심이 지나쳤다고 해석하나 이는 반만 맞는 말이다. 원소 스스로 천자가 되고자 욕심을 낸 것이 정답이다. 이미 민심이 한나라를 떠난 만큼 새로운 왕조를 세우고자 한 것 자체를 탓할 수는 없다. 문제는 그릇이다. 원소는 그릇이 작았다. 게다가 시기심과 욕심도 많았다. 난세에 천하를 거머쥐려는 자로서는 실격이다.

원소의 죽마고우인 조조는 이를 통찰했다. 그러나 실력이 문제다. 당시 원소는 하북 일대의 방대한 영역을 호령하는 최고 실력자였다. 난세는 실력이 명분을 압도한다. 원소가 '협천자, 영제후'의 명분을 가벼이 여긴 이유다. 원소를 제압하지 않고는 뜻을 펼 길이 없었다. 당시 조조의 뇌리에서 떠나지 않는 또 한 명의 숙적이 있었다. 바로 동쪽의 여포였다. 조조는 한헌제를 맞이한 후 이들 두 명의 숙적을 제거하는 데 모든 역량을 쏟아 부었다. 남쪽으로 장수張繡를 치고, 동쪽으로 원술을 토벌한 것은 바로 이 때문이다. 배후를 기습당하는 우려를 없애고자 한 것이다. 원소와 여포를 제거하기 위한 사전 조치에 해당한다.

이후 조조는 토벌에 나선 지 불과 3개월 만에 숙적 중 하나인 여포를 제거하는 데 성공한다. 그 비결은 무엇이었을까? 여포는 서주와 회하 사이에 웅거하며 남북의 요충지를 끼고 있었다. 더구나 남쪽으로 원술, 북쪽으로 원소와 통하고, 동시에 우호세력인 유비와 기각지세를 이루었기 때문에 제거하기가 쉽지 않았다. 비결은 단계별로 여포를 고립무원 상황으로 몰아넣은 뒤 최후의 일격을 가하는 전술을 구사한 데 있다.

조조는 시종 전선을 길게 펴지 않고 한 곳에 힘을 집중시키는 전술을 구사했다. 지금의 하남성 회양淮陽에서 출병해 유비와 합세한 후 곧바로 여포의 근거지인 팽성을 함몰시킨 것이 제1차 조치에 해당한다. 이어 미리 약속한 대로 진등이 안에서 내응토록 한 뒤 그를 선봉으로 내세워 여포를 하비성 안으로 몰아넣은 것이 제2차 조치에 해당한다. 이후 증원군이 도착하자 하비성 둘레에 참호를 판 뒤 기수와 사수의 물을 끌어들여 성 안으로 흘려보낸 것이 여포의 숨통을 조이는 마지막 제3차 조치에 해당한다. 구원병도 없는 상황에서 식량마저 떨어지자 여포는 더 이상 버틸 길이 없었다. 병력을 한 곳에 집중해 승리를 거둔 대표적인 사례다.

당시 여포는 조조가 자신에 대한 토벌에 나설 것을 전혀 예측하지 못했다. 잠재적 지원 세력인 원술, 그리고 유비와 대립한 것이 그 실례다. 이는 고립무원을 자초하는 패착에 해당한다. 조조에게 토벌을 위한 최상의 여건을 스스로 마련해 준 셈이다. 또한 가장 결정적인 실수는 휘하 장수들에게 화를 내며 모욕을 가함으로써 내분을 자초한 점이다.

아무튼 여포의 제거는 조조에게 최강의 무력을 보유한 원소를 꺾을 수 있는 결정적인 계기로 작용했다. 당시 원술은 비참한 지경으로 몰락한 자신의 신세를 한탄하며 피를 토한 채 죽었다. 장수는 조조에게 투항하는 것 이외에 활로가 없다는 사실을 알고 이내 투항했다. 형주의 유표와 강동의 손책, 익주의 유장, 농서의 한수와 장로 등은 원소에 비할 바가 아니었다. 이들 모두 원소와 결전을 벌일 경우 중립을 취할 공산이 컸다.

실제로 조조는 여포의 제거를 계기로 장강 이북의 양주와 서주, 연주, 예주 등 네 개 주를 손에 넣음으로써 나름 원소와 비등한 위치로 올라섰다. 당시 원소도 기주와 청주, 유주, 병주 등 네 개 주를 보유했다. 조조가 하북 일대의 패권을 놓고 원소와 최후의 결전인 관도대전을 벌인 배경이 여기에 있다. 조조도 여포의 제거가 지니는 의미를 잘 알고 있었다. 『손자병법』「모공」의 "아군의 병력이 적의 열 배일 때는 포위해 굴복시키는 것도 가하다"는 대목을 주석하면서 반론에 해당하는 주석을 가한 것이 그 증거다.

"아군의 병력이 적보다 열 배가 되면 포위해 싸울 수 있다고 한 것은 적과 아군의 장수가 지략과 용맹 등에서 거의 같고 병사의 사기와 무기가 거의 비슷할 때만 적용되는 원칙이다. 만일 아군의 장수가 뛰어나고 병사의 사기나 무기가 적보다 압도적으로 우세하면 병력 차이가 반드시 열 배까지 날 필요가 없다. 나 조조는 단지 두 배의 병력만으로도 하비성을 포위해 용맹하기 그지없는 여포를 생포한 바 있다!"

조조는 『손자병법』을 주석하면서 자신의 실전 경험을 토대로 원문의 취지를 보강하거나 이의를 제기하고자 할 때 "나 조조" 운운의 표현을 사용했다. 전편을 걸쳐 모두 두 번 나온다. 「모공」에서 여포를 생포할 때의 상황을 언급한 것과 「구변」에서 도겸을 격파할 때의 상황을 언급한 것이 그것이다. 그가 여포를 생포한 사실을 얼마나 자랑스럽게 생각했는지를 짐작하게 하는 대목이다.


## 양장을 선발하라

장수는 군주를 보필하는 기둥이다. 장수의 보필이 온전하면 그 나라는 반드시 강해진다(장수가 빈틈없이 세밀하면 완벽한 계책을 마련할 수 있다). 장수의 보필에 틈이 생기면 그 나라는 반드시 약해진다(장수가 미욱하면 아군의 형세와 전술 등이 있는 그대로 밖으로 드러난다).


「모공」에서 "장수는 군주를 보필하는 기둥이다"라고 얘기한 것은 곧 군주와 장수의 리더십을 공히 언급한 것이나 다름없다. 군주는 뛰어난 장수를 알아보는 감식안이 있어야 하고, 장수는 평소 차분히 용병술을 연마해야만 한다. 그래야 유사시 뜻하지 않은 재난에 차분하게 대처할 수 있다. '현상賢相과 양장良將은 난세에 등장한다'는 말은 그래서 나왔다. 명군明君도 다를 바 없다. 사실 태평성대에는 군주와 대신이 누구일지라도 큰 문제가 없다. 문제는 국가 존망과 백성의 안녕이 위기에 처한 난세 상황이다. 군주와 신하 모두 제 몫을 해야 보국안민保國安民이

가능하다. 위기 상황에서 명군과 현상, 양장의 진정한 리더십이 발휘되는 이유다. 마치 천리마가 전쟁 때 진면목을 발휘하는 것과 같다.

그렇다면 우리나라 경우는 어떤가. 정치꾼이 횡행하는 정치 부재 상황의 반작용으로 인해 자신들을 '88만원 세대'로 자조하는 젊은이와 치솟는 물가에 허리가 휘는 서민들의 원성이 아마추어 정치인을 양산하는 배경으로 작용한다. '시민'과 '민주'를 기치로 내건 인기영합주의자들이 매번 돌아가며 국정을 실험 대상으로 삼는 악순환이 지속되는 현실이 그 증거다.

'정치 9단'으로 불리며 민주 투사의 화신으로 불렸던 문민정부와 국민의 정부도 경륜과 방략이 부족한 점에서는 아마추어 정치에 지나지 않다. 슬로건 정치로 일관한 문민정부가 IMF를 뒤에서 조종한 월가 투기 자본의 흉계를 제대로 읽지 못해 IMF 환란을 자초한 것은 뼈아픈 일이다. 설거지에 나선 또 다른 정치 9단이 IMF 장학생을 자처한 것도 패착이기는 마찬가지다. 당시 경제 정책 총수로 활약하며 IMF 환란 위기를 수습하는 데 앞장선 전 재경부장관 이헌재의 말이 그 증거다. 그는 지난 2011년 12월 한 일간지와의 인터뷰에서 이같이 말했다.

"돌이켜 보면 우리도 당시 모라토리엄을 각오했어야 했다. 당시 그런 주장도 있었고, 나름 계산도 해보았다. 우리도 견딜 만했다. 그러나 국민의 정부는 '금리 불문, 어떻게든 갚는다' 쪽으로 외채 협상 가닥을 잡았다. 복기하면 참으로 아쉬운 부분이다."

IMF를 '협잡꾼'으로 맹비난하며 경제 명령으로 모라토리엄을 선언해 환란 위기를 무사히 넘긴 말레이시아 마하티르를 염두에 둔 발언이다. 당시 한국은 'IMF 장학생'이라는 칭송을 듣는 것에 우쭐한 나머지 우량 기업까지 국제 투기 자본에게 헐값에 넘기는 우를 범했다. 한국에서 통하는 정치 9단이 국제 정치 무대에서는 정치 초단에 불과하다는 사실을 극명하게 보여 준 사례다. 두 명의 정치 9단 뒤를 이은 노무현 정부와 이명박 정부는 안팎으로 '명실상부한 정치 초단'이라는 비난을 받아 상황이 더 심각했다.

서민들 입장에서 볼 때 결국 '그 밥에 그 나물'에 지나지 않는 정권이 돌아가며 나라를 다스린 꼴이다. 한마디로 치국평천하의 방략이 없는 아마추어 정권에 지나지 않았던 셈이다. 이를 방치할 경우 구한말의 상황이 재현되지 않으리라는 보장도 없다. 이는 남북공멸의 길이다. 후쿠시마 원전 사태에서 그 한계를 극명하게 드러낸 일본의 리더십 부재를 비웃기 전에 아마추어 정권으로 연이은 한국의 정치 부재 현상을 더 심각하게 여겨야 하는 이유다.


## 맡겼으면 믿어라

군주가 군사 운용에 해를 끼치는 경우는 크게 세 가지다. 첫째, 진격해서는 안 되는 상황을 알지도 못하면서 진격을 명하고, 퇴각해서는 안 되는 상황을 알지도 못하면서 퇴각을 명하는 경우다. 이를 일컬어 군사 운용을 속박하는 미군縻軍이라고 한다(속박한다는 뜻의 미縻는 군주가 장수를 무시하고 군을 통제하는 것을 말한다). 둘째, 군의 내부 사정을 알지도 못하면서 군사 행정에 간섭하는 경우다. 그리하면 장병將兵들이 헷갈려하며 갈팡질팡한다(『사마법』에 "군대를 지휘하는 장수는 조정의 정사에 간섭하지 않고, 조정의 군주와 대신은 군사에 일일이 간섭하지 않는다" 고 했다. 평시에 통용되는 예제로는 비상시에 가동하는 군사를 지휘할 수 없다). 셋째, 군사 행동의 임기응변 속성을 알지도 못하면서 지휘에 간섭하는 경우다. 그리하면 장병들이 지휘에 의심을 품는다(장병을 적재적소에 배치하지 못하면 장병들의 마음을 얻지 못한다). 전 군사가 갈팡질팡하고 군주의 지도력에 의심을 품으면 이웃나라가 이내 빈틈을 노려 침공하는 화가 닥친다. 이를 두고 군심을 어지럽혀 적에게 승리를 안겨 주는 이른바 난군인승亂軍引勝이라고 말한다(난군인승의 인引은 아군이 단합하지 못해 결국 적에게 승리를 빼앗긴다는 의미다). 승리를 예측할 수 있는 경우는 크게 다섯 가지다. 첫째, 싸워야 할 때와 싸우지 말아야 할 때의 시기를 알면 승리한다. 둘째, 병력의 많고 적음에 따라 다양한 용병술을 구사할 줄 알면 승리한다. 셋째, 군주에서 일선 병사에 이르기까지 위아래가 마음을 하나로 하면 승리한다(군주와 신민이 이해를 함께 할 때 승리할 수 있다). 넷째, 만반의 대비를 한 뒤 준비 되지 않은 적과 싸우면 승리한다. 다섯째, 장수가 유능하고 군주가 간섭하지 않으면 승리한다(『사마법』에 이르기를 "전진과 후퇴는 오로지 시기에 맞게 할 뿐이다. 결코 군주를 위해 하는 경우는 없다"고 했다). 이 다섯 가지가 승리를 미리 알 수 있는 기본 원칙이다.

군주는 일단 장수를 선발했으면 전폭적인 신임을 보내야 한다. 그래야 이에 감복한 일선의 장수가 혼신의 노력을 기울여 군명君命을 이행한다. 대표적인 예로 전국시대 초기 천하를 호령한 위문후와 휘하 장수 악양樂羊의 경우를 들 수 있다.

기원전 403년 주왕실이 진晉나라를 3분한 조나라와 위나라, 한나라 등 이른바 3진三晉을 승인할 당시 위문후 위사魏斯는 지금의 산서성 하현인 안읍安邑을 도읍으로 삼았다. 서쪽으로 진秦, 북쪽으로 조趙, 남쪽으로 한韓, 동쪽으로 제齊 등과 접해 있어서 어찌 보면 이들 나라에 포위된 형국이었다. 그럼에도 그는 전국시대 초기 천하를 호령하는 패자로 군림했다.

여기에는 공자의 제자인 자하의 문하에서 연마한 이극李克과 증자의 제자인 오기吳起를 비롯해 뛰어난 재사들의 보필이 크게 기여했다. 3진의 출현에 불편한 심기를 감추지 않았던 서쪽 진나라가 누차 위나라를 치려고 했다가 단념한 것도 위문후 휘하에 천하의 인재들이 모여 있던 사실과 무관하지 않다.

3진이 등장할 당시 3진 동쪽에는 중산국中山國이 있었다. 당초 중산국은 중원의 패권국인 진晉나라에 조공을 바치던 속국이었다. 이후 3진이 사실상의 주인으로 등장하자 중산국은 이들 세 나라 중 어느 나라를 섬겨야 좋을지 몰라 크게 당황했다. 결국 아무 나라에도 조공을 바치지 않았다. 그러자 3진을 대표한다고 생각한 위문후가 크게 화를 냈다. 『사기』「위세가」에 따르면 주왕실로부터 정식 제후로 승인받기 5년 전인 기원전 408년, 위문후는 중산국을 칠 생각으로 군신들을 불러 모아 이를 상의했는데, 이때 대부 척황이 이 일을 도모할 인물로 악양을 천거했다.

하지만 악양의 큰아들 악서樂舒가 중산국에서 벼슬을 산다는 이유로 다른 신하들이 반대하자 척황이 말했다.

"그는 공명을 소중히 여기는 선비입니다. 한번은 그의 아들이 중산국 군주에게 자신의 부친을 천거한 뒤 곧바로 사람을 보내 부른 적이 있었습니다. 그러나 그는 중산국 군주가 무도한 자라며 이를 거절했습니다. 그처럼 지조 있는 선비에게 대장의 책임을 맡기면 어찌 성공하지 못할 리 있겠습니까?"

결국 위문후가 곧 악양을 대장으로 삼아 중산국을 치게 했고, 악양은 이후 아들 악서와 중산국 도성에서 대적했다. 중산국이 악양의 기세를 누그러뜨리고자 아들을 볼모로 내놓은 것이다. 이에 악서가 성벽 아래를 굽어보며 악양에게 소리쳤다.

"지금 철군하지 않으면 소자는 죽습니다."

그러자 악양이 오히려 큰소리로 꾸짖었다.

"너는 불초한 자식이다. 중산국에서 벼슬을 살면서도 그 나라를 위해 기이한 계책을 내지 못하고 적과 싸워 이기지 못했다. 나라가 망하게 되었으면 마땅히 목숨을 걸고라도 군주에게 강화를 권해야 하는데도 이를 하지 못했다. 너 같은 자식은 죽느니만 못하다."

악양이 활을 들어 아들을 쏘려고 하자 중산국 군사들이 황급히 악서를 내려놓았다. 고민하던 악서가 자진하자 중산국 대부가 건의했다.

"이 세상에서 아비보다 더 자식을 생각하는 사람은 없습니다. 악서의 시체로 국을 끓여 악양에게 보내십시오. 악양이 그 국을 보면 반드시 슬픔을 참지 못할 것입니다. 슬픔이 지나치면 넋을 잃고, 넋을 잃으면 전의도 사라집니다. 이 틈을 타 공격하면 가히 승리할 수 있습니다."

중산국 사자가 악서를 끓인 국과 악서의 목을 갖고 가 악양에게 바쳤다. 악양은 중산국 사자가 보는 앞에서 태연히 자식을 끓인 국 한 그릇을 다 먹었다.

"가서 국을 잘 먹었다고 전하라. 성이 함락되는 날 직접 중산국 군주를 만나 사례할 것이다."

성이 함락되기 직전 중산국 군주가 자진했다. 악양은 서문표에게 군사 5000명을 주어 중산국을 지키게 한 뒤 궁중의 보물을 모두 수레에 실어 위나라로 회군했다. 위문후가 크게 기뻐하며 대부 도사찬에게 말했다.

"악양은 나를 위해 자식을 삶은 국물까지 마셨소!"

"자식을 삶은 국물을 마실 정도면 무엇인들 못하겠습니까?"

위문후는 아무 말도 하지 않았다. 악양이 개선해 돌아오자 위문후가 친히 성문 밖까지 나가 영접했다.

"장군이 아들까지 잃었으니 이는 모두 과인의 허물이오."

"군명을 받은 사람이 어찌 사사로운 정을 생각할 수 있겠습니까?"

위문후는 크게 잔치를 벌이고 악양의 공을 치하했다. 잔치가 끝나고 악양만 남자 위문후가 좌우에 명했다.

"두 개의 상자를 이리 내오너라."

상자를 악양에게 건네주면서 집에 가서 열어 보게 했다. 악양이 집에 돌아와 상자를 열어 보니 그 속에는 뜻밖에도 상소문이 가득 들어 있었다. 대부분 악양이 위나라를 배반할 것이니 속히 죽여야 한다는 내용이었다. 이튿날 궁으로 들어간 악양이 위문후에게 크게 절을 올리며 끝까지 신임한 것을 사례했다. 위문후가 많은 상을 내리려고 하자 악양이 사양했다.

"이번 승리는 오로지 군내에서 군주가 도와준 덕분입니다. 신은 그저 싸움터에서 견마지성犬馬之誠을 다한 데 불과합니다. 신이 무슨 공이 있어 상을 받을 수 있겠습니까?"

'견마지성'은 군주와 나라에 바치는 충성을 개와 말의 충성스런 모습에 비유한 것이다. 위문후가 말했다.

"과인이 장군을 신임한 것은 사실이지만 장군 또한 과인의 소원을 성취시켜 주었소. 장군은 너무 수고가 많았으니 앞으로는 아무 걱정 말고 편히 쉬도록 하시오."

그러고는 영수군靈壽君에 봉한 뒤 병권을 거두어들였다. 자식을 삶은 국을 태연히 먹은 점을 꺼린 것이다. 병권을 거두어들이는 것을 보고 의아하게 생각한 척황이 위문후에게 물었다.

"악양이 뛰어난 장수라는 것을 알면서도 어찌해 그의 병권을 거두어들인 것입니까? 그에게 군사를 맡기면 우리나라를 튼튼히 방비할 수 있습니다."

위문후는 그저 웃기만 할 뿐 아무 대답도 하지 않았다. 척황이 궁에서 나오다가 자하의 제자인 이극李克을 만나 위문후의 뜻이 어디에 있는지를 묻자 이극이 이같이 대답했다.

"악양은 자기 자식을 사랑하지 않은 사람이오. 자기 자식도 사랑하지 않은 사람이니 다른 사람에게 무슨 짓인들 못하겠소?"

춘추전국시대를 통틀어 자식을 삶은 국물을 먹은 장수는 악양이 유일하다. 그가 자식을 삶은 국물을 먹는 비정한 모습을 보인 것은 군명을 충실하게 받들기 위한 것이었다. 『춘추』가 역설하는 이른바 '대의멸친大義滅親'을 몸소 실천한 셈이다.

당시 위문후는 척황의 천거만 믿고 악양에게 병권을 모두 맡겼다. 이는 일종의 도박에 가까웠다. 결과적으로 성공을 거두기는 했으나 이런 식의 접근이 매우 위험한 것임은 말할 것도 없다. 위문후가 중산국 토벌 직후 대공을 세운 악양에게 군호君號를 내리면서 병권을 회수한 것은 당연한 일이다. 악양이 군명을 이행하는 과정에서 자식을 삶은 국을 마신 일 등은 부수적인 것에 지나지 않는다. 악양이 중산국을 멸하고 커다란 위세를 떨치는 상황에서 위문후가 병권을 회수한 것은 전혀 이상히 여길 일이 아니다. 군주의 위세를 위협하는 강신强臣을 곁에 두는 것은 매우 위험하기 때문이다. 동서고금을 막론하고 강신을 옆에 두고 보위를 오래 유지한 군주는 없다. 중요한 것은 용인술이다. 대공을 세우게 한 뒤 병권을 거두어들이는 것이 요체다. 위문후가 바로 이를 실천한 것이다. 주목할 것은 병권을 거두어들이기 전에 악양을 전폭 신임하며 대공을 세우도록 유도한 점이다. 그가 전국시대 초기 천하를 호령한 배경이다.


## 자신부터 돌아보라

적을 알고 나를 알면 매번 싸워도 위태롭지 않다. 적을 알지 못하고 나를 알면 승부를 예측할 수 없다. 적도 모르고 나도 모르면 매번 싸울 때마다 위험에 처한다.


「모공」 맨 뒤에 나오는 이 구절은 벌모와 벌교, 벌병, 공성 등을 차례로 언급한 것이다. 많은 사람들이 기본 취지를 제대로 파악하지 못한 채 단순히 승패의 엇갈림 차원으로 풀이하나 이는 잘못이다.

첫째, 원문의 "지피지기知彼知己, 백전불태百戰不殆"는 벌모와 벌교의 단계를 언급한 것이다. 상대방의 내부 사정은 물론 그 속셈까지 훤히 아는 까닭에 앞서 언급한 것처럼 상대방의 경향을 좇아 설복지계와 위권지계, 대여지계를 자유자재로 구사할 수 있다. 이들 세 가지 종류의 벌모 계책이 통하지 않을 경우 결국 자공과 같이 뛰어난 종횡가를 동원해 상대방을 고립시키는 벌교 계책을 구사할 수밖에 없다. 외교전이 병력을 동원한 무력전보다 훨씬 나은 것임은 말할 것도 없다.

둘째, 원문의 "부지피이지기不知彼而知己, 일승일패一勝一負"는 무력을 동원한 벌병의 단계를 언급한 것이다. 많은 사람이 일승일패를 한 번 이기고 한 번 진다고 해석하나 이는 원문의 취지와 전혀 다르다. 동전을 던지면 앞 또는 뒤가 나올 확률은 각각 2분의 1이다. 그러나 막상 실험을 하면 내리 10회 계속 앞면만 나올 수도 있다. 확률 이론의 핵심은 단순한 사실을 그러모은 데 있다. 동전이 땅에 떨어졌을 때 어떤 면이 위로 향할지는 아무도 확언할 수 없다. 극단적인 경우로 앞면만 연달아 100회가 나올지라도 그 다음을 예측하는 능력은 조금도 향상되지 않는다. 그러나 확실히 말할 수 있는 것은, 동전을 1000만 번 던지면 거의 절반은 앞면이 나오고 거의 절반은 뒷면이 나온다는 사실이다. 횟수를 많이 하면 할수록 그 확률은 더욱 정밀해진다.

문제는 무력을 동원하는 전쟁을 동전을 던지듯이 할 수 없다는 데 있다. 일승일패를 한 번 이기고 한 번 진다고 해석해서는 절대 안 되는 이유가 여기에 있다. 바꿔 말하면 적을 모를 경우 승패 확률은 통계학적으로 2분의 1인 것이 분명하지만 현실에서는 10회를 넘어 극단적인 경우로 100회까지도 연이어 패할 수 있다는 것이다. 프로 스포츠나 바둑 등에서도 왕왕 두 팀의 전력은 분명 엇비슷한데도 어떤 때는 한 팀이 내리 연승을 거두고 다른 팀은 내리 연패를 당하는 경우를 볼 수 있다. 벌병과 공성의 경우도 마찬가지다.

이는 비슷한 실력의 경우에 한한 것도 아니다. 압도적인 무력 차이를 보일지라도 마찬가지다. 객관적으로 모든 면에서 우세했던 원소가 조조에게 패하고, 당대 최고의 용력을 자랑했던 항우가 유방에게 패한 것도 바로 이 때문이다. 초한전 당시 항우는 싸울 때마다 사실 백전백승의 승리를 거두었다. 그러나 그는 진평 등이 구사한 반간계에 넘어가 최고의 책사인 범증을 내치는 등의 실수를 범한 데 이어, 마침내 최후 결전에 해당하는 해하 싸움에서 패해 스스로 삶을 마감하고 말았다. 이 대목을 깊이 연구한 모택동도 「지구전론」에서 이와 유사한 경계를 한 바 있다.

"우리들은 전쟁 현상이 다른 어떤 사회 현상보다 더 파악하기 힘들고 승률의 개연성이 적다는 것을 인정해야만 한다. 전쟁은 신이 하는 것이 아니다. 『손자병법』이 '지피지기' 운운한 것은 여전히 과학적 진리다. 그러나 전쟁은 속성상 여러 상황 등으로 인해 상대방을 완전히 아는 것이 불가능하고, 단지 대체적인 것만을 알 뿐이다. 여러 정찰을 통해, 그리고 지휘관의 총명한 추론과 판단에 따라 과오를 적게 하는 것이 승리의 관건이다."

모택동의 이런 지적은 현실에서 동전을 10회 던질지라도 매번 앞면 또는 뒷면만 나올 수 있는 가능성을 말한 것이다. 늘 세심한 정찰을 통해 적정의 상황 변화를 면밀히 파악하고, 적장의 의두를 여러 정황을 종합해 추리하고 판단해야 하는 이유다. 그런 점에서 모택동이 "과오를 적게 하는 것이 승리의 관건이다"라고 지적한 것은 탁견이다.

셋째, 원문의 "부지피부지기不知彼不知己, 매전필태每戰必殆"는 치고받는 최하 수준의 용병인 공성을 언급한 것이다. 막무가내 식의 드잡이 싸움은 승패의 의미가 없다. 설령 상대방을 제압했을지라도 본인 역시 피투성이 만신창이 몰골을 할 가능성이 크기 때문이다. 경찰과 검찰 등의 법리들은 통상 이를 속어로 '쌍피 사건'이라고 한다. 쌍방이 가해자인 동시에 피해자라는 뜻이다. 너나 할 것 없이 이득은커녕 손해만 있을 뿐이라는 경멸의 취지에서 나온 것이다.

많은 사람들이 여기의 '매전필태'를 두고 백전백패의 뜻으로 새기나 이 또한 원문의 기본 취지와 완전히 동떨어진 것이다. 백전불태를 백전백승으로 곡해한 것과 마찬가지다. 백전불태의 백百은 산술적인 숫자 '100'을 뜻하는 것이 아니라 '대개'의 뜻이다. 통계학의 가우스 곡선, 즉 평균치를 중심으로 해서 좌우로 종상鐘狀의 모양을 그리는 '정규 분포 곡선'의 취지와 같다. 매번 한 번의 예외도 없이 족집게처럼 맞아떨어지는 것이 아니라는 얘기다. 백전불태가 단 한 번의 예외도 없이 안전할 수 있다는 취지가 아닌 것과 같다.

매전필태 역시 백전불태의 경우가 그렇듯이 상황에 따라서는 무지막지한 저돌적인 공격이 때로 성공할 수도 있다. 그러나 이는 속언에 나오듯 소가 뒷걸음질하다 쥐 잡는 격이다. 두 번 다시 그런 일이 반복되리라고 기대해서는 안 된다. 『한비자』「오두」에 이를 경계하는 일화가 나온다.

"송나라의 어떤 농부가 밭을 갈고 있을 때 밭 가운데 나무그루터기가 있었다. 마침 토끼 한 마리가 달아나다가 그루터기에 부딪쳐 목이

부러져 죽었다. 이를 본 농부는 이후 쟁기를 놓고 그루터기를 지키며 재차 토끼가 오기만을 기다렸다. 그러나 토끼는 다시 얻을 수 없었다. 결국 그는 송나라의 웃음거리가 되고 말았다. 지금 옛 성왕의 정사를 흉내 내 지금의 백성을 다스리고자 하는 것은 모두 송나라 농부의 어리석음을 범하는 것과 같다."

어리석은 사람을 상징하는 수주대토守株待兔 성어는 여기서 나왔다. 상황에 따른 임기응변의 정사를 펼치지 못하고 고식적인 정사를 펼치는 것을 비판한 것이다. 난세조차 인의를 좇아 다스려야 한다고 주장한 맹자를 겨냥한 것임은 말할 것도 없다. 백전불태와 매전필태는 바로 한비자가 역설한 수주대토 관점에서 접근해야만 제대로 된 해석이 가능하다. 「모공」이 용병 수준을 크게 벌모와 벌교, 벌병, 공성의 네 단계로 나눈 이유가 여기에 있다.

제4장

# 가 승 재 적
## 可 勝 在 敵

---

승리는
적에게 달려 있다
...

[군형軍形]

군대 형세는 때와 장소에 따라
끊임없이 바뀌는 까닭에
아군이 임기응변으로 움직이면
적도 이에 반응하며 움직인다.
아군과 적군의 실정과 움직임을
잘 살펴 대응해야만
승리를 거둘 수 있다.

# 공격처럼 수비하라

손자가 말했다. 옛날 전쟁을 잘하는 자는 먼저 적이 나를 이기지 못하도록 조치한 뒤 내가 적을 이길 수 있는 기회가 오기를 기다렸다. 적이 나를 이기지 못하도록 조치하는 것은 나에게 달려 있다. 그러나 내가 적을 이기는 여건이 마련될지 여부는 적에게 달려 있다(먼저 아군 조직을 잘 다지고 무기와 장비를 완벽하게 준비한 뒤 적이 느슨해지며 허점이 드러날 때까지 기다린다는 뜻이다). 아무리 전쟁을 잘해도 적이 나를 이기지 못하도록 조치할 수는 있으나, 적들로 하여금 내가 기필코 승리를 거두도록 임의로 조종할 수는 없는 일이다. "승리 여부는 미리 점칠 수 있으나 마음대로 얻을 수 있는 것은 아니다"라고 말하는 이유다(우리가 승리를 점칠 수 있는 것은 겉으로 드러난 모습을 토대로 한 것으로 이것이 승리를 담보하는 것은 아니다. 싸움은 늘 상대방이 있기 마련이니 적장도 아군 움직임에 따라 미리 대비하기 때문이다). 적을 이길 수 없을 때는 공격을 삼가고 수비에 치중해야 한다(기회가 올 때까지 아군 실정이 드러나지 않도록 주의해야 한다는 뜻이다). 적을 이길 수 있을 때는 때를 놓치지 않고 공격해야 한다(이때 적이 아군을 공격해 오면 그 자리에서 승리를 거질지 을 수 있다). 방어하는 것은 아직 내가 적을 이길 여건이 마련되지 않았기 때문이고, 공격하는 것은 이길 여건이 충족되고도 남기 때문이다(아군이 수비에 치중하며 때를 기다리는 것은 전력이 부족하기 때문이다. 아군이 적극 공세를 취하는 것은 전력에 여유가 있기 때문이다). 방어를 잘하는 자는 마치 깊은 땅속인 구지지하九地之下에 숨는 것처럼 적이 전혀 엿볼 수 없게 한다. 공격을 잘하는 자는 마치 높은 하늘 위인 구천지상九天之上을 확보하는 것처럼 적이 전혀 방비할 수 없게 한다. 전력을 그대로 보존한 가운데 온전한 승리를 거두는 자보전승自保全勝 비결이 여기에 있다(산천과 구릉 등 지형을 활용해 굳게 지킬 때는 마치 깊은 땅속인 '구지지하'에 묻힌 듯 은밀히 하고, 깊은 밤과 큰비 등 천기天氣를 이용해 공격할 때는 마치 높은 하늘 위인 '구천지상'을 확보하는 것처럼 신속히 한다는 뜻이다).

「군형」의 이 대목은 공격과 수비가 사실은 하나라는 사실을 강조한다. 전쟁 승패가 상대적인 우열로써 결판난다는 점에서 당연한 얘기이기도 하다. 매사를 이분법적으로 접근하는 서양의 역사 문화 잣대로는 공격이 곧 수비이고 수비가 곧 공격이라는 이치를 제대로 알기 어렵다. 오랫동안 서양에서 최고 병법서로 간주된 클라우제비츠의『전쟁론』이 지니는 최대 약점이 여기에 있다.

지난 2011년에 나온 키신저의『중국 이야기』가 이를 뒷받침한다. 그는 이 책에서 군사 외교에 관한 중국과 서양의 차이를 체스와 바둑의 게임 룰에 빗대어 설명한다. 서양의 체스는 '킹'을 공략해 완승을 거두는 것을 목표로 한다. 클라우제비츠가『전쟁론』에서 힘의 중심과 결정적 타격을 역설한 이유다. 이에 반해 위기圍棋로 불리는 동양의 바둑은 차지하는 면적의 비교우위를 통해 승패를 결정짓는다. 전략적 포위 개념을 중시하는 이유다. 체스는 정면충돌로 적의 말을 제거해 나가고, 바둑은 비어 있는 요충지로 재빨리 나아가 상대방의 세를 서서히 줄여 가는 게임이라는 것이 그의 해석이다. 이는 키신저가 나름『손자병법』을 관통하는 부전승의 병도 이념과『전쟁론』을 관통하는 전략적 완승 개념을 대비시켜 그 차이점을 설명한 것으로 볼 수 있다.

그가 체스와 바둑 비유를 통해 한국전쟁을 해석한 것은 탁견이다. 그는 모택동이 중화인민공화국 수립 1년 만인 1950년 10월 한국전쟁에 개입한 배경을 바둑의 전략적 포위 본능이 발동한 것으로 풀이했다. 체스의 결정적 타격 개념에서 보면 모택동의 결정은 무모하기 짝이 없었다. 간신히 내전을 끝내고 국민당 포로들로부터 빼앗은 무기로 핵무기를 보유한 최신식 미국 군대와 맞붙었기 때문이다. 맥아더를 비롯한 연합군 수뇌부는 그렇게 생각했다.

그러나 이는 오산이었다. 핵무기를 통한 서구의 전쟁 억제 개념은 잠재적인 적에게 피해 위험을 과장해 보여 줌으로써 전쟁을 피하자는 데서 나온 것이다. 말 그대로 체스의 결정적 타격 개념이다. 이에 대해 모택동은 선제공격으로 심리적인 균형을 깨뜨려 유리한 국면을 조성한 뒤 정치적 타협을 시도하는 방식으로 맞섰다. 바둑의 전략적 포위 개념으로 체스의 결정적 타격 개념을 무력화시켰다는 것이 키신저의 해석이다.

키신저는 1954~1958년의 대만 해협 충돌, 1962년 인도 국경 충돌, 1961~1971년의 소련 국경 충돌, 1979년 중월전쟁 등에도 유사한 패턴이 반복되었다고 보았다. 모택동이『손자병법』의 이치를 꿴 당대 최고의 전략가였음을 방증한다 거시사 관점에서 보면 이는 체스의 결정적 타격에 입각한 서구의 접근 방식이 종언을 고하고, 바둑의 전략적 포위에 입각한 병도와 전략 전술이 우위를 점하게 되었음을 시사한다.

여기에는 조조의 공이 크다. 병도와 전도 및 쟁도를 하나로 꿴 결과다. 말할 것도 없이 노자의 무위지치 사상을 병가의 최고 이념으로 받아들인 덕분이다.『손자병법』을 대하면서 클라우제비츠의『전쟁론』처럼 적국에 대한 정복, 적군에 대한 전멸 개념으로 접근해서는 안 되는 이유다. 불행하게도 서양의 역사 문화에는 병도 개념이 아예 존재하지 않는다. 서양의 근본적인 한계다.『손자병법』을 위시해『도덕경』과『한비자』등 동양 전래의 고전을 토대로 전 세계에 통용될 수 있는 21세기의 새로운 경제 경영 패러다임을 찾아내야 하는 것도 바로 이 때문이다.


## 패하지 않는 싸움을 하라

승리를 예측하는 것이 일반인 수준을 넘지 못하면 빼어나게 고명高明하다고 말할 수 없다(너무 빤한 까닭에 일반인은 물론 적조차 그 속내를 알아챈다). 격전 끝에 승리를 거두면 설령 천하의 모든 사람들로부터 칭송을 받을지라도 이 또한 빼어나게 고명하다고 말할 수 없다(혈전을 치러 승리를 거두는 장수는 자신뿐만 아니라 군대 전체를 위태롭게 한다. 태공망 여상도『육도』에서 말하기를 "수많은 칼날이 부딪치는 백병전을 치르면서 맨 앞에서 용맹을 떨치는 장수는 좋은 장수가 아니다"라고 했다). 이는 마치 가는 털을 들었다고 힘이 세다고 말하지 않고, 해나 달을 보았다고 눈이 밝다고 말하지 않으며, 천둥소리를 들었다고 귀가 밝다고 말하지 않는 것과 같다(세인의 눈에 띄기 위해 애쓰는 자는 통상적인 자에 불과하다). 옛날 전쟁을 잘하는 자는 완벽한 조건을 갖춘 뒤 쉽게 이길 수 있는 적을 상대로 해 승리를 거두었다(원래 승리의 기미를 읽고 쉬운 적을 상대로 승리를 거두었다는 것은 이길 수 있는 적을 공격하고, 이길 수 없는 적을 공격하지 않았다는 얘기에 지나지 않는다). 전쟁을 잘하는 자의 승리에는 뛰어난 지략에 따른 명성이나 용맹한 전투 일화로 꾸며진 전공戰功이 없다(적군이 출동하기 이전에 이미 계략과 외교 등을 통해 적을 무릎 꿇게 만드는 까닭에 세인의 입에 오르내릴 만한 혁혁한 전공이 있을 턱이 없다). 그러나 그의 승리는 작고 보이지 않는 것까지 살펴 얻은 것이어서 틀림이 없다. 전략 자체가 싸우기도 전에 이미 필승을 예상한 것이고, 싸울 때 역시 이미 필패하는 자와 싸운 덕분이다(적의 움직임을 소상히 살핀 뒤 승산을 점친 까닭에 조금도 어긋남이 없다는 뜻이다). 전쟁을 잘하는 자는 애초부터 패하지 않을 위치에 서 있고, 적을 패퇴시킬 기회를 놓치지 않는다. 그래서 승리하는 군대는 승산을 확인한 뒤 전쟁을 벌이고, 패하는 군대는 전쟁부터 벌인 뒤 승리의 요행을 찾는다(승패가 갈리는 것은 미리 철저하게 계책을 세운 군대와 계책도 없이 무턱대고 싸움에 임하는 군대의 차이에서 비롯된다).

많은 사람들이 승리에 집착한 나머지 수비보다 공격에 방점을 찍는다. 이 경우 상대방의 역습으로 갖고 있는 것조차 모두 잃을 수 있다. 바둑에서 금언으로 통하는 이른바 '아생연후살타我生然後殺他' 격언과 같은 취지다. 일단 스스로 방비를 튼튼히 한 뒤 국면의 추이를 살펴 공격에 나서야 한다는 뜻이다.

역사상 아생연후살타 이치를 가장 충실히 좇은 인물로는 삼국시대

동오의 손권을 들 수 있다. 손권의 뛰어난 면모는 수성守成에 있다. 창업자인 부친 손견과 형 손책이 이룩한 기업基業을 지켜 나가는 데 성공한 것이 그것이다. 그러나 일각에서는 손권의 수성 행보를 매우 비판적으로 해석한다. 부형과 같은 웅지가 없었기에 줄곧 강동에 틀어박혀 오직 지키는 데만 열중했다는 지적이다. 전혀 틀린 말은 아니나 한 면만을 지나치게 확대 해석했다는 비판을 면하기 어렵다. 수성은 창업 못지않게 중요하고 또 쉽지도 않다. 그가 강동을 보전한 것을 폄하해서는 안 되는 이유다.

그렇다면 그가 수성에 성공한 비결은 무엇일까? 손권은 비록 창업면에서는 조조나 유비에 미치지 못하지만, 부형이 남긴 기업을 유지하는 수성 면에서는 남다른 면이 있었다. 비록 웅지와 군략軍略 면에서 조조나 유비만 못했지만, 변화무쌍한 시변時變을 좇아 능수능란한 임기응변 행보를 보여 주었다. 요체는 치욕을 굳게 참고 견디는 견인堅忍에 있었다. 명분보다 실리를 취한 결과였다.

손권이 조조나 유비와 달리 50여 년 동안 보위에 있었던 것도 창업이 아닌 수성에 전념한 보답으로 볼 수 있다. 격렬한 항쟁 시대에 교묘히 위기를 피하면서 살아남는 데 성공한 손권의 '수성' 행보는 크게 두 가지 측면에서 분석할 수 있다.

하나는 인재 등용이다. 그는 우선 모든 것을 신하들에게 맡기는 원칙을 엄수했다. 부형 이래의 원로 공신인 장소를 사부로 대접하고, 주유와 정보, 여범 등에게 군사를 맡기면서 나머지 번잡한 문서 처리 또한 모두 아랫사람에게 일임했다.

조조의 인재 등용은 공적인 대의에 입각한 구현求賢, 유비의 용인술은 사사로운 의리에 기초한 인현呢賢으로 표현할 수 있다. 손권은 시의 時宜를 좇은 용현用賢에 해당한다. 그의 용현은 일정한 선을 넘지 않았다. 그 비결은 손권의 다음과 같은 언급에서도 잘 나타난다.

"상대의 장점을 높이고 상대의 단점을 곧 잊어버린다."

그는 상대의 단점에 눈을 감아버리고 장점을 발휘할 수 있도록 유도했다. 한번 일을 맡긴 뒤에는 전폭적인 신임을 아끼지 않았다. 적벽대전에서 주유에게 모든 것을 맡기고, 이릉대전에서 육손을 탁용한 데 이어 제갈근에게 끝없는 믿음을 보낸 것이 그 증거다.

원래 예로부터 용인의 요체는 흔히 지용임신知用任信 네 글자다. 인재가 있다는 사실을 알면 그를 불러들이고, 일단 불러들인 이상 임무를 맡기고, 임무를 맡긴 이상 믿으라는 것이다. 삼국시대 당시 지용임신을 철저히 수행한 인물로 손권을 꼽을 수 있다.

다른 하나는 외교술이다. 그의 외교 정책은 외견상 일관성이 없는 듯 보이나 나름 기본 원칙이 있다. 바로 강동의 보전이라는 단일 목표를 유지하기 위한 수성이 그것이다. 그의 외교술이 수성을 위주로 한 굴신의 책략으로 나타난 것을 두고, 천하통일이라는 대의 차원에서 비판을 가할 수는 있다. 그러나 난세의 시기에 천하의 효웅 조조, 유비와 대결하기 위해서는 먼저 부형이 물려준 기업을 잘 보존할 필요가 있었다. 그의 수성 행보는 나름 주어진 상황에서 최선을 다한 것으로 평가할 수 있다. 더구나 그의 수성 행보는 뛰어난 용인술에서 비롯됐다.

춘추시대 말기 오왕 부차는 기반을 확고히 다지지 않은 채 천차의 패권을 장악하기 위해 대군을 이끌고 북상했다가 끝내 패망하고 말았다. '강동의 보전'에 성공한 손권과 대비되는 대목이다. 병가의 관점에서 보면 수비가 곧 공격이고 공격이 곧 수비라는 사실을 통찰할 결과로 해석할 수 있다.


## 내부를 바르게 하라

용병을 잘하는 군주는 정사를 바르게 펴고 법령을 확고히 세우는 수도보법修道保法에 애쓴다. 늘 승패 결정권을 장악하는 이유다(병법에 뛰어난 군주는 먼저 나라 안의 정사와 인사를 바르게 해 적이 감히 넘볼 수 없는 치도를 실현한다. 법령을 공평히 시행하면서 적의 피폐하고 어지러운 틈을 놓치지 않는 것이 승리의 요체다).


고금을 막론하고 신용과 성실은 세상을 살아가는 근본이다. 「군형」은 이를 '수도보법'으로 풀이한 것이다. 도道는 말 그대로 노자가 말하는 최고의 치도인 제도帝道를 뜻하고, 법法은 법가인 한비자가 역설한 엄격한 법치인 패도覇道를 뜻한다. 양자 모두 공평무사公平無私 이념에서 비롯된 것이다. 해와 달이 사사롭게 어떤 사물에 더 많은 빛을 비추지 않고, 법의 집행이 존비와 고하를 가리지 않고 공평히 이루어지는 것과 같다. 군주와 장수가 공평무사하게 행하는 신상필벌信賞必罰이 바로 수도보법의 요체다. 중국이나 한국과 달리 문文보다 무武를 숭상했던 이웃 일본은 오래전부터 이를 체득했다.

일본의 전국시대는 제자백가가 사상 논쟁을 벌인 중국의 춘추전국시대와 달리 오직 하나, 『손자병법』 해석을 둘러싼 병가 내부의 논쟁이 었다는 점에서 매우 특이했다. 전략 전술에 관한 한 일본이 21세기 현재에 이르기까지 최고 수준을 자랑하는 이유다. 『손자병법』에 뿌리를 둔 일본 특유의 기업 경영 전략이 나온 것도 바로 이 때문이다. 말할 것도 없이 모두 『손자병법』 전략 전술을 응용한 것이다.

이와 관련해 지금도 일본인들 사이에 회자되는 매우 유명한 일화가 있다. '전국 3영걸'에게 두견새가 울지 않을 경우 어찌 대처할 것인지를 물었다. 오다 노부나가는 "이내 죽여버리겠다"고 했다. 다른 대안을 찾겠다는 취지다. 이는 막부 체제 자체를 없애고 스스로 제왕이 되고자하는 취지를 드러낸 것이다. 도요토미 히데요시는 "어떻게 해서든 울게 만들겠다"고 했다. 막부 체제를 유지한 채 쇼군이 되겠다는 취지를 드러낸 것이다. 마지막으로 도쿠가와 이에야스는 "울지 않는 두견새는 울 때까지 기다리겠다"고 했다. 도요토미가 죽기를 기다렸다가 이내 자신의 근거지인 에도에 새로운 막부를 세우겠다는 반심叛心을 드러낸 셈이다.

대다수 일본인들은 혼란한 전국시대에 통일의 초석을 닦기 위해서는 오다 노부나가의 리더십이 필요하고, 통일의 기틀을 마련하는 데는 도요토미 히데요시의 접근 방식이 어울리며, 열도를 통일하기 위해서는 때가 오기를 기다리는 도쿠가와 이에야스의 인내심이 필요하다고 해석한다. 나름 일리 있는 풀이다.

미국 제품보다 몇 수 아래에 있던 '메이드 인 재팬'이 수십 년 만에 미국 시장을 석권할 때는 이런 접근이 나름 타당했다. 두쿠가아 이에야스가 전국 3영걸 가운데 가장 높은 인기를 누린 것도 이 때문일 것이다. 일본을 흉내 내기 바빴던 1970년대 당시의 한국도 그를 주인공으로 삼은 역사 소설 『대망』에 열광했다. 당시 한국에서는 기업 CEO라면 반드시 『삼국지』와 함께 읽어야 할 필독서로 간주했다.

사실 도쿠가와의 리더십은 배울 점이 많다. 힘이 달릴 때는 반드시 기회가 올 때까지 속을 드러내지 않고 열심히 칼을 갈 필요가 있기 때문이다. 1970년대 후반에서 1980년대에 이르기까지 '메이드 인 재팬' 라벨을 단 일본 제품이 무차별로 미국 본토를 공습한 것이 그 증거다. 경악한 미국의 정재계 인사들이 '제2의 진주만 공습' 운운한 것이 결코 허풍은 아니었다. 경제적으로 G1 미국을 제압하기 위해 도쿠가와 이에야스처럼 달빛 속에서 칼을 간 도광양회 전략의 개가였다. 일본 입장에서는 진주만 기습의 실패를 40년 만에 설욕한 셈이다. 명나라 개입으로 인한 한반도 점령의 실패를 두 번 다시 반복하지 않기 위해 유성룡이 쓴 『징비록』을 입수해 대책을 강구한 끝에 마침내 300년 뒤 조선 병탄의 뜻을 이룬 것과 취지를 같이한다. 객관적으로 볼 때 도쿠가와 이에야스의 리더십은 일본인의 무서운 집념을 상징한다. 우리는 무서운 이웃을 둔 셈이다.

그러나 시대가 변했다. 21세기 디지털 시대에 도쿠가와의 노선을 좇는 것은 스스로 패퇴의 길로 접어드는 것이나 다름없다. 변화 속도가 너무나 빠르기 때문이다. 일본의 주춤거리는 행보는 천하대세가 하드웨어와 소프트웨어가 결합한 스마트 시대로 진행하는 도도한 흐름을 간과한 탓이다.

일본의 앞선 하드웨어 기술과 제도를 베껴 무역 대국 반열에 오른 한국도 이를 결코 강 건너 불구경하는 식으로 대할 일이 아니다. 다만

2010년 초 아이폰의 무차별 공세에 놀란 삼성이 재빨리 전열을 가다듬어 1년 만에 역전의 발판을 마련한 것은 고무적이다. 조속히 기왕의 하드웨어 위에 소프트웨어 외피를 입히는 작업에 매진할 필요가 있다. 일본도 속히 도쿠가와 이에야스 노선 대신 『손자병법』의 속전속결 원리를 채용한 다케다 신겐 노선을 좇아야 할 것이다. 일본에서 최근 속도 경영을 중시한 다케다 신겐과 오다 노부나가를 중심으로 이야기를 풀어가는 『야망패자』가 널리 읽히는 것도 이런 흐름과 무관하지 않은 듯하다.

다케다 신겐의 용병술은 아군의 피해를 동반하는 공성을 최하의 용병으로 간주한 『손자병법』 가르침을 충실히 좇은 것이다. 싸움을 벌이기 전에 뇌물과 이간, 협박 등 온갖 유형의 책략을 구사한 것이 그 증거다. 가능한 한 유혈전을 피하고자 한 것이다. 결과적으로 무력을 동원하는 벌병에 앞서 벌모와 벌교를 먼저 구사하라는 「모공」의 가르침을 그대로 실천한 셈이다.


## 인재를 길러라

용병을 잘하는 군주는 군사를 동원할 때 늘 다섯 가지 요소를 살핀다. 첫째 토지 면적인 도度, 둘째 물자와 자원인 량量, 셋째 병력 숫자인 수數, 넷째 병력의 강약인 칭稱, 다섯째 승부 예측인 승勝이 그것이다(승패를 가르는 결정적인 요소인 정치와 용병을 자유자재로 할 수 있게 하는 엄정한 법치는 바로 이들 다섯 가지 요소로 이루어진다. 다섯 가지 요소를 기준으로 정밀하게 비교 분석하면 적군과 아군의 실정을 정확히 헤아릴 수 있다). 두 나라의 지역적 차이로 인해 땅의 대소大小를 가르는 '도'가 결정된다(아군에게 유리한 땅의 형세를 미리 정밀하게 헤아려야 한다는 뜻이다). '도'의 차이로 인해 군수 물자를 포함한 자원의 다소多少를 가르는 '양'이 결정된다. '양'의 차이로 인해 병사의 중과衆寡를 가르는 '수'가 결정된다(정확한 측정 방법으로 해당 지역의 원근과 광협 등을 알아내면 장차 그곳에 투입할 병력의 규모 등을 알 수 있다는 의미다). '수'의 차이로 인해 전력의 강약強弱을 가르는 '칭'이 결정된다(양측의 여러 실정을 비교해 어느 쪽이 더 뛰어난지 여부를 판단해야 한다는 뜻이다). '칭'의 차이로 인해 전장의 성패成敗를 가르는 '승'이 결정된다(양측 실정을 면밀히 비교하면 과연 어느 쪽이 이기고 질 것인지 여부가 분명히 드러난다는 의미다). 이기는 군사는 20량兩인 일鎰의 저울추로 24분의 1량인 수銖의 무게를 저울질하는 것과 같고, 지는 군사는 가벼운 '수'의 저울추로 무거운 '일'의 무게를 저울질하는 것과 같다(가벼운 저울추로는 무거운 물건을 저울질할 도리가 없다). 이기는 싸움의 요체는 백성의 마음을 하나로 결집시키는 데 있다. 그리되면 마치 1000길이나 되는 높은 계곡에 막아둔 물을 한 번에 터뜨려 쏟아지게 하는 것처럼 된다. 이것이 바로 군사력, 즉 군형軍形이다(8척이 한 길이다. 천 길이나 되는 높은 계곡에 막아둔 물을 한 번에 터뜨려 쏟아지게 한다는 것은 그 기세가 도무지 막을 길이 없을 정도로 거세다는 뜻이다).

『손자병법』은 제5편 「군형」부터 마지막 13편 「용간」에 이르기까지 실전에 적용할 수 있는 구체적인 전술을 논한다. 전술의 큰 줄거리를 언급하는 「군형」은 쟁도 또는 투도를 이루기 위한 다섯 가지 전제 조건을 든다. 21세기 경제 전쟁에 대입시켜 해석하면 기업 성패를 가르는 인재 확보 방안을 언급한 것으로 해석할 수 있다. 용인用人에 앞서 득인得人의 해법을 제시한 것이나 다름없다.

21세기 스마트 시대는 기업 CEO가 얼마나 뛰어난 안목을 갖고 인재를 육성 또는 발탁해 기업 경쟁력을 강화하는가에 따라 성패가 갈릴 수밖에 없다. 하청업체에서 출발한 삼성이 일본의 소니를 제압하고 하드웨어 부문에서 세계를 제패한 것이 그 실례다. 인재 경쟁에서 이긴 결과라고 볼 수 있다. 인재 경영의 대표적인 예로 일본의 '마쓰시타 정경숙'을 들 수 있다. 이는 지금의 파나소닉인 마쓰시타전기를 창업해 커다란 성공을 거둠으로써 일본 내에서 경영의 신으로 불렸던 마쓰시타 고노스케가 세운 인재 학교다.

마쓰시타는 여러 면에서 얼마 전 세계인의 애도 속에 숨을 거둔 애플의 잡스와 닮았다. 어렸을 때 불우한 환경에서 성장하고, 젊었을 때 독창적인 아이디어로 신제품을 연이어 출시하며, 현실에 안주하지 않은 채 더 높은 곳을 향해 매진하고, 뛰어난 인재를 주변에 모아 회사를 키우는 데 열과 성을 다하며, 소비자에게 사랑받는 제품을 만들기 위해 쉬지 않고 경영 혁신을 단행하고, 글로벌 대기업의 최고경영자인데도 평소 전철을 타고 출퇴근하거나 청바지를 즐겨 입는 등 검소한 생활을 영위한 것이 그렇다.

마쓰시타가 만들어 낸 참신한 경영 전략은 21세기 현재까지도 귀감이 될 만하다. 세계 최초로 연공서열제와 종신고용제를 도입하고, 주5일제 등의 복지제도를 적극 도입해 직원들의 애사심과 근로 의욕을 고취한 것 등이 그렇다. '평생 기업'이라는 신조어는 여기서 나왔다. 이는 기업의 궁극적인 목표를 세상의 모든 사람에게 편리함과 행복을 주는 이용후생利用厚生에 둔 결과다. 시간이 지나면서 연공서열제와 종신고용제로 인한 무사안일주의 등의 부작용이 나타나기는 했으나 그 취지만큼은 높이 평가할 만하다. 이와 관련한 유명한 일화가 있다. 한번은 인사과 직원들과 회의를 하던 중 그가 문득 인사과장에게 물었다.

"고객이 마쓰시타는 무슨 일을 하는 회사인지 물으면 어찌 대답할 것입니까?"

"전기제품을 만드는 회사라고 말할 것입니다."

당시 마쓰시타의 제품은 온통 전기제품인 까닭에 인사과장의 대답은 너무도 당연한 것이었다. 이때 그는 탁자를 내리치며 격한 목소리로 인사과장을 질타했다.

"인재를 키우는 것이 인사과 직원들의 책임이라는 것을 모르는 것입니까? 그런 질문을 받았을 때 '인재를 키우는 회사'라고 대답하지 않고 '전기제품을 만드는 회사'라고 말하면 이는 여러분이 인재 양성에 조금도 관심이 없다는 증거입니다. 회사 경영의 기초는 사람이라고 내가 누누이 말하지 않았습니까? 기술력, 마케팅, 자금 회전 등 모든 것이 중요하지만 이를 실행하는 것은 사람이라는 것을 잊어서는 안 됩니다. 인재를 양성하지 못하고 어떻게 회사가 발전할 수 있겠습니까?"

그는 회사 경영이든 국가 경영이든 결국 성패는 인재 수준과 그 비중에 따라 결판난다는 사실을 통찰했던 것이다. 인력 훈련과 연구 개발 비용으로 매년 수입의 8%를 지출한 배경이다. 그가 만년에 마쓰시타 정경숙을 세운 것도 바로 이 때문이었다. 인재 경영은 『손자병법』이 장수의 리더십에서 용병의 성패를 역설한 것과 취지를 같이한다.

제5장

# 기 정 상 생
## 奇 正 相 生

---

기병과 정병을
뒤섞어 운용하라

...

[병세兵勢]

용병의 요체는

모든 힘을 집중시켜

물밀 듯한 기세를 만들어

내맡기는 데 있다.

# 기병을 활용하라

손자가 말했다. 무릇 다수의 군사를 다루면서도 소수의 군사를 다루 듯 하는 비결은 효율적인 군사 편제를 갖추는 분수分數에 있다(군사 편 제의 골자는 서로 긴밀한 관계를 맺은 지역별 부곡部曲을 기준으로 대대와 중 대를 구성하고, 다시 이를 열 명과 다섯 명 단위의 소대와 분대로 세분해 편성 하는 데 있다). 많은 병사를 전투에 참가시키면서도 소수의 병사를 전 투에 참가시키듯 하는 비결은 지휘호령을 뜻하는 형명形名에 있다('형形' 은 아군의 진형을 재빨리 바꾸면서 전술을 변화시킬 때 사용하는 깃발인 정기 旌旗를 뜻한다. '명名'은 전 군사가 한 치의 흐트러짐이 없이 전진과 후퇴를 행 할 때 사용하는 징과 북을 의미한다). 적의 공격을 받았을 때 병사들이 적 과 맞부딪쳐 치열한 접전을 벌이면서도 반드시 패하지 않도록 하는 비 결은 기병奇兵과 정병正兵을 적절히 섞어 쓰는 기정奇正에 있다(먼저 적의 정규군과 맞붙을 때는 정병을 구사하고, 이후 기습전 등을 구사할 때는 기병 을 활용한다). 군사가 적에게 공격을 가하면서 마치 돌로 달걀을 치듯 당할 자가 없게 하는 비결은 적의 주력을 피하고 약한 곳을 골라 치는 허실虛實에 있다(허실은 아군의 집약된 힘을 토대로 적의 지극히 허약한 곳을 집중 타격하는 것을 뜻한다). 무릇 전쟁에서는 먼저 정병으로 적과 맞서고 기병으로 승부를 결정짓는다(정병이 적과 정면에서 맞붙을 때 기병은 옆이나 뒤에서 적의 허술한 곳을 급습해 승리를 이끌어 낸다). 기병을 잘 쓰는 장수의 용병은 마치 하늘과 땅처럼 무궁하고, 강과 바다처럼 마르지 않는다. 끝난 것처럼 보이다가 다시 시작하는 것이 마치 해와 달 같고, 죽은 것처럼 보이다가 다시 살아나는 것이 마치 사계절 같다. 소리는 5음五音에 불과하나 그 변화가 만들어 내는 곡은 실로 다 들을 수 없고, 색깔은 5색五色에 불과하나 그 변화가 만들어 내는 색채는 실로 다 볼 수 없으며, 음식은 5미五味에 불과하나 그 변화가 만들어 내는 맛은 실로 다 맛볼 수 없다(하늘과 땅처럼 무궁하기 짝이 없는 자유자재 경지를 모두 병법에서 말하는 정병과 기병의 무궁한 용병술에 비유한 것이다). 전세는 기병과 정병 두 가지에 불과하나 그 변화가 만들어 내는 전략 전술은 실로 다 헤아릴 수 없다. 기병과 정병이 서로 뒤섞여 만들어내는 변화가 마치 둥근 고리처럼 끝이 없으니 과연 누가 능히 이를 다 헤아릴 수 있겠는가?

『손자병법』이 부득불 무력을 동원했을 때 사용하는 용병의 대원칙으로 제시한 것은 상황에 따라 기병과 정병을 적절히 섞어 쓰는 이른바 '기정병용奇正並用'이다. 「병세」의 기정병용은 『주역』이 역설하는 음양상생 이치와 부합한다. 정正은 양陽, 기奇는 음陰에 해당한다. 기정병용 전술은 궤도를 달리 표현한 것이다. 임기응변 또는 허허실실과 취지가 같다. 이는 단순히 전술에 그치는 것이 아니라 병도와 전도에도 그대로 통용된다.

예를 들어 「시계」에서 전략의 대원칙으로 언급한 '5사7계' 용병 원칙은 정正, 같은 「시계」에서 전술의 대원칙으로 언급한 궤도는 기奇를 뜻한다. 「허실」에서 말하는 실實은 정, 허虛는 기에 해당한다. 『손자병법』에서 구체적인 전술을 논하는 제4편인 「군형」부터 제13편 「용간」까지가 모두 기정병용 운용술을 풀이한 것이다.

「병세」의 기정병용 전술은 『손자병법』을 관통하는 전술의 핵심인 임기응변을 달리 표현한 것으로, 기본 취지는 『도덕경』 제57장에서 비롯한다. 『도덕경』은 이를 기정지책奇正之策으로 풀이했다. 다음은 그 해당 대목이다.

"올바름을 내세우는 계책인 정책正策으로 나라를 다스리고자 하면 끝내 기이한 술책인 기책奇策으로 용병하는 지경에 이르게 된다. 인위적인 유위로 일을 만들지 않는 무사無事한 다스림을 통해야만 천하를 손에 넣는 취천하取天下를 이룰 수 있다."

『손자병법』에 나오는 병도와 전술 전략 모두 『도덕경』에 뿌리를 두고 있음을 나타내는 대목이다. 병도와 전략, 전술은 구슬을 하나로 꿴 것과 같아서 따로 나누어 볼 수 있는 것이 아니다. 총론과 각론의 관계와 같다. 『손자병법』에 나오는 모든 전술이 상대방을 속이는 궤도로 요약되는 이유다. 최후 수단으로 무력을 동원한 상황에서 상대방이 전혀 항복할 기미를 보이지 않는 최악의 경우에는 수단과 방법을 가리지 않고 승리를 거두어야 한다. 생사를 가르는 접전이 벌어진 마당에 인의 등의 도의는 돌아볼 여지가 없다. 무조건 승리를 거두어야 하는 이유다. 그게 바로 전술이다. 『손자병법』이 모든 전술을 '궤도' 한마디로 요약한 이유다.

문제는 기병과 정병을 과연 실전에서 어떤 비율로 섞어 써야 타당한가 하는 점이다. 이에 대해 합의된 이론은 없다. 『손자병법』이 출현한 이후 오늘날까지 이론이 분분한 이유다. 사실 이에 대한 이치를 꿸 경우 언제라도 능히 『손자병법』이 최고의 전략으로 내세우는 '지피지기, 백전불태' 상황을 만들어 낼 수 있다. 그만큼 어렵다는 얘기다.

지금까지 나온 여러 견해를 종합하면 크게 세 가지로 요약할 수 있다. 첫째, 기선을 제압하기 위해 먼저 싸움에 나서는 것을 '정', 가장 적절한 기회가 올 때까지 기다렸다가 싸움에 나서는 것을 '기'로 보아야 한다는 선정후기先正後奇 입장이다. 둘째, 정면에서 싸우는 것이 '정', 측면에서 공격하는 것이 '기'라는 면정측기面正側奇 입장이다. 셋째, 정규전에 해당하는 원칙적인 용병이 '정', 비정규전에 해당하는 변칙적인 용병이 '기'라는 원정변기原正變奇 입장이다. 이들 견해 모두 기정병용 이치를 다른 말로 풀이한 것에 지나지 않는다.

21세기 현재까지 기정병용의 오묘한 이치를 가장 그럴듯하게 풀이한 사람은 조조와 모택동뿐이다. 조조는 『손자병법』에 나오는 전술과 관련한 대목이 자신의 실전 경험과 차이 날 경우 주석에서 실전 경험을 토대로 한 새로운 이론을 과감히 전개했다.

조조가 역대 수많은 주석가들과 근본적으로 차이가 나는 부분이 바로 여기에 있다. 이론과 실제를 종합해 나름대로의 병법 이론을 제시한 사람은 수천 년 동안 거의 존재하지 않았다. 이를 뒷받침하는 「모공」의 주석이다.

"적과 아군의 병력 차이가 열 배가 되어야 포위할 수 있다는 『손자병법』의 전술 이론은 적과 아군의 장수가 지략과 용맹에서 거의 같고 병사의 사기와 무기가 거의 비슷한 경우에 통하는 것이다. 만일 수비하는 적이 약하고 공격하는 아군이 강한 주약객강主弱客强 상황일 때는 병력이 열 배까지 차이나지 않아도 된다. 나는 단지 두 배의 병력만으로 하비성을 포위해 저 용맹하기 그지없는 여포를 사로잡았다!"

『손자병법』 주장에 대한 사실상의 반론에 해당한다. 그는 실제로 오직 두 배 병력만으로도 여포를 생포한 바 있다. 조조가 실전에서 얼마나 탁월한 용병술을 구사했는지를 여실히 보여 주는 대목이다. 그 비결이 과연 무엇일까? 단순히 주약객강 조건만 맞으면 두 배의 우세한 병력으로 적장을 포획할 수 있는 것일까? 그렇지는 않다. 조조는 그 계책을 이같이 밝혔다.

"병력 차이가 두 배 정도면 군사를 둘로 나누어 앞뒤에서 정병과 기병을 함께 쓴다."

여포를 포획한 비결은 바로 정병과 기병을 동시에 구사한 데 있다. 실제로 조조는 여포를 사로잡을 때 수공을 통한 정병을 구사하면서 반간계 등을 포함한 기병을 동시에 구사했다. 여포를 생포한 비결이다. 적과 아군의 병력 차이가 단지 두 배만 나도 얼마든지 포위 공격이 가능하다는 조조의 주장을 뒷받침하는 구체적인 실례다. 이는 적보다 열 배의 우세를 유지해야 비로소 포위 공격이 가능하다고 주장한 『손자병법』의 전술 이론을 수정한 것이나 다름없다. 『손자병법』을 읽을 때 반드시 조조의 주석을 참조해야 하는 이유다.

역대 제왕 가운데 조조처럼 평생 책을 손에서 놓지 않는 '수불석권手不釋卷'의 자세를 보인 사람은 당태종과 청대의 강희제, 현대의 모택동 등 극히 일부에 지나지 않는다. 당태종은 보위에 오른 후 병가보다는 유가의 덕치 이념 구현에 초점을 맞췄다. 강희제 역시 『손자병법』 등에 주석을 가하기보다는 유가경전의 주석과 덕치 이념의 확산에 주력했다.

이와 달리 모택동은 조조처럼 수불석권 자세를 견지하면서도『손자병법』에 나오는 전략 전술 이론을 토대로 나름의 주석을 가하고 새로운 유형의 다양한 전략 전술을 만들어 냈다. 조조의 부활에 해당했다. 실제로 그는 생전에 조조의 치국평천하 행보를 극찬하면서 조조를 흉내 낸 많은 병법 이론서를 펴냈다. 연안 시절에 나온「모순론」과「실천론」은 비록 마르크시즘의 외피를 입었으나 그 내막을 보면『손자병법』이론의 주해서나 다름없다.

모택동이 시종 노동자혁명이 아닌 농민혁명을 역설해 마침내 신중화제국 창업자가 된 배경은『손자병법』에 대한 창의적인 해석과 무관하지 않다. 연안 시절 당시 모택동을 포함한 수뇌부는 연안에서 모든 것을 자력으로 마련해야 했다. 자력 갱생과 생산 투쟁이 강조된 배경이다. 모택동은 즐기는 담배를 스스로 조달하기 위해 자기 동굴 앞에 있는 작은 텃밭을 가꿔 담배를 재배했다. 1939년 2월 그는 '생산동원대회'를 열고 날로 어려워지는 경제적 곤경의 해결 방안을 한마디로 압축해 제시했다.

"스스로 움직여 입을 것과 먹을 것을 풍족하게 하라."

『손자병법』에서 말하는 군량 자급의 원칙을 차용한 것이다. 이후 이는 공산당이 상용하는 구호 중 하나가 됐다. 주둔하고 있는 해당 지역의 경제 사정이 어려워지면 스스로 움직여서 먹고 입을 것을 해결하는 지침으로 활용된 결과다. 그의 이런 지침은 지휘관의 자질과 조건에 대한 언급에서 더욱 자세하게 드러난다.

"군사 지도자는 물질적인 조건이 허용되는 범위 내에서 승리를 쟁취할 수 있고 또 반드시 그래야만 한다. 본인이 하기에 따라서는 객관적 조건 위에 설정된 무대 위에서 다채롭고 웅장한 활극을 공연할 수 있다. 전쟁이라는 큰 바다 속에서 자유자재로 유영遊泳할 줄 아는 지휘관은 자신의 몸을 물속에 가라앉히지 않고 능히 건너편 해안에 이르게 해야 한다. 전쟁의 지도 법칙은 곧 유영술이다.”

여기의 유영술, 즉 수영 기술이 주변의 상황 변화에 따라 재빨리 변신해 승리를 거두는 임기응변의 전술을 달리 표현한 것임은 말할 것도 없다. 그가 전략적 퇴각을 매우 중시한 근본 이유가 여기에 있다. 동서고금의 전례에 비춰 제때 퇴각이 이루어지지 못할 경우 이내 참패로 연결될 수밖에 없다. 그는『수호지』를 예로 들어 이를 설명했다.

“『수호전』에 나오는 홍교두는 임충에게 달려들면서 ‘덤벼라, 덤벼’라고 연거푸 소리쳤으나 결국 한 걸음 물러섰던 임충이 그의 약점을 틈타 단번에 그를 차 넘어뜨렸다. 우리 전쟁은 1927년 가을부터 시작되었으나 1928년 5월부터 당시 정황에 적응되는 소박한 성격을 띤 유격전의 기본 원칙이 만들어졌다.”

모택동이 현대 게릴라전의 원형에 해당하는 유격전의 기본 전술을 창의적으로 만들어 낸 배경이 여기에 있다.『수호전』에 나오는 홍교두와 임충의 대결은 매우 유명한 장면이다. 홍교두는 시진의 무술 교관으로 교만했다. 시진이 임충의 실력도 가늠하고 홍교두의 코를 납작하게 만들 요량으로 두 사람의 봉술 대결을 부추겼다. 결투 당시 교만한 홍교두가 먼저 일어나 말했다.

“자, 이리 와라! 나랑 한 번 붙어 보자!”

임충이 공손히 말했다.

"홍교두 님, 한 수 부탁드립니다."

홍교두가 의기양양하게 말했다.

"덤벼라, 덤벼!"

홍교두가 봉을 내리치자 임충이 한 발 물러섰다. 임충은 홍교두의 발걸음이 이미 불안정한 것을 보고 봉을 들어 올려 내려치는 척하다가 즉시 봉을 빼 낮게 원을 그리며 돌려 쳤다. 홍교두는 상반신만 바라보다 손을 쓸 새도 없이 정강이뼈를 얻어맞고 땅바닥에 풀썩 주저앉고 말았다. 그는 이내 부끄러운 기색으로 황급히 빠져나갔다. 모택동이 『수호지』의 이 장면을 예로 든 것은 임충이 「병세」에서 말하는 기정병용의 묘리를 절묘하게 구사한 점을 높이 평가한 결과다. 기정지병의 핵심이 짐짓 나의 허점을 보여 상대방을 유인하는 궤도에 있음을 뒷받침하는 일화다. 이때 모택동이 만들어 낸 것이 바로 현대 게릴라전의 금언으로 인용되는 이른바 '16자결十六字訣'이다.

그 내용은 매우 간략하다. 첫째, 적진아퇴敵進我退. 적이 진격하면 나는 퇴각한다는 뜻이다. 둘째, 적주아요敵駐我擾. 적이 주둔하면 나는 교란한다. 셋째, 적피아타敵疲我打. 적이 피로하면 나는 공격한다는 의미다. 넷째, 적퇴아추敵退我追. 적이 퇴각할 때 추격하는 것을 뜻한다.

'16자결'은 전력이 절대적으로 열세에 놓인 측이 구사하는 가장 효과적인 전법이라고 할 수 있다. 실제로 홍군이 막강한 전력의 국민당 정부군 공세에도 괴멸하지 않고 버틸 수 있었던 것은 모택동이 제시한 '16자결'을 충실히 따른 결과였다. 조조와 모택동 두 사람 모두 전쟁터에서 평생을 보내며 쉬지 않고 병법을 연구한 덕분에 이런 뛰어난 전술을 만들어 낼 수 있었다.

# 절도를 갖춰라

여울이 급하고 거세게 흐르면서 무거운 돌까지 뜨게 만드는 것을 기세氣勢라고 한다. 맹금猛禽이 질풍같이 달려가 다른 새를 잡아 죽이는 것을 절도節度라고 한다(기회를 놓치지 않고 곧바로 뛰쳐나가 적을 강타하는 것을 뜻한다). 전쟁을 잘하는 자는 기세가 맹렬하다(맹렬하다는 것은 그 속도가 매우 빠르다는 의미다). 절도 또한 극히 간명하다(간명하다는 것은 기회를 놓치지 않고 근거리에서 목표물을 정확히 타격한다는 뜻이다). 거센 기세는 쇠뇌의 활시위를 팽팽히 당긴 듯하고, 간명한 절도는 당긴 화살이 마침내 시위를 떠나는 듯하다(아무리 강력한 쇠뇌일지라도 목표물이 사정거리 안으로 들어왔을 때 발사해야 쏘는 족족 명중시킬 수 있다. 병법에서 적의 급소를 가격하는 것과 같다).

춘추전국시대 당시 사람들은 하나의 흐름인 세勢를 극도로 중시했다. 인구에 회자되는 파죽지세 등의 용어가 이를 증명한다. 하나의 세가 형성되면 이를 돌이키기 어렵다는 취지에서 나온 것이다. 대세大勢가 그 증거다. 마치 장강의 뒤 물결이 앞 물결을 치고 나아가는 것과 같다. 현대의 선거 전략이나 마케팅 전략에서 말하는 이른바 트렌드도 같은 의미다. 『손자병법』은 이를 병세兵勢로 풀이했다.

천하대세의 흐름을 타는 것을 '승세乘勢'라고 한다. 이는 흐름의 방향을 읽은 뒤 재빨리 그 흐름에 올라타는 것을 말한다. 개인이든 국가든 천하대세에 올라타지 못하면 이내 낙오한다. 패가망신과 국가패망은 승세를 하지 못한 후과다. 조선조 패망이 그 실례다. 북한이 쇠망의 길을 걷게 된 것도 같은 맥락이다. 기업 흥망사도 다를 것이 없다.

절제는 말 그대로 속에서 분출하려는 '세'를 스스로 통제하는 것을 뜻한다. 모든 사물이 그렇듯이 겉으로 드러나는 '형'은 속에 감춰져 있는 '세'의 구체적인 표현일 수밖에 없다. 이를 그대로 노출하면 목적을 이룰 수 없다. 「병세」가 절도를 역설한 이유가 여기에 있다. '세'가 '형'에 그대로 드러나면 사냥감을 잡지 못해 굶어죽는 사자의 신세를 면치 못할 것이라고 경고한 것이다. 정적을 제압할 때 구사하는 소리장도笑裏藏刀와 같은 취지다.

모택동은 정적인 유소기를 제거할 때 늘 웃는 모습을 보였다. 웃음 속에 칼을 감춘 것이다. 부드러운 솜 안에 침을 감췄다는 면리장침綿裏藏針도 같은 말이다. 전쟁은 무수한 변수가 복합적으로 작용하는 까닭에 반드시 승리를 기약할 수 없다. 아무리 유리하고 우세한 입장에 있을지라도 '세'를 속으로 깊숙이 감춰 겉으로 드러나지 않게 해야 하는 이유다.

이종오가 역설한 후흑厚黑도 바로 이런 취지에서 나온 것이다. 두꺼운 얼굴을 뜻하는 면후面厚와 시커먼 속마음을 뜻하는 심흑心黑의 줄임말인 후흑은 절제를 달리 표현한 것이나 다름없다.

이종오는 중국이 비록 서구 열강의 침탈 대상이 되어 있으나 나라는 작지 않은 만큼 중국 인민들이 후흑의 대가가 되어 일치단결하면 능히 반식민지 상태에서 벗어날 수 있다고 주장했다. 그는 중국이 혼란스러운 이유를 후흑과는 정반대 길로 나아간 탓으로 보았다. 사람들이 면후를 사용해 열강들에게 꼬리치며 동정을 구하려 하고, 심흑을 사용해 서로 갈등하고 배척하려 한다는 것이다. 해법은 간단했다. 이를 뒤집어 사용하면 된다.

중국 인민들이 면후를 사용해 서로 양보하면서 어떤 모욕도 참아내고, 심흑을 사용해 한 치의 양보도 없이 극단적인 수단까지 모두 동원해 서구 열강의 제국주의 침탈을 깨부수는 것이다. 그는 구체적인 방안으로 후흑의 3단계 연마 과정을 제시했다.

1단계는 낯가죽이 성벽처럼 두껍고 속마음이 숯덩이처럼 시꺼먼 '후여성장厚如城墻, 흑여매탄黑如煤炭' 단계다. 2단계는 낯가죽이 두꺼우면서 딱딱하고 속마음이 검으면서도 맑은 '후이경厚而硬, 흑이량黑而亮' 단계다. 3단계는 낯가죽이 두꺼우면서도 형체가 없고 속마음이 시꺼먼데도 색채가 없는 '후이무형厚而無形, 흑이무색黑而無色' 단계다. 이 단계에 이르면 하늘은 물론 후세 사람들마저 후흑과는 완전히 정반대인 불후불흑不厚不黑의 인물로 여기게 된다.

『열자』「황제」에 불후불흑 단계가 구체적으로 어떤 것인지를 보여 주는 일화가 나온다.

어떤 족집게 무당이 제나라에서 정나라로 건너와 살았다. 이름이 계함季咸이라고 했다. 그는 사람들의 생사死生와 화복禍福, 수요壽夭 등을 귀신같이 알아냈다. 정나라 사람들이 두려워한 나머지 그를 보기만 하면 모두 피해 달아났다. 그러나 열자는 그를 보고 오히려 크게 심취했다. 곧 스승인 호구자壺丘子에게 고했다.

"당초 저는 스승님의 도가 지극한 경지에 달한 것으로 알았습니다. 지금 그보다 더 지극한 경지에 달한 이가 나타났습니다."

호구자가 말했다.

"나는 너에게 일찍이 껍데기만 가르쳐 주고 그 알맹이는 가르쳐 주지도 않았는데 너는 굳이 도를 알았다고 말하는 것인가? 암컷이 아무리 많아도 수컷이 없으면 알을 낳을 수 있겠는가? 너는 그런 얄팍한 도술을 갖고 세상과 겨루어 신임을 얻으려 하는 것인가? 그는 너의 속마음이 훤히 드러나는 약점을 알고 네 관상을 본 것이다. 시험 삼아 그를 데리고 와 나의 관상을 보게 하라!"

다음 날 열자가 계함과 함께 왔다. 계함이 호구자의 관상을 본 뒤 밖으로 나와 열자에게 말했다.

"아, 그대의 선생은 이내 죽고 말 것이오. 단 열흘도 살지 못할 것이오. 나는 그대 스승의 관상을 보면서 괴이한 모습을 보았소. 마치 물에 젖은 재를 본 듯하오."

열자가 들어가 옷깃이 젖도록 눈물을 흘리며 이를 전하자 호구자가 말했다.

"방금 전에 나는 그에게 아무런 생명이 없는 흙덩이 같은 모습을 보여 주었다. 움직임도 고요함도 없는 상태에 머문 까닭에 그는 나의 생동하는 기미가 거의 꽉 막혀 있는 모습을 보았을 것이다. 시험 삼아 다시 데려오도록 하라."

다음 날 계함이 다시 호구자를 만났다. 계함이 나오면서 열자에게 말했다.

"다행이오, 그대의 선생은 나를 만나자 이내 병이 나았소. 이제는 회복된 듯하오. 나는 막힌 데서 생기가 일어나는 모습을 보았소."

열자가 들어가 호구자에게 전하자 호구자가 말했다.

"방금 전에 나는 그에게 천성의 부드러운 모습을 보여 주었다. 세속적인 명분과 실체가 전혀 개입하지 않은 까닭에 생기가 저절로 드러난 것이다. 그는 거의 나의 생동하는 기운만 보았을 뿐이다. 시험 삼아 다시 데려오도록 하라."

다음 날 다시 계함이 호구자를 보았다. 계함이 나오면서 열자에게 말했다.

"그대의 선생은 앉은 모습이 매우 불안정해 도무지 관상을 볼 길이 없소. 그의 심신이 안정되면 나중에 다시 보도록 하겠소."

열자가 호구자에게 전하자 호구자가 말했다.

"방금 전에 나는 그에게 태허太虛의 아무런 조짐도 없는 모습을 보여 주었다. 그는 나의 심기가 거의 균형 잡힌 모습만 보았을 뿐이다. 시험 삼아 다시 데려오도록 하라."

다음 날 계함이 다시 호구자를 보았다. 계함은 문득 크게 당황한 나머지 황급히 달아났다. 호구자가 열자에게 명했다.

"뒤를 쫓아가도록 하라!"

열자가 곧바로 뒤쫓아 갔으나 잡지 못했다. 이내 돌아와 보고하자 호구자가 말했다.

"방금 전에 나는 그에게 일찍이 도달한 적이 없는 태초의 모습을 보여 주었다. 그리고 텅 비운 채 되어가는 대로 움직이면서 내가 누구인지조차 알지 못하게 했다. 바람에 따라 풀이 스러지고 파도에 따라 흐르는 것처럼 보인 까닭에 그는 크게 놀랐을 것이다. 그래서 달아난 것이다."

이것이 '세'를 '형'에 결코 나타내지 않는 불후블흑 경지다. 그렇다면 실제 전투에서 이 경지는 어떻게 구현할 수 있을까? 병세를 그게 군형과 군세로 나누어 분석하면 쉽게 이해할 수 있다. 군형은 통상 군진軍

陣의 모습으로 나타난다. 예진銳陣과 직진直陣, 방진方陣, 원진圓陣, 곡진曲陣 등으로 이루어진 오행진五行陣을 비롯해 학의 날개처럼 적진을 감싸 협공을 가하는 학익진鶴翼陣, 사면에서 협공을 가하는 사면진四面陣 등이 그 실례다. 군진을 짤 때 적이 전혀 눈치 채지 못하도록 해야 하는 것은 물론이다.

군세는 승세勝勢와 패세敗勢를 합친 말이다. 천지만물이 늘 돌고 돌듯이 군세 역시 오르막길 승세와 내리막길 패세가 다양한 모습의 조합 형태로 나타난다. 중요한 것은 설령 패세에 처해 있을지라도 저점에서 힘을 비축해 폭발적인 힘을 분출해 승기를 잡는 것이다. 전국戰局과 전세戰勢가 일시에 뒤집히는 일이 빚어지는 이유다. 그런 점에서 승세는 오히려 패세보다 위험할 수 있다. 이를 통찰한 인물이 바로 일본의 전국시대에 활약한 병법의 대가 다케다 신겐이다. 그는 승세와 패세의 상호관계를 이같이 해석한 바 있다.

"가장 좋은 승리는 5할의 승리인 신승辛勝이고, 그 다음은 7할의 승리인 낙승樂勝이다. 10할의 승리인 완승完勝은 패배보다 못한 결과를 낳는다. 신승은 용기를 낳고 낙승은 게으름을 낳지만, 완승은 교만을 낳기 때문이다. 10할의 승리에는 이후 10할의 패배가 반드시 뒤따르지만, 5할의 승리에는 패배할지라도 이후 5할선에서 능히 수습할 수 있다."

병도의 이치를 조리 있게 설명한 조조의 주석을 방불케 하는 탁월한 해석이다. 그를 당대 최고의 병법가로 칭송한 것이 결코 허언이 아니었음을 알 수 있다. 다케다 신겐의 이런 해석은 노자가 역설한 겸하와 공자 사상을 관통하는 예양을 달리 표현한 것이다.

# 미끼로 유인하라

깃발이 어지럽게 휘날리고, 사람과 말이 뒤섞여 싸우는 난전亂戰 와중에도 아군의 군사는 반드시 일사불란한 모습을 보여야 한다. 난전으로 인해 마구 뒤엉켰을 때 적이 뚫고 들어올 수 없도록 앞뒤가 서로 연결된 원진圓陣을 짜서 싸우면 결코 패하지 않을 것이다(백병전을 치를 때는 겉으로는 짐짓 깃발을 어지럽게 휘둘러 적의 판단을 교란시키면서 속으로는 북과 징의 신호를 통해 아군의 진퇴를 일사불란하게 통제한다. 전차와 기병이 이리저리 움직이면서도 쉽게 무너지지 않는 원진을 짜서 싸우는 것 역시 병사들 모두 변화하는 신호를 좇아 재빨리 어떻게 움직여야 하는지를 정확히 훈련받은 덕분이다). 적군 앞에서 짐짓 어지러운 모습을 그럴듯하게 연출할 수 있는 것은 속으로 엄정한 질서를 유지하기 때문이고, 겁을 먹은 모습을 그럴듯하게 연출할 수 있는 것은 속으로 용맹스런 전의를 불태우기 때문이며, 연약한 모습을 그럴듯하게 연출할 수 있는 것은 속으로 강대한 무력을 보유하고 있기 때문이다(이들 계책 모두 아군 형세를 일부러 흐트러뜨리고 실정을 감추면서 적을 유인해 함정에 빠뜨리려는 전술이다). 짐짓 어지러운 모습을 보이면서 속으로 일사불란한 자세를 유지할 수 있는 것은 군사 편제를 뜻하는 분수分數가 잘되어 있는 덕분이다(서로 잘 아는 부곡部曲 단위로 군대를 편제한 까닭에 어지러울 일이 없다). 짐짓 비겁한 모습을 보이면서 속으로 용맹스런 전의를 불태우는 것은 전장의 판세를 뜻하는 전세가 유리한 덕분이다. 짐짓 연약한 모습을 보이면서 속으로 강대한 무력을 보유하는 것은 실제 전력을 뜻하는 군형軍形이 월등한 덕분이다(전세와 군형에서 우위를 점하는 것은 전황에 따라 임기응변한 덕분이다). 적을 능수능란하게 다루는 자가 심짓 불리한 척하며 적을 유인하면 적은 반드시 그 계략에 말려들게 마련이다(짐짓 허약한 모습을 보이며 적을 유인하는 경우가 그렇다). 무언가를 주는 척하면 적은 예외 없이 이를 취하려 든다(이익으로 적을 유인할 때는 적을 근거지에서 멀리 떨어진 곳까지 이끌어 내야 한다. 이후 적이 고립무원에 빠져 무방비 상태가 되면 군세를 집중시켜 타격을 가한다). 이익을 미끼로 내걸어 적을 움직이게 한 뒤 미리 준비한 병력으로 공격 기회를 노린다(이익을 미끼로 내걸어 적을 함정에 빠뜨린 덕분이다).

우리말에 '익은 벼가 고개를 숙인다'는 속담이 있다. 무술에서 최고 경지에 오른 사람은 굳이 권법拳法과 검법劍法을 만인 앞에 드러내지 않는다. 대표적인 예로 일본 최고의 검객인 미야모토 무사시를 들 수 있다.

그는 어려서부터 여러 곳을 여행하며 검술을 익혔다. 그 와중에 당대의 내로라하는 검객과 60여 차례에 걸친 결투를 벌여 모두 승리했다. 일본인들이 그를 검성劍聖 또는 검신劍神으로 숭앙하는 이유다. 일본에는 그의 일대기를 소재로 한 소설과 영화, 만화 작품이 셀 수 없이 많다. 그 가운데 가장 유명한 것이 일본판『삼국지』로 명성을 떨친 요시카와 에이지의 소설『미야모토 무사시』다.

소설의 하이라이트는 미야모토가 사사키 코지로와 벌이는 간류지마 결투다. 당시 미야모토는 배를 타고 가던 중 부러진 노櫓를 발견하고는 이를 다듬어 목검으로 만들었다. 먼저 섬에 도착한 사사키는 이리저리 날아다니는 제비들을 상대로 자신의 검법을 시험하며 미야모토가 오기를 기다렸다. 드디어 두 사람이 해변에서 만났다. 사사키가 칼집을 내던지며 두 손으로 칼을 치켜들 때까지 미동도 하지 않던 미야모토가 유명한 말을 한다.

"사사키, 그대는 이미 졌다!"

크게 놀란 사사키가 물었다.

"그게 무슨 소린가?"

"그대가 이길 것이라면 칼집은 왜 버리는 것인가? 그대의 칼은 도로 들어갈 칼집이 없게 되었으니 이미 나에게 진 것이나 다름없다!"

당황한 사사키가 빈틈을 보인 사이 목검으로 내리쳐 늑골을 부러뜨림으로써 싸움은 간단히 끝났다. 「병세」에서 "적군 앞에서 짐짓 어지러운 모습을 그럴듯하게 연출할 수 있는 것은 속으로 엄정한 질서를 유지하기 때문이다"라고 언급한 이치를 구사한 덕분이다. 일본의 검도에서는 마음가짐이나 준비 자세에 틈이 생긴 상태 또는 약점 부위를 허虛, 빈틈없이 견실한 상태나 부위를 실實이라고 한다. 막상 진검으로 승부할 때 틈을 보이지 않는 상대방에게 짐짓 자신의 허를 보여 상대방의 허를 유인하는 것을 색色이라고 한다. 여인의 미색에서 취한 용어다. 미야모토는 바로 이 색을 구사해 사사키를 제압한 셈이다.

그러나 큰 틀에서 보면 미야모토가 구사한 것은 전술이 아닌 전략이다. 사사키로 하여금 먼저 섬에 도착해 초조한 마음으로 기다리게 만들면서 자신은 노로 목검을 다듬는 것으로 마음을 다스리고, 결투를 벌이기 직전에 '칼집' 운운하며 상대를 당혹하게 만들어 빈틈을 노린 것 등이 그렇다. 상대방과 나를 안 연후에 용병하는 지피지기용병 전략이 바로 이에 해당한다. 전략이 전술을 이긴 대표적인 사례다.

요시카와의 『미야모토 무사시』는 어디까지나 소설인 만큼 간류지마 결투는 믿을 것이 못 되나 두 사람이 벌인 싸움은 많은 것을 시사한다. 가장 큰 가르침은 아무리 당대 최고의 실무 이론과 실행 능력을 자랑할지라도 실전에서 반드시 승리를 장담할 수는 없다는 점이다. 마치 사사키 코지로처럼 이론과 실무를 겸비한 당대 최고의 비즈니스맨이라 할지라도 임기응변의 이치를 모르면 결국 패하는 것과 같다. 태권도와 합기도 등 온갖 종류의 무예를 정통으로 익혔을지라도 거리의 싸움판에서 잔뼈가 굵은 자와 맞장을 뜰 경우 오히려 패할 공산이 크다. 비즈니스 세계도 이와 다를 바 없다. 현장에서 노하우를 익힌 사람을 과감히 발탁해 적극 활용해야 하는 이유다.

## 전세를 장악하라

전쟁을 잘하는 자는 승리의 관건을 전세에서 찾을 뿐 일부 장병의 용맹에 기대지 않는다. 인재를 선발해 적재적소에 배치하는 방법으로 유리한 전세를 만들어 내는 것이 요체다(전세를 유리하게 이끌어 승리를 얻고자 하는 장수라면 지휘권을 전적으로 맡겨도 가하다. 일부 장병의 용맹에 기대지 않는다는 것은 곧 임기응변 전술에 밝다는 뜻이다). 전세를 유리하게 이끄는 자는 병사들을 지휘하는 것이 마치 통나무나 돌을 굴리는 것처럼 자유자재하다. 통나무나 돌은 성질상 안정된 곳에 두면 가만히 있지만 비탈지고 위태로운 곳에 두면 쉽게 움직인다. 모난 나무와 돌은 정지하고, 둥근 나무나 돌은 저절로 굴러가기 마련이다(용병할 때 역시 나무와 돌을 굴리는 것처럼 자연의 이치를 좇아 지휘해야만 전세를 유리하게 이끌 수 있다). 전쟁을 잘하는 자가 이끄는 전세를 보면 마치 1000길 높은 산 위에서 둥근 돌을 굴리는 것과 같다. 이것이 바로 병세兵勢다.

병세는 군세軍勢와 같은 말이다. 삼국시대 당시 조조는 오직 한 가지 재주만 있을지라도 과감히 발탁해 적재적소에 배치하는 이른바 유재시거唯才是擧 원칙을 관철했다. 그가 천하통일 기반을 닦은 이유다. 「병세」는 유재시거를 유리한 전세의 관건으로 파악했다. "전쟁을 잘하는 자는 인재를 선발해 적재적소에 배치하는 방법으로 유리한 전세를 만들어 낸다." 조조 휘하에 수많은 유형의 인재들이 구름처럼 몰려든 이유다. 기존의 가치 및 관행에서 과감히 벗어난 '파탈擺脫의 리더십'이 요체다. 안방과 문밖의 경계가 사라진 21세기 스마트 시대에는 오직 실력만으로 인재를 과감히 발탁해 활용하는 조조의 득인술과 용인술이 절실하다. 안팎의 경제 경영 환경이 국가 총력전 양상으로 전개되기에 더욱 그렇다. 사람을 얻고 쓰는 득인과 용인에서 파탈의 리더십이 절실히 요구되는 이유다.

파탈의 리더십은 창조 리더십을 달리 표현한 것이다. 난세일수록 이런 파탈의 리더십이 빛을 발한다. 세상을 바라보는 안목이 크게 열려 있어야 하고, 인간에 대한 깊은 이해가 전제되어야 창조 리더십이 가능하다. 그런 점에서 난세에는 화려한 경력의 많은 스펙과 좋은 배경을 가진 자보다 오히려 그렇지 못한 자가 더 유리할 수 있다. 가진 것이 없기에 기존의 가치와 관행에 얽매일 필요가 없기 때문이다. 이는 본인이 노력하기만 하면 창조 리더십을 발휘할 수 있는 좋은 배경이 된다. 이를 달리 풀이하면 난세에는 좋은 출신 배경과 화려한 스펙을 가진 사람일수록 불리할 수 있다는 얘기다. 기존의 명성과 프리미엄 등에 안주할 소지가 크기 때문이다.

가진 것이 많다는 것은 행군할 때 무거운 치중을 이끌고 가는 것과 같다. 행군이 느릴 수밖에 없다. 더 큰 이익을 얻기 위해서는 꼭 필요한 것만 챙기고 나머지는 과감히 버릴 줄 알아야 하는데 이게 쉽지 않다. 이익을 향해 무한 질주하는 인간의 호리지성 때문이다. 이게 천하대세 흐름에 올라타는 승시乘時 또는 승세乘勢의 임기응변을 가로막는 최대 걸림돌로 작용한다. 난세에 무수한 역전극이 벌어지는 배경도 여기에 있다. 사실 이는 자연의 순환 이치에 부합한다. 한때 천하를 호령했던 무수한 글로벌 기업의 명멸이 그 증거다.

장차 글로벌 기업 CEO 리더십을 발휘하고자 하는 사람은 겉으로 드러난 빈부귀천을 토대로 사람을 평가하는 세속의 잣대를 과감히 폐기할 필요가 있다. 난세의 시기에는 인재가 빈천한 모습으로 곁에 존재할 공산이 크다.

『삼국지』「곽가전」에 따르면 진군은 조조 앞에서 곽가가 능력이 뛰어난 반면 품행을 다스리지 못한다는 점을 문제 삼아 탄핵했다. 「곽가전」에는 "진군이 곽가가 품행을 제대로 다스리지 못한 것을 비난했다"고 기록되어 있다. 진군은 여러모로 당태종이 신하들과 치국평천하를 논한 『정관정요』 주인공인 위징魏徵을 닮았다. 군주와 대신들의 잘못을 지적해 이를 시정하는 것이 그의 역할이었다. 곽가는 이와 대비된다. 술자리에서 조조에게 막말을 하기도 하고, 자신의 뜻과 맞지 않는 사람을 향해 삿대질을 했다는 주장도 있다. 일각에서는 그의 자가 봉효奉孝인 것도 효도를 잘하라는 취지로 주위에서 붙여 준 것이라는 주장을 편다. 그러나 다른 시각에서 보면 곽가도 조조처럼 세속적인 관행과 예절에 얽매이지 않는 파탈의 행보를 보였다고 보는 것이 옳다. 이를 뒷받침하는 「곽가전」의 해당 대목이다.

"조조는 진군이 상소를 올려 곽가의 품행을 비판할 때마다 곽가를 더욱 중시하면서 진군이 정도를 걷는 모습에도 칭찬을 아끼지 않았다."

능력은 능력대로 중하고 원칙은 원칙대로 중하다는 것이 조조의 기본 입장이었다. 그가 곽가의 재능을 아끼면서 동시에 곽가를 탄핵한 진군 역시 그의 공정한 인물 품명에 커다란 신뢰를 보내며 기꺼이 곁에 둔 배경이다. 조조가 부하의 작은 실수에 연연하지 않은 것도 이런 맥락에서 이해할 수 있다. 본말本末을 엄히 구분한 셈이다.

사실 기업 CEO가 부하 직원의 작은 허물이나 한계를 문제 삼으면 부하 직원이 자신의 역량을 제대로 발휘하는 일 자체가 불가능하다. 작은 허물은 모른 척 넘어갈 필요가 있다. 부하 직원의 장점을 최대한 부각시켜 조직의 역량을 극대화하는 것이 중요하다. 완벽한 인간을 바라는 것 자체가 망상이다. 난세의 시기에는 더욱 그렇다.

제6장

# 피 실 격 허
## 避 實 擊 虛

---

실한 곳을 피하고
허한 곳을 쳐라

...

[허실虛實]

아군과 적군의 장점과 약점을

소상히 파악한 뒤

이를 적절히 활용해

주도권을 장악할 수 있어야 한다.

# 고정된 상식을 깨라

손자가 말했다. 무릇 전장에서 먼저 자리를 잡고 적을 기다리는 군사는 편안하다(전력 운용에 여유가 생기기 때문이다). 그러나 뒤늦게 전장에 달려가는 군대는 지친다. 전쟁을 잘하는 자는 적을 조종할 뿐 적에게 조종당하지 않는다. 적이 스스로 공격해 오도록 하려면 먼저 이익을 미끼로 내걸어 유인해야 한다(적이 자제하기 어려울 정도의 미끼를 내걸어야 한다). 적이 감히 공격하지 못하도록 하려면 먼저 겹겹이 장애물을 설치해 장차 위해가 뒤따를 것임을 보여 주어야 한다(적이 반드시 맹렬히 추격해 올 만한 적국의 요충지를 공략하거나, 적이 무리를 해서라도 반드시 구하지 않으면 안 되는 곳을 기습하는 것을 뜻한다). 적이 편히 쉬고 있으면 심리전 등으로 피로하게 만든다(거짓 정보를 흘리거나 불시에 기습 공격을 가하는 방식으로 적장의 오판을 유도하고 적군을 이리저리 뛰어다니도록 만드는 것을 의미한다). 배불리 먹고 있으면 식량 탈취 등으로 굶주리게 만든다(적의 식량 보급로를 차단하는 것이 대표적인 사례다). 안정된 곳에 영채를 세워 굳게 지키고 있으면 기습 공격 등으로 동요하게 만든다(적이 애지중지하는 요충지를 치고, 적이 무리해서라도 꼭 추격해 올 만한 곳은 선제공격하면 적군은 부득불 이를 구하기 위해 분주히 움직이며 전력을 크게 소진할 수밖에 없다). 출격할 때 적이 구원할 수 없는 곳으로 나아가고, 적이 전혀 예상치 못한 곳을 쳐야 한다. 1000리를 행군할 때 피로해하지 않는 것은 적의 저항이 없는 곳으로 가기 때문이다(무인지경의 텅 빈 곳을 경유해 적의 빈틈을 치는 것을 뜻한다. 적이 굳게 지키는 곳을 피하고, 방심하며 대비하지 않는 곳을 습격해 의표를 찌르는 것이 요체다). 공격할 때 반드시 빼앗는 것은 적이 방비를 허술하게 한 곳을 치기 때문이다. 수비할 때 방어가 견고한 것은 적이 공략할 수 없는 곳을 지키기 때문이다. 공격을 잘하는 자는 적이 어디를 방어해야 좋을지 모르게 만들고, 수비를 잘하는 사람은 적이 어디를 공격해야 좋을지 모르게 만든다(병사들 마음을 하나로 단합시켜 아군의 실정이 조금도 누설되는 일이 없도록 해야 한다는 취지다). 미묘하고도 미묘하니, 아무런 자취도 보이지 않는구나! 신비롭고도 신비로우니, 숨소리조차 들리지 않는구나! 적의 생사를 내가 임의로 좌우할 수 있는 이유다.

허실은 임기응변을 달리 표현한 것이다. 고정된 전술이 없다는 뜻이다. 오직 상황에 따른 임기응변만이 승리를 보장할 수 있다. 상대방 입장에서 보면 예상이 완전히 빗나간 꼴이다. 상대방의 예상이 빗나갈수록 승률은 높아진다. 통상적인 상식을 깨는 것이 요체다.

이런 식으로 매번 승리를 거둔 대표적인 인물로 사마의를 들 수 있다. 그는 전장뿐만 아니라 일상에서도 정적을 쓰러뜨릴 때 여지없이 궤도를 구사했다. 모두 일반인이 생각하지 못한 것이다. 이종오가 『후흑학』에서 월왕 구천과 더불어 그를 당대 최고의 후흑 대가로 평한 이유다.

사마의가 구사한 궤도는 온통 허허실실로 점철되어 있다. 실제로 그는 적을 제압하기 위해 취할 수 있는 모든 수단을 동원해 필승의 형세를 만들어 나갔다. 그가 구사한 전술이 속도전과 지구전을 적절히 섞어 사용하는 변화무쌍한 모습으로 나타난 이유가 여기에 있다.

원래 그가 맹달의 목을 벨 때 사용한 전술은 전광석화와 같은 속도전이었다. 속전속결을 역설한『손자병법』의 가르침을 충실히 좇은 결과다. 그러나 원래 속도전을 모든 상황에 예외 없이 적용할 수 있는 것은 아니다. 적이 성 안에 농성하며 강력 저항할 때 속도전을 관철할 경우 오히려 아군이 심대한 피해를 입고 패할 소지가 크다. 이때는 접전을 피한 채 성 안의 식량이 다 떨어질 때까지 지구전을 펼칠 필요가 있다.

지구전은 아군의 병력 피해를 최소화하고, 항복을 받아낼 수 있다는 점에서 상황에 따라서는 속도전보다 더 큰 효과를 발휘한다. 조선조 인조 때 청나라 군사가 삼전도에 진을 친 채 남한산성에 스스로 갇힌 조선의 군신들이 항복을 선언할 때까지 기다린 것이 그 실례다.

사마의는 요동의 공손연을 토벌하고 제갈량과 접전할 때, 맹달의 목을 벨 때와는 정반대로 지구전을 구사했다. 공손연을 토벌할 당시 제장들이 이의를 제기하자 사마의는 이같이 말했다.

"전쟁이란 시종 변법을 쓰는 것이다. 정황이 다르면 작전 또한 달라져야만 한다. 지금 상대는 수가 많은데다가 날씨는 악천후로 비까지 내리고 식량 부족에 허덕이고 있다. 이때는 꼼짝도 하지 못하는 모습을 보여 상대방을 안심시키는 것이 상책이다. 눈앞의 이익에 끌려 덤비다가는 아무런 성과도 거두지 못하고 말 것이다."

이는 허허실실의 묘리를 통달한 사람만이 할 수 있는 것이다. 공손연이 그의 지구전에 휘말려 궤멸당한 것은 말할 것도 없다. 사마의가 구사한 지구전 술책은 제갈량과의 접전에서 절정에 달했다. 사마의는 두 차례에 걸친 제갈량과의 접전에서 시종 지구전을 구사했다. 공격하는 입장에 서 있던 제갈량은 시종 결전을 서둘렀지만 번번이 사마의의 지구전에 휘말려 뜻을 이루지 못했다. 제갈량이 제6차 북벌전에서 뜻을 이루지 못하고 오장원에서 진몰한 배경이 여기에 있다.

사마의는 전쟁터뿐만 아니라 평소 사람을 대할 때에도 허허실실의 궤도를 구사했다. 시기가 불리하면 온갖 모욕을 견디며 때가 오기를 기다렸다. 이 와중에 그는 상대방을 일거에 거꾸러뜨리기 위한 치밀한 계획을 세워 나갔다. 드디어 때가 왔다고 판단되면 졸지에 상대방을 궁지로 몰아넣어 궤멸시키는 전광석화의 속도전을 구사했다. 고금을 통틀어 전술 면에서 사마의를 당할 사람은 그리 많지 않다. 그만큼 탁월했다. 상황에 따른 속도전과 지구전의 적절한 활용이 요체다. 사마의의 사례를 통해 알 수 있듯이 속도전과 지구전은 상호 배치되는 것이 아니다. 왕도와 패도가 동전의 양면 관계를 이루는 것과 같다.


## 재빨리 치고 빠져라

적이 아군의 공격을 막아내지 못하는 것은 자신의 허점을 찔렸기 때문이고, 적이 아군의 퇴각을 추격하지 못하는 것은 아군의 퇴각이 매우 신속해 뒤쫓을 수 없기 때문이다(적이 전혀 예상치 못하는 시기에 수비가 허술한 빈 곳을 노려 기습을 가하고, 재빨리 퇴각해 뒤를 밟히지 않는 것을 의미한다). 아군이 싸우고자 하면 적이 아무리 높은 성루를 쌓고 참호를 깊이 파 지키고자 할지라도 교전에 응하지 않을 수 없다. 반드시 구원해야 하는 요충지를 아군이 공격하기 때문이다(적의 양도를 끊거나, 적의 퇴로를 지키거나, 적의 군주가 있는 도성을 급습하는 것 등이 구체 사례에 해당한다). 아군이 싸우고자 하지 않으면 설령 땅 위에 선을 그어 놓고 지킬지라도 적이 감히 공격해 오지 못한다(교전을 피하는 것은 다른 목표를 위해 전력 소모를 피하려는 취지다). 적이 감히 아군과 싸우지 못하는 이유는 아군의 소재를 잘못 알거나 공격 목표를 다른 곳으로 바꾸도록 아군이 유도했기 때문이다(잘못 알거나 공격 목표를 바꾸게 한다는 것은 곧 적을 헷갈리게 만든다는 뜻이다. 전차나 부대의 흔적을 지운 뒤 다른 길에 거짓 흔적을 남기는 식으로 이익과 손해를 조작해 적의 판단을 흐리게 만드는 것이 그 실례다. 아군이 미처 보루와 참호를 수리하지 못했는데도 적이 유리한 형세에 올라타 아군을 공격하는 일을 벌이지 못하는 것은 감히 아군을 공격할 마음을 먹지 못할 정도로 미리 헷갈리게 만든 덕분이다).

「허실」은 말 그대로 빈 곳과 찬 곳을 뜻한다. 『주역』은 스스로 비워야 채울 수 있다는 영허盈虛의 논리로 변역의 이치를 설명한다. 『도덕경』은 선후先後 논리로 우주 만물의 순환 이치를 풀이했다. 『손자병법』의 「허실」은 나아가고 물러나는 진퇴進退 논리로 불가측의 승부를 내다볼 수 있다고 파악했다. 소수와 다수, 약자와 강자 등 승부가 미리 정해진 것처럼 보이는 싸움이 예상과 달리 정반대 양상을 빚어 내는 비결이 바로 허허실실의 묘용妙用에 있다는 논지다.

동서고금의 모든 전략 전술은 상황에 따른 임기응변에 미칠 수 없다. 허허실실의 묘리가 여기에 있다. 기병과 정병을 뒤섞은 무궁무진한 전술을 뜻한다. 디지털 과학이 오직 '0'과 '1'의 결합으로 세상의 모든 것을 해석하는 것과 닮았다. 수학에서 기본 원리를 알면 어떤 유형의 응용문제도 쉽게 풀 수 있는 이치와 통한다.

하드웨어와 소프트웨어가 결합한 21세기 스마트 시대에는 이런 간명하면서도 유연한 발상과 접근이 필요하다. 그러기 위해서는 먼저 사물을 일도양단해 나누는 아날로그적 사고를 버려야 한다. 일각에서는 디지털과 아날로그를 결합한 '디질로그'라는 용어를 만들어 아날로그적 접근을 칭송하나 이는 천하대세의 흐름에 배치된다. 디질로그는 가솔린차와 전기자동차를 뒤섞은 하이브리드자동차에 지나지 않는다. 전기자동차가 상용화되면 지구 오염의 장본인인 가솔린차는 물론 하이브리드자동차 역시 퇴출될 수밖에 없다.

새 술은 새 부대에 담아야 하듯 디지털 시대에는 디지털 사유 방식이 필요하다. 아날로그 사유 방식에 미련을 가질 필요가 없다. 디지털 사유 방식은 모든 것을 직관적으로 관찰해 종합적으로 판단하는 동양의 종합 직관 문화와 직결되어 있다. 매사를 선악의 이분법적 잣대를 들이대 조각조각 나누는 서양의 아날로그적 해체 분석 문화와 대비된다. 혹자는 분석이 전제되어야 제대로 된 종합적 판단도 가능하다는 이유를 들어 아날로그 사유 방식의 필요성을 제기하나 이는 서구 과학 기술에 대한 과도한 칭송에서 비롯된 것이다.

과거에도 그랬지만 동양 전래의 디지털 사유 방식 속에 이미 아날로그 사유 방식은 완전히 녹아 있다. 동양은 한때 사이비 과학 철학에 해당하는 성리학의 악폐로 인해 과학 기술 방면에 뒤졌을 뿐이지 디지털 사유 방식에 아날로그 사유 방식이 배제되어 있었던 것은 아니다. 디지털 시대에 아날로그에 미련을 가질 필요가 없다. 실제로 디질로그는 문학과 역사, 철학, 수학, 과학, 기술, 예술 등 기존의 학문 영역을 그대로 둔 채 상호 교섭 차원에 머물자는 얘기에 지나지 않는다. 이런 접근은 안 하느니만 못하다. 이도 저도 아닌 얼치기에 불과하기 때문이다. 한국이 G2 시대의 동북아 허브가 되고자 한다면 철저히 디지털 사유 방식을 따를 필요가 있다. 그러기 위해서는 경계를 허물어야 한다.

21세기에 들어와 중국 역대 황제 가운데 최고의 성군으로 손꼽히는 청조의 강희제는 전장에서도 선교사와 함께 삼각함수를 푼 것으로 유명하다. 그의 뛰어난 리더십 속에는 서양이 자랑하던 수학과 과학의 합리주의 정신이 이미 깊이 침전되어 있었다. 21세기 스마트 시대의 진정한 리더십은 인문학과 과학, 예술 등이 하나로 융합된 열린 지식과 폭넓은 안목에서만 가능하다. 그것이 진정한 통섭統攝이다. 기술과 예술을 하나로 융합한 잡스의 아이폰 등장이 이를 상징한다.

아이폰과 같은 디지털 시대의 총아가 이미 등장해 있는데도 서두르지 않는 것은 패망의 길이다. 늦었다고 생각하는 것 자체가 오히려 빠를 수 있다. 늦었다고 생각하는 사람은 분발하지만, 이미 한 발 앞서 대세를 주도한다고 자만하는 사람은 기왕의 성과에 만족해하며 현실에 안주하기 십상이다.

동서고금을 막론하고 개인이든 국가든 이런 이치에서 한 치도 벗어날 수 없다. 삼성의 갤럭시 스마트폰이 애플의 아이폰을 따라잡은 것이 그 실례다. 늦었다고 깨닫는 순간 스스로를 채찍질하며 더욱 분발한 덕분이다. 「허실」에서 "적이 아군의 공격을 막아내지 못하는 것은 자신의 허점을 찔렸기 때문이고, 적이 아군의 퇴각을 추격하지 못하는 것은 아군의 퇴각이 매우 신속해 뒤쫓을 수 없기 때문이다"라고 언급한 취지와 같다. 시대 및 상황 변화에 따른 발 빠른 행보를 주문한 것이다.

『주역』은 이를 자강불식自强不息으로 표현했다. 현실에 안주하지 않고 쉼 없이 스스로 채찍질하며 전진하는 것을 말한다. 진정한 자강불식이 되기 위해서는 '우주를 놀라게 하자'는 좌우명을 갖고 있던 잡스처럼 위대한 꿈을 꾸어야 한다. 꿈이 크면 클수록 그릇도 커지고, 그릇이 커지면 커질수록 자강불식의 강도도 높아진다. 큰 꿈이 있기에 작은 성과에 안주하지 않고, 당초의 목표를 향해 끊임없이 자신을 채찍질하기 때문이다.


## 힘을 집중시켜라

적의 실상을 드러나게 하고 아군의 실상이 드러나지 않게 하면 아군 병력은 한 곳으로 집중되고, 적은 열 곳으로 분산된다. 아군 병력이 한 곳으로 집중되고 적이 열 곳으로 분산되면 곧 열 명이 한 명을 공격하는 것과 같다. 결국 아군은 다수, 적은 소수가 된다. 다수인 아군이 소수인 적을 치는 것이니 아군은 얼마 안 되는 적과 맞서 싸우는 셈이다. 그러기 위해서는 아군이 진공하고자 하는 곳을 적이 모르게 해야 한다. 적이 이를 모르면 방비해야 할 곳이 많아진다. 방비할 곳이 많아질수록 아군이 상대하는 적의 병력은 줄어든다(아군이 모습을 감춘 채 은밀히 움직이면 적은 당황한 나머지 병력을 분산시켜 사방을 지킬 수밖에 없다. 적의 병력이 분산되어 단위 부대당 수비 병력이 적어지면 상대적으로 병력이 많은 아군은 손쉽게 적을 공략할 수 있다). 앞을 막자니 뒤가 취약해지고 뒤를 막자니 앞이 취약해지며, 왼쪽을 막자니 오른쪽이 취약해지고 오른쪽을 막자니 왼쪽이 취약해지기 때문이다. 사방을 두루 방비해야 하는 상황에 몰린 적은 결국 사방의 방비가 모두 취약한 약점을 노출할 수밖에 없다. 이리 되면 병력이 적은 쪽은 언제나 사방을 두루 방비해야 하는 적 쪽이 된다. 병력이 많은 쪽은 적으로 하여금 사방을 두루 방비하도록 만든 아군의 몫이다(이는 내가 앞서 설명했듯이 아군이 모습을 감춘 채 은밀히 움직일 경우 당황한 적이 병력을 분산시켜 사방을 지키는 상황을 언급한 것이다. 적의 병력을 분산시켜 단위 부대당 수비 병력을 크게 줄이는 것이 요체다). 적과 맞닥뜨리는 교전 장소와 그 시기를 미리 알면 설령 1000리나 원정을 가 싸울지라도 능히 적과 대적해 승리를 거둘 수 있다(적의 실정에 관한 정보를 두루 수집한 뒤 면밀한 비교 검토를 통해 결전의 시기를 알아내는 것을 말한다). 교전할 장소와 시일을 모르는 적은 왼쪽이 오른쪽을 오른쪽이 왼쪽을, 앞쪽이 뒤쪽을 뒤쪽이 앞쪽을 구원할 길이 없게 된다. 하물며 멀어야 겨우 수십 리, 가까운 곳은 몇 리밖에 안 되는 곳에서 싸우는 경우야 말해 무엇하겠는가! 판단하건대 월나라 군사가 오나라 군사에 비해 아무리 많다 할지라도 그것이 승부에 무슨 도움이 되겠는가?(월나라 군사는 오합지졸에 불과한 까닭에 떠들썩하기만 할 뿐 병법에 대해 무지했다. 일설에 따르면 오나라와 월나라는 원수 지간이었다고 한다) 그래서 말하기를 "승리는 능히 만들어 낼 수 있다"고 하는 것이다. 적의 병력이 아무리 많을지라도 그들이 모든 역량을 기울여 아군과 싸우지 못하도록 만드는 것이 요체다.

『성경』「사무엘상」17장을 보면 애송이 다윗이 거인 골리앗을 제압한 얘기가 나온다. 상식적으로는 있을 수 없는 일이지만 주변을 살펴보면 오히려 더 많은 사례를 쉽게 찾아볼 수 있다. 그 이유는 무엇일까? '천하무적'에게도 결정적인 약점은 있기 때문이다.

다윗은 주변 사람들을 통해 골리앗의 단점을 쉽게 알아냈다. 그 단점도 단순한 것이 아니라 아주 치명적인 것으로, 바로 투구 밑의 이마였다. 『성경』은 이를 장황하게 설명했지만 병법 논리에서 보면 지극히 당연한 얘기다. 매사가 그렇듯이 강하면 강할수록 치명적인 약점을 지니기 마련이다. 산이 높을수록 계곡이 깊은 것과 같다. 골리앗이 바로 그 경우다.

21세기 경제 전쟁 상황에 대입시켜 해석할 경우 이는 초일류 글로벌 기업일수록 골리앗의 이마처럼 치명적인 약점을 안고 있다는 얘기다. 다윗은 골리앗과의 싸움에 앞서 골리앗에 관한 모든 정보를 입수함으로써 그 약점을 찾아냈다. 골리앗과 같은 글로벌 기업을 상대해 승리하고자 하면 먼저 시장조사부터 철저히 할 필요가 있다. 소비자 심리와 소비 추세, 상품 신뢰도, 상품 가격, 판매 수단 등을 검토하면 분명 치명적인 약점이 드러날 것이다. 이를 집중적으로 공략해야 한다. 다윗과 골리앗의 싸움이 가능한 이유다.

「허실」은 이를 허허실실의 논리로 설명한다. 많은 사람들이 이를 두고 '실을 피하고 허를 찌른다'고 풀이하나 이는 반만 맞는 말이다. 기본 취지는 허와 실을 뒤섞어 상대방을 혼란스럽게 만드는 데 있다. 『손자병법』이 역설하는 허허실실의 의미를 정확히 파악한 대표적인 인물로 당태종 이세민을 들 수 있다. 그 역시 조조 못지않은 당대 최고의 병법

가였다. 명장 이정李靖과 『손자병법』을 포함한 역대 병서의 특징을 깊이
검토한 것이 그 증거다. 이들의 문답을 정리해 놓은 것이 바로 무경7서
武經七書의 하나인 『당리문대唐李問對』다. 상중하 3권으로 되어 있다. 중
권의 첫 머리에 『손자병법』의 허허실실을 논한 대목이 나온다.

태종이 물었다.

"짐은 여러 병서를 보았으나 『손자병법』을 벗어나는 것이 없었고,
『손자병법』 13편 모두 허실에서 벗어나지 않았소. 용병하는 자가 허실
의 전세戰勢 이치를 잘 알면 이기지 못하는 경우가 없소. 오늘날 여러
장수들은 적의 실을 피하고 허를 쳐야 한다고 말하나 막상 실전에서
적과 부딪치면 허실의 형세를 제대로 이해하는 자가 매우 드무오. 이는
대개 적을 유인해 아군의 사정권에 두지 못하고 오히려 유인을 당해
주도권을 빼앗긴 탓이오. 이를 어찌 생각하오? 경이 여러 장수를 위해
그 요체를 설명해 주시오."

이정이 대답했다.

"장수들에게 이를 가르치고자 할 경우 우선 기병과 정병이 서로 변
화하는 전법을 가르치고, 이어 허실의 전세를 가르치는 것이 옳을 것입
니다. 장수들 대부분은 기병으로 정병을 삼고, 정병으로 기병을 삼는
이치를 모르고 있습니다. 그러니 어찌 적의 허가 도리어 실이고, 실이
도리어 허라는 것을 알 수 있겠습니까?"

궤멸전을 최고의 승리로 간주하는 『전쟁론』처럼 매사를 이분법적으
로 접근하는 서양의 접근 방식으로는 허허실실의 묘리를 파악하기가
어렵다.

다윗과 골리앗의 싸움을 실전에서 찾아보기 힘든 것은 대개의 경우

자신의 약점을 철저히 방비하고 싸움에 임하기 때문이다. 골리앗이 투구 밑의 이마를 가리기만 했어도 다윗의 승리는 상상할 수조차 없다. 이런 싸움이 가능한 것은 우세한 상대방이 자만심에 빠졌기 때문이다. 골리앗이 자만심에 빠지지만 않았다면 상대가 아무리 애송이일지라도 이마를 가린 투구를 쓰고 싸움에 임했을 것이다.

여기서 주목할 것은 다윗이 싸움에 임할 때『손자병법』이 말한 허허실실을 구사했다는 점이다. 애송이의 모습 자체로 나선 것이 허허실실을 구사한 것이나 다름없다. 이런 점이 골리앗의 방심을 불러왔고, 결국 애송이 다윗의 승리로 귀결됐다. 허허실실의 요체가 여기에 있다. 적을 착각에 빠뜨려 방비를 허술하게 만든 뒤 치명적인 약점을 집중 공략하는 것이다.

관건은 선택과 집중이다. 대표적인 사례로 창업 4년 만에 국내에서 세계적인 커피 전문점 스타벅스를 제압한 토종 커피 전문점 '카페베네'를 들 수 있다. 카페베네의 선전은 골리앗과 다윗의 싸움을 연상시킨다. 창립자 김선권은 원래 빈농의 자식이다. 1968년 전남 장성의 시골 마을에서 9남매 중 일곱째로 태어나 찢어지게 가난한 시절을 경험한 그는 복조리 판매, 음식점 청소 등 온갖 종류의 아르바이트를 전전하다 20대 때 창업에 뛰어들었다. 그러나 호프집이 반년 만에 망하는 등 잇단 좌절을 맛보았다. 1997년 게임장 체인 사업을 시작하며 돈을 벌기 시작한 그는 이후 삼겹살과 감자탕 프랜차이즈를 줄줄이 성공시키며 본격적으로 외식 사업가의 길로 접어들었다. 지난 2008년 카페베네를 창업한 그는 이후 4년 만에 점포 730개, 연매출 2000억 원의 막강한 브랜드로 키워 스타벅스와 커피빈 등 해외 브랜드 일색이었던 국내

커피 시장에 당당히 1위로 올라섰다.

2012년 2월 그는 내친 김에 뉴욕 타임스스퀘어에 해외 1호점을 냈다. 한국 시장에서 세계 최강의 커피 전문점 스타벅스를 누른 여세를 몰아 G1 미국의 심장부에 진출한 것이다. 성공할 경우 유럽 시장으로 진출하는 교두보를 마련하게 되는데, 현재 순항 중이다. '호랑이를 잡기 위해 호랑이 굴로 들어간다'는 속담을 연상시키는 대목이다. 그의 그릇이 결코 만만하지 않음을 알 수 있다.

카페베네는 2015년까지 전 세계에 5000개의 가맹점을 내 골리앗 스타벅스를 평정한다는 야심찬 목표를 세웠다. 그리되면 맥도널드가 햄버거로 미국의 라이프스타일을 세계에 퍼뜨린 것처럼 한류 확산의 첨병 역할을 수행할 수 있을 것이다. 『손자병법』이 제시한 대여대취의 일대 역전극이 눈앞에 펼쳐지는 셈이다.


## 자취를 감춰라

적의 실정을 면밀히 분석하면 여러 가상 상황에 따른 이해득실을 알수 있다. 짐짓 도발해 자극하면 적의 반응을 통해 적이 움직이고 멈추는 배경을 알 수 있다. 짐짓 움직이며 정탐하면 적의 급소가 어디에 있는지 알 수 있다. 적과 아군의 전력을 비교하면 이내 적의 허실과 강약을 알 수 있다(첩자가 전해 준 정보 등을 통해 양측 전력을 비교하는 방안 등이 있다). 양동陽動 작전의 극치는 적이 아군의 행적을 전혀 모르게 하는 데 있다. 그리되면 설령 아군에 깊숙이 잠입한 첩자일지라도 아군의 허실을 알아낼 수 없고, 지모가 뛰어난 적군의 책사일지라도 뾰족한 계책을 내지 못할 것이다. 적의 내부 사정 변화에 따른 전술로 승리를 거두는 까닭에 승리를 거둔 정황을 사람들 앞에 자세히 드러내 보일지라도 사람들은 그 오묘한 이치를 알지 못한다(적의 움직임을 좇은 임기응변으로 승리한 것을 말한다). 세인들은 적에게 승리를 거둔 정황만 알 뿐 승리를 거둔 임기응변 배경에 대해서는 전혀 알 길이 없다(판에 박힌 전술로는 수만 가지 형세로 변화하는 적과 싸워 이길 길이 없다. 전쟁의 결말이 어떻게 날지 정확히 예측하기가 어렵다는 얘기가 나오는 이유다. 싸움에 나선 장수가 승리를 거두면 사람들은 그가 뛰어난 능력을 발휘해 승리를 거두었다는 사실만 알 뿐 적의 움직임에 따라 임기응변으로 승리한 배경에 대해서는 전혀 알 길이 없는 것도 바로 이 때문이다). 한 번 승리를 거둔 계책을 되풀이해 사용해서는 안 되고, 반드시 적의 내부 사정 변화에 따라 무궁무진하게 변화시켜 대응해야만 한다(적이 재차 공격해 올 경우 똑같은 전술로 대응하지 않아야 하는 것은 적에게 의도를 간파당해 오히려 위험에 처할 수 있기 때문이다). 무릇 군사 작전은 물과 같다. 물은 높은 곳을 피해 낮은 곳으로 흐른다. 용병도 적의 강한 곳을 피해 허점을 치는 식으로 진행해야 한다. 물은 지형에 따라 흐르는 방향이 결정된다. 군사 작전도 적의 내부 사정 변화에 따른 다양한 전술을 구사해야 승리할 수 있다. 군사 작전에 일정한 형태가 없는 것은 물이 일정한 형태가 없는 것과 같다. 적의 내부 사정 변화를 좇아 승리를 거두는 것을 일컬어 '군사 작전이 귀신과 같다'고 한다(『도덕경』이 설파했듯이 세상의 모든 형세는 성대해지면 반드시 쇠미해지는 법이다. 아무리 뛰어난 병법도 한 가지만 고집하면 이내 의도가 드러나 반드시 패하게 되어 있다. 적의 움직임에 따라 수시로 임기응변해야 놀라운 승리를 거둘 수 있다). 이는 5행五行이 서로 돌아가며 도와주거나 견제하고, 4계四季가 서로 돌아가며 자리를 바꾸며, 밤낮이 서로 돌아가며 짧아졌다 길어지고, 달이 돌아가며 차고 기우는 것과 같다(용병할 때 고정된 틀이 없다는 것은 마치 해와 달이 늘 차고 기우는 것처럼 적의 움직임에 따라 수시로 공수를 바꿔가며 진퇴를 결행해야 하기 때문이다).

「허실」에서 "군사 작전이 귀신과 같다"고 언급한 것은 적을 감쪽같이 속이는 양동 작전을 달리 표현한 것이다. 양동 작전은 적의 경계를 분산시키기 위해 실제 전투는 하지 않지만 병력이나 장비를 기동함으로써 마치 공격할 것처럼 보여 적을 속이는 것을 말한다. 이는 군사 작전뿐만 아니라 라이벌과의 경쟁에도 그대로 사용되는 원리다. 대표적인 예로 '교토삼굴狡兔三窟'을 들 수 있다. 꾀 많은 토끼가 굴을 세 개나 가지고 있음으로 해서 죽음을 면할 수 있었다는 의미다. 기지를 발휘해 위기를 피하거나 재난을 면한다는 취지에서 나왔다. 전국시대 후반 세상을 진동하게 한 맹상군孟嘗君이 바로 교토삼굴의 주인공이다.

맹상군은 이른바 전국 4군자의 우두머리로 불린다. 천하 각지에서 수많은 인재가 그의 문하로 몰려들어 문객으로 활약하며 그를 보필한 데서 나온 말이다. 당초 맹상군은 커다란 객사를 지어 많은 빈객들을 불러 모았다. 모두 3000여 명에 달했다. 객사는 1등부터 3등까지, 거객車客, 어객魚客, 하객下客의 등급이 매겨졌다.

당시 제나라 출신 풍훤馮諼이라는 인물이 있었는데 매우 곤궁했다. 너무 가난해 먹고살 길이 막막해진 풍훤은 마침내 맹상군에게 식객으로 받아 줄 것을 간청했고 맹상군은 그를 3등 객사에 들게 했다. 하객으로 대우한 것이다. 객사의 사감은 풍훤에게 거친 음식만 주었다. 당시 풍훤은 가진 것은 아무것도 없고 오직 칼 한 자루만이 있었을 뿐이다. 그는 이를 장협長鋏이라고 부르며 늘 허리에 차고 다녔다. 며칠 후 풍훤은 기둥에 기대 칼을 두드리며 이같이 탄식했다.

"장협아, 돌아가자. 식사 때 생선 하나 없구나!"

이 얘기를 들은 맹상군이 웃으며 말했다.

"생선을 내주고 어객의 예로 대우하도록 하라."

얼마 후 풍훤이 다시 칼을 두드리며 탄식했다.

"장협아, 돌아가자. 외출하려 해도 타고 갈 수레가 없구나!"

좌우가 모두 이를 비웃었으나 얘기를 전해들은 맹상군은 그를 거객으로 대우했는데, 풍훤은 며칠 후 다시 칼을 두드리며 이같이 탄식했다.

"장협아, 돌아가자. 가족을 부양할 돈이 없구나!"

식객들 모두 풍훤이 만족할 줄 모르는 탐욕스런 자라고 비난했으나 맹상군은 그를 불러 연유를 물었다.

"노모 한 분이 계십니다."

맹상군이 사람을 시켜 그의 노모에게 먹을 것과 일용품을 지급하도록 했다. 그제야 풍훤은 더 이상 탄식하지 않았다. 당시 맹상군은 식읍인 설薛 땅의 수입만으로는 문객들을 모두 먹여 살릴 도리가 없었다. 수입의 일부를 설 땅 사람들에게 빌려 주고 그 이자를 받아 비용에 충당했다. 하루는 맹상군이 장부를 내놓고 문객들 중 설 땅에 가서 빚을 받아 올 사람을 구했다. 이에 풍훤이 자원하고 나섰고 하직 인사를 하며 물었다.

"빚을 다 받으면 무엇을 사가지고 돌아오면 좋겠습니까?"

"우리 집에 부족해 보이는 것으로 하시오."

풍훤이 수레를 몰아 설 땅으로 간 뒤 빚을 진 백성들을 불러 놓고 빚의 구체적인 내용을 일일이 확인했다. 설 땅의 백성들이 내야 할 이자는 10만 금에 달했다. 풍훤이 좌우에 명해 곧 그 돈으로 잔치를 차리게 하고 거리에 공문을 써 붙였다.

"무릇 맹상군의 곡식이나 돈을 빌려 쓴 자는 그 이자를 갚았거나 갚지 못했거나 상관없이 빠짐없이 부중으로 와 차용증서를 보인 뒤 변변찮은 술과 안주나 먹고 가기 바란다."

이튿날 백성들이 차용증서를 들고 부중으로 몰려 왔다. 풍훤은 대조를 마친 뒤 좌우에 명했다.

"맹상군이 돈과 곡식을 꿔준 것은 이자를 받기 위해서가 아니라 가난한 사람들의 살림을 도와주기 위한 것이었다. 그러니 어찌 이자를 받을 수 있겠는가? 지금까지의 모든 빚을 모두 탕감하고 차용증서를 모두 소각하라는 명이 있었다. 그대들은 맹상군의 높은 뜻과 은덕을 잊지 말라."

그러고는 뜰에 피워 놓은 정료庭燎에 차용증서를 몽땅 털어 넣었다. 화끈한 부채탕감 조치였다. 부중에 모인 백성들이 환호하며 만세를 불렀다. 풍훤이 이내 돌아오자 맹상군이 물었다.

"빚은 모두 받았소? 어찌해 이토록 빨리 돌아온 것이오?"

"모두 받아 왔습니다."

"그래 무엇을 사 가지고 왔소?"

"군은 말하기를 '우리 집에 부족해 보이는 것으로 사오라'고 했습니다. 제가 생각해 보니 군의 집안에는 진귀한 보물이 가득 쌓여 있고, 개와 말은 바깥 축사까지 넘쳤으며, 미인은 당하 통로에 가득 차 있습니다. 오직 의義가 부족했습니다. 그래서 생각한 끝에 군을 위해 그 의를 사 가지고 왔습니다."

맹상군이 크게 놀라 물었다.

"의를 사 가지고 오다니, 도대체 그게 무슨 말이오?"

"지금 군은 하찮은 봉지인 설 땅에서 그곳 백성을 자식처럼 사랑해 주지도 못하면서 도리어 장사꾼같이 돈을 꿔 주고 이자를 취했습니다. 그래서 제가 군의 명을 가탁해 그 빚을 모두 탕감하고 일거에 빚 문서를 불살라버렸습니다. 그랬더니 백성들이 모두 크게 기뻐하며 만세를 외쳤습니다. 이것이 바로 제가 군을 위해 사온 '의'라는 것입니다."

경비 조달에 애를 먹던 맹상군은 내심 크게 화가 났으나 이미 엎질러진 물이었다. 태연한 척했다.

"좋소. 선생은 가서 쉬도록 하시오."

당시 진시황의 증조부인 진소양왕秦昭襄王은 맹상군의 활약상을 듣고 크게 우려했다. 그가 계속 제나라에서 활약하는 한 진나라에 커다란 부담이 될 것이 뻔했다. 이간책을 구사한 이유다. 진나라의 첩자들이 대거 제나라로 들어가 유언비어를 퍼뜨렸다. 맹상군이 장차 보위를 이을 것이라는 내용이었다. 제민왕이 이 소문을 듣고 맹상군을 크게 의심했다. 진소양왕은 제나라와 초나라를 이간시켜 맹상군을 더욱 궁지에 몰아넣을 생각으로 곧 사자를 초나라로 보냈다. 진소양왕의 사자가 초경양왕에게 말했다.

"지난날 초회왕楚懷王이 우리 진나라에 와 있을 때 과군은 초회왕을 초나라로 돌려보낼 생각이었습니다. 그때 맹상군이 사람을 보내 초회왕을 돌려보내지 말라고 권했습니다. 또 초나라 태자를 미끼로 초나라에 대해 부단히 토지를 요구했습니다. 초회왕이 진나라에서 세상을 떠난 이유입니다. 지금 맹상군은 제나라 상국이 되어 전권을 장악하고 있습니다. 그는 제나라 보위를 노리면서 우리 진나라를 치기 위해 만반의 준비를 하고 있습니다. 지금 과군은 귀국에 대한 지난날의 잘못을 크게 후회하고 장차 왕녀를 대왕에게 보내 두 나라의 동맹을 강화하려 하고 있습니다. 부디 천하대세를 살펴 우리 청을 받아 주십시오."

초경왕은 진나라 사자의 말을 곧이듣고 이내 진나라와 우호관계를 맺었다. 이어 진나라의 요구를 받아들여 첩자들을 제나라로 들여보낸 뒤 맹상군이 보위를 노린다는 유언비어를 퍼뜨리게 했다. 제민왕이 마침내 맹상군을 불렀다.

"과인은 선왕의 신하를 과인의 신하로 삼고 싶지 않소."

이에 맹상군은 할 수 없이 상국의 인印을 내놓고 영지인 설 땅으로 돌아갔다. 맹상군이 아직 설 땅에 이르지도 않았는데 100리나 떨어진 곳까지 설 땅 백성들이 노약자를 부축하고 나와 길을 메운 채로 맹상군을 영접했다. 맹상군이 풍훤을 돌아보며 감탄했다.

"선생이 그때 나를 위해 사온 의가 무엇인지 오늘에야 비로소 알게 됐소!"

풍훤이 말했다.

"교토삼굴이라는 옛말이 있습니다. 교활한 토끼는 세 개의 굴을 만들어 놓고 유사시를 대비한다는 뜻입니다. 사람도 달아날 길이 세 개는 있어야 겨우 죽음을 면할 수 있습니다. 지금 군은 오직 하나의 굴만 있을 뿐입니다. 이것만으로는 아직 베개를 높이 하고 편히 누울 수 없습니다. 군을 위해 두 개의 굴을 더 파 드리겠습니다."

맹상군이 감격해하며 풍환에게 수레 50승과 500금을 건네주었다. 풍환은 이를 갖고 위나라로 가 위소왕魏昭王에게 유세했다.

"제나라가 중신 맹상군을 내쫓았습니다. 그를 제일 먼저 맞이하는 나라가 부국강병을 이룰 수 있을 것입니다."

위소왕이 상국의 자리를 비워 놓기 위해 원래의 상국을 상장군으로 삼은 후 사자에게 황금 1000근과 수레 100승을 주어 맹상군을 모셔 오게 했다. 풍환이 위나라 사자보다 먼저 달려와 맹상군에게 이같이 말했다.

"황금 1000근은 대단한 예우이고, 수레 100승은 큰 규모의 사절단입니다. 제나라가 이미 이 소문을 들었을 것입니다."

위나라 사자가 세 번이나 왕복했지만 맹상군은 굳이 사양하고 가지 않았다. 제민왕과 군신들이 이 소식을 듣고 크게 두려워했다. 이에 곧 태부太傅에게 황금 1000근과 네 필의 말이 이끄는 수레 두 대, 푸른 옥으로 장식된 패검 한 자루, 다음과 같은 내용의 서신 한 통을 주어 맹상군에게 전하게 했다.

"과인이 선하지 못해 종묘에서 내린 화를 입고 아첨하는 신하들에게 빠져 군에게 죄를 지었소. 원컨대 군은 선왕의 종묘를 생각해 속히 돌아와 백성들을 다스려 주시오."

풍환이 맹상군에게 말했다.

"먼저 선왕의 제기祭器를 옮겨 설 땅에다가 종묘를 세우겠다고 청하십시오."

종묘가 완성되자 풍환이 맹상군에게 보고했다.

"이제야 세 개의 굴이 완성됐습니다. 군은 어느 정도 베개를 높이 베고 즐겁게 지낼 수 있게 됐습니다."

얼마 후 맹상군이 다시 제나라 상국의 자리에 복귀했다. 당시 풍훤은 맹상군의 식객 중 가장 뛰어난 인물이었다고 해도 과언이 아니다. 맹상군과 관련한 교토삼굴 일화는 허허실실의 실체가 어떤 것인지를 잘 보여 준다.

제7장

# 병 이 사 립
## 兵 以 詐 立

---

용병은 적을
속이는 데서 시작한다

...

[군쟁軍爭]

군쟁은

아군과 적군이

승리에 유리한 조건을

먼저 손에 넣기 위해

다투는 것을 말한다.

# 돌아가듯 직진하라

손자가 말했다. 무릇 용병의 원칙은 장수가 군주로부터 명을 받고 백성을 소집해 군대를 편성하는 데서 시작한다(백성을 징집한 뒤 부대별 편제에 따라 배치한다. 부곡部曲을 기준으로 부대를 편성한 뒤 숙영지를 세우고 군대 진용을 갖추는 것이 그것이다). 이어 군사를 이끌고 출전해 전선에서 서로 영루를 세우고 대치하는 일이 빚어지게 된다(주력 부대 영루의 군문軍門을 화문和門, 좌우에 배치된 부대의 군문을 기문旗門, 전차로 만든 영문을 원문轅門, 병사를 배치해 지키도록 한 영문을 인문人門이라고 한다. 양측의 군사가 맞붙어 대치하는 것을 교화交和라고 부른다). 용병할 때 유리한 시기와 지세 등을 확보하기 위해 다투는 군쟁軍爭보다 어려운 일은 없다(장수로 임명받은 뒤 군대를 편제해서 전장으로 출동해 적과 대치하는 것에 이르기까지 많은 어려움이 있지만 가장 어렵고도 중요한 것은 유리한 조건을 먼저 손에 넣는 군쟁이다). 군쟁이 어렵다고 하는 것은 먼 우회로를 택하는 것처럼 가장한 뒤 지름길을 곧바로 가고, 객관적으로 불리한 조건을 문득 이로운 조건으로 바꿔 놓아야 하기 때문이다(짐짓 먼 길을 돌아가는 것처럼 해 자취를 숨긴 채 지름길을 내달리며 적보다 먼저 목적지에 이를 수 있다). 짐짓 길을 우회하는 것처럼 기만하고, 나아가 작은 이익을 미끼로 내걸어 적을 유인하면 적보다 늦게 출발해도 먼저 도착할 수 있다. 이같이 하면 우회하는 것처럼 내보이면서 곧장 지름길로 가는 이른바 우직지계迂直之計를 안다고 할 만하다(길을 멀리 돌아가는 것처럼 보인다는 것은 적으로 하여금 아군이 아직 멀리 있다고 착각해 방심하도록 만드는 전술을 말한다. 적보다 늦게 출발해도 먼저 도착할 수 있다고 한 것은 장수가 모든 정보를 종합적으로 분석해 최상의 전술을 택할 줄 안다는 뜻이다. 전쟁터에서 멀고 가까움을 자유자재로 활용할 줄 아는 계책이 그 실례다).

「군쟁」은 유리한 시기와 지세 등을 확보하기 위해 다투는 것을 말한다. 여기의 군軍은 군사 조직 및 편제 등을 뜻한다. 이를 두고 조조는 군명을 받들어 백성들로 군대를 편성한 뒤 전선에 투입되어 영루를 세우고 서로 대치하는 일체의 과정으로 풀이했다. 주도권 장악을 위한 전제 조건을 뜻한다. 「군쟁」은 그 요체를 우직지계에서 찾았다. 우회하는 듯 보이나 곧게 가고, 곧게 가는 듯 보이나 우회하는 계책을 말한다. 우직지계에 따르면 임기응변의 궤도를 제대로 발휘하기 위해서는 판의 주도권을 장악해야 하고, 이를 위해서는 유리한 시기와 지세 등을 먼저 차지해야 한다. 한마디로 고지 선점을 주문한 셈이다.

매사가 그렇듯이 상대보다 먼저 고지를 점하기 위해서는 빠른 기동력과 엄정한 기밀 유지 등 여러 조건이 선결되어야 한다. 『사기』와 『전국책』에는 전국시대 말기 고지 선점에 성공해 나라를 지킨 조나라 장수 조사趙奢와 똑같이 고지를 점거했는데도 참화를 당한 그의 아들 조괄趙括에 관한 일화가 담겨 있다.

아버지와 아들이 앞뒤로 장수가 된 사례는 많지만 외양상 동일한 전

술을 폈는데도 아비는 보국지신保國之臣이 되고, 아들은 망국지신亡國之
臣이 된 유일한 경우다. 왜 이런 일이 빚어진 것일까? 임기응변의 이치
를 몰랐기 때문이다.

기원전 270년 진나라 장수 호양이 20만 명의 대군을 이끌고 조나라
를 향해 쳐들어갔다. 이는 진나라가 동원한 가장 많은 병력인 동시에
당시 최대 규모의 군사 동원이기도 했다. 호양은 '신속계'를 구사했다.
조나라로 진격하기 위해서는 한나라를 지나가야 했다. 먼저 산서성 장
자현 서남쪽에 있는 한나라의 상당上黨 땅을 점령한 뒤 여세를 몰아 지
금의 산서성 화순현인 한나라의 알여閼與 땅을 포위했다. 알여 땅을 근
거지로 삼아 조나라 도성 한단에서 양면 협공을 펼치려는 속셈이었다.
조혜문왕이 크게 당황했다. 알여 땅이 진나라 군사 수중에 떨어지면
조나라 사직이 위태로울 수밖에 없었다. 이때 활약한 장수가 조사다.

조사는 조나라 도성에서 불과 30리가량 떨어진 곳에 영채를 차리고
는 꼼짝도 하지 않았다. 진나라가 자신들과 싸울 의사가 없다고 생각
하게 만든 것이다. 당시 조나라 군사 중에 허력이라는 병사가 있었는데
그가 조사에게 간했다.

"병법에 따르면 지리를 얻는 자가 이긴다고 했습니다. 알여 땅의 지
세를 보면 북산北山이 가장 높습니다. 그런데 진나라 장수는 이를 이용
할 줄 모릅니다. 장군은 속히 북산을 점거하십시오. 북산을 선점하는
쪽이 반드시 승리할 것입니다."

고지 선점의 계책을 진언한 것이다. 조사가 허락하자 허력이 곧바로
군사 1만 명을 이끌고 북산으로 달려갔다. 비슷한 시가에 긴니리 군사
들도 달려왔으나 이미 허력이 이끄는 조나라 군사가 북산을 점거한 뒤

였다. 진나라 군사는 북산을 탈취하기 위해 달려들었으나 조나라 군사가 밑으로 굴린 바위와 돌에 치여 무수한 사상자만 냈다. 호양이 대로했다. 직접 대군을 지휘했으나 워낙 험한 산이라 아무 소득이 없었다. 진나라 군사들이 겨우 길을 찾아 기를 쓰고 올라갈 때 조사가 군사들을 이끌고 와 산 위로 올라가는 진나라 군사의 뒤를 엄습했다. 위아래로 협공을 받게 된 호양이 크게 놀라 조사의 군사부터 막게 했다. 조사는 궁수 1만 명을 5000명씩 두 개 부대로 나눈 뒤 좌우에서 화살을 난사하도록 했다. 이 틈을 타 산 위에 있던 허력이 군사들을 휘몰아 산밑으로 내달렸다. 진나라 군사의 참패였다. 황급히 포위를 풀고 퇴각한 이유다.

당시 조사 덕분에 알여 땅을 되찾은 한환혜왕韓桓惠王은 친히 성에서 나와 조나라 군사를 배불리 먹인 뒤 국서를 보내 감사의 뜻을 전했다. 조사가 개선해 돌아오자 조혜문왕도 교외로 나가 영접하며 곧바로 마복군馬服君에 봉했다. 조사가 당시 뛰어난 맹장 염파와 재상 인상여와 같은 반열에 오르게 된 배경이다. 조사가 허력의 공을 상주하자 조혜문왕은 그를 도성 방위 책임자인 국위國尉로 삼았다.

조사의 승리는 고지 선점이 승패에 얼마나 큰 영향을 미치는지를 여실히 보여 준다. 진나라 군사도 북산을 점거하는 것이 승패의 관건이라는 사실을 알았다. 그러나 한발 늦었다. 속도전에서 패한 것이다. 일개 병사에 불과한 허력이라는 인물도 뛰어나지만 그의 계책을 과감히 받아들인 조사의 리더십 또한 높이 평가하지 않을 수 없다. 고금을 막론하고 군대만큼 위계질서가 엄한 집단은 없다. 그러나 계책에 관한 한 일개 병사도 자유로이 개진할 수 있도록 문호를 널리 개방해야 한다. 정보의 취합도 중요하지만 이의 가공을 통한 새로운 아이디어가 절실히 필요한 21세기 스마트 시대에는 더 말할 것도 없다.


## 능력껏 짐을 져라

군쟁은 유리한 측면과 불리한 측면을 동시에 지닌다(병법에 능한 장수는 군쟁에서 유리한 위치를 차지할 수 있으나 그렇지 못한 장수는 오히려 위험을 자초할 소지가 크다). 전군이 일거에 무거운 치중輜重을 이끌고 강행군하면서 군쟁에서 이기고자 하면 오히려 불리할 수 있다(전군을 이끌고 움직이다 보면 행보가 느려 재빨리 대응할 수 없다는 취지다). 정반대로 치중을 버리고 재빨리 군쟁에서 이기고자 하면 많은 치중을 버려야 하니 이는 커다란 손실이다(속도만 중시해 치중 부대를 버리고 전진하면 모든 보급품과 장비를 잃을 우려가 크다). 전군이 경장輕裝한 채 밤낮으로 쉬지 않고 달리는 경우가 있다(휴식도 취하지 않은 채 강행군으로 일관하는 경우를 지적한 것이다). 이런 식으로 100리를 강행군해 군쟁에서 이기고자 하면 전군의 장수 모두 사로잡히게 된다. 건장한 병사는 앞서 가고 약하고 피로한 병사는 낙오되어 병력의 10분이 1만 목적지에 도착하기 때문이다(통상적 행군 거리인 30리를 훨씬 넘는 100리 정도의 먼 거리를 밤낮을 가리지 않고 강행군하는 식으로 군쟁에서 이기고자 하면 이는 이룰 수 없다. 자칫 적의 기습 공격을 받고 크게 패해 전군의 장수가 포로가 되는 최악의 위기를 맞을 수 있다). 50리를 강행군해 군쟁에서 이기고자 하면 선두 부대 장수가 좌절을 맛보게 된다. 병력의 절반만 도착하기 때문이다(이것은 곧 군사의 사기가 꺾여 싸움에 패했다는 의미다). 30리를 강행군해 군쟁에서 이기고자 하면 병력의 3분의 2만 목적지에 도착할 수 있다(가까운 곳에서 결전을 치르면 군사가 피로하지도 않고 도주하는 자도 없다. 이런 상황에서 먼 거리를 강행군한 적과 싸우면 사상자 없이 승리를 거둘 수 있다). 군대는 치중이 없어도 패하고, 군량이 없어도 패하며, 비축 물자가 없어도 패한다(싸움에 임하면서 치중과 군량 및 비축 물자 등 세 가지를 미리 잘 살펴 면밀히 준비하지 않았다면 이는 패망을 자초하는 길이다). 이웃나라 속셈도 모른 채 함부로 친교를 맺을 수는 없다(첩자 등을 파견해 미리 적정을 정확히 파악하지 않으면 적의 의도를 알 길이 없는 까닭에 제대로 된 외교 관계를 맺을 수 없다는 취지다). 마찬가지로 산림, 험난하고 막힌 곳, 소택지 등 행군할 곳의 지형을 모르면 제대로 행군할 수 없다(우러러 볼 정도의 높은 곳이 산, 나무가 우거진 곳이 숲, 깊이 파인 구덩이가 있는 곳이 험한 계곡, 오르내리는 지형이 장애 지역, 여러 갈래의 내가 모여 흐르지 않는 못 등을 말한 것이다. 미리 행군이나 주둔할 곳의 산천 지형을 제대로 파악하지 못하면 군사를 이끌고 적지로 진격할 길이 없다). 길 안내자를 활용하지 못하면 지리적 이점을 얻을 수 없는 것과 같다.

조사의 아들 조괄은 부친과 정반대되는 인물이다. 그는 자신의 능력을 뛰어넘는 직책을 맡는 바람에 패망한 대표적인 경우에 속한다. 그는 『손자병법』이 "군쟁은 유리한 측면과 불리한 측면을 동시에 지닌다"고 언급한 취지를 제대로 이해하지 못했다. 매사를 어떤 원칙에 입각해 고식적으로 해석한 탓이다.

기원전 260년, 진소왕이 장수 왕기王齮에게 명해 대군을 이끌고 가 조나라를 치게 했다. 전국시대의 향방을 결정짓는 장평대전의 서막이다. 당시 진나라 군사는 기세 좋게 진공했으나 염파가 이끄는 조나라 군사의 저지에 막혀 더 이상 나아갈 수 없었다. 진소왕이 이때 왕흘에게 명해 전군을 이끌고 한나라 상당 땅으로 가 주둔하도록 했다. 협공을 펼칠 심산이었다. 상당의 한나라 백성들이 모두 조나라로 달아났다. 왕흘이 군사를 장평 쪽으로 돌렸다. 염파가 싸움에 응하지 않자 진과 조 두 나라 군사는 오랫동안 장평을 사이에 두고 대치했다.

조효성왕은 염파가 겁을 집어먹은 것으로 오해하고는 조사의 아들인 조괄을 상장군으로 삼고 진나라를 대적하게 했다. 하지만 조나라가 백전의 용장 무안군 백기의 상대로 겨우 병서나 읽은 풋내기 조괄을 내세운 것은 승리를 상납한 것이나 마찬가지였다. 조괄은 20만 대군을 이끌고 장평에 당도하자마자 조효성왕에게서 받은 부절을 염파에게 보여 주었다. 이에 염파는 모든 군적軍籍을 넘기고 단지 군사 100여명만 이끌고 한단성으로 돌아갔다. 조괄은 염파가 만들어 놓은 기존 부서와 군령을 모두 바꾸고 군리 자리까지 변경했다. 이어 염파가 여러 곳으로 흩어 놓은 영채를 한 곳으로 모아 대영大營을 만든 뒤 전군에게 이같이 하령했다.

"앞으로 진나라 군사가 오거든 즉시 나가 싸우도록 하라. 진나라 군사가 달아나면 끝까지 추격해 무찌르도록 하라."

이때 무안군 백기도 진나라 군영에 당도했다. 곧 제장들을 모아 놓고 이같이 하령했다.

"왕분과 왕릉은 군사 1만 명을 이끌고 진을 범위 채 싸우지는 말고 적을 유인하도록 하라. 사마조와 사마경은 각기 군사 1만 5000명을 이끌고 가 조나라 군사의 양도를 끊도록 하라. 또 조사에게 대패한 바 있는 호양은 군사 2만 명을 이끌고 가 왼쪽에 주둔해 있다가 조나라 군사가 이곳까지 오거든 즉시 뛰쳐나가 조나라 군사의 허리를 자르도록 하라. 몽오와 왕전은 각기 기병 5000명씩을 이끌고 가 전세를 살피며 응원하도록 하라."

이튿날 먼동이 트자 조나라 군사가 정연한 모습으로 전진했다. 조괄이 선봉대를 내보내자 왕분은 잠시 싸우다가 짐짓 도주했다. 조나라 군사가 급히 그 뒤를 쫓자 진나라 장수 왕릉이 도중에 나타나 잠시 앞길을 막다가 짐짓 달아났다. 조괄이 환호하며 친히 대군을 휘몰아 달아나는 진나라 군사를 급히 추격했다. 진나라 군사는 영루를 굳게 지키며 싸움에 응하지 않았다. 조나라 군사가 3일 동안 계속 강공을 퍼부었으나 진나라 영채는 끄덕도 하지 않았다. 조괄이 좌우에 하령했다.

"속히 후군後軍을 이리로 오도록 하라. 우리도 이곳에 영채를 세우고 총공격을 해야겠다."

그런 사이 진나라 기병이 몰래 조나라 군사의 퇴로를 끊었다. 또 기병 5000명이 조나라 군사와 조나라 대영 사이의 통로를 끊자 조나라 후군이 전진할 수 없게 됐다. 조나라 군사는 완전히 둘로 나뉜 데다 양도마저 끊어졌다. 백기가 경병輕兵으로 이들을 치자 조나라 군사가 크게 불리했다. 조괄이 수초가 무성한 곳에 영채를 세운 뒤 사람을 한단으로 급파해 원군을 청했다. 스스로 독안에 든 쥐를 자처한 꼴이 됐다. 날마다 진나라 군사들이 조나라 영채 앞에 와 큰소리로 말했다.

"백기 장군의 명이다. 속히 항복하면 목숨만은 살려 줄 것이다."

조괄은 이때야 비로소 백기가 진나라 군사 속에 있다는 것을 알았다. 진소왕은 조군의 양도가 끊어졌다는 얘기를 듣고 친히 하내河內로 가 15세 이상의 백성을 모두 징발해 장평으로 보냈다. 이들은 조나라 군량을 탈취하고, 조나라 원군이 나오지 못하도록 길을 모두 차단했다. 고립된 조괄의 군사는 포위된 지 1개월이 넘자 이내 군량이 바닥났다.

사서는 조나라 군사가 마침내 양식이 떨어진 지 46일이 지나자 서로 몰래 전우를 죽이고 그 살을 씹어 먹는 사태까지 벌어졌다고 기록했다. 조괄은 최후 수단으로 직접 정예군 5000명을 이끌고 가 육박전을 폈다. 이때 진나라 군사들이 기다렸다는 듯이 사방에서 화살을 난사했다. 조괄은 화살을 맞고 그 자리에서 즉사했다. 대장이 죽자 조나라 군사는 일대 혼란 속에 빠졌다. 백기가 제장들을 시켜 조나라 군사에게 항복을 재촉하도록 했다. 조나라 영루 안에 있던 병사 20만 명이 모두 투항했다.

여기서 '지상담병紙上談兵' 성어가 나왔다. 이론에만 치우쳐 실제 상황에는 전혀 맞지 않는 계책이나 그런 상황을 지칭하는 말이다. 백기에게 항복한 조나라 군사는 모두 40만 명이나 됐다. 백기가 왕흘에게 말했다.

"우리가 점령한 한나라 땅 백성들도 아직 우리를 좋아하지 않는데 만일 이 40만 명이나 되는 조나라 포로들이 하루아침에 변란이라도 일으키면 그들을 제압할 길이 없게 되오. 조나라 군사는 반복무상하니 그들을 모두 제거하지 않으면 안 될 것이오."

"장군이 결단하십시오."

백기는 조나라 포로를 모두 구덩이 속으로 몰아넣어 산 채로 죽이는 갱살坑殺을 행했다. 사서는 당시 앞뒤로 참살된 자가 모두 45만 명에

달한다고 기록했다. 『자치통감』은 미성년인 소년 병사 240명만이 살아
남아 귀국했다고 기록했다. 진나라가 이들을 생환시킨 것은 진나라의
위엄을 널리 선양하기 위한 것이었다. 소문이 퍼지자 조나라는 온통 울
음바다가 됐다. 조나라 도성 한단에서는 통곡하는 소리가 그치지 않았
다. 그러나 아들이 결코 장수가 될 인물이 되지 못함을 알았던 조괄의
모친만은 울지 않았다.

"나는 조괄이 이 나라 장수가 되었을 때부터 그를 산 사람으로 여기
지 않았다."

장평대전은 진나라와 조나라의 앞날뿐만 아니라 천하의 판세를 결
정짓는 매우 중요한 결전이었다. 조효성왕은 이처럼 중차대한 싸움에
서 진나라에 승리를 상납하고 만 셈이다. 실제로 이후 조나라는 피폐
를 면치 못하다가 진나라에게 병탄당하고 말았다. 자신의 판단에 대한
과신이 불러온 재난이다. 난세일수록 최고통치권자의 명민한 판단과
과감한 결단이 필요한 이유다.


## 유리할 때 움직여라

용병은 적을 기만하는 데서 시작한다. 먼저 이로운지 여부를 따진 후
군사를 움직인다. 병력을 쪼개거나 합치는 등의 천변만화하는 용병술
도 여기서 나온다(군사를 나누어 정병과 기병을 섞어 사용하는 용병을 말한
다. 적의 움직임에 따라 수시로 대응을 달리하는 임기응변이 그것이다). 그 움
직임을 보면 빠를 때는 휘몰아치는 돌풍과 같다(적의 빈틈을 노려 기습

적으로 치고 들어가는 것을 말한다). 느릴 때는 고요한 숲과 같다(적이 미끼를 내걸어 유인할지라도 이에 현혹되지 않는다). 공격할 때는 타들어가는 불과 같다(요원의 불길처럼 급속히 들고 일어나는 상황을 말한다). 방어할 때는 우뚝 서 움직이지 않는 산과 같다(죽음을 무릅쓰고 지키는 경우를 말한다). 숨을 때는 어둠속에 가려 식별이 불가능하고, 움직일 때는 우레와 번개처럼 신속하다. 적지의 마을을 제압하면 병력을 나누어 요충지를 지킨다(식량을 적지에서 조달하며 승리를 굳히는 상황을 말한다). 영토를 확장하면 여러 장수들에게 지역별로 나누어 그 이익을 지키도록 한다(반격에 대비해 적의 공격 목표를 사방으로 흩뜨려 배치하는 것을 말한다). 이후 이해득실을 저울질하며 시기를 엿보아 움직인다(적의 움직임을 잘 헤아려 그에 맞게 대응하는 것을 말한다). 우직기계를 미리 안 장수만이 승리를 거둘 수 있다. 이것이 군쟁의 원칙이다.

오다 노부나가를 문득 일본의 전국시대 패자로 만든 나가시노 전투는 삼국시대 당시 조조가 원소를 격파한 관도대전에 비유할 만하다. 확실히 노부나가는 여러 면에서 조조와 닮았다. 전투에 나설 때는 강한 카리스마를 발휘했지만 평시에는 서민과 어울려 노래 부르며 춤을 출 정도로 소탈한 모습을 보인 점 등이 그렇다. 영지인 오와리의 비옥한 토지에서 나오는 경제력을 배경으로 상인들을 대거 불러들여 중상주의에 입각한 부국강병책을 구사한 것도 조조의 둔전책屯田策에 비유할 만하다. 한미한 가문에서 태어나 솔직한 성격과 합리적인 판단으로 인재를 주변에 모으고, 동맹을 해야 할 상대와 싸워야 할 상대를 잘 구별하며, 과감한 결단과 상황 변화에 따른 재빠른 임기응변으로 적을 제압한 것 등도 닮았다.

노부나가에게 가장 주목할 것은 기존의 관행 및 가치에 얽매이지 않고 새로운 것을 적극 수용한 '파탈의 리더십'이다. 조조가 능력만 있으면 신분 고하와 세속적인 기준에 따른 훼예殷譽에 아랑곳하지 않고 과감히 발탁한 것과 유사하다. 그가 일본 천하를 호령하게 된 결정적인 배경이 여기에 있다. 1540년대 말, 그는 포르투갈의 상인들을 통해 들어온 총포가 전투에 매우 유용하게 사용될 수 있다는 사실을 간파했다. 그가 그 어떤 다이묘들보다 먼저 조총 부대를 조직한 이유다. 그는 탄약을 채우는 데 걸리는 시간을 최대한 줄이기 위해 3열로 이루어진 연속 발사 전술을 개발했다. 이후 여타 다이묘들도 그를 흉내 내 모두 조총 부대를 만들었다. 이는 전국시대 전투 양상을 일거에 뒤바꿔 놓았다.

대표적인 실례가 바로 나가시노 전투다. 원래 이 싸움의 발단은 다케다 신겐의 병사病死에서 비롯됐다. 1573년 8월, 다케다 가문의 가신 오쿠다이라 사다마사는 부친을 좇아 부하를 이끌고 도쿠가와에 투항했다. 도쿠가와는 이들을 최전선인 나가시노 성에 배치했다. 2년 뒤인 1575년 4월 설욕을 벼르던 다케다 가쓰요리가 당시 1만 5000명 대군을 이끌고 가 나가시노 성을 포위했다. 당시 나가시노 성에는 병사가 500명밖에 없었으나 200자루의 조총과 철포가 있었다. 싸움이 길어진 이유다.

원군이 와 포위를 풀지 않는 한 군량미가 떨어져 이내 항복할 수밖에 없었다. 성이 함락되기 직전 도쿠가와의 지원 요청을 받은 오다 노부나가가 마침내 결단했다. 5월 13일, 두 사람이 3만 8000명의 연합군을 이끌고 나가시노 성으로 향했다. 오다의 군사 3만 명과 도쿠가와 군 8000명이었다. 이들은 나가시노 성 바로 앞의 시타라가하라에 도착했다. 이곳은 강을 따라서 구릉지가 여러 개 이어진 까닭에 상대 진영을 관찰하기에는 시야가 좁았다. 그럼에도 오다 노부나가는 이곳을 전쟁터로 택했다. 기마대를 내려다보며 조총을 발사하려는 속셈이었다. 작은 강을 사이에 둔 대지 양쪽의 경사면을 깎아내 인공적으로 급경사를 만든 뒤 3중의 보루를 쌓고 말이 뛰어넘지 못하도록 마방책을 둘러쳤다. 당시 다케다 진영의 대책 회의에서는 철수하자는 주장이 우세했지만 다케다 가츠요리는 결전을 택했다.

5월 20일 밤, 3000명의 연합군 대부대가 은밀히 도하한 뒤 다케다군의 성채를 강습해 포위를 풀었다. 여세를 몰아 인근 아루미하라 마을에 주둔 중인 다케다군까지 격파했다. 이 싸움에서 다케다군은 다케다 신겐과 함께 명성을 떨친 여러 명의 장수를 잃었다. 다케다군의 패잔병은 본대로 합류하기 위해 강을 건너 퇴각했으나 기습대의 맹추격을 받았다. 그렇다고 다케다군이 일방적으로 패한 것은 아니었다. 도쿠가와 군의 일부는 적진 안으로 너무 깊숙이 들어갔다가 반격을 당해 패퇴하기도 했다. 5월 21일 이른 아침, 퇴로가 막힐 것을 우려한 다케다군이 먼저 기동하면서 결전이 벌어졌다. 전투는 한낮까지 지속됐다. 개전한 지 8시간가량 지났을 때 연합군의 승리로 끝나지만, 연합군 역시 병력의 6분의 1가량인 6000명이 사망했다. 다케다 가츠요리는 살아남은 수백 명의 군사를 이끌고 퇴각해 우에스기 겐신의 보호를 받는다. 이 전투가 바로 일본의 전국시대는 물론 동아시아 전체의 역사를 뒤바꾸는 계기가 된 나가시노 전투다.

나가시노 성주 오쿠다이라 사다마사는 이때의 전공을 인정받아 오다 노부나가로부터 노부마사라는 이름을 하사받고, 도쿠가와 이에야스의 장녀 가메히메를 얻어 정실로 맞이했다. 영지를 자손에게 계속 잇도록 한다는 보장을 받아 이후 오쿠다이라 가문은 메이지시대까지 번창하게 된다.

나가시노 전투는 일본의 중세를 마감한 것은 물론 이후에 벌어진 왜란을 통해 알 수 있듯이 동아시아 전체의 역사까지 바꿨다. 실제로 오다 노부나가가 휘하 장수 아케치 미쓰히데의 배신으로 횡사한 후 그를 대신해 일본을 통일한 도요토미 히데요시는 조선 침공 때 나가시노 전투 방식을 그대로 사용했다. 조선군과 명나라의 정예 기마 부대는 왜군의 3열 횡대로 이루어진 철포 부대 앞에서 속수무책으로 당하고 말았다. 도요토미 히데요시는 단순한 후계자가 아니라 '3단 연발'의 독특한 전술을 창안해 낸 당대의 전략가인 오다 노부나가의 병법 후계자이기도 했다.


## 상대를 흔들어라

옛 병서 『군정軍政』에서 이르기를 "전쟁 중에는 말로 지휘하면 들리지 않기에 북과 징을 치고, 몸짓으로 지휘하면 보이지 않기에 깃발을 사용한다"고 했다. 징과 북, 깃발의 사용은 전군의 움직임을 일치시키려는 취지다. 전군의 움직임이 하나로 통일되면 용맹한 자도 홀로 뛰어나가지 않을 것이고, 비겁한 자도 홀로 달아나지 않을 것이다. 이것이 대군을 지휘하는 방법이다. 밤에 전투할 때는 횃불이나 북을 많이 쓰고, 낮에 전투할 때는 깃발을 주로 사용한다. 이는 병사들의 눈과 귀가 밤낮에 따라 그 반응이 다르기 때문이다. 적과 싸울 때는 적병의 사기를 꺾고, 적장의 심지를 뒤흔들 수 있어야 한다(『춘추좌전』에서 말하기를 "한 번 북을 쳤을 때 아군이 움직이지 않으면 적군은 사기가 왕성한데도 불구하고 어찌할 도리가 없다. 두 번 북을 쳤을 때도 움직이지 않으면 적군의 투지가 크게 떨어진다. 세 번 북을 쳤을 때도 움직이지 않으면 적군의 투지가 완전히 고갈된다"고 했다). 용병하면서 적의 마음을 빼앗는 것이 관건이다. 원래 군사의 사기는 아침에 왕성하고, 낮에 해이하며, 저녁에 쉬기 마련이다. 용병에 능한 장수가 통상 다음 네 가지 심리전을 펴는 이유다. 첫째, 적병의 사기가 왕성한 때를 피하는 피기예기避其銳氣와 적병의 사기가 해이하거나 쉴 때 공격하는 격기타귀擊其惰歸 계책을 구사한다. 이것이 적병의 사기를 꺾는 방법이다. 둘째, 엄히 질서를 유지하며 혼란스러운 적을 상대하는 이치대란以治待亂과 정숙을 유지하며 소란스러운 적을 상대하는 이정대화以靜待譁 계책을 구사한다. 이것이 적장의 심지를 뒤흔드는 방법이다. 셋째, 가까운 곳에 전장을 만들어 원정해 오는 적을 상대하는 이근대원以近待遠, 휴식을 취한 뒤 정비된 군사로 피로에 지친 적을 상대하는 이일대로以佚待勞, 배불리 먹인 군사로 굶주린 적을 상대하는 이포대기以飽待飢 계책을 구사한다. 이것이 아군의 전투력을 유지하며 적을 상대하는 방법이다. 넷째, 깃발이 정연하고 질서 있는 적을 요격하지 않고, 진용이 당당한 적을 공격하지 않는다. 이것이 적의 내부 사정 변화에 따라 대응하는 방법이다(깃발이 정연하고 질서 있다는 것은 군사 진용이 가지런히 배열되어 있다는 뜻이고, 진용이 당당하다는 것은 방어 장비가 그만큼 규모 있게 배치되어 있다는 의미다).

조조는 「군쟁」의 "적과 싸울 때는 적병의 사기를 꺾고, 적장의 심지를 뒤흔들 수 있어야 한다"는 대목을 주석하면서 『춘추좌전』의 일화를 끌어들였다. 그가 예로 든 인물은 제환공이 갓 즉위했을 당시 노나라 군사軍師로 활약한 조귀曹劌다. 사마천은 그를 자객으로 간주해 『사기』 「자객열전」에 수록된 다섯 명의 자객 가운데 첫 번째 인물로 꼽았다. 그가 비수를 들고 패자의 자리에 오른 제환공을 협박해 잃어버린 노나라 땅을 되찾은 사실에 주목한 결과였다. 당시 제환공은 조귀의 소행을 괘씸하게 생각해 약속을 이행하지 않을 생각을 품었으나 이내 관중의 건의를 받아들여 약속을 지켰다. 이는 제후들의 신뢰를 얻는 결정적인 계기로 작용했다. 결과적으로 제환공은 '크게 주고 크게 얻은' 셈이었다.

조귀는 장인의 나라인 제나라에서 횡사한 노환공魯桓公의 뒤를 이어 즉위한 노장공魯莊公 때 발탁된 인물이다. 노장공이 군진을 펼치고 제나라 군사와 대치했을 때 조귀와 함께 했다. 당시 제나라 포숙아는 일전의 승리에 고무된 나머지 노나라 군사를 얕보았다. 그는 곧 하령했다.

"북을 울리고 즉시 진격하라!"

제나라 군사들이 북소리에 맞춰 물밀듯이 진격해 오자 노장공이 곧바로 영격迎擊의 북을 울리려고 했다. 이때 조귀가 만류했다.

"제나라 군사의 예기가 날카롭습니다. 조용히 때를 기다려야 합니다."

그러고는 이같이 하령했다.

"누구든지 망동하는 자는 참하겠다."

제나라 군사들이 공격을 가해도 노나라 쪽은 철통같이 수비만 할 뿐 응하지 않았다. 제나라 군사가 물러갔다가 두 번째로 북을 울리며 물밀듯이 진격해 왔다. 이번에도 노나라 군사가 꼼짝하지 않자 아무런 성과도 거두지 못한 채 물러났다. 포숙아가 말했다.

"이는 노나라 군사가 싸움이 무서워 꼼짝하지 않는 것이다. 한 번만 더 북을 울리면 반드시 달아나고 말 것이다!"

그러고는 또다시 일제히 북을 울리게 했다. 조귀는 제나라 군사의 세 번째 북소리를 듣고서야 비로소 노장공에게 건의했다.

"이제 영격의 북을 쳐도 좋을 것입니다."

노나라 군사가 처음으로 북소리에 맞춰 일시에 물밀듯이 진격해 오자 제나라 군사들이 크게 당황했다. 성난 파도처럼 밀려오는 노나라 군사 앞에 제나라 군사들은 마치 기와장이 흩어지듯 사방으로 달아났다. 노나라 군사는 단 한 번의 북소리에 제나라 군사를 여지없이 깨뜨린 것이다. 제나라는 두 차례에 걸친 진격이 아무런 성과도 없이 끝남에 따라 극성했던 예기銳氣를 모두 소진시킨 데 반해 노나라는 적이 지치기를 기다렸다가 비축했던 힘을 일시에 뿜어낸 결과였다. 조귀가 사용한 전술이 바로 「군쟁」에서 말한 이일대로以逸待勞 계책이었다.

당시 노장공이 승세를 몰아 제나라 군사를 추격하려고 하자 조귀가 만류했다.

"잠시 기다리십시오."

곧 전차에서 내려 제나라 군사가 진을 펼쳤던 곳으로 갔다. 수레바퀴 자국을 유심히 살펴본 뒤 다시 전차에 올라 가로로 쳐진 대나무를 잡고 멀리 제나라 군사들이 움직이는 모습을 바라보았다. 그러고는 비로소 이같이 건의했다.

"가히 적을 추격할 만합니다."

조귀는 제나라 군사들이 정신없이 도주한 것을 확인한 후에 비로소 추격이 가능하다고 판단해 급히 그 뒤를 쫓게 했던 것이다. 노장공이 전군에 하령해 급히 제나라 군사를 추격하도록 했다. 노나라 군사가 빼앗은 무기와 치중이 이루 헤아릴 수 없을 정도로 많았다. 조귀는 탁월한 지략과 용맹을 지닌 당대 전략가였다. 노장공이 대승을 거둔 뒤 조귀에게 물었다.

"경은 한 번 북을 울려 세 번이나 북을 울린 적을 단숨에 꺾었으니 이는 무슨 연고요?"

조귀가 대답했다.

"무릇 용병이란 한마디로 병사들의 전의戰意에 달려 있습니다. 한 번 북을 치면 병사들이 투지가 치솟습니다. 그러나 교전이 이루어지지 않아 두 번째 북을 치면 투지가 떨어집니다. 그래도 교전이 이루어지지 않아 세 번째 북을 치면 투지가 완전히 소진되고 맙니다. 제나라 군사의 전의가 바닥에 떨어졌을 때 우리가 북을 한 번 쳐서 병사들의 투지를 드높였기 때문에 이길 수 있었던 것입니다."

"제나라 군사가 패했을 때 어째서 즉시 추격하지 않았던 것이오?"

조귀가 대답했다.

"제나라와 같은 대국의 전력과 용병술은 쉽게 헤아리기 어려운데다, 자칫 복병에게 기습을 당할까 우려했기 때문입니다. 그러나 수레바퀴

자국이 어지러운데다, 깃발이 어지럽게 흔들리는 것을 보고 별다른 계책이 없다는 것을 알았습니다. 그래서 급히 추격할 것을 건의한 것입니다."

노장공이 크게 탄복하며 조귀를 대부로 삼고 그를 천거한 시백에게 많은 상을 내렸다. 조귀가 생존할 당시에는 『손자병법』이 없었다. 그러나 『손자병법』에 『군정』 등이 언급된 데서 알 수 있듯이 당시에도 병서는 존재했다. 조귀는 이들 병서를 열심히 읽으며 나름 깊이 병법을 연구했을 공산이 크다. 그런 점에서 그는 춘추전국시대에 등장한 최초의 병법가에 해당한다. 조조가 「군쟁」에 주석을 가하면서 특별히 조귀를 언급한 이유가 여기에 있다. 이는 조조가 『춘추좌전』 등의 사서를 깊이 탐독했음을 반증하는 대목이기도 하다.


## 퇴로를 열어 주어라

교전과 관련한 용병의 원칙을 요약하면 여덟 가지가 있다. 첫째는 높은 언덕을 점령하고 있는 적을 공격 대상으로 삼지 않는 고릉물향故陵勿向, 둘째는 높은 언덕을 등지고 있는 적을 맞아 싸우지 않는 배구물역背丘勿逆, 셋째는 거짓으로 패한 척하며 달아나는 적을 추격하지 않는 양배물종佯北勿從, 넷째는 적의 사기가 높을 때 공격하지 않는 예졸물공銳卒勿攻, 다섯째는 적이 이익을 미끼로 내걸어 아군을 유인할 때 이를 덥석 물지 않는 이병물식餌兵勿食, 여섯째는 철군하는 적의 퇴로를 막지 않는 귀사물알歸師勿遏, 일곱째는 적을 포위할 때 반드시 퇴각로를 터주는 위사필궐圍師必闕이다(『사마법』에 이르기를 "세 방향에서 포위하며 한 방향을 열어 준다"고 했다. 적이 도주할 길을 열어 주어 쉽게 싸움을 매듭짓고자 한 것이다). 여덟째는 막다른 곳에 몰린 적을 성급히 공격하지·않는 궁구물박窮寇勿迫이다. 이들 여덟 가지가 바로 적과 맞닥뜨렸을 때 구사하는 통상적인 용병 원칙이다.

「군쟁」에서 말하는 귀사물알은 철군하는 적의 퇴로를 막지 않는다는 뜻이고, 궁구물박은 막다른 곳에 몰린 적을 성급히 공격하지 않는다는 의미다. 얼핏 같은 말을 한 것처럼 보이나 그 내용은 현격히 다르다. 후한 말기에 이를 뒷받침하는 일이 빚어졌다. 주인공은 동탁과 황보숭이었다.

『후한서』「동탁전」에 따르면 동탁은 농서군隴西郡 출신이다. 지금의 감숙성 일대에 해당한다. 그의 부친은 고을의 지방 군사 지휘관인 위尉를 지냈다. 젊은 시절에는 의로운 일을 즐겨하며 인근의 강족들과 가까이 지냈다. 강족 추장들이 모두 그를 따랐다. 그가 나중에 고향으로 돌아와 들녘에서 농사를 짓고 살자 한번은 추장들이 그를 찾아왔다. 동탁은 그들과 함께 집으로 돌아가 농사짓는 소를 여러 마리 잡아 크게 잔치를 베풀어 주었다. 동탁의 후한 대접에 감동한 추장들은 이내 마을로 돌아가 1000여 마리 가축을 거두어 동탁에게 주었다. '되'로 받은 은혜를 '말'로 보답한 셈이다. 활 솜씨가 뛰어났던 동탁은 환제 때 근위군 고위 장교인 우림랑羽林郎이 되면서 관직에 발을 들여놓았다.

당시 그는 관직에 발을 들여놓자마자 장환을 수행해 병주의 반란을 진압하는 대공을 세웠다. 그의 뛰어난 리더십은 포상으로 받은 비단 9000필을 모두 전 장병에게 나누어 준 데서 선명히 드러나기 시작했다. 휘하 장병들이 환호한 것은 말할 것도 없다.

동탁이 본격적으로 중앙 정치 무대에 등장한 것은 유비의 스승인 노식이 황건적을 치다가 중도에 좌절하면서부터다. 당시 노식은 장각 등을 치던 도중 환관의 미움을 샀다. 영제가 환관 좌풍을 보내 군사를 시찰하게 했을 때 어떤 사람이 노식에게 뇌물을 건넬 것을 권했다. 노식이 대답하지 않자 좌풍은 돌아오자마자 노식을 헐뜯었다. 영제가 사자를 보내 노식을 낙양으로 압송하게 하고는 동탁으로 하여금 노식을 대신하게 했다.

그러나 노식을 대신한 동탁 역시 별다른 전과를 거두지 못해 이내 처벌을 받게 됐다. 초기만 해도 황건적의 위세가 그만큼 강했다. 이후 동탁을 대신한 황보숭은 장각의 동생 장보의 목을 베고 10여 만 명을 참획하는 대공을 세웠다. 동탁이 다시 발탁된 것은 얼마 뒤 서쪽 양주涼州 일대에서 반란군이 일어나면서부터였다. 반란군이 장안을 위협하자 조정은 거기장군 장온을 총사령관으로 임명하면서 동탁을 재기용했다. 이는 서북 변경 지역을 가장 잘 아는 사람은 동탁밖에 없다는 판단에 따른 것이었다. 이때 동탁은 큰 공을 세워 전장군前將軍에 임명됐다.

중평 5년(188) 11월, 서쪽에서 흉노족의 추장 왕국이 부중을 이끌고 와 지금의 섬서성 보계시 동쪽인 진창陳倉 일대를 포위하는 일이 일어났다. 조정이 황보숭을 좌장군으로 삼아 전장군 동탁과 함께 4만 명의 군사를 이끌고 가 흉노족을 치게 했다. 동탁은 황보숭과 함께 출정하는 와중에 이같이 건의했다.

"진창이 위급하니 속히 구원하는 것이 옳을 듯합니다."

"그렇지 않소. 『손자병법』이 말하듯이 백전백승은 부전승만 못하오. 진창은 비록 작지만 성의 수비가 엄밀해 쉽게 공략할 수 없소. 왕국이 비록 강하다 하나 진창을 공략하지는 못할 것이오. 그들이 피곤해질 때를 기다려 출격하는 것이 필승의 계책이오. 어찌 구태여 가서 구원할 필요가 있겠소?"

왕국은 포위 공격한 지 80여 일이 지나도록 진창을 공략하지 못했다. 이듬해인 중평 6년(189) 2월 왕국의 부하들이 크게 지치자 이내 포위를 풀고 철병했다. 황보숭이 군사들을 이끌고 가 왕국의 뒤를 치려고 하자 동탁이 급히 만류했다.

"안 됩니다. 『손자병법』에 이르기를 '궁지에 몰린 적과 철군하는 적은 쫓지 말라'고 했습니다."

동탁은 「군쟁」에서 말한 궁구물박과 귀사물알을 언급한 것이다. 황보숭이 동탁에게 핀잔을 주었다.

"그렇지 않소. 이전에 내가 출격하지 않은 것은 그들의 예기를 피하고자 함이고, 지금 나가고자 하는 것은 그들의 사기가 쇠약한 것을 이용하고자 함이오. 우리가 공격하고자 하는 적은 피로에 지친 군사이지 귀환하는 군사가 아니오. 그러니 우리는 정예 부대를 이끌고 가 어지러운 적을 치는 것이지 궁지에 몰린 적을 치는 것이 아니오. 지금 왕국의 군사는 급히 도피 중이어서 싸울 의지조차 없소."

황보숭이 단독으로 출격하면서 동탁으로 하여금 적의 뒤를 끊게 했다. 연전연승해 1만여 명의 수급을 베는 대승을 거두었다. 이 일로 두 사람 사이에 틈이 생겼다. 조정은 동탁이 황보숭과 갈등을 빚자 곧장 동탁의 벼슬을 뗀 뒤 병력을 황보숭에게 인계하고 바로 상경하라는 명을 내렸다. 상경하는 즉시 동탁의 목이 달아날 공산이 컸다. 동탁은 상소를 올리며 버텼다. 조정도 동탁이 군사를 계속 이끄는 까닭에 쉽게 손을 쓸 수 없었다. 동탁은 군사를 하동에 주둔시킨 뒤 시국의 추이를 관망하던 중 문득 원소의 사주를 받은 대장군 하진의 밀서를 받고 급히 상경해 이내 권력을 장악했다.

여기서 주목할 것은 동탁과 황보숭의『손자병법』「군쟁」대목에 대한 논쟁이다. 궁구물박과 귀사물알을 언급한 점에 비춰 동탁도 나름『손자병법』을 열심히 읽었음을 알 수 있다. 그러나 그의 해석은 고식적이었다. 동탁의 건의를 배척한 황보숭이 대승을 거둔 사실이 이를 뒷받침한다. 당시 황보숭이 택한 계책은 춘추시대 조귀가 택한 이일대로 계책이었다. 퇴각하는 왕국의 군사를 과연 궁구물박 또는 귀사물알로 평가할 것인지, 아니면 싸울 의지조차 없는 오합지졸로 볼 것인지의 여부는 사람에 따라 다를 수 있다. 결과적으로 동탁은 왕국의 군사를 과대평가한 셈이다. 후대 사가들 모두 동탁의 계책이 졸렬했다는 의미로 풀이했다.

그러나 동탁과 가까운 티베트족 계통의 강족은 왕국이 이끈 흉노족과 뿌리가 같은 북방 민족이다. 흉노족은 동탁의 고향인 지금의 감숙성 일대에 널리 퍼져 살았다. 동탁이 양아들로 삼은 여포 역시 지금의 내몽골 자치구인 오원군五原郡 출신으로 사실상 동탁과 같은 고향이나 다름없다. 두 사람이 모두 뛰어난 활 솜씨를 자랑한 것은 결코 우연이 아니다. 출신 자체부터 중원의 한족과 매우 이질적이었다. 동탁과 여포에게는 이게 치명적인 약점으로 작용했다. 조정에서 그를 병주목幷州牧에 임명하면서 휘하 군사를 모두 황보숭에게 넘기라는 조명을 내렸을 때 이에 반발하며 올린 상주문이 이를 뒷받침한다.

"신은 외람되이 황은을 입어 군문에 10년간 종사하면서 장병들과 고락을 같이 했습니다. 그들은 신이 길러준 은혜를 생각해 신의 명을 즐거이 따르고자 하니 청하건대 그들을 이끌고 북상해 변방을 튼튼히 할 수 있게 해주기 바랍니다."

고려 말에 여진족 출신 이성계가 최강의 무력을 자랑할 수 있었던 것은 조상 때부터 두만강 일대에 함께 살던 여진족을 대거 끌어들여 병사로 삼은 데 있다. 이는 필자의 저서 『조선국왕 vs 중국황제』에서 자세히 살핀 바 있다. 동탁도 조상 때부터 동고동락해 온 주변의 강족과 흉노족을 대거 끌어들여 군사를 편제했을 공산이 크다. 동탁 사후 장안에서 동탁의 고향인 양주 출신을 모조리 죽여야 한다는 말이 나돈 사실이 이를 뒷받침한다.

이는 당시 중원의 한족이 양주를 포함해 변경 일대의 주민을 어떻게 생각했는지를 웅변한다. 한족은 이들을 이민족이나 다름없다고 본 것이다. 동탁과 여포 모두 한화漢化된 북방 민족 출신이고, 동탁의 군사 내에 친근한 관계를 유지했던 강족 출신이 대거 유입되었을 가능성을 암시하는 대목이다. 동탁이 『손자병법』 「군쟁」 대목을 놓고 논쟁을 벌인 데는 이런 민족적인 갈등이 적잖이 작용했을 공산이 크다.

실제로 동탁은 권력을 장악한 뒤 한족이 중심이 된 중앙 조정의 정치 문화를 거의 이해하지 못하고 강족을 대할 때처럼 자신을 중심으로 한 막부 정권을 세우고자 했다. 이것이 정사 『삼국지』를 비롯해 『삼국연의』 등에서 동탁을 만고의 폭군으로 묘사하게 된 근본 배경이다. 동탁에 대한 평가가 권력을 잡기 이전과 이후의 대목에서 하늘과 땅만큼의 차이를 보이는 것이 그 증거다.

『삼국지』와 『후한서』의 기록을 토대로 보면 동탁은 권력을 잡기 이전만 해도 성품이 매우 호탕하며 의로웠고, 지금의 감숙성 및 내몽골 일대에 널리 퍼져 살던 북방 유목민과 친근한 관계를 유지했으며, 부하들을 매우 아낀 장수였고, 뛰어난 무력과 탁월한 전술을 구사해 여러 차례 대공을 세웠다. 그러다 권력을 잡기 전후로 최악의 폭군이자 희대의 살인마로 둔갑하고 만다. 장안으로부터 300리 떨어진 자신의 봉지 미현郿縣에 장안과 똑같은 성을 쌓고 30년 동안 먹을 수 있는 양식을 비축했다는 식으로 기록되어 있다. 장안으로 천도한 지 불과 2년여 만에 횡사를 했는데 어떻게 이런 일이 가능했을까? 나아가 권력을 잡기 전까지만 해도 전혀 나무랄 데가 없는 뛰어난 인물이 어떻게 권력을 잡자마자 문득 괴물로 변할 수 있었을까?

'역사는 승자의 기록이다'라는 금언을 상기시키는 대목이다. 오나라의 마지막 황제 손호가 희대의 폭군으로 묘사된 것도 같은 맥락이다. 『연산군 일기』에 연산군이 전무후무한 폭군으로 그려진 것과 하등 다를 바 없다.

오히려 사서에 나오는 단편적 사실을 종합하면 동탁은 권력을 잡은 후에도 뛰어난 정사를 펼쳤다. 환관의 난인 당고지화黨錮之禍로 인해 피해를 입은 선비들을 모두 복귀시키고, 천하의 인재를 발탁하려 애쓴 것 등이 그렇다. 당대 최고의 인물 가운데 하나인 순상과 채옹 같은 인물들이 모두 동탁에게 중용됐다. 채옹은 동탁의 죽음을 애도하는 말을 했다가 왕윤에게 죽임을 당했다. 그가 포악하기만 했다면 천자를 옆에 끼고 천하를 호령하는 일 자체가 불가능했을 것이다. 휘하 장수였던

이각과 곽사 등이 이른바 '제2의 장안 정권'을 성립시킨 것도 동탁의 억울한 죽음을 풀어 주겠다는 명분에서 나온 것이다. 그의 리더십이 만만하지 않았음을 증명하는 대목이다. 「군쟁」 대목을 둘러싼 동탁과 황보숭의 논쟁도 이런 관점에서 재조명할 필요가 있다. 자신과 가까운 북방 민족 출신 흉노족 추장 왕국이 부중을 이끌고 무사히 퇴각하게 만들려고 짐짓 궁구물박과 귀사물알을 언급했다는 식의 해석이 그렇다.

제8장

# 필 사 가 살
## 必 死 可 殺

---

죽기로 싸울 것을
고집하면 패한다

. . .

[구변九變]

적의 움직임을 좇아

수시로 임기응변하기 위해서는

전쟁터의 변화 상황에 맞춰

기본이 되는 전술을

끊임없이 변화시켜야만 한다.

# 현장에서 대처하라

손자가 말했다. 무릇 용병의 원칙은 장수가 군주로부터 명을 받고 백성을 소집해 군대를 편성하는 데서 시작한다. 장수는 군대를 이끌고 출정했을 때 다섯 가지 지형에 주의해야 한다. 첫째, 골짜기나 숲, 위험한 곳, 막힌 곳, 늪지대, 호수 등과 같이 건너기 어려운 비지圮地를 지날 때는 영채를 세우지 않는다(비지에서는 안심하고 기댈 만한 곳이 없다. 물로 인한 피해가 우려되는 곳이 곧 비지다). 둘째, 여러 나라가 접경해 길이 사방으로 통하는 구지衢地에서는 그 이웃나라와 우호적인 관계를 맺는다(이웃나라 제후들과 동맹을 맺으면 적은 앞뒤로 경계해야 하는 까닭에 감히 아군을 공격할 수 없다). 셋째, 물길이 없거나 군수품을 얻을 수 없는 절지絶地에서는 오래 머물지 않는다(머뭇거리며 오랫동안 머물면 기습을 받을 가능성이 크다). 넷째, 복병을 쉽게 만날 수 있는 위지圍地에 이르면 계책을 써 속히 포위망을 빠져나와야 한다(위지에서는 기이한 계책을 구사해 속히 빠져나와야 한다). 다섯째, 몰살 위험이 있는 사지死地에 빠졌을 때는 부득불 죽기 살기로 싸울 수밖에 없다(사지는 장병이 한 몸이 되어 죽기를 무릅쓰고 결연히 싸우는 곳을 말한다). 장수는 또한 다음 네 가지 상황에 적절히 대응할 줄 알아야 한다. 첫째, 행군하는 길도 적의 계략을 무산시키기 위해 경유해서는 안 될 길이 있다(행군할 때 좁고 험한 길은 적의 기습을 받을 위험이 큰 까닭에 경유해서는 안 된다. 부득이 경유할 경우는 만반의 대비책을 세워 두어야만 한다). 둘째, 적군 가운데도 능히 무너뜨릴 수는 있으나 전술상 잠시 무너뜨려서는 안 될 부대가 있다(비록 쳐들어가 이길 수 있는 상대일지라도 싸우기 곤란한 험난한 지형에 있을 경우 오랫동안 머물며 공격을 가하면 아군 역시 앞서 얻은 이익마저 잃게 된다. 설령 승리를 거둘지라도 얻는 이익이 매우 적다. 막다른 상황에 몰린 적이 결사적으로 싸우는 경우 아군의 피해는 의외로 심대할 수 있다). 셋째, 성도 공략할 수는 있으나 곧바로 공략해서는 안 될 성이 있다(성이 비록 작을지라도 방비가 견고하고 성 안의 식량도 넉넉할 경우 이를 공격해서는 안 된다. 나 조조는 서주의 도겸을 토벌할 때 태산군의 화현華縣과 비현費縣을 버려둔 채 재빨리 깊은 곳까지 쳐들어가 14개 현을 일시에 점거한 바 있다). 넷째, 적지도 빼앗을 수는 있으나 조급히 빼앗아서는 안 될 곳이 있다(손에 넣을지라도 이익이 적은 곳을 말한 것이다. 막대한 희생을 치르고 점령해도 오히려 얻는 것보다 잃는 것이 많다. 차라리 손을 대지 않는 것이 낫다).

조조는 『손자병법』에 주석을 가하면서 자신의 실전 경험을 두 차례에 걸쳐 언급했다. 「모공」에서 여포를 생포할 때의 일화가 그렇고, 「구변」에서 "성도 공략할 수는 있으나 곧바로 공략해서는 안 될 성이 있다"는 대목에 서주 도겸을 토벌할 때의 일화가 그것이다. 조조 스스로 두 사건 모두 자랑스럽게 생각했음을 암시한다. 예로부터 조조의 도겸 토벌은 많은 비난을 샀다. 애꿎은 백성들을 도륙했다는 것이 이유다. 『삼국연의』의 영향이 컸다. 그럼에도 조조는 왜 도겸의 토벌 일화를 자랑스럽게 「구변」 주석에 인용한 것일까? 역사적 진실은 과연 어떤 것일까?

조조가 도겸 토벌에 나선 것은 초평 4년(193) 가을이다. 도겸은 젊어서 효렴에 천거되어 상서랑과 지방 현령을 거쳐 유주 자사와 의랑을 지냈다. 거기장군 장온을 좇아 서쪽으로 가 한수를 친 뒤 황건적이 일어났을 때 서주 자사에 임명됐다. 동탁 사후 장안의 헌제에게 공물을 보냈다. 원소와는 정반대되는 충성스러운 모습이었다. 장안의 조정이 그의 관직을 높여 안동장군安東將軍, 서주목에 임명한 이유다. 『삼국연의』가 그를 시종 관인한 인물로 묘사한 것도 이런 행보와 무관하지 않다.

그렇다면 그는 왜 조조의 토벌 대상이 된 것일까? 대부분은 조조가 부친의 원수를 갚기 위한 것으로 풀이한다. 틀린 지적은 아니다. 하지만 당시 조조에게는 그보다 더 중요한 원인이 있었다. 서주를 자신의 세력 기반으로 삼고자 하는 의도가 더 컸다고 보는 것이 옳다. 당시 연주는 기주와 예주, 청주, 서주 등 네 개 주의 중간에 위치해 있었다. 기주와 청주는 이미 원소의 세력 범위에 들어갔고, 조조는 당시 그와 겨룰 여력이 없었다. 예주는 일찍이 원술의 세력 범위였으나 원술이 조조에게 패해 본영을 양주 쪽으로 옮김에 따라 군벌들의 각축장이 되어 있었다. 서주는 도겸의 세력 범위였다. 이들 네 개 주 가운데 상대적으로 가장 만만한 곳이 연주와 이웃한 서주였다. 연주에 근거를 둔 조조가 세력을 확장하기 위해서는 반드시 청주와 서주를 자신의 세력 범위에 둘 필요가 있었다. 도겸이 원술에 이어 조조의 두 번째 토벌 대상이 된 근본 이유가 바로 여기에 있다고 보는 것이 합당하다.

주목할 것은 당시 하비 출신 궐선闕宣이 무리 수천 명을 모아 놓고 천자를 자칭하고 나섰을 때 도겸이 궐선과 함께 거병해 태산의 화현과 비현을 취하고, 지금의 산동성 제녕현인 임성任城을 공략한 점이다. 『후한서』「도겸전」은 도겸이 궐선과 함께 처음에 합종했다가 이후 그를 죽이고 그 무리를 병합했다고 기록했다. 『삼국연의』에 나오는 도겸 이미지와는 정반대의 모습이다.

『삼국지』「도겸전」 내용을 보면, 그는 사적인 온정에 이끌려 충직한 인물을 멀리하면서 소인배를 가까이 하고, 형정刑政에 형평을 잃고 선량한 선비들을 대거 해친 인물로 묘사되어 있다. 조조가 도겸을 친 데는 이런 측면이 중요한 배경으로 작용했다고 보아야 한다. 촉한을 정통으로 삼은 성리학자 호삼성은 유비에게 자리를 물려준 도겸을 변명하기 위해 명백한 사서의 기록을 애써 무시한 것이나 다름없다. 조조가 도겸을 친 것을 놓고 단순히 부친의 원수를 갚기 위한 것으로 풀이한 기존 해석에 적잖은 문제가 있음을 보여 준다. 조조가 『손자병법』을 주석하면서 도겸 토벌을 자랑스럽게 인용한 배경이 바로 여기에 있다.

문제는 조조가 도겸을 토벌할 때 죄 없는 백성을 대거 살육했다는 대목이다. 『삼국지』「도겸전」은 그 수를 1만여 명으로 기록한다. 커다란 실수가 아닐 수 없다. 실제로 이때 민심을 크게 잃었다. 사대부들이 크게 두려워한 나머지 등을 돌린 것은 물론 심지어 측근들마저 곁을 떠났다. 대표적인 인물이 바로 진궁이다. 조조는 왜 『손자병법』 가르침과 정반대되는 살육전을 펼쳐 이런 화를 자초한 것일까? 싸움이 전개된 과정에 주목할 필요가 있다. 당시만 해도 겨우 연주를 장악하던 조조에게 도겸 토벌은 매우 벅찬 일이었다.

홍평 원년(194) 봄 2월, 도겸이 청주 자사 전해田楷에게 도움을 청하자 전해가 평원상平原相으로 있던 유비와 함께 구원에 나선 사실이 그 증거다. 도겸은 유비에게 군사 4000명을 빌려 주면서 표문을 올려 유비를 예주 자사로 천거했다. 전해까지 끼어들어 도겸 세력이 문득 커진 데다 군량이 떨어지자 조조는 곧바로 견성으로 퇴각할 수밖에 없었다.

그해 여름, 조조가 순욱과 정욱에게 견성을 지키게 한 뒤 직접 군사를 이끌고 두 번째 도겸 토벌에 나섰다. 조조는 곧바로 5개 성읍을 공략한 뒤 지금의 산동성 담성현인 동해東海까지 이르게 됐다. 조조가 회군할 때 도겸의 부장 조표曹豹와 유비가 담성의 동쪽에 주둔하고 있다가 조조의 퇴로를 끊었다. 「무제기」는 이때 조조가 양분襄賁 땅을 공략하면서 무고한 백성을 도륙한 것으로 기록했다. 이는 퇴로가 차단된 상황에서 유표와 조조 등의 협공을 받고 활로를 찾기 위해 우회하는 과정에서 빚어졌을 공산이 크다.

진궁의 배신도 바로 이때 빚어졌다. 『삼국연의』는 조조가 동탁 척살을 꾀하다 실패해 도주할 때 진궁이 가담했다가 여백사 일족을 잔인하게 살해하는 것을 보고 이내 그 곁을 떠난 것으로 묘사했으나 이는 허구다. 진궁은 조조가 동군 태수로 있을 때 제 발로 찾아와 참모 역할을 수행했다. 사서 기록을 보면 그는 본래 성정이 강직한 인물이었다. 조조는 전에 구강 태수를 지낸 변양邊讓을 자신을 기롱譏弄한다는 이유로 그와 그의 처자식을 죽인 적이 있었다. 사서는 당시 연주의 사대부들이 이 일로 인해 조조를 매우 두려워하게 되었다고 기록했다. 강직한 성격의 진궁은 조조의 이런 행태를 보고 내심 배신할 마음을 품고 있다가 조조가 제2차 도겸 토벌에 나선 틈을 노려 반기를 들었을 공산이 크다.

그해 가을 8월 조조가 군사들을 이끌고 가 복양 서쪽에 포진한 여포의 외곽 군영을 기습하면서 몸소 육박전을 벌이는 등 혈전을 벌인 사실이 이를 뒷받침한다. 당시 조조는 여포가 이끄는 기병의 기습을 받아 정예병인 청주병이 궤산함으로써 절체절명의 위기를 맞았다. 황급히 후퇴하는 과정에서 말에서 떨어져 포로로 잡힐 위기에 처하기도 했다. 다행히 사마 누이樓異의 도움으로 위기를 면했다.

당시 조조는 도겸 토벌에 나섰다가 오히려 진궁의 배신으로 인해 천하무적 무용을 자랑하는 여포와 대치하며 생사를 가르는 커다란 위기에 직면해 있었다. 양측은 100여 일 동안이나 치열한 접전을 벌이며 죽기 살기로 싸웠다. 결국 양측 모두 메뚜기 재해로 백성들이 아사하는 상황에서 더 이상 군량을 조달하는 일이 불가능해 철병을 결정하면서 간신히 위기를 넘길 수 있었다. 도겸 토벌 과정에서 조조가 무고한 백성들을 대거 도륙한 것으로 되어 있는 사서의 기록은 이런 정황을 과장해 표현했을 공산이 크다.

이듬해인 흥평 2년 봄 정월, 조조가 다시 군사를 일으켜 정도에서 여포를 기습했다. 그해 여름, 여포의 부장 설란薛蘭 등이 거야鉅野 일대를 노략질했다. 소식을 접한 조조가 급히 군사를 이끌고 연주로 달려가 이들을 격파했다. 조조는 승씨현에 이르러 다시 도겸을 치고자 했다. 승씨현은 서주와 매우 가까웠다. 그러나 이때는 이미 도겸이 병사한 뒤였다. 조조가 서주를 취한 뒤 여포를 도모하려고 하자 순욱이 만류했다.

조조는 순욱의 건의를 받아들였다. 그해 5월, 여포가 진궁과 함께 군사 1만여 명을 이끌고 싸움을 걸어 왔다. 조조가 복병전을 펼쳐 여포의 군사를 대파했다. 조조의 휘하 장수들이 입을 모아 건의했다.

"여포는 사나운 호랑이이므로 궁지에 빠진 이때 제거해야 합니다."

조조가 일부 병사만 놓아 둔 채 급히 여포를 뒤쫓았다. 조조의 군사가 정도에 이른 후 40리 밖으로 물러나 영채를 세웠다. 여포가 이 소식을 듣고 군사들을 이끌고 쫓아왔다가 조조의 영채 곁에 무성한 숲이 있는 것을 보고 혹여 복병이 있을까 우려해 그대로 돌아가버렸다. 조조가 곧 제장들을 소집했다.

"여포가 숲속에 복병이 있을까 의심하니 거기에 깃발을 많이 꽂아 그의 의심을 더욱 부추기고, 영채 서쪽 일대의 긴 둑은 물이 말랐으니 군사를 매복시키도록 하시오. 내일 여포가 와서 반드시 숲에 불을 지를 것이오. 그때 둑 아래 매복시켜 둔 군사로 그의 퇴로를 끊으면 가히 사로잡을 수 있을 것이오."

과연 여포가 다시 1만 명의 군사를 이끌고 진공해 왔다. 조조의 군사는 모두 보리를 베러 나간 까닭에 군영에는 채 1000명도 남아 있지 않았다. 군영 서쪽에 커다란 제방이 있었다. 제방 남쪽에는 수림이 무성했다. 조조가 부대의 반을 제방 안에 매복시키고 반은 제방 밖에 두었다. 여포가 바짝 다가왔을 때 조조가 경장 부대를 내보내 이들을 막도록 했다. 쌍방이 교전하는 틈을 타 조조의 복병이 전부 둑 위로 올라가 기병과 함께 일제히 출격해 여포의 군사를 엄습했다. 여포는 병력의 3분의 2를 잃고 말았다. 진궁이 여포 가족을 보호해 정도를 버리고 달아나고, 여포 역시 야음을 틈타 유비가 있는 서주로 달아났다. 진궁과 함께 반기를 든 조조의 옛 친구 장막은 원술에게 구원을 청하러 가던 중 자신의 병사에게 살해당하고 말았다.

건안 원년(196) 여름, 도겸의 유언 덕택에 서주를 다스리던 유비는 하비에 머물며 원술과 회수 위에서 대치했다. 원술은 여포를 이용해 유비를 칠 생각으로 여포에게 장차 쌀 20만 곡을 내걸며 유비를 치게 했다. 여포가 즉시 군사들을 이끌고 가 하비를 급습해 유비의 처자를 포로로 잡았다. 유비는 도주하다가 굶주림과 피로를 이기지 못하고 이내 여포에게 항복했다. 여포는 원술이 약속한 식량을 보내지 않자 곧 유비를 예주 자사로 삼아 소패小沛에 머물게 한 뒤 스스로 서주목을 칭했다.

그 사이 조조는 청주 일대를 모두 손에 넣은 뒤 한헌제를 맞아들였다. 한헌제가 조조를 대장군에 임명하고 무평후武平侯에 봉했다. 이내 허현에 종묘사직을 건립하기 시작했다. 천하의 중심지가 조조의 근거지인 허현으로 옮겨진 배경이다. 이후 허현은 허도許都로 불렸다. 조조가 천자를 옆에 끼고 천하를 호령하는 '협천자, 영제후'는 여기서 시작됐다.

조조가 「구변」을 주석하면서 도겸 토벌을 자랑스럽게 예로 든 근본 배경이 바로 여기에 있다. 도겸에 대한 토벌은 단순히 서주 자사 도겸과 싸우는 데 그친 것이 아니라 청주 자사 전해를 위시해 진궁과 장막의 배신을 계기로 가세한 여포와 유비 등 당대 군웅들을 상대로 한 일대 혈전에 해당한다.

당시 그는 이들 군웅과 비교할 때 병력이 절대적으로 열세인 상황이었다. 그러나 그는 기병책奇兵策을 수시로 구사해 마침내 여포의 군사를 대파하고 연주를 탈환한데 이어 청주까지 손에 넣었다. 이것이 '협천자, 영제후'를 가능하게 했다. 조조의 뛰어난 군사적 재능이 유감없이 발휘된 결과로 볼 수 있다.

# 군명을 거부하라

장수는 군명을 받아들이는 수명受命이 원칙이나 상황에 따라서는 일시 거부하는 항명抗命을 행할 수 있다(전쟁터 상황은 늘 급변하는 까닭에 장수는 오직 현장 상황 변화에 따라 움직여야 한다. 군주의 명에 얽매일 필요가 없는 이유다. 그래서 말하기를 "중앙 조정의 통제를 좇지 않아도 좋다"고 한 것이다). 군대를 이끌고 출정한 장수가 아홉 가지 상황 변화에 따른 대응에 통달해 있다면 가히 용병의 이치를 안다고 할 수 있다. 그렇지 못하면 비록 전장의 지형을 알지라도 지형이 주는 이익을 차지하지 못할 것이다. 장수가 군을 지휘하면서 이들 아홉 가지 용병 원칙을 활용하지 못하면 비록 일시적인 군명 거부를 포함해 위에서 말한 다섯 가지 대처 방안을 알지라도 전투력을 충분히 발휘할 수 없다(다섯 가지 지형은 전쟁터의 지형을 적극 활용한 다섯 가지 대처 방안을 뜻한다. 여기의 9변九變이 일부 판본에는 5변五變으로 되어 있다).

전한제국은 기원전 206년 유방이 병사하면서 보위가 크게 흔들렸다. 유방의 부인 여태후呂太后가 섭정을 하면서 여씨 일족이 사실상 대권을 장악한 결과였다. 그러나 사마천은 여태후의 섭정을 높이 평가했다. 노자의 무위지치 사상에 입각해 천하를 다스린 까닭에 백성들이 모처럼 휴식을 취할 수 있었고, 덕분에 모든 것이 풍족해졌다는 것이다. 황실이 미약해지고 보위가 흔들린 것은 작은 일이고, 천하의 백성들이 모처럼 여유를 갖고 풍요롭게 살게 된 것이 더 큰 일이라고 본 결과다. 나름 일리 있는 분석이다.

그러나 건국한 지 불과 20여 년 만에 보위가 불안정해진 것은 결코 작은 문제가 아니었다. 유방은 한제국을 세울 당시 진제국이 혈통에 기초한 봉건제를 완전히 폐기하고 중앙집권적 관료국가 체제인 군현제를 채택한 까닭에 진시황 사후 급속히 무너진 사실에 주목했다. 황실의 울타리가 사라진 까닭에 곧바로 패망하고 말았다는 것이 그의 판단이었다. 전한제국이 주왕조 때의 봉건제와 진제국의 군현제를 절충한 군국제를 채택한 이유가 여기에 있다. 군郡은 중앙에서 파견한 관원이 다스리고, 국國은 유씨 일족이 왕에 봉해져 다스리는 식의 2원적인 지배 체제였다. 유방은 군국제를 정착시키기 위해 생전에 공신들을 불러모은 뒤 오직 유씨만이 왕이 될 수 있다는 내용의 서약을 맺는 치밀함을 보였다.

그러나 유씨만이 왕에 봉해질 수 있다는 원칙은 여후가 사실상의 여제로 군림할 때 여씨 일족을 대거 왕에 봉하면서 이내 무너지고 말았다. 헌법학 용어를 사용하면, 일종의 '헌법 파괴'가 이루어진 것이나 다름없다. 후대 사가들이 진평과 주발의 전격적인 여씨 토벌 작전을 높이 평가하는 이유다. 이런 반전이 없었다면 유씨의 전한제국은 이내 무너지고 여씨의 새로운 왕조가 들어설 공산이 컸다는 것이 사가들의 판단이었다. 여씨가 사실상의 여제女帝로 군림한 것을 높이 평가한 사마천의 해석과 대비되는 대목이다. 사실『사기』는 본기와 세가, 열전을 막론하고 대목마다 궁형宮刑을 당한 데 따른 사마천의 원망이 짙게 묻어난다.

여태후가 여제로 군림하는 10여 년 동안 술이나 퍼마시며 여씨 일족의 경계 눈초리에서 벗어난 건국 공신 진평陳平은, 여태후가 병사하자

마자 주발周勃과 합세해 여씨 일족을 일거에 제거하고 황실을 안정시켰다. 사가들이 진평을 진정한 사직지신社稷之臣으로 간주하는 이유다. 다행히도 여태후 사후 즉위한 한문제漢文帝 유항劉恒은 당대의 명군이었다. 그의 뒤를 이은 한경제漢景帝 유계劉啓 역시 보기 드문 명군이었다. 사가들은 두 사람의 치세를 묶어 흔히 문경지치文景之治라고 한다. 전한제국 200년을 통틀어 가장 안정되고 풍요로운 시기였다.

그럼에도 내부적으로는 또 다른 불안 요소가 점차 표면으로 떠오르고 있었다. 한문제 유항이 제후왕에 봉해진 유씨 일족에 대해 지나치게 유화 정책으로 일관한 탓이었다. 이들 제후왕에 봉해진 자들이 한경제 때 반기를 들었다. 이를 이른바 '5초7국吳楚七國의 난'이라고 한다. 이를 평정한 인물이 주발의 아들 주아부周亞夫다. 주발은 원래 장례식 때 앞에서 나발을 불던 자였다. 용맹은 있었으나 지략은 크게 부족했다. 그러나 주아부는 달랐다. 그는 계략이 많았다. '5초7국의 난'을 곧바로 평정한 것은 전적으로 주아부의 공이었다.

한경제가 보위에 오른 지 3년 뒤인 기원전 154년 겨울 10월, '5초7국의 난'이 일어났다. 주동자는 오왕 유비劉濞다. 그는 유방의 형 유중劉仲의 아들이다. 당시 오왕 유비는 한경제 유계에게 사적인 원한을 품고 있었다. 오왕을 비롯해 7국의 세력이 커지자 초조해진 한경제는 주아부를 태위에 임명해 전군을 지휘하게 한 뒤 두영을 다시 대장군으로 삼아 형양滎陽 땅에 주둔하며 주아부를 돕게 했다. 형양은 낙양에서 직선거리로 80km 거리에 있었다. 태위 주아부가 한경제에게 건의했다.

"초나라 군사는 사납고 날래서 정면으로 교전하기는 어렵습니다. 먼저 저들의 보급로를 차단하면 효과적으로 제압할 수 있습니다."

주아부가 약간의 병력을 이끌고 형양으로 가 두영의 주력군과 합류하고자 했다. 지금의 섬서성 남전현 북쪽에 있는 패상霸上에 도착했을 때 부하 조섭趙涉이 건의했다.

"오왕은 원래 부유해 오래전부터 결사대를 모아 왔습니다. 이들이 장군이 가려는 길도 알고 있으니 효산殷山과 면지澠池의 험하고 좁은 사이 길에 사람을 매복시켜 놓을 것입니다. 군사에 관한 일은 예로부터 은밀히 해야 하고 반드시 기밀을 지켜야 합니다. 장군은 어찌해 오른쪽 남전藍田으로 우회해 무관武關을 나온 뒤 낙양에 이르는 방안을 택하지 않는 것입니까? 두 길 사이의 차이는 하루 이틀에 불과합니다. 낙양에서 바로 무기고로 달려가 북을 크게 울리십시오. 저들이 이 소리를 들으면 장군이 하늘에서 내려온 것으로 알 것입니다."

효산은 지금의 하남성 삼문협 영보시 북쪽에 있는 함곡관 인근의 산을 말한다. 면지는 지금의 하남성 면지현이다. 모두 낙양에서 장안으로 들어가는 길목에 있다. 패상에서 왼쪽으로 효산과 면지를 거쳐 낙양에 이르는 길은 가깝고, 패상에서 오른쪽으로 남전을 거쳐 무관을 지나 낙양에 이르는 길은 굽어 있으므로 멀다. 조섭은 주아부에게 그 원근은 불과 하루 이틀 차이에 불과하니 굽은 길을 택하라고 권한 것이다. 『손자병법』 「군쟁」에서 말하는 우직지계의 전형에 해당한다. 주발이 그의 계책을 좇아 낙양에 이르렀다. 아무 저지도 없었다. 그가 기뻐하며 말했다.

"7국이 반란을 일으켰는데 나는 역참의 수레를 타고 여기까지 왔다. 나 자신도 이렇게 안전할 것이라고는 생각하지 못했다. 지금 내가 형양에 근거지를 확보했으니 이제 형양의 동쪽 지역은 걱정할 일이 없다!"

212

이어 병사들에게 효산과 면지 사이를 샅샅이 수색하게 했다. 오나라 복병을 모두 포획할 수 있었다. 조섭의 공을 높이 사 호군護軍으로 삼았다. 주발은 이내 군사를 이끌고 지금의 산동성 금향현인 창읍틉邑으로 달려갔다. 이때 오나라 군사가 한경제와 합세한 양나라를 쳤다. 한경제의 친동생인 양왕 유무劉茂가 여러 차례 사자를 보내 주아부에게 구원을 청했으나 주아부는 이를 허락하지 않았다. 창읍에서 양나라 도성 수양睢陽까지는 직선거리로 불과 100km밖에 떨어져 있지 않았다. 양왕이 사자를 한경제에게 보내 하소연하자 한경제가 주아부에게 양나라를 구원하도록 했다. 그러나 주아부는 여전히 이를 거부한 채 성문을 굳게 닫고 밖으로 나오지 않았다.

그러나 주아부는 이 와중에 나름 주도면밀한 계책을 짰다. 곧 휘하 장수에게 명해 날쌘 기병을 이끌고 사수 남쪽에서 회수로 들어가는 초입인 회사구淮泗口로 나아가 오나라와 초나라의 군사 퇴로를 끊게 했다. 이는 군량 보급로를 차단하는 것이었다. 협공을 펼칠 심산이었다. 당시 양왕 유무는 중대부 한안국韓安國과 초나라 재상 장상張尙의 동생인 장우張羽를 장군으로 삼았다. 장우는 힘써 싸우고 한안국은 신중함을 유지했다. 궁지에 몰린 오나라 군사가 서쪽으로 가려고 했으나 양나라가 성을 굳게 지키고 있어서 감히 그럴 수 없었다. 부득불 주아부가 주둔한 곳으로 내달렸다. 강소성 탕산현인 하읍下邑에서 양쪽 군사가 만났다. 오나라가 싸움을 걸었지만 주아부는 성문을 굳게 닫고 응하지 않았다. 양도가 끊긴 까닭에 오나라 군사는 크게 허기져 있었다. 여러 차례 도전했지만 조후는 끝내 나오지 않았다.

오나라 군사가 성동격서의 궤계를 구사했다. 동남쪽에서 총공세를 펼치는 모습을 보이면서 정반대인 서북쪽을 노렸다. 주아부는 이를 꿰뚫고 서북쪽을 철저히 대비했다. 과연 오나라 정예 부대가 서북쪽을 뚫고자 했으나 끝내 성 안으로 들어오지 못했다. 오나라와 초나라의 병사들이 대부분 굶어 죽거나 달아나고 말았다. 그해 2월, 주아부가 정예병을 출동시켜 달아나는 적들을 일거에 격파했다. 오왕 유비는 장병 수천 명과 함께 야음을 틈타 황급히 도주했다. 초왕 유무劉戊는 자진했다.

당초 오왕 유비가 반기를 일으켰을 때 오나라의 젊은 장수 환장군桓將軍이 유비에게 이같이 건의한 바 있다.

"오나라에는 보병이 많습니다. 보병은 험한 곳에서 전투하기에 유리합니다. 반면 황실은 전차와 기병이 많습니다. 전차와 기병은 평지에서 전투하기에 유리합니다. 대왕은 통과하는 곳의 성들을 공격하지 말고 곧바로 나아가 낙양의 무기 창고를 점령하고 오창의 곡식을 군량으로 쓰면서 산과 황하의 험한 곳을 막으십시오. 그리한 뒤 제후들을 호령하면 비록 함곡관 안으로 들어가 장안을 점령하지 않을지라도 능히 천하를 손에 넣을 수 있습니다. 만일 대왕이 천천히 나아가 성읍에 머물러 있다가 황실의 전차와 기병 부대를 만나 양나라와 초나라의 들녘으로 들어가면 대사를 그르치게 됩니다."

오왕 유비가 노장들에게 이에 관한 의견을 물었다. 노장들이 대답했다.

"이는 나이 어린 사람의 계책에 지나지 않으니 적진에 뛰어드는 돌격 작전에나 쓸 수 있을 뿐입니다. 그가 어찌 군 전체를 놓고 생각할 수 있겠습니까!"

결국 환장군의 계책을 채택하지 않았다. 이게 패인이었다. 당시 그는 노장들이 젊은 장수를 시기한다는 것을 감안해 스스로 결단해야 했다. 오왕 유비는 그런 식견이 없었다. 오왕 유비가 군사를 버리고 도주하자 반란군은 스스로 무너지고 말았다. 대부분 태위 주아부나 양왕에게 투항했다. 오왕 유비는 회하를 건넌 뒤 지금의 절강성 일대인 동월東越에 근거지를 두고 후일을 도모하고자 했다. 그를 따르는 군사가 1만 명가량이었다. 그가 사방에서 병사들을 모았다.

한나라 조정이 동월에 사람을 보내 많은 재물과 작록 등을 미끼로 동월의 토민들을 회유했다. 동월의 토민들이 오왕 유비에게 군대를 위로해 달라며 유인한 뒤 자객을 보내 유비를 찔러 죽였다. 유비의 머리를 그릇에 담아 한나라 조정으로 보냈다. 오왕 유비의 최후는 지난 2011년 10월 시민군에게 쫓겨 도주하던 리비아 카다피의 최후를 연상시킨다. 오왕 유비의 피살을 전후로 당시 반란에 가담했던 나머지 나라의 제후왕 모두 자진했다. 이로써 '5초7국의 난'은 3개월 만에 끝났다. 반란이 진압된 지 5개월 뒤인 기원전 153년 6월 25일, 한경제가 조서를 내렸다.

"관리이건 백성이건 오왕 유비 등이 도모한 일에 연루된 사람과 체포될 사람으로 도주한 자, 도망친 군사, 이들 모두를 사면한다."

기원전 149년 2월, 승상 도청이 면직되고 태위 주아부가 승상 자리에 올랐다. 병법의 대가인 주아부를 연상시키는 태위 관직은 철폐됐다. 여기에는 양왕 유무와 주아부의 갈등이 크게 작용했다. 양왕은 주아부가 자신의 구원 요청을 거절한 것에 커다란 원한을 품었다. 양왕은 수시로 '5초7국의 난'에서 황실을 구한 주아부를 헐뜯었다. 두 태후도 적극 거들었다.

기원전 147년 9월, 한경제가 제나라 출신 율희栗姬 소생인 태자 유영劉榮을 폐위하려고 하자 주아부가 적극 만류했다. 당시 한경제는 태자 유영을 폐하고 왕부인王夫人 소생의 유철劉徹을 새 태자로 세우고자 했다. 유철이 한경제의 뒤를 이어 보위에 오른 한무제漢武帝다. 이 일로 인해 한경제가 주아부를 크게 꺼렸다. 주아부는 결국 승상 자리에서 면직됐다.

기원전 143년 8월 한경제가 주아부를 궁중으로 불러 식사를 내렸다. 자르지도 않은 산적을 통째로 올려 놓는가 하면 젓가락도 놓여 있지 않았다. 주아부가 마음이 편치 않아 연회를 주관하는 상석尙席을 돌아보며 젓가락을 달라고 했다. 한경제가 젓가락을 들어 보이며 웃는 얼굴로 물었다.

"이것이 그대에게 부족한 것이 아닌가?"

이를 두고 실수로 젓가락을 놓지 않았다는 해석과 황제가 고의로 놓지 못하게 했을 가능성이 있다는 해석이 엇갈린다. 어느 경우든 '그래도 그대에게 부족한 것이 있는가'라고 문책하는 뜻이 담겨 있는 것으로 보는 것이 타당할 것이다. 주아부는 모자를 벗으며 한경제에게 사죄했다. 한경제가 말했다.

"일어나시오."

주아부가 종종걸음으로 나갔다. 한경제가 눈으로 그를 보내며 말했다.

"이렇게 성을 내며 즐거워하지 않으니 장차 어린 태자의 신하가 될 사람이 아니다."

얼마 후 주아부의 아들이 자기 아버지를 위해 공관工官으로부터 갑옷과 방패 500벌을 사들여 장례 치를 준비를 시켰다. 그의 아들은 용인傭人들을 고생시키고도 돈을 주지 않았다. 용인들은 그가 조정의 물건을 몰래 사들인 것을 아는 까닭에 이를 원망한 나머지 그 아들을 고발했다. 주아부까지 연루됐다. 한경제가 형리에게 이 사건의 처리를 맡겼다. 형리가 주아부를 불러 일일이 기록하며 문책했다. 주아부는 아무런 대답도 하지 않았다. 보고를 접한 한경제가 대로했다.

"그의 말은 들을 필요도 없다."

장차 태자 유철이 보위에 오르면 주아부가 큰 해를 끼칠 것으로 간주한 것이다. 곧 정위에게 이 사건을 다루도록 했다. 정위가 물었다.

"그대는 어찌해 반역을 하려 한 것이오?"

"내가 사들인 물건은 장사를 지낼 때 쓸 물건인데 어찌 반역이라는 말을 하는 것이오?"

형리가 끼어들었다.

"설사 살아서 땅 위에서 반역하려 하지 않았을지라도 죽어서 땅 속에서라도 반역하려 했던 것이 아니겠소?"

빠져나갈 길이 없었다. 형리가 그를 다루는 것이 더욱 급해졌다. 당초 형리가 주아부를 체포할 때 주아부는 자진하려고 했다. 부인이 발견하고 말린 까닭에 실패했다. 정위에게 사건이 인계되자 그는 닷새 동안 먹지 않다가 피를 토하고 죽었다. 주아부가 승상 자리에서 쫓겨나 끝내 모반 혐의에 연루되어 죽게 된 것은 자업자득 측면이 강하다. 신하 신분으로 태자 교체 문제에 지나치게 가여했기 때문이다. 태기 교체가 작은 문제는 아니나, 율태자를 폐하고 어린 유철을 후계자로 삼은 것을 무턱대고 반대할 일은 아니었다. 후일을 염려한 한경제가 시소한 혐의를 꼬투리 삼아 그를 제거한 이유다. 후환을 미리 제거하고자 한 것이다.

그럼에도 주아부는 죽을 때까지 기개와 지조를 잃지 않았다. 후대인들이 그를 높이 칭송한 이유다. '5초7국의 난'을 제압한 것은 전적으로 그의 공이었다고 해도 과언이 아니다. 이는 그가 『손자병법』을 깊이 연구했음을 반증한다. 크게 세 가지를 논거로 들 수 있다.

첫째, 주아부는 형양으로 나아갈 때 휘하 병사 조섭의 건의를 과감히 채택해 우회 노선을 택했다. 「군쟁」에서 언급한 우직지계의 전형에 해당한다. 둘째, 끝까지 성을 굳게 지키며 적이 지치기를 기다렸다. 이 또한 「군쟁」에 나오는 이일대로 계책에 해당한다. 셋째, 양왕은 구원 요청은 물론 한경제의 명령에도 불구하고 자신의 판단을 관철시켰다. 장수 주아부의 리더십에서 가장 돋보이는 대목이다. 「구변」의 요체는 "장수는 군명을 받아들이는 것이 원칙이나 상황에 따라서는 일시 거부할 수 있다"는 군명유소불수君命有所不受 구절에 있다. 그가 이 원칙을 지키지 않았다면 '5초7국의 난'을 평정하기란 결코 쉽지 않았을 것이다. 후대인들이 그를 당대 명장으로 칭송한 것은 나름 일리가 있다.


## 유사시를 대비하라

지혜로운 장수는 이해득실을 판단할 때 이득과 손해의 두 측면을 반드시 고려한다(이익이 눈앞에 있으면 뒤이을 손해를 가늠하고, 손해가 눈앞에 있을 때는 뒤이을 이익을 가늠한다. 그러나 이익과 손해를 정확히 가늠하는 일은 결코 쉽지 않다). 불리한 상황에 처했을 때 유리한 조건을 찾아내 방비하면 군주와 병사의 신임을 얻을 수 있다(적의 전력을 정확히 헤아린 가운데 다섯 가지 지형 조건에 근거해 적이 아군에게 손해를 입히지 못하도록 조치한다. 그러면 능히 군주와 장병의 신임을 얻을 수 있다). 유리한 상황에 처했을 때 위험 요소를 미리 찾아내 대비하면 재난을 미연에 방지할 수 있다(전략적인 이익을 따질 때 반드시 이익을 얻는 데 따른 손해도 계산에 넣어야 한다. 이처럼 여러 가능성을 미리 감안해야만 유사시 급작스런 일이 닥칠지라도 능히 헤쳐 나갈 수 있다). 적을 굴복시키려면 그가 가장 두려워하는 것으로 위협한다(해를 입는 것은 누구나 꺼리며 싫어하기 때문에 효과가 있다). 적을 피로로 지치게 만들려면 적이 잠시도 쉴 여유조차 없도록 사단을 끊임없이 일으킨다(일을 번다하게 만들어 적으로 하여금 하릴없이 힘을 소진하도록 하는 것을 말한다. 적이 전진하면 아군은 후퇴하고, 적이 후퇴하면 아군은 진군하는 식의 전술이 이에 해당한다). 적을 계략에 빠지도록 유인하려면 그가 좋아하는 것을 미끼로 내건다(적이 자제할 수 없는 이익을 미끼로 내걸어 달려오도록 만드는 것을 말한다). 상황 변화에 따른 용병의 기본 원칙에 입각해 적이 가까이 이르지 않으리라 기대해서는 안 되고, 늘 스스로 충분히 대비해야 한다. 또 적이 가까이 올지라도 공격하지 않으리라 기대해서는 안 되고, 늘 적이 감히 침공하지 못하도록 만반의 방비 태세를 갖춰야 한다(평시에도 돌발적인 위험 사태를 염두에 두어야 한다는 뜻으로 곧 상시적인 유비무환의 대비 태세를 언급한 것이다).

조조는 「구변」의 "적이 가까이 올지라도 공격하지 않으리라 기대해서
는 안 되고, 늘 적이 감히 침공하지 못하도록 만반의 방비 태세를 갖춰
야 한다"는 구절을 두고 '안불망위安不忘危, 상설비야常設備也'로 해석했
다. 유비무환을 달리 표현한 것이다.

유비무환의 가르침을 충실히 좇아 성공한 대표적인 기업으로 토요
타와 함께 세계적인 자동차회사를 만든 혼다 소이치로를 들 수 있다.
그는 파나소닉의 마쓰시타 고노스케, 그리고 모리타 아키오와 소니를
공동 창업한 이부카 마사루 등과 함께 일본의 대표적인 3대 창업주로
불린다.

현재 혼다는 일본을 대표하는 토요타를 위협할 정도로 급성장세를
이어가고 있다. 최근에는 세계 최고의 엔진 기술력을 바탕으로 제트기
생산에도 뛰어들었다. 2014년부터 연간 100대의 제트기를 생산한다는
계획이다. 자가용 제트기 시대를 대비한 발 빠른 포석이다. '혼다 제트'
는 다른 제트기와 달리 엔진이 비행기 날개 위쪽으로 설치된 것이 특징
이다. 일반 소형 제트기보다 기내 공간이 약 20% 넓고, 속도는 10% 빠
른 것으로 알려졌다. 상용화될 경우 세계 자가용 제트기 시장을 석권
할 공산이 크다.

혼다의 이런 눈부신 행보는 창업주인 혼다 소이치로의 철저한 장인
정신이 있기에 가능했다. 끊임없는 기술 개발에 대한 열정과 도전으로,
작은 성공에 안주하지 않고 실패나 실수가 있을지라도 포기하지 않
는 것이 요체다. 그는 재기의 여력이 바닥났을 때 울분을 터뜨리는 대
신 방법을 바꿔가며 원래 목표를 향해 끊임없이 매진했다. 그는 훗날
자서전 『좋아하는 일에 미쳐라』에서 좌절과 성공의 상호관계를 이같이

설명했다.

"나는 다소 무모한 삶의 방식을 취해 왔지만, 내가 해온 일 중에 정말로 성공을 거둔 일은 전체의 고작 1%밖에는 되지 않는다는 말을 하고 싶다. 99%는 실패의 연속이었다. 그렇게 해서 열매를 맺는 1%의 성공이 현재의 나 자신이 된 것이다. 나는 그 실패의 그늘 속에서 폐를 끼친 사람들을 결코 잊지 못할 것이다."

혼다는 기술 개발을 통해 기업을 성장시킨 점에서 통상적인 기업 CEO와는 많이 달랐다. 기술 개발에 몰두한 나머지 2, 3일 동안 꼬박 잠을 자지 않는가 하면, 일왕에게 훈장을 받을 때조차 작업복 차림으로 달려가 참석자들을 경악하게 만들었다. 그는 과거의 관습과 인습에 전혀 구애받지 않았다. 그가 누구의 도움도 빌리지 않고 독자적으로 사업을 확대한 배경이다. 그를 잘 아는 사람은 그를 기술자라고 불렀다. 스스로도 늘 기술자인 것을 자랑스럽게 생각했다. 현재의 혼다가 '기술의 혼다'로 불리는 이유다. 혼다의 제품에는 기술에 대한 그의 애정과 열정, 혼이 담겨 있다.

이를 '혼다이즘'이라고 한다. 크게 세 가지 특징을 꼽을 수 있다. 첫째, 남의 흉내를 내지 마라. 둘째, 관공서에 의지하지 마라. 셋째, 세계 시장을 목표로 삼아라. '본업에 전념하라'는 사훈을 내세워 정치권과 일절 교류하지 않고 자신의 혈육을 일절 기업으로 불러들이지 않은 것도 이 때문이다. 구멍가게에 이르기까지 세습이 당연시되는 일본 풍토에서 이는 매우 희귀한 사례에 속한다. 당시 일각에서는 그의 동생이 중역으로 근무하는 것을 은근히 꼬집었으나 그 동생은 회사를 차리던 초창기부터 함께 일해 온 까닭에 탓할 일이 아니었다. 현재 혼다자동차는 10만여 명의 직원을 거느린 세계적인 기업이다. 혼다이즘은 단순하다.

"꿈을 가질 것, 끊임없이 도전할 것, 어떤 일이 있어도 좌절하지 말 것."

이게 혼다이즘이다. 그가 기존의 가치와 관행을 모두 배격하면서 성공을 거둘 수 있었던 것은 기술 개발에 대한 열정과 근면한 연구 자세가 있었기 때문이다. 이를 뒷받침하는 일화는 매우 많다. 하루는 귀빈을 맞아 접대를 하던 중 손님이 변기에 틀니를 떨어뜨리고 말았다. 곧 여주인에게 뜨거운 물을 준비해 달라고 부탁하면서 변기 속 틀니를 손수 꺼냈다. 뜨거운 물에 틀니를 소독한 뒤 곧바로 자신의 입에 넣어 이상 유무를 살폈다. 아무 이상이 없다고 판단되자 다시 소독해 손님에게 건네주었다. 감동한 손님이 그를 두루 예찬한 것은 말할 것도 없다. 상식을 뛰어넘는 그의 행동 하나하나가 평생의 지기知己를 얻는 비결이었다. 그는 평소 이같이 말했다.

"사람이 앉거나 누워 있을 때는 넘어지지 않는다. 무엇을 하려고 일어서서 걷거나 뛸 때 돌부리에 걸려 넘어지기도 하고 가로수에 부딪힐 수도 있다. 하지만 머리에 혹이 나거나 무릎이 깨지는 한이 있더라도 앉거나 누워서 뒹구는 것보다는 훨씬 낫다. 실패는 했어도 그것을 통해 다음에 비슷한 실패를 저지르지 않겠다는 뜻 있는 깨달음을 얻기 때문이다."

그가 회장 신분으로 젊은 기술자들과 작업실에서 함께 먹고 자면서 작업복 차림으로 기술 개발에 매진한 것도 이런 맥락에서 이해할 수 있다. 그는 회사 운영이 기술 개발에 방해가 된다는 이유로 45세의 젊은 전문 경영인에게 회사를 넘겼다. 이후에도 죽을 때까지 작업실에서 살

다시피 했다.

하드웨어와 소프트웨어가 결합한 21세기 스마트 시대의 관점에서 볼 때 그의 삶은 하드웨어 일변도인 것이 사실이다. 그러나 아무리 스마트 시대라고 할지라도 하드웨어가 빠진 소프트웨어는 있을 수 없다. 프랑스의 역사학자 토드는 지난 2002년에 펴낸 『제국의 몰락』에서 하드웨어가 빠진 미국 스마트 파워의 한계를 이같이 지적한 바 있다.

"하드 파워의 뒷받침이 없는 소프트 파워는 섀도복싱처럼 공허할 뿐이다. 하드 파워인 꿩을 잃고 소프트 파워인 닭을 얻으려는 것 자체가 무모한 일이다."

토드의 지적처럼 세계 최고 수준의 하드웨어는 스마트 시대를 개척해 나가기 위한 대전제에 해당한다. 소프트웨어에서 크게 불리했던 삼성이 소프트웨어 최강자인 애플을 상대로 스마트폰 등에서 선전하는 것이 그 증거다. 21세기 현재까지도 철저한 장인 정신으로 일관한 혼다 소이치로의 행보가 많은 사람들의 탐구 대상이 되는 것도 바로 이 때문이다.


## 자신을 경계하라

장수는 성격에 따라 다섯 가지 위험에 처할 위험성이 있다. 첫째, 죽기로 싸울 것을 고집하는 자는 적의 유인 전술에 빠져 살해되기 십상이다(용기 하나만 믿고 아무 생각 없이 덤비는 것을 말한다. 무턱대고 적진 깊숙이 뛰어들어 사투를 벌이는 장수가 그렇다. 아무도 그를 제지할 길이 없다. 적의 매복이나 기습에 걸려 횡사할 소지가 크다). 둘째, 기어코 살겠다는 자는 적에게 사로잡히기 십상이다(장수가 목숨을 아까워하며 비겁한 모습을 보이면 병사들 모두 감히 진격할 생각을 하지 않는다). 셋째, 성미가 급하고 화를 잘 내는 자는 적에게 기만당하기 십상이다(쉽게 감정이 달아오르는 장수는 경미한 모욕에도 격분하는 까닭에 적에게 쉽게 농락당할 수 있다). 넷째, 지나치게 염결해 명예심이 강한 자는 적의 모욕적인 언사에 쉽게 넘어가 경거망동하기 십상이다(청렴결백을 자부하는 장수는 명예를 훼손하는 선전술 등에 쉽게 농락당한다). 다섯째, 병사들을 크게 아끼며 지나치게 인자한 자는 적의 훼방에 휘둘려 곤경에 처하기 십상이다(병사를 아끼는 장수와 싸울 때는 반드시 구해 주고 보살펴야 할 곳을 쳐 그를 유인해 낸다. 병사를 아끼는 장수는 틀림없이 밤낮으로 달려와 이를 구하고자 할 것이다. 이런 식으로 사방으로 뛰어다니며 구하려고 하면 이내 크게 피로해질 수밖에 없다). 무릇 이 다섯 가지는 장수들이 통상 지니는 커다란 약점인 동시에 용병상의 일대 재앙이기도 하다. 군사가 전멸당하고 장수가 죽임을 당하는 복군살장覆軍殺將은 반드시 이 다섯 가지 위험에서 비롯된다. 장수된 자는 이를 깊이 살피지 않으면 안 된다.

「구변」에서 얘기하고자 하는 것은 장수의 다양한 상황 변화에 따른 임기응변과 평상심이다. 이때의 임기응변은 아홉 가지 전장 상황에 대한 대비책이며, 평상심은 장수가 위험에 빠질 수 있는 다섯 가지 위기에서 벗어나는 비결을 뜻한다. 이에 대한 반면교사로 삼국시대 당시 장수 관우의 죽음과 이에 뒤이은 유비의 패배를 들 수 있다. 『삼국연의』는 관우를 의리의 화신으로 그려 놓았다. 그러나 사실 그는 성격상

적잖은 문제가 있었다. 정사 『삼국지』에 나오는 진수의 다음 평이 그 증거다.

"관우는 병졸들에게는 매우 대우를 잘해 주었으나 선비 앞에서는 늘 교만하게 굴었다."

이는 사대부에 대한 열등감의 표시로 해석할 수 있다. 마초가 투항해 왔을 때 쓸데없는 경쟁 의식을 표출한 것이 그 증거다. 관우는 천하의 호걸이라는 자부심이 강했다. 마초가 마음에 걸린 그는 제갈량에게 편지를 보내 마초의 인물됨을 물었다. 관우의 속마음을 헤아린 제갈량이 이런 내용의 답장을 보냈다.

"마초는 문무에 모두 뛰어난 인물이오. 참으로 당대의 영걸로 한나라 건국공신인 경포와 팽월에 비길 만한 인물이라고 할 수 있소. 장비와 비교하면 쉽게 우열을 가리기 어렵지만 미염공美髥公과 비교하면 그쪽이 약간 열세라고 할 수 있겠지요."

'미염'은 제갈량이 처음 쓴 용어다. 관우는 흐뭇해하며 빈객들을 불러 놓고 이를 자랑했다. 자긍심이 너무 지나치면 상대방에게 이용당할 소지가 크다. 실제로 관우는 이 때문에 패망했다.

『삼국지』「오주전」을 보면 관우는 지금의 호북성 당양 동쪽에 있는 맥성麥城을 탈출할 때 거짓으로 항복하는 모습을 취했다. 나관중은 이게 관우의 영웅적인 모습을 훼손시킨다고 생각해 오나라 사자의 투항 권유를 단호히 거절하는 모습으로 바꿔 놓았다. 이어 관우의 충의를 더욱 돋보이게 하기 위해 이미 오래전에 폐사했을 적토마를 살려 놓고 가공의 인물인 왕보와 주창 등을 등장시킨 뒤 관우를 뒤따라 죽게 만들었다. 『삼국연의』의 해당 대목이다.

"손권이 관우 포획의 공을 세운 마충에게 적토마를 하사했다. 적토마는 며칠 동안 풀도 먹지 않다가 죽어버렸다. 왕보는 크게 외마디 소리를 지르며 성 위에서 떨어져 죽고 주창은 스스로 목을 찔러 죽었다."

관우가 번성을 공격할 때 유비와 제갈량이 관우에게 도움을 준 일은 없다. 오나라 군사가 형주를 습격하지 않았을지라도 관우가 적은 병력으로 위나라 안으로 깊숙이 들어갈 수는 없는 일이었다. 나아가 관우가 맥성으로 달아날 때 역시 유비와 제갈량이 때맞춰 구원하는 일은 불가능했다. 적벽대전 직후 손권은 조조의 설욕전에 대비하기 위해 잠시 형주를 유비에게 내주었을 뿐이다. 유비는 이를 반환하지 않을 속셈으로 관우에게 형주를 지키게 했다. 거금을 차용한 뒤 이런저런 핑계를 대며 변제를 미룬 것과 같다. 관우를 죽음으로 몬 근본 배경은 유비에게 있었다고 보는 것이 옳다. 게다가 관우는 공명심이 강하고 지나치게 자부심이 강해 화를 자초한 면이 있다.

일찍이 오나라 장수 주유는 관우를 두고 '웅호지장熊虎之將'으로 칭송한 바 있다. 유비가 익주를 탈취할 당시 제갈량을 익주로 불러들이면서 관우 홀로 형주를 방어하도록 조치한 것은 나름 일리가 있었다. 이런 여러 사항을 종합적으로 검토할 때 관우의 죽음과 형주의 상실을 모두 관우 한 사람에게 뒤집어씌우는 것은 아무래도 지나치다. 진수의 평이 이를 뒷받침한다.

"관우는 1만 명의 적을 상대할 만해 당대의 호신虎臣으로 불렸다. 관우는 또 나름 조조에게 보답을 했으니 국사國士의 풍모를 지니고 있었다. 다만 그는 지나치게 굳세고 교만한 기색이 있었다. 그의 실패는 이치상 그럴 수밖에 없는 것이었다."

관우의 실패는 『손자병법』이 「구변」에서 "적이 가까이 이르지 않으리라 기대해서는 안 되고 늘 스스로 충분히 대비해야 한다"고 역설한 경고를 귓등으로 흘려들은 후과로 볼 수 있다. 더 큰 문제는 관우의 죽음이 이내 유비의 무모한 복수전과 뒤이은 참패로 나타난 점이다. 이 또한 「구변」에 나오는 "지혜로운 장수는 이해득실을 판단할 때 이득과 손해의 두 측면을 반드시 고려해야 한다"는 가르침을 거스른 후과였다. 유비가 참패를 자초한 이릉대전은 삼국시대에 나타난 전쟁 성격을 대규모 전면전에서 소규모 국지전으로 일변하게 만드는 결정적인 전기로 작용했다.

많은 사람들이 이릉대전 당시 사적인 의리에 얽매인 유비의 행보를 두고 암군의 모습에 가까웠다는 비판을 한다. 적을 가볍게 여기는 오만함과 근거 없는 자신감도 비판 대상이다. 비판을 가하는 사람들은 당시 촉한의 건립 일자가 얼마 되지 않은데다가 북쪽에는 강적 위나라가 버티고 있었기 때문에 결코 가벼이 군사를 일으킬 상황이 아니었다고 말한다. 이에 대해 이릉대전은 단순히 의형제들의 죽임 때문에 빚어진 것이 아니라 형주를 탈환해 중원을 도모하고자 하는 대국적인 견지에서 이루어진 것이라는 반론이 있다.

어떤 주장이 역사적 사실에 가까울까? 당시 유비가 한 몸처럼 지냈던 두 의형제가 잇달아 횡사한 상황에서 격분하는 모습을 보이지 않을 경우 득보다 실이 컸다. 맹자가 역설한 '인의' 관점에서 보면 유비는 응당 격분하는 모습을 보여야만 했다. '인'보다는 '의'에 방점이 찍혀 있기 때문이다. '의'는 정의를 말하다 정의는 불의한 상황에 대한 격분을 전제로 한 것이다. '인의'를 트레이드마크로 삼은 유비가 격분하는 모습을 보이지 않을 경우 이는 '인의'를 저버린 것이 되고, 곧바로 주변 사람들로부터 그간 거짓 군자의 행보를 보여 온 것이 아니냐는 의구심을 살 소지가 컸다. 이 경우 휘하 장수들의 충성을 이끌어내기가 어렵다. 민심 이반도 각오해야만 한다.

조조의 경우는 평소 명분보다 실리를 중시했고 모든 사람이 이를 양해한 까닭에 유사한 상황에 처했을 경우 한바탕 눈물을 흘린 뒤 시간을 두고 차분히 설욕전을 펴는 것이 가능하다. 실제로 조조는 아예 이런 단계를 뛰어넘어 장남과 조카는 물론 총애하는 호위대장 전위典偉를 잃었는데도 그 원흉에 해당하는 장수張繡를 기꺼이 끌어안았다.

그러나 유비는 이게 불가능하다. 조조처럼 사적인 의리보다 공의公義를 앞세우며 차분한 설욕전을 꾀할 경우 득보다 실이 컸다. 그렇다면 유비는 왜 관우가 죽은 뒤 곧바로 설욕전에 나서지 않고 1년 반가량의 뜸을 들인 것일까? 나름 치밀한 대책을 세우고자 했기 때문이다. 공교롭게도 주변 정황이 이를 도왔다.

관우가 오나라 군사에게 포획되어 목이 잘린 것은 건안 24년(219) 12월의 일이다. 이듬해인 황초 원년(220) 1월 23일 조조가 병사하자 뒤를 이어 위왕이 된 조비는 그해 11월 29일 선양을 받고 황제 자리에 올랐다. 만일 관우의 설욕전을 펼치고자 했다면 위나라의 어수선한 이때를 틈타 오나라와 결전을 벌이는 것이 옳았다. 그러나 유비는 그렇게 하지 않았다. 왜 그랬을까? 조비가 황제 자리에 오르는 것을 기다려 후한의 정통 후계자를 자처하려는 속셈이었다.

이듬해인 황초 2년(221) 4월 6일, 한漢을 국호로 내걸고 보위에 오른 것이 그 증거다. 설욕전 준비를 위한 시간도 벌고 후한의 적통 후계를 자처하며 보위에 오르는 명분도 챙기는 일거양득의 기다림이었다. 유비가 결코 사적인 의리에 얽매여 전쟁을 일으킨 것이 아니라는 사실을 뒷받침하는 대목이다. 즉위 직후 관우의 설욕전을 선포한 것이 그 증거다.

그해 여름 앞장서 설욕전을 준비하던 장비가 부하들의 배반으로 횡사한 것도 이런 맥락에서 이해할 수 있다. 당시 설욕전의 시간이 자꾸 늦춰지는 것에 내심 불만이 많았던 장비는 부하들을 지나치게 다그치는 바람에 비명횡사하고 말았다. 장비까지 죽은 마당에 준비가 완전히 끝났는지 여부와 상관없이 전쟁 선포 시기를 더 이상 늦추는 것은 불가능했다. 장비가 죽은 직후인 그해 7월에 유비의 선제공격으로 이릉대전이 개시된 배경이 여기에 있다. 제갈량이 적극 만류하지 않은 이유도 바로 여기서 찾는 것이 옳다.

사서의 기록에 따르면 당시 제갈량은 적극 지지한 것도 아니고, 그렇다고 저지한 것도 아니다. 그 배경을 두고 두 가지 설이 대립한다. 하나는 내심 반대하는 입장에 서 있었지만, 의형제의 죽음에 대한 설욕을 다짐하는 유비가 워낙 고집스럽게 나왔기, 때문에 적극 저지하고 나서지 못했다는 해석이다. 『삼국연의』 내용과 일치한다. 그러나 이는 제갈량이 왜 내심 반대하면서 적극 말리고 나서지 않았는지 명쾌하게 설명하지 못한다. 다른 하나는 제갈량도 내심 지지했다는 주장이다. 그같이 해석해야만 관우가 패사한 이후의 정황과 맞아떨어진다는 것이 논거다.

객관적으로 볼 때 제갈량과 유비 모두 승리를 거둘 수 있다는 기대섞인 전망을 한 것이 역사적 사실에 가깝다. 평소 조심스런 행보를 보인 제갈량은 유비에 비해 상대적으로 기대를 덜한 점만이 다를 뿐이다.

종합적으로 판단할 때 아직 이를 적극 주장한 사람은 없으나 당시 유비에게는 설령 시늉에 그칠지라도 군사를 동원해 설욕전을 펼치는 모습을 보이는 방안밖에 없었다. 그같이 해석하는 것이 당시의 정황에 부합한다. 유비가 평소 인의를 전면에 내세운 군자 행세를 한 탓이다.

이릉대전 전개 과정을 보면 유비는 나름 준비를 철저히 한 것이 확실하다. 초반에 파죽지세로 밀고 들어간 것이 그 증거다. 다만 육손의 지구전 계책에 말려 소기의 성과를 거두지 못했을 뿐이다. 초반의 승리에 지나치게 들떠 당대의 병법가인 육손을 낮춰 보는 실수를 범한 것이 결정적인 패인으로 작용했다.

유비가 사적인 의리에 얽매여 치밀한 준비도 없이 이릉대전을 일으켰다는 기존의 통설에 일정한 수정이 필요하다. 유비는 이종오가『후흑학』에서 언급했듯이 당대 최고의 '후흑술'을 구사한 효웅이다. 숱한 우여곡절 끝에 촉한을 세운 유비가 단순히 의형제의 죽음을 설욕할 심산으로 별반 준비도 없이 원정에 나섰다는 것은 상식적으로도 이해하기 힘들다. 제갈량도 어느 정도 성공 가능성을 점쳤기에 적극 만류하지 않았을 공산이 크다.

이릉대전의 영웅은 유비도 제갈량도 아닌 육손이다. 형주 탈환에 이어 이릉대전을 승리로 이끈 그는 당대 최고의 병법가였다. 그의 언행에 비춰볼 때 조조와 마찬가지로『손자병법』을 깊이 연구한 것으로 짐작된다. 촉병이 파죽지세로 몰려들어와 오나라 백성의 인심이 흉흉해졌을 때 손권에게 전격 발탁된 뒤 전군을 지휘해 당대의 효웅 유비를 격파한 사실이 이를 뒷받침한다. 절묘한 화공 전술도『손자병법』「화공」의 가르침을 충실히 따른 것이다. 육손을 과감히 발탁한 손권의 리더십도 높이 평가할 만하다.

당시 백제성으로 들어온 유비는 너무 부끄럽고 화가 나 음식을 제대로 먹지 못했다. 이내 백제성에 눌러 앉고는 명칭을 영안궁永安宮으로 고쳤다. 묘하게도 영면永眠을 연상시키는 이름을 붙인 셈이다. 결국 유비는 이릉대전 패배 후유증으로 시름시름 앓다가 백제성으로 들어온 지 10개월 뒤인 이듬해 223년 4월에 숨을 거뒀다. 당시 63세였다.

관우의 죽음은 「구변」에 나오는 "지나치게 염결해 명예심이 강한 자는 적의 모욕적인 언사에 쉽게 넘어가 경거망동하기 십상이다"라는 가르침을 거스른 후과로 볼 수 있다. 관우는 지나치게 자부심이 강했다. 스스로 화를 부른 셈이다. 유비의 죽음도 이와 무관하지 않다. 사적인 의미로 뭉친 도원결의의 한계를 방증하는 대목이다.

제9장

# 병 비 익 다
## 兵 非 益 多

---

병력이 많다고
꼭 좋은 게 아니다
...

[행군行軍]

행군할 때는 늘

아군에게 유리한 길을 택해

이동해야 한다.

# 알고 움직여라

손자가 말했다. 무릇 군대가 출동해 적과 대치할 때 적의 내부 사정을 살펴보려면 다음 원칙에 주의해야 한다. 산지를 행군할 때는 수초가 무성한 계곡을 따라가야 한다(골짜기에는 먹고 마실 물과 풀이 가까이 있어서 편리하다). 주둔할 때는 지대가 높고 볕이 잘 드는 생지生地를 골라야 한다(생지는 양지 바른 곳을 말한다). 적이 이미 고지를 점했을 때는 낮은 곳에서 올라다보며 공격해서는 안 된다(고지를 기어오르는 식으로 적과 싸워서는 안 된다). 이것이 산악전山岳戰의 원칙이다. 도강할 때는 강에서 멀리 떨어진 곳에 진을 쳐야 한다(적을 유인해 강물을 건너게 하려는 속셈이다). 적이 강을 건너오면 강가에서 맞아 싸우지 않고 반쯤 건너도록 놓아둔 뒤 공격하는 것이 유리하다. 적이 강을 건너 공격하려 할 때는 강가에 가까이 붙어 싸우지 말아야 한다(적을 강가 가까이 접근하도록 유인하려는 속셈이다). 강가에 주둔할 때는 볕이 드는 높은 곳을 택한다(강가에 주둔할 경우 높은 곳에 주둔하는 이유는 앞으로는 강 건너편에 있는 적진을 멀리서 바라볼 수 있고, 뒤로는 높은 언덕의 이점을 살려 영채를 차릴 수 있기 때문이다). 물이 흘러들 수 있는 낮은 곳에 포진채서는 안 된다(적이 상류 둑을 터뜨리는 식으로 수공을 가할까 우려하기 때문이다).

이것이 수변전水邊戰의 원칙이다. 소금기가 많은 땅이나 늪시대를 행군할 때는 가급적 빨리 지나치고 잠시라도 머물러서는 안 된다. 이런 곳에서 적을 맞아 싸울 때는 반드시 수초에 의지하거나 몸을 가릴 수 있는 숲을 등지고 싸워야 한다(부득불 소금기가 많은 땅이나 늪지대에서 적과 맞닥뜨린 데 따른 것이다). 이것이 염전이나 늪지대에서 싸우는 척택전斥澤戰의 원칙이다. 사방으로 넓게 뚫린 평원에 주둔할 때는 평탄한 곳을 택하고, 높은 곳을 등진 곳에 측면 날개에 해당하는 부대를 배치해야 한다(전차와 기병 부대의 이점을 최대한 살리려는 속셈이다). 앞으로 낮은 지대를 바라보고 뒤로 높은 지대를 등진 덕분에 유사시 안전을 도모할 수 있기 때문이다(승리에 도움이 되는 방안은 모두 끌어 써야 한다는 취지다). 이것이 평지전平地戰의 원칙이다. 이 네 가지 원칙이 바로 황제黃帝가 사방 적들과 싸워 승리를 거둔 배경이다(황제가 보위에 올랐을 때 사방 제후들 가운데 제왕을 칭하지 않은 자가 없었다. 이때 황제는 이들 네 가지 원칙을 적극 적용해 마침내 천하를 평정하는 데 성공했다).

현재 중국 수뇌부는 황제黃帝를 중국 내 56개 민족의 조상으로 만드는 역사 왜곡에 열심이다. 황제는 우리 단군과 마찬가지로 중국 한족의 조상신으로 일컬어지는 신화적인 인물이다. 지금도 해마다 청명절이 되면 중국 공산당의 많은 고위 간부와 수많은 참배객들이 섬서성 황릉현에 있는 황제릉을 찾아가 대대적인 제사를 올린다. 이런 행보는 고조선과 고구려, 발해 등을 중원의 지방 정권으로 간주하는 동북 공정과 밀접한 관련이 있다. 한국을 포함한 세계의 많은 석학들이 중국이 G2를 넘어 G1의 야심을 노골화할 경우 이런 식의 역사 왜곡이 더욱 강화될까 큰 우려를 표하는 이유다. 우리의 현명한 대처가 절실히 필요한 시점이다.

그러기 위해서는 우리 스스로 기본 인식부터 제대로 정립할 필요가 있다. 중국이 황제를 56개 민족의 조상으로 만든 것을 탓하기 전에 단군을 신화로 치부하는 잘못된 관행부터 고쳐야 한다. 우리가 학술 차원의 '신화시대'를 운운하는 사이 중국은 단군마저 자신들의 조상으로 왜곡하고 있다. 지난 2001년 9월 연변 조선족 자치주 왕청현 삼림공원에 건립된 백의신녀白衣神女가 그 증거다. 높이 18m, 무게 520t의 거대한 동상이다. 양손에 마늘과 쑥을 들고 있는 것이 단군신화에 나오는 웅녀다. 백의신녀는 '한민족의 시조모'가 아니라 중국 소수민족 가운데 하나인 '조선족의 시조모'로 서 있는 것이다.

백의신녀 이전에 이미 한민족을 염두에 둔 다양한 작업들이 진행됐다. 지난 1992년 한중 수교 직후 한민족을 포함해 동이족 조상으로 간주된 치우를 중화민족 3대 조상의 일원으로 끌어안은 것이 그 증거다. 1992년부터 1997년까지 하북성 탁록현에 건립된 귀근원歸根苑과 중화삼조당中華三祖堂이 그것이다. 중화삼조당 중앙에는 5.5m 높이의 치우와 황제, 염제의 상이 안치되어 있다. 이들 모두 중화민족의 조상이라는 것이다.

메이지유신 당시 조선 사대부들은 서구화에 박차를 가한 이웃 일본을 두고 '서양 오랑캐를 흉내 내지 못해 안달하는 도이島夷'로 비웃었다. 그 결과는 국가 패망이었다. 고금의 역사가 보여 주듯 이웃한 나라는 선린善隣일 수도 있고 상황에 따라서는 문득 구적仇敵으로 일변할 수 있다. 『손자병법』이 역설하듯이 유비무환의 자세를 견지해야 하는 이유다. 민족의 공통된 조상을 보유하지 못한 나라가 어떻게 전 국민을 하나로 뭉칠 수 있는지 스스로 반문할 필요가 있다. 더 이상 이를 종교적 관점에서 우상으로 치부하는 잘못을 범해서는 안 된다.

한반도 통일의 시기가 무르익었기에 그 필요성이 더욱 크다. 반세기 넘게 나뉘어 있던 남북의 전 민족을 하나로 묶을 상징체계가 절실하다. 학계도 이제는 한가하게 신화시대 운운하며 학술적 차원으로 접근하는 자세를 지양해야 한다. 단군마저 한족의 조상으로 몰아가는 사태를 방과해서는 안 된다는 얘기다.

중국은 황제에 관한 오랜 논의를 사실상 마무리 짓고 중국 내 56개 민족을 아우르는 구심점으로 삼는다. 일본은 이미 1000여 년 전부터 '아마테라스 오오미카미'를 일본 민족의 공통 조상으로 숭배하고 있다. 단군을 놓고 우상론 수준에서 갑론을박하며 세월을 허송할 시간이 없다. 보다 적극적인 대응이 필요하다. 금나라와 청나라를 세운 만주족을 한민족 일원으로 끌어안는 식으로 정면으로 맞받아칠 필요가 있다. 실제로 고구려와 그 후신인 발해는 한민족을 중심으로 한 다민족 국가였다. 이제 우리도 역사를 좁은 반도 안에 가두는 반도사관에서 벗어날 때가 됐다. 이웃한 중국과 일본이 광분하기에 더욱 그렇다.


## 발밑을 조심하라

주둔할 때는 고지대를 택하고 저지대는 피한다. 양지바른 곳을 택하고 음습한 곳은 피한다. 생활하기 편하고 지대가 높은 곳에 주둔한다

(유리한 장소에 주둔하는 것을 뜻한다. 병력을 충실히 하려면 물과 수초가 풍성한 곳에 주둔해야 한다. 그래야 말과 소를 풀어 충분히 먹일 수 있다. 유리한 곳에 주둔하는 것은 곧 전력을 크게 증진시키는 것을 의미한다). 이같이 하면 병사들이 질병에 걸리지 않는다. 이를 일컬어 '필승의 조건'이라고 한다. 구릉과 제방 주변에 주둔할 때는 반드시 양지바르고 오른쪽 뒤편에 구릉이나 제방이 위치한 곳을 택한다. 이것이 용병에 유리한 여러 요소 가운데 지형의 이점을 활용하는 방법이다. 도강을 하려는데 상류에 폭우가 내려 범람 위험이 있을 때는 물의 기운이 가라앉을 때까지 기다려야 한다(절반쯤 건넜을 때 물이 급격히 불어나 병사들을 덮칠까 우려한 것이다). 지형에는 여섯 가지 위험한 장소가 있다. 첫째는 절벽에 둘러싸인 깊은 계곡인 절간絕澗, 둘째는 사방이 높고 가운데는 낮아 물이 괴는 분지인 천정天井, 셋째는 험준하게 둘러싸여 있고 한 곳에 좁은 길이 있는 감옥처럼 된 천뢰天牢, 넷째는 초목이 밀생해 움직일 수 없는 숲 지대인 천라天羅, 다섯째는 깊은 수렁 지대인 천함天陷, 여섯째는 길은 좁고 땅은 울퉁불퉁한 천극天隙이다(산이 깊고 급류가 흐르는 골짜기가 절간, 사방이 높은 낭떠러지로 둘러싸여 있고 가운데가 움푹 꺼진 곳이 천정, 깊은 산 속을 지날 때 주위의 우거진 숲이 마치 커다란 대바구니를 덧씌운 것처럼 된 곳이 천뢰, 앞길이 막혀 있고 미로에 빠진 것처럼 같은 곳을 빙빙 도는 곳이 천라, 평지가 문득 움푹 꺼져 함정처럼 되어 있는 곳이 천함, 산의 골짜기 길이 좁고 양쪽으로 높은 산등성이가 치솟아 있어 겨우 한 사람만이 지날 수 있는 곳이 천극이다). 이런 위험한 곳을 만났을 때는 재빨리 피해가야 하고 결코 가까이 다가가서는 안 된다. 아군은 이런 곳을 멀리 하되 적은 가까이하도록 하고, 아군은 이런 곳을 마주하되 적은 등지고 서

있도록 하는 것이 중요하다(이들 여섯 가지 위험한 지형은 늘 세심한 주의를 기울여 멀리하도록 한다. 반면 적이 가까이 접근해 등지고 서도록 만들면 아군에게는 커다란 이익이 되고 적에게는 치명적인 위험이 된다). 행군 도중 험준한 산악이나 막힌 곳, 늪지대, 웅덩이나 저지대, 갈대가 우거진 곳이나 초목이 무성한 숲, 풀이 병풍처럼 둘러쳐져 있는 초원 등을 만나면 반드시 반복해 수색해야 한다. 이런 곳에는 복병이나 첩자가 숨어 있을 가능성이 높기 때문이다(험한 곳은 오르내리는 기복이 심해 병사들을 곧바로 지치게 만드는 지형이다. 막힌 곳은 물이 넘쳐 진창을 이룬 지형이다. 늪지대는 수초가 우거진 곳이다. 웅덩이는 물이 고여 있는 도랑이다. 우물은 지대가 낮은 곳이다. 갈대가 우거진 강가는 여러 잡초가 빽빽이 난 곳이다. 숲은 나무가 가득 들어찬 곳이다. 초원은 큰 풀이 허리까지 덮어 구부리면 능히 몸을 감출 수 있는 곳이다. 여기서는 이런 특수한 지형을 말한다. 아래 대목에서는 적정의 변화에 따른 전술이 언급되어 있다).

「행군」은 이 대목에서 행군 과정에서 빚어질 수 있는 여러 가지 주의할 사상을 구체적으로 거론한다. 한마디로 적이 깔아 놓은 지뢰를 밟지 않도록 '발밑을 조심하라'는 말로 요약할 수 있다. 이에 관한 대표적인 일화로 『삼국연의』에 나오는 '조조삼소曹操三笑' 일화를 들 수 있다.

이에 따르면 적벽대전 당시 주유의 군사가 때마침 불어온 동남풍에 편승해 화공을 가하자 수많은 조조 군사들이 불에 타 죽거나 바다에 빠져 죽었다. 바다 한가운데 우뚝 서 있던 조조의 수채 역시 그대로 불길 속에 빨려 들어갔다. 조조는 휘하 장수들과 함께 정신없이 달아나야만 했다. 당시 제갈량은 먼저 장비에게 호로곡胡蘆谷으로 가 매복할 것을 명하고 관우에게는 화용도華容道로 가 매복하도록 하면서 이같이 덧붙였다.

"조조가 장비에게 쫓기면 반드시 화용도를 거쳐 달아날 것이오. 화용도 좁은 길의 높은 곳에 올라가 마른 풀을 쌓아 놓고 불을 질러 그 연기로 조조를 유인하도록 하시오."

이런 사실도 모른 채 앞만 보고 내달리던 조조는 이튿날 새벽녘이 되어서야 가까스로 정신을 차렸다. 사지에서 간신히 벗어난 조조가 돌연 크게 웃음을 터뜨렸다.

"무슨 까닭으로 그토록 웃으십니까?"

"강동의 주유와 제갈량이 꾀를 합했다고 하나 별게 못 된다. 만약 나였다면 저 숲속이나 골짜기에 미리 매복해 두었을 것이다!"

그때 문득 매복병이 튀어나왔다. 조조와 군사들은 다시 정신없이 도주했다. 조조의 첫 번째 웃음이 초래한 재난이다. 이때 겨울비까지 쏟아지자 패주하는 조조 군의 모습이 더욱 처량했다. 달아나기에 바빠 군량도 없고 식기도 없고 솥도 없었다. 영락없이 비루먹은 강아지 꼴이었다. 부득불 마을을 약탈해 허기를 달랜 조조군은 추격이 우려되어 다시 걸음을 재촉했다. 호로구에 이르러 조조군은 다시 잠시 쉬었다. 모두가 지쳐서 넋을 놓고 앉아 있는데 문득 조조가 또 크게 웃음을 터뜨렸다.

"승상, 왜 또 웃으십니까?"

"제갈량의 지략이 뛰어나다고 하나 별거 아니구나. 이런 곳에 매복을 두었다면 편히 쉬면서 적을 기다렸다가 지친 이 조조를 단숨에 칠 수 있었을 텐데 말이다! 그런데 쥐새끼 하나 얼씬하지 않으니 얼마나 웃기는 일인가!"

말이 떨어지기가 무섭게 진짜로 적이 나타났다. 바로 장비였다. 조조는 말에 제대로 오르지도 못할 정도로 혼이 빠져 군령조차 내리지 못했다. 허저와 서황, 장료 등이 목숨을 걸고 장비를 막았으나 도망 길에 지치고 다친 상태라 편히 쉬면서 매복해 있던 장비를 막아내는 것이 쉽지 않았다. 조조는 다시 도주하기 시작했다. 기회를 보아서 허저 등도 장비로부터 빠져나왔다. 조조의 두 번째 웃음이 초래한 재난이다.

달리다 보니 두 갈래 길이 나왔다. 한 갈래는 넓고 평평했지만 목적지인 강릉까지 거리가 멀었다. 다른 하나의 길은 그 유명한 화용도다. 길은 좁지만 직행이었다. 조조가 문득 바라보니 화용도 쪽에서 연기가 모락모락 나고 있었다. 제갈량은 「행군」의 "늪지대, 웅덩이나 저지대, 갈대가 우거진 곳 등은 복병이 숨어 있을 가능성이 높다"는 가르침을 역이용한 것이다. 과연 조조는 제갈량의 계략에 넘어가 화용도를 택했다. 얼마 지나지 않아 앞장선 군사들이 말들을 멈춰 세우고 더 이상 나아가지 못했다. 조조가 그 이유를 알아보게 하자 이윽고 군사가 돌아와 보고했다.

"앞쪽 산길이 새벽비로 인해 온통 물이 고인 진흙 웅덩이 천지라 말이 앞으로 나아갈 수 없다고 합니다."

조조가 크게 화를 냈다.

"본래 군사란 산을 만나면 길을 내고 물을 만나면 다리를 놓는 법인데 어찌 수렁이라고 나가지 못한단 말인가!"

전군에 하령해 늙고 병들거나 상처를 입은 군사들 모두 흙이나 풀, 갈대 등을 지고 와 웅덩이를 메우게 했다. 이에 기병들이 간신히 화용도를 빠져나갈 수 있었는데 이때 병약한 병사들 중 상당수가 인마에 밟히거나 진흙 웅덩이에 빠져 죽었다. 겨우 길을 뚫고 가던 끝에 조조가 다시 크게 웃음을 터뜨렸다.

"왜 또 웃으십니까?"

조조가 웃을 때마다 적의 습격을 받은 터라 장수들은 가슴이 철렁했다.

"주유와 제갈량의 꾀도 별거 아니구나. 여기에 군사 500명만 숨겨 놓았더라면 우리는 꼼짝없이 잡혔을 것이다."

말이 끝나기도 전에 조조를 기다리던 관우가 불쑥 뛰쳐나왔다. 조조의 군사가 소스라치게 놀란 것은 말할 것도 없다. 정욱이 조조에게 간했다.

"승상, 상대가 관운장인데 무얼 걱정하십니까?"

"관운장이니 걱정 아닌가?"

"승상, 우리는 지쳤고 적은 기세가 등등하니 싸우지 말고 관운장의 인품에 승부를 걸어 보십시오."

"무슨 말인가?"

"관운장은 신의를 가장 중히 여기고, 강한 자에게는 오만해도 약한 자에게는 동정을 아끼지 않으며, 은혜를 갚는 도리를 중시하는 인품입니다. 관운장도 승상께서 지난날 자신에게 베푼 호의와 분에 넘치는 친절을 기억할 것입니다."

조조가 정욱의 말을 좇아 곧 관우 앞으로 다가가 말했다.

"이 조조는 싸움에 패해 위기에 빠져 있소. 그래도 용케 여기까지 헤쳐 나왔는데 이제 장군을 만나니 마지막 살길마저 끊어지게 됐구려. 장군은 부디 지난날의 정분을 기억하고 내 위급한 처지를 눈감아 주시오."

"지난날 이 관우가 승상의 두터운 은혜를 입었다고 하나 안량과 문추를 베어 백마 싸움에서 어려움을 풀어 드렸으니 은혜는 이미 갚은 셈입니다. 더구나 오늘의 싸움은 군명에 따른 것인데 어찌 나의 사사로운 정으로 공적인 일을 그르칠 수 있겠습니까?"

"하지만 관운장, 그대가 내 곁을 떠날 때 나는 그대를 추격해 죽이지 않았소. 오히려 사람을 보내어 무사히 빠져나갈 수 있도록 도와주었소."

결국 관우가 길을 열어 주어 조조는 마지막 있는 힘을 다해 전속력으로 화용도를 빠져나왔다. '조조삼소' 일화는 나관중이 심혈을 기울여 묘사한 적벽대전 대미에 해당한다. 그러나 이것은 말할 것도 없이 허구다. 여기서 중요한 것은 조조가 지나친 자부심으로 인해 대사를 크게 그르친 점이다. 만일 적벽대전 당시 신중을 기했더라면 그는 자신의 생전에 천하통일 대업을 이루었을 가능성이 컸다. '발밑을 조심하라'는 말로 요약되는 「행군」의 가르침을 거스른 탓이다.


## 조짐을 읽어라

적의 움직임을 읽는 방법은 모두 32가지다. 1) 적이 아군의 접근에도 불구하고 조용한 것은 험준한 지형에 의지하기 때문이다. 2) 아군과 멀리 떨어져 있는데도 도전하는 것은 아군을 유인하려는 속셈이다. 3) 적이 험준한 지형을 버리고 평지에 진을 친 것은 평지의 유리함을 이용하려는 속셈이다(적이 무엇인가 유리한 조건을 지니고 있음을 암시한다). 4) 숲의 나무가 흔들리는 것은 적이 은밀히 습격해 오는 조짐이다(숲의 나무를 베는 것은 전차가 지나는 길을 닦는 것이다. 바람도 없는데 나무가 흔들리는 이유다). 5) 풀숲에 은폐물이 많으면 아군을 현혹하기 위해 짐짓 포진한 것이다(풀을 엮어 만든 덫은 은밀히 만들기 마련이다. 아군의 눈에 띄게 만들어 놓은 것은 아군을 현혹하기 위한 것이다). 6) 숲속의 새가 문득 달아나는 것은 복병이 있기 때문이다(새가 문득 놀라 날아오르는 것은 복병이 숨어 있다는 징표다). 7) 짐승들이 놀라 달아나는 것은 적의 기습 부대가 움직인다는 증거다(적이 새의 날개를 펼친 것처럼 넓은 범위에서 조여들어 오는 것은 아군을 기습적으로 덮치려는 속셈이다). 8) 흙먼지가 문득 높이 치솟는 것은 적의 전차대가 진격해 온다는 표시다. 9) 흙먼지가 낮고 넓게 일어나는 것은 적의 보병이 다가온다는 증거다. 10) 흙먼지가 흩어져 가늘고 길게 이는 것은 적이 땔 나무를 끌고 간다는 표시다. 11) 흙먼지가 적게 일며 일었다 없어졌다 하는 것은 영채를 차리고 있다는 증거다. 12) 적이 겸손한 언사를 구사하면서도 전투태세를 강화하는 것은 아군을 방심하게 만든 뒤 진공하려는 속셈이다(적의 사신이 찾아와 겸손한 어조로 여러 조건을 내세우며 시간을 끌면 곧바로 첩자를 보내 적의 속셈을 파악해야 한다. 적이 은밀히 공격 준비를 강화할 때 이런 모습을 보인다). 13) 어조가 강하고 곧바로 공격할 태세를 보이는 것은 철수하려는 의도다(강경한 어조는 아군을 속이려는 속셈에서 나온 것이다). 14) 적의 전차부대가 먼저 나와 부대 양옆에 자리 잡는 것은 진을 쳐 싸울 태세를 갖추려는 속셈이다(군진을 펼친 것은 곧 싸움을 시작한다는 뜻이다). 15) 적이 궁지에 몰린 것도 아닌데 문득 강화를 요청하는 것은 다른 음모를 꾸미고 있기 때문이다. 16) 적의 병사들이 분주하게 오가며 병거를 배치하는 것은 결전을 시도하는 것이다. 17) 적이 전진과 후퇴를 거듭하는 것은 짐짓 혼란스러운 모습을 보여 아군을 유인하려는 속셈이다. 18) 적의 병사가 무기에 의지하고 서 있는 것은 굶주렸다는 증거다. 19) 적이 우물물을 길어 서둘러 마시는 것은 물이 부족해 목말라 있다는 표시다. 20) 적이 유리함을 알면서도 진격하지 않는 것은 크게 지쳐 있기 때문이다(적이 미동도 하지 않는 것은 일반 병사뿐만 아니라 지휘관들까지 크게 지쳐 있다는 표시). 21) 적의 영채 위에 새들이 모여드는 것은 적이 이미 철수해 텅 비었기 때문이다. 22) 한밤중에 적진에서 놀라 외치는 소리가 들리는 것은 적이 겁에 질려 있다는 증거다(적의 병사가 한밤중에 큰소리를 내지르는 것은 적장마저 위기에 대처할 용기가 없어 크게 겁에 질려 있다는 것을 반증한다). 23) 적의 영채가 소란스러운 것은 적장에게 위엄이 없기 때문이다. 24) 적진의 깃발이 함부로 움직이는 것은 적진이 혼란에 빠져 있다는 표시다. 25) 적의 지휘관이 서두르거나 작은 일에도 함부로 성을 내는 것은 크게 지쳐 있기 때문이다. 26) 적이 양식으로 말을 먹이며 가축을 잡아먹은 뒤 취사도구를 수습해 영채로 돌아가지 않는 것은 죽기를 각오하고 포위망을 돌파하려는 것이다. 27) 적의 병사들이 삼삼오오 모여 수군대는 순순흡흡諄諄翕翕의 모습을 보이는데 장수가 느리고 어눌한 말투로 훈시하는 것은 적장이 신망을 잃었다는 징표다('순순'은 자신 없는 어투, '흡흡'은 필승의 의지를 잃고 불안해하는 모습을 비유한 것이다). 28) 적장이 자주 상을 내리는 것은 지휘가 신뢰를 잃어 곤경에 빠져 있다는 표시다. 29) 적장이 자주 중한 벌을 내리는 것은 적이 곤경에 처해 있기 때문이다. 30) 적장이 처음에는 병사들을 난폭하게 다루다가 점차 두려워하는 모습을 보이는 것은 군사를 다룰 줄 모른다는 표시다(처음에 적을 얕잡아보고 병사들을 가혹하게 다루다가 이후 불안한 나머지 병사들에게 아부하는 모습을 보이면 병사들이 내심 크게 미워하기 마련이다). 31) 적이 몸을 굽혀 사자를 통해 예물을 바치며 사과하는 것은 휴식을 취하려는 의도다. 32) 적이 크게 화를 내며 진격해 왔는데도 오래도록 결전도 하지 않고 철수도 하지 않는 것은 반드시 계략이 있다는 증거다. 장수는 이런 정황을 모두 신중히 살펴야만 한다(적의 기습과 매복 등에 대비해야 한다는 뜻이다).

「행군」은 이 대목에서 적정의 다양한 모습을 논한다. 모두 서른두 가지다. 이를 통상 '상적相敵 32법'이라고 한다. 사람과 말에 대한 관상을 상인相人과 상마相馬로 표현하듯이 적의 실상을 관찰하는 서른두 가지 방법이라는 뜻이다. 여기에 나온 '상적 32법'은 크게 두 가지 종류로 나눌 수 있다.

하나는 동식물 등 자연의 변화를 토대로 적정의 변화를 추론하는 방법이다. 초목이나 조수의 움직임을 살펴 복병 여부를 판단하는 식이다. 다른 하나는 적의 움직임을 관찰해 추론하는 방법이다. 적의 진지를 보고 적의 포진을 판단하거나, 출동 양상을 보고 진퇴와 궤사詭詐 여부를 파악하는 식이다. 『손자병법』에 나오는 '상적 32법'은 적진의 최전방에서 눈으로 쉽게 행할 수 있다. 원시적이기는 하나 오늘날까지도 그대로 통용될 수 있는 것으로 나름 생동감이 있다.

사상사적으로 보면 '상적 32법'은 한비자가 집대성한 법가 사상의 통치술과 닮았다. 이는 독살과 척살 등이 난무하는 난세에 군주가 군위

君位와 군권君權을 확립하는 것이 마치 지휘관의 용병 여하에 따라 병사들 생사가 갈리는 전쟁터의 살벌한 풍경과 닮았다는 판단에서 나온 것이다. 먹느냐 먹히느냐 하는 정글의 법칙이 그대로 적용되는 탓이다.

실제로 「행군」의 '상적 32법'은 틈만 나면 군주의 자리를 노리는 신하들의 동태를 주의 깊게 살펴 미리 대처하는 제신술制臣術의 여러 대처법과 닮아 있다. 『한비자』를 관통하는 기본 이념은 크게 두 가지다. 하나는 나라를 부강하게 유지하는 부국강병이고, 다른 하나는 군권의 신권에 대한 우위를 유지키 위한 제신술이다. 이 두 가지는 군주 개인의 도덕적인 덕목과는 하등 상관이 없는 것이다. 한비자의 제왕지술과 유가의 제왕지술이 뚜렷이 갈리는 지점이 바로 여기다.

법가가 군주독치君主獨治, 유가는 군신공치君臣共治를 역설하는 것도 바로 이 때문이다. 이는 국가 존망과 백성의 안녕을 지키기 위해서는 어느 쪽이 더 나은가 하는 관점의 차이에서 비롯된 것이다. 객관적으로 볼 때 치세에는 유가, 난세에는 법가의 관점이 더 타당성을 지닌다. 국가 존망을 가르는 내란 및 전쟁 등의 위기 상황에서 군사령관에게 독재적인 통수권을 위임하는 것과 같다. 한비자가 군권을 공권公權, 신권臣權을 사권私權으로 규정한 이유다.

서구의 경영 이론은 하나같이 전문 경영인이 주축이 된 기업 CEO의 민주 리더십을 강조한다. 천하는 만인의 것이라는 유가의 천하위공天下爲公 이념과 사뭇 닮았다. 호황일 때는 일리가 있다. 문제는 2008년에 터진 미국발 금융 대란과 2011년의 유럽발 재정 대란 같은 위기 상황이다. 과감히 도려낼 것은 도려내고 새로운 상황에 맞춰 즉시 변신하는 것이 절대 필요한 상황에서 민주 리더십으로는 결단이 늦어질 수밖에 없다. 위기 상황에서 결단을 미루면 미룰수록 사안은 위중해진다. 이는 패망의 길이다. 전쟁터에서 지휘관이 임기응변의 즉각적인 명을 내리지 못하고 우물쭈물하며 연일 구수회의만 열다가 몰살을 자초하는 것과 같다.

위기 상황에서는 전문 경영인 CEO의 민주 리더십보다는 오너 CEO의 제왕 리더십이 더욱 빛을 발한다. 2010년의 아이폰 공습 당시 삼성이 총수의 복귀를 계기로 반격의 계기를 마련한 데 반해 민주 리더십을 고집한 LG가 대응을 늦추는 바람에 고전한 것이 그 증거다. 창업주와 그 후손인 오너는 주인의식이 강할 수밖에 없다. 전문 경영인과는 질적으로 다르다. 일부 악덕 기업주를 제외하고는 기업에 강한 애착을 가질수밖에 없다. 역대 왕조의 창업주와 그 후손인 군주가 사직의 안녕을 위해 애쓰는 것과 닮았다.

뉴욕 대학 정치학과 석좌교수 메스키타는 지난 2011년에 펴낸 『독재자의 핸드북』에서 "정치란 권력을 확보하고 유지하는 일에 지나지 않는다"고 단언하며 민주와 독재의 구분을 거부했다. 그는 대체 가능 집단, 유력 집단, 핵심 집단의 규모와 역할이 민주국가와 독재국가를 구분하는 기준이 된다고 했다. 민주국가는 대체 가능 집단과 유력 집단이 다수를 형성해 소수의 핵심 집단보다 우위를 점한 나라이고, 독재국가는 극소수의 핵심 집단과 소수의 유력 집단이 대규모 대체 가능 집단을 압도하는 나라에 지나지 않는다는 것이다. 민주와 독재는 질적인 차이가 아니라 양적인 차이에 불과하다는 지적이다. 그는 다음과 같이 비유했다.

"민주국가든 독재국가든 핵심 집단에서 가장 중시하는 세 가지 특징은 첫째도 충성, 둘째도 충성, 셋째도 충성이다!"

그는 국가 운영과 기업 경영 모두 경쟁과 자원의 조절과 배분 문제를 핵심 사안으로 삼는 만큼 이론상 차이가 있을 수 없다고 했다. 정치에서 다루는 핵심 이론이 기업이나 다른 어떤 조직에도 동일하게 적용된다는 것이다. 그는 2012년 초 국내의 한 언론사와 가진 인터뷰에서 이같이 말했다.

"실제로 기업 CEO들은 정치 지도자들처럼 핵심 지지자들의 충성심을 유지하기 위해 특전이나 혜택을 활용한다. 그러면서도 지금의 핵심 집단을 대체할 수 있는 후보군의 크기를 늘리는 방식으로 핵심 집단을 견제한다. 애플은 사내 CEO 후보자들에게 CEO에게 필요한 다양한 기술을 배양시키려고 노력했다. 회사를 더 잘 경영할 수 있는 아이디어 경쟁을 시킨 것이다. 이는 회사의 가치를 저해하지 않는다. 가장 이상적인 기업 지배 구조는 이사회 비중을 높여 더 좋은 아이디어를 내도록 경쟁시키는 것이다."

아이디어 경쟁은 병사들의 생사와 국가 존망이 엇갈리는 전쟁터에서 지휘관이 용병하는 이치와 닮았다. 뛰어난 참모를 곁에 두고 서로 머리를 맞댄 채 시시각각 변하는 전황을 정밀하게 분석하면서 임기응변의 즉각적인 결단을 내려야만 승리를 기약할 수 있다. 신상필벌과 공사의 엄격한 구분이 관건이다. 공을 세울 경우 즉각적으로 푸짐하게 포상하고, 사적 영역에 적용되는 인의도덕의 잣대 대신 능력과 아이디어 등 공적 영역의 잣대로 장병들을 발탁하며 경쟁을 부추기는 것을 말한다.

한비자가 군권을 공권, 신권을 사권으로 간주한 이유가 여기에 있다. 이는 군주에게 천하를 사유물로 간주하라고 권한 것이 아니다. 오히려 온몸을 내던져 천하를 감싸 안으라고 주문한 것이다. 위기 상황에서 '천하 위공'을 오히려 더욱 철저히 실천하는 것에 해당한다. 천하위공에 대한 유가와 법가의 이런 해석 차이는 천하 경영의 운영 방식에서 극명하게 드러난다.

위기 상황에서 군권이 자타가 공인하는 공권으로 인정받기 위해서는 먼저 인사가 공정해야 한다. 한비자가 인재를 발탁할 때 천하의 공의公義에 부합해야 한다고 역설한 이유다. 상벌권의 행사 역시 신중하면서 공정해야 한다. 세인들이 모두 수긍하는 천하의 공론公論에 부합해야 실효를 거둘 수 있다. 법가의 엄정한 법 집행은 난세 시기에 천하위공을 더 철저하면서도 공정하게 실현하는 방안에 해당한다.

한비자가 군주의 공평무사한 수법守法을 역설한 이유가 여기에 있다. 군주를 엄정한 법치를 실행하는 최후의 보루로 간주한 결과다. 한비자는 결코 군주를 법 밖의 인물로 상정한 적이 없다. 21세기에 들어와 전세계의 화두로 등장한 '리더십 위기'는 바로 공과 사의 영역 구분이 제대로 되지 않은 데 있다. 특혜와 부정 비리로 인한 시장 질서의 교란이 그 실례다. 리더십 위기는 결국 민생 해결의 실패를 달리 표현한 것에 지나지 않는다. 고금을 막론하고 민생이 도탄에 빠져 있는 한 리더십 위기에서 벗어날 길은 없다.

이 덫에서 벗어날 수 있는 유일한 길은 공정한 법 집행을 전제로 한 최고통치권자의 과감한 결단이다. 민생 현장인 시장의 교란을 막는 것이 요체다. 2012년의 총선과 대선에서 여야를 막론하고 '동반 성장'을 화두로 내세운 것이 결코 우연이 아니다. 그만큼 상황이 심각해졌음을 반증한다.

# 문무를 겸전하라

싸움에서 병력이 많다고 무조건 좋은 것은 아니다(적과 접전할 때 무조건 병력을 증원해 균형을 맞추는 것이 능사가 아니다. 병력이 많다고 무조건 좋은 것이 아니라고 언급한 이유다). 병사가 많은 것만 믿고 무모하게 진격해서는 안 된다(숫자만 믿고 무작정 돌진하면 결코 이익을 얻을 수 없다는 뜻이다). 전력을 최대한 집중시키고 적의 내부 사정을 정확히 헤아려 상하가 합심해 싸우면 능히 적을 이길 수 있다(말과 소를 돌보는 군대의 최말단 병사에 이르기까지 승리에 대한 장수의 신념이 확산되어야 한다). 아무런 대책도 없이 적을 가볍게 보고 함부로 움직이는 장수는 반드시 적의 포로가 되고 만다. 병사들과 친근해지기도 전에 작은 잘못을 처벌하면 병사들은 심복하지 않을 것이다. 심복하지 않는 병사들을 지휘해 싸우기란 매우 어려운 일이다. 정반대로 이미 친근해졌는데도 처벌을 제대로 시행하지 않으면 이들을 이끌고 적과 싸울 수 없다(병사들에게 은혜와 포상을 흡족한 수준으로 내릴지라도 잘못에 대해 벌을 가하지 않으면 병사들이 이내 교만해져 유사시 활용할 수가 없다). 장수가 도의 등의 문文으로 명령을 집행하고, 군법 등의 무武로 군기를 바로잡아야 하는 이유다('문'은 장수가 은혜와 인덕을 베풀고, '무'는 군법을 공정히 집행하는 것을 말한다). 이를 일컬어 용병하면 반드시 적에게 승리한다는 뜻의 필취必取라고 한다. 평소 '문'으로 병사들을 잘 교육시키면 병사들은 심복하게 된다. '문'으로 가르치지도 않고, '무'로 바로잡지도 않으면 병사들은 심복하지 않는다. 평소 '문'과 '무'로 명령을 차질 없이 시행해 신뢰를 얻으면 병사들이 장수와 생사를 함께 할 것이다.

「행군」에서 '문무겸전'을 언급한 것은 온갖 종류의 전술이 난무하는 전투 과정에서 접전이 이루어질 때처럼 임기응변이 절실히 요구되는 극적인 상황이 없기 때문이다. 문무겸전 역시 임기응변의 일환임을 시사한다. 춘추전국시대 이래 현대에 이르기까지 역대 왕조의 창업주는 야전에서 병사들과 숙식을 같이하며 '문무겸전'의 뛰어난 용병술을 구사한 장수 출신이었다.

만주와 한반도를 활동 무대로 삼았던 우리 역사도 하등 다를 바가 없다. 고구려 창업주 주몽을 위시해 고려 태조 왕건, 조선 태조 이성계 등이 모두 전장에서 잔뼈가 굵은 장수 출신이었다. 문무겸전 차원에서 볼 때 상대적으로 취약한 '문'은 뛰어난 책사들이 보완해 주었다. 아무리 왕조 교체기의 혼란스러운 난세라 할지라도 '무'만 있고 '문'이 없으면 반란군 수장에 그칠 뿐 새 왕조의 창업주로 발돋움할 수 없다. '문'이 크게 약했던 이성계가 정도전의 보필로 조선조를 개창한 것이 그 증거다.

중국의 역대 왕조에서 '문'과 '무'를 고루 갖춰 명실상부한 '문무겸전'의 자세로 새 왕조를 개창한 인물은 삼국시대 위나라의 창업주인 위무제 조조다. 그는 동탁토벌을 기치로 내걸고 군벌 경쟁에 뛰어든 이래 죽을 때까지 전장에서 평생을 보냈다고 해도 과언이 아니다. 주목할 것은 당시 유비와 손권을 포함한 여러 군웅 가운데 조조처럼 전장에서조차 책을 손에서 놓지 않고 열심히 공부한 인물이 전무했다는 점이다.

조조의 행보 가운데 문무겸전의 병도 이치를 가장 잘 보여 준 사례로 '분소밀신焚燒密信' 일화를 들 수 있다. 이 일화는 조조가 원수를 격파한 관도대전 승리 이후에 나온 것이다. 『삼국지』「무제기」에는 조조가 편지들을 불태웠다는 얘기만 간략히 기록했으나 배송지 주에 인용된 『위씨춘추』에는 당시 조조가 한 말을 자세히 인용했다. 『자치통감』은 『위씨춘추』 기록을 역사적 사실로 보아 이를 그대로 인용했다. 『삼국연의』는 적벽대전을 과장되게 미화한 반면 관도대전을 가볍게 처리했다. 그러나 관도대전은 원소를 중심으로 고만고만한 군웅들이 서로 치고받는 각축 양상이 '조조 대 여타 군웅'의 대립 양상으로 일변하는 결정적인 계기로 작용했다는 점에서 그 의미가 매우 크다.

『자치통감』에 따르면 건안 5년(200) 봄, 조조를 암살하려는 동승의 음모가 누설되자 유비가 재빨리 도주했다. 조조가 후환을 없애기 위해 유비를 치려고 하자 곽가가 말했다.

"원소는 성정이 의심이 많고 결단력이 없어 오더라도 신속히 오지는 못할 것입니다. 유비는 지금 일어나 부중의 인심이 아직 완전히 그에게 귀부하지 않았습니다. 급히 그를 치면 반드시 패배시킬 수 있습니다."

이에 조조가 군사를 이끌고 동정에 나섰다. 책사 전풍이 원소에게 건의했다

"조조와 유비의 교전은 빨리 해결되기 어렵습니다. 공이 군사를 이끌고 조조의 후방을 치면 가히 일거에 평정할 수 있을 것입니다."

그러나 원소는 아들이 병이 났다는 핑계로 이를 받아들이지 않았다. 전풍이 지팡이로 땅을 치며 탄식했다.

"슬프다! 천재일우 기회를 만나고도 어린아이 병으로 기회를 버리니 애석하기 그지없다. 일이 끝났구나!"

조조가 유비를 쳐 깨뜨리고 그의 처자를 포로로 잡았다. 또 하비를 공략해 관우를 사로잡았다. 유비가 원소에게 몸을 의탁했다. 원소가

유비가 왔다는 얘기를 듣고 업성鄴城에서 300리까지 나가 영접했다. 한 달여 지나자 도망친 군사들이 점차 유비 곁으로 모여들었다. 조조가 군사를 이끌고 관도로 돌아오자 원소가 비로소 조조의 근거지인 허현許縣을 치는 문제를 논의하게 했다. 전풍이 반대했다

"조조가 이미 유비를 쳤기 때문에 허현을 다시 비울 일이 없습니다. 게다가 조조는 용병을 잘하고 변화가 무궁해 군사는 비록 적지만 경시할 수 없습니다. 지금은 지구전으로 대치하느니만 못합니다. 장군은 산하가 험하고 견고한 지형을 점거하고 있고 기주를 비롯해 네 개 주의 백성을 거느리고 있습니다. 밖으로 호걸들과 결탁하고 안으로 농사지으며 싸우는 경전耕戰에 심혈을 기울인 후 정예한 병사를 골라 기병을 써 이리저리 적의 허술한 곳으로 번다히 출격하면 황하 이남을 소요스럽게 만들 수 있습니다. 적이 우측을 구하려면 왼쪽을 치고 왼쪽을 구하려면 오른쪽을 쳐 적이 피곤에 지쳐 우왕좌왕하고 백성들이 안심하고 일을 할 수 없게 되면 아군은 고생할 일이 없고 적만 이미 곤핍하게 되니 3년이 안 되어 앉아서도 이길 수 있습니다. 지금 필승의 계책을 버려두고 일전으로 성패를 결정하려는 것은 매우 위험하니 만일 여의치 않을 경우 나중에 후회해도 소용없을 것입니다."

원소는 이를 따르지 않았다. 전풍이 전력으로 간하자 원소는 군심을 동요시킬 우려가 있다며 그를 옥에 집어넣었다. 원소가 사방 격문을 띄워 조조의 죄를 성토했다. 그해 2월, 원소가 여양黎陽으로 진군했다. 저수가 행군에 즈음해 일족을 모아 놓고 집안 재산을 나누어 주며 말했다.

"조조는 용병이 뛰어나고 게다가 천자를 옆에 끼고 있다. 우리는 비록 공손찬을 이기기는 했으나 군사가 이미 지쳐 있다. 게다가 주군은

교만하고 제장들은 방자하다. 득세할 때는 위세가 통하지 않는 곳이 없으나 실세하면 목숨조차 스스로 보존하기 어렵다. 이 얼마나 비통한 일인가?"

원소가 안량을 보내 지금의 하남성 활현인 백마白馬에서 동군 태수 유연劉延을 치려고 하자 저수가 만류했다.

"안량은 성질이 급해 비록 효용하기는 하나 홀로 맡게 할 수 없습니다."

그러나 원소는 듣지 않았다. 여름 4월, 조조가 북쪽으로 올라가 유연을 구했다. 순유가 건의했다

"공의 병력이 적어 적을 당할 수 없으니 반드시 그들의 세력을 분산시켜야 합니다. 공은 황하 이남의 연진延津에 이르러 만일 황하를 넘어 원소의 후방을 칠 수 있다면 원소가 반드시 서쪽으로 나아가 응전할 것입니다. 그때 공은 경병輕兵을 이끌고 백마로 가 적의 빈틈을 치십시오. 그러면 가히 안량을 사로잡을 수 있을 것입니다."

조조가 이를 따랐다. 원소가 조조의 군사가 황하를 넘었다는 소식을 듣고 즉각 군사를 나누어 서쪽으로 가 막게 했다. 조조가 군사를 이끌고 밤낮으로 달려 백마로 갔다. 백마에서 10여 리 떨어진 곳에 이르렀을 때 안량이 뒤늦게 이를 알고 크게 놀랐다. 안량이 군사를 이끌고 싸우러 나오자 조조가 장료와 관우를 선봉으로 내세워 이들을 치게 했다. 관우가 안량의 대장기가 휘날리는 것을 보고 말을 급히 몰아 그대로 달려들어 수많은 적군 속에서 안량의 목을 베어 돌아왔다. 백마의 포위를 푼 조조는 그곳의 백성들에게 모두 짐을 싸게 한 뒤 황하를 따라 서쪽으로 나아갔다. 원소가 황하를 건너 추격하려 하자 저수

가 만류했다

"승부의 변화는 신중히 고려하지 않으면 안 됩니다. 지금 연진에 군사를 주둔시킨 가운데 일부 군사는 관도로 나아가야 합니다. 만일 그들이 관도를 공략하면 다시 돌아와 연진에 주둔해 있는 군사와 함께 황하를 건너도 늦지 않습니다. 혹여 무슨 불행한 일이라도 생기면 퇴로마저 끊어지게 됩니다."

원소는 듣지 않았다. 저수는 원소가 강을 건너자 크게 탄식했다.

"주군은 스스로 자만에 차 있고, 장수들은 이익을 탐해 급히 공을 세우려 한다. 유유히 흐르는 황하여! 우리가 능히 너를 건널 수 있겠는가?"

저수가 병을 칭해 사직하고자 했으나 원소는 받아들이지 않았다. 원소의 군사가 연진의 남쪽에 도착하자 조조가 군사를 이끌고 남쪽 언덕 아래에 주둔한 뒤 적진을 살피게 했다. 조조의 병사가 적정을 살핀 뒤 보고했다.

"대략 기병이 500에서 600명가량 됩니다."

잠시 후 또 보고했다.

"기병이 점차 많아지고 보병은 그 수를 셀 수가 없습니다."

"다시 보고할 필요가 없다."

이에 조조가 기병들에게 말안장을 떼어낸 후 말을 풀어 놓도록 명했다. 장수들은 원소의 기병이 너무 많아 일단 후퇴해 군영을 지키느니만 못하다고 생각했다. 순유도 의아해했다.

"이는 적을 끌어들이자는 것인데 과연 어떻게 빠져나가려고 그리는 것일까?"

조조가 고개를 돌려 순유를 쳐다보고 미소를 지었다. 원소의 기병대장 문추가 유비와 함께 5000∼6000명 기병을 이끌고 앞뒤로 도착하자 조조의 장수들이 초초해하며 물었다.

"이제 말에 오를 만합니까?"

"아직 아니다."

잠시 후 조조의 군영 쪽으로 다가오는 기병 수가 더욱 많아졌다. 마침내 조조가 명했다.

"이제 말에 오를 때가 됐다."

조조의 기병은 불과 600명도 안 됐다. 조조는 흥분이 최고조에 오를 때까지 기다리는 식으로 일종의 배수진을 친 셈이다. 이게 주효했다. 조조 기병이 원소 기병을 대파하고 문추의 목을 베었다. 당대 용장으로 알려진 안량에 이어 문추까지 모두 죽자 원소군의 사기가 땅에 떨어졌다. 당초 조조는 관우의 인물됨을 높이 평가했다. 그러나 그가 오래 머물 생각이 없음을 알고 장료를 보내 그 이유를 묻도록 했다. 관우가 탄식하며 말했다.

"나는 조공이 나에게 두터이 대우하는 것을 잘 알고 있소. 그러나 나는 유 장군의 은덕을 입고 죽더라도 같이 죽기로 맹서해 유 장군을 배반할 수 없소. 내가 끝내 남아 있을 수 없으니 공을 세워 조공에게 보답한 후 떠나고자 할 뿐이오."

장료가 관우의 말을 조조에게 보고하자 조조가 감탄했다. 관우가 안량의 목을 베자 조조는 그가 이내 떠날 것을 알고 후하게 포상했다. 관우는 조조로부터 포상 받은 물건을 전부 봉하고 편지를 써 작별을 고한 뒤 원소 군중에 있는 유비에게 갔다. 사람들이 추격하려고 하자 조조가 황급히 만류했다.

"각자 그 주인이 있으니 뒤쫓지 말라!"

그해 가을 7월, 여남의 황건적 유벽 등이 조조를 배반하고 원소에게 투항했다. 원소가 사자를 보내 양안도위陽安都尉 이통李通을 정남장군 征南將軍에 임명하며 회유했으나 이통은 원소의 사자를 죽인 뒤 원소가 보낸 인수를 조조에게 바쳤다. 이통 덕분에 회수淮水와 여수汝水 일대가 평정됐다. 이때 유비가 여수와 영수潁水 일대를 치자 허현 일대의 백성들이 불안해했다. 조조가 이를 염려하자 조인이 말했다.

"유비는 방금 원소의 군사를 지휘하게 된 까닭에 아직 그들을 완전히 장악하지 못했을 것입니다. 우리가 먼저 유비를 공격하면 가히 격파할 수 있습니다."

조조가 조인에게 기병을 이끌고 유비를 치게 하자 유비가 패해 달아났다. 조인이 이반한 각 현을 다시 전부 수복한 뒤 귀환했다. 원소의 군영으로 돌아온 유비가 그의 곁을 떠날 생각으로 원소에게 남쪽 형주의 유표와 연합할 것을 권했다. 원소가 이를 받아들여 유비에게 군사를 이끌고 여남에 다시 가도록 했다. 도중에 비적으로 활동하던 공도 등이 합류해 부중이 문득 수천 명이나 됐다. 조조가 부장 채양을 보내 유비를 치도록 했으나 오히려 유비에게 살해되고 말았다. 원소의 군사가 양무陽武 땅에 주둔하자 저수가 건의했다

"북군은 비록 수는 많으나 전투력이 남군만 못하고, 남군은 군량이 적어 군수 물자가 북군만 못합니다. 남군은 속도전에 이롭고 북군은 지구전에 유리하니 우리는 응당 지구전으로 가 시간을 최대한 늦춰야 합니다."

원소가 듣지 않았다. 그해 8월 원소가 군영을 점차 앞으로 이동시켰다. 모래 언덕에 의지해 영채를 세우니 그 길이가 동서로 수십 리에 달했다. 조조도 군진을 나누어 원소의 부대와 대치해 주둔했다. 그해 9월, 조조가 출병해 원소와 교전했으나 이기지 못하자 뒤로 물러나 영채를 굳게 지켰다. 원소가 높은 누대를 만들고 토산을 쌓아 조조 군영을 향해 화살을 쏘도록 했다. 조조의 군사 모두 영내에서 방패를 머리에 이고 달렸다. 이에 조조가 벽력거霹靂車를 만든 뒤 돌덩이를 쏘아 올려 원소의 누대를 공격했다. 벽력거는 발사할 때의 소리가 우레와 같아 이런 이름을 갖게 됐다. 원소는 누대가 모두 부서지자 땅굴을 파 조조를 공격하도록 했다. 조조는 영내에 길고도 깊은 물구덩이를 만들어 저항했다.

그해 9월 조조가 원소와 사이가 틀어져 귀부한 허유許攸의 계책을 받아들여 오소烏巢에 쌓여 있던 원소의 군량미를 모두 불태워버렸다. 원소의 군사가 혼란스러운 틈을 타 조조의 군사가 급습을 가하자 원소가 일부 군사들을 이끌고 황급히 강을 건너 달아났다. 원소의 책사인 저수가 원소를 좇아 강을 넘지 못해 조조의 군사에게 사로잡혔다. 조조 앞에서 큰 소리로 말했다.

"나는 투항하지 않을 것이오. 단지 잡혔을 뿐이오."

조조가 그와 옛 정이 있어 친히 영접했다.

"머무는 곳이 달라 오랫동안 서로 떨어져 있었소. 오늘 그대가 나에게 잡힐 줄은 생각도 못했소. 원소는 지략이 없어 그대의 계책을 사용하지 못했소. 지금 전란이 아직 평정되지 않았으니 응당 군과 함께 도모할 생각이오."

"나의 숙부와 외숙의 목숨이 원소의 수중에 있소. 내가 공의 은혜를 입는다면 속히 죽이는 것이 나의 복이 될 것이오."

조조가 탄식했다.

"내가 조금만 일찍 군을 얻었어도 천하에 염려할 일이 없었을 것이오."

저수를 사면하고 좋은 대우를 했다. 그러나 얼마 안 되어 저수가 원소에게 돌아가려고 하자 조조가 이내 그를 죽였다. 당시 조조가 수거한 원소의 서신 가운데는 허현에 있는 일부 인사는 물론 자신의 휘하에 있는 일부 장령이 원소에게 보낸 편지도 있었다. 좌우에서 입을 모아 건의했다.

"그 이름들을 일일이 조사해 모조리 잡아 죽여야 합니다."

조조가 이에 반대했다.

"원소가 강성할 때는 나 또한 스스로를 보호할 길이 없었다. 하물며 다른 사람들이야 말할 것이 있겠는가!"

그리고는 이내 이들 밀신들을 모두 불태우도록 했다. 이를 두고 후세 사가들은 흔히 '분소밀신' 또는 '분서불문焚書不問'이라고 한다. 이로 인해 몰래 원소와 교신했던 허도의 인사들과 일부 장령들은 조조의 관인寬仁한 도량에 크게 감복했다. 원래 이는 후한을 세운 광무제 유수가 적의 본거지를 점령했을 때 휘하 장령들이 적과 내통한 서신을 발견하고도 이를 일거에 불태워버린 것을 흉내 낸 것이다. 사서를 많이 읽었던 조조는 광무제의 분소밀신 행보를 흉내 냈을 공산이 크다.

제10장

# 지 천 지 지
## 知 天 知 地

---

천시와 지리까지
읽어야 이긴다

· · ·

[지형地形]

적과 싸을 때

장수는 반드시 전쟁터 지형을

머릿속에 넣고

그 특징을 철저히 살펴

적극 활용해야만 승리를 거들 수 있다.

# 현지 전술을 구사하라

손자가 말했다. 지형에는 크게 여섯 가지 유형이 있다. 사통팔달의 교통이 편리한 통형通形, 가기는 쉬워도 돌아오기 어려운 괘형掛形, 아군과 적이 서로 좁은 길을 사이에 두고 대치하는 지형支形, 길이 매우 협소하고 통행이 불편한 애형隘形, 산천이 매우 험준한 험형險形, 아군과 적이 서로 멀리 떨어져 있는 원형遠形이 그것이다(이들 여섯 가지 유형을 언급한 것은 지형 형태에 따른 전술 변화를 설명하기 위한 것이다). '통형'은 아군이 갈 수도 있고 적이 올 수도 있는 곳을 말한다. 이런 지형에서는 먼저 높고 양지바른 곳을 점령한 뒤 군량 보급로를 확보해 싸우면 유리하다(통형에서는 고지를 선점해 적을 임의로 이끌지언정 적에게 이끌려 다니는 일이 빚어져서는 안 된다). '괘형'은 아군과 적군을 막론하고 가기는 쉬우나 돌아오기는 어려운 곳을 말한다. 이런 지형에서는 적의 방비가 허술한 때 기습하면 이길 수 있다. 그러나 적이 방비하고 있을 때는 공격해도 이길 수 없을 뿐만 아니라 퇴각하기도 어려워 매우 불리하다. '지형'은 아군이 먼저 진격해도 불리하고 적군이 먼저 진격해도 불리한 곳을 말한다. 이런 지형에서는 비록 적이 이이을 제공해 유인할지라도 진격하지 말아야 한다. 일단 후퇴해 적이 먼저 진격하도록 유인한 후 반쯤 진격했을 때 반격하면 이길 수 있다. 길이 협소한 '애형'에서는 아군이 먼저 점거하면 반드시 방비를 튼튼히 한 뒤 적이 공격해 오기를 기다려야 한다. 만일 적이 먼저 점거했을 때는 방비가 충실하면 공격하지 않고, 방비가 허술한 때에 한해 공격한다(애형은 두 개의 험준한 산 사이에 있는 좁은 골짜기 길을 말한다. 이런 곳에서는 정면 대결만 가능한 까닭에 적의 기세가 아무리 높을지라도 기습 공격 등을 통해 아군을 뒤흔들지는 못한다. 아군이 선점한 경우는 먼저 입구를 막고 군사를 포진한 뒤 다가오는 적에게 기습 공격을 가한다. 정반대로 적이 선점해 입구를 막았을 경우는 결코 싸워서는 안 된다. 다만 적이 먼저 도착했을지라도 지형을 완전히 장악하지도 못하고 입구 또한 제대로 막지 못한 상황이라면 즉시 공격을 가해 골짜기를 함께 점거해야만 한다). 주변 지형이 험준한 '험형'에서는 아군이 먼저 점거하면 높고 양지바른 곳을 점거한 뒤 적이 공격해 오기를 기다린다. 만일 적이 먼저 점령했을 때는 재빨리 철수하고 공격하지 말아야 한다(지형이 험하고 길이 좁은 까닭에 선점하면 수비가 용이하다. 적보다 앞서 점거해야 하는 이유다. 이런 곳에서는 공격과 수비를 막론하고 적의 전술에 말려들어서는 안 된다). 양쪽의 영루가 서로 멀리 떨어진 '원형'에서는 전력이 서로 비슷할 때는 먼저 도전하지 말아야 한다. 이를 지키지 않고 무리하게 달려가 억지로 싸우려고 달려들면 이내 불리해진다(거리도 멀고 전력도 비슷할 때 적진이 있는 곳까지 달려가 적을 끌어들이는 식으로 무리하게 도전하는 경우의 불리함을 언급한 것이다). 무릇 이 여섯 가지는 지형 특성을 이용해 적절히 대응하는 원칙이다. 이는 장수의 중대한 책임이니 신중히 살피지 않으면 안 된다.

「지형」을 직역하면 땅의 형상이다. 여기서는 '전장의 형세' 의미로 사용됐다. 전장의 형세는 해당 지역의 땅 모습에 따라 달라질 수밖에 없다. 고대에는 지형이 승패에 커다란 영향을 미쳤다. 『손자병법』에 「지형」이 따로 편제된 이유다. 『손자병법』은 첫 편인 「시계」에서 승패를 가늠하게 하는 다섯 가지 사항인 도천지장법의 5사五事를 언급한 바 있다. 5사 가운데 하나가 지리地利다. 「지형」은 이를 해설한 것이다. 여섯 가지 유형의 지형, 여섯 가지 유형의 패배 양상, 장수가 군명君命을 받들지 않아도 좋을 경우 등이 논의 대상으로 등장한다. 천문天文과 지리地理에 대한 제대로 된 이해가 승패의 관건이라는 것이 골자다. 천문과 지리를 천시天時와 지리地利로 바꿔 해석해도 마찬가지다.

'천문과 지리' 또는 '천시와 지리'를 국가 총력전 양상으로 전개되는 21세기 경제 경영 상황에 대입하면 기업의 생존과 발전에 관한 방략으로 바꿔 해석할 수 있다. 일본의 경제 평론가 기리우 히로시는 지난 1998년 『이제부터 성장할 기업의 조건』에서 기업이 21세기에 살아남을 수 있는 관건으로 "새로운 산업과 시장을 창조해 나갈 재능과 도전 욕구에 넘치는 기업가 정신"을 든 바 있다. 그는 먼 미래를 내다보는 넓은 시야의 기업 전략과 경영 능력을 최우선 과제로 꼽으면서 기업 조직을 개방적인 네트워크 형태로 운영할 것을 조언했다.

그는 이 책에서 성공을 거둔 우량 벤처 기업과 시대 변화에 적응하지 못해 하향세를 그리는 대기업을 항목별로 비교하면서 실패와 성공 요인을 분석한 뒤 이를 토대로 한 경영 전략을 제시한다. 그가 가장 많은 관심을 기울여 집중 분석한 최고경영자는 벤처 기업의 상징으로 불린 마이크로소프트의 빌 게이츠와 젊은 벤처 기업의 기수로 불린 소프트뱅크의 손정의였다.

게이츠의 조직론은 나폴레옹의 전략 전술을 원용했다는 것이 그의 주장이다. 마이크로소프트 회사는 나폴레옹 군단의 군대 조직 자체였고, 게이츠의 리더십은 강력한 카리스마를 발휘한 나폴레옹 리더십 자체였다는 것이다. 더욱 주목되는 것은 메이지유신을 성사시키는 데 결정적인 공헌을 한 사카모토 료마와 일본 전국시대의 웅걸 오다 노부나가의 후신으로 칭송받은 손정의다.

기리우의 분석에 따르면 손정의의 경영 전략은 모두 『손자병법』에서 나왔다. 20대 후반에 『손자병법』을 읽고 자신의 경영 전략과 접목시켜 이른바 자승병법二乘の兵法을 만든 것이 논거로 제시됐다. 『손자병법』에 자신의 생각을 곱했다는 취지에서 이런 명칭이 나왔다. 25자로 구성된 자승병법의 골자는 대략 다음과 같다.

첫째, 일류공수군一流攻守群. 공수의 균형을 이룬 팀을 꾸려 최고가 된다는 뜻이다. 둘째, 도천지장법道天地將法. 이는 전쟁에서 승리하기 위해서는 사람들 간의 공감대가 가장 중요하고 주변 상황과 변화를 알아야 하며 훌륭한 리더십으로 법과 규율을 다스려야 한다는 의미다. 셋째, 지신인용엄智信仁勇嚴. 지도자는 지혜, 신의, 어짊, 용기, 엄격함이 있어야 한다는 뜻이다. 넷째, 정정략칠투頂情略七鬪. 이길 수 있는 확률이 70%가 되어야 싸운다는 의미다. 다섯째, 풍림화산해風林火山海. 움직일 때는 바람처럼 이동하고 멈출 때는 숲처럼 정지하며 공격할 때는 불처럼 뜨거워야 하고 방어할 때는 산처럼 단단해야 하며 상대를 만나면 바다처럼 삼켜야 한다. 다케다 신겐이 내세운 '풍림화산'에 해海를 덧붙인 데서 짐작할 수 있듯 소프트뱅크의 기본 목표가 글로벌 시장 석권에 있음을 알 수 있다.

벤처 캐피털의 거품이 꺼져 곤경에 처해 있을 때 일본 언론은 그의 '자승병법'에 커다란 의문을 표한 적이 있다. 인수 합병으로 덩치를 키우고 주식 시장에 상장시킨 뒤 주가를 올려 이익을 보는 미국식 접근 방식에 대한 근본적인 회의였다. 회사의 이익 창출보다는 주주들 주머니를 빼앗는 데 더 열중한다는 비판까지 나왔다. 그는 이를 정면으로 반박했다. 돈이 없어 제때 투자받지 못하는 회사를 발굴해 물과 영양분을 주는 것으로 해석해야 한다는 것이다. 벤처 캐피털의 필요성과 특징을 언급한 셈이다. 결국 그는 실적을 통해 자신의 주장을 증명했다. 지금은 디지털 시대의 일본을 걸머지고 나갈 총아로 인정받는다. 자승병법 창안의 개가로 해석할 수 있다.

『손자병법』에 나오는 전술은 상대방과 직접 싸워 이기는 계책을 논한 것이다. 유혈전이 벌어질 수밖에 없다. 이에 반해 전략은 싸우지 않고 이기는 계책을 논한 것이다. 전략 전술로 싸워 백전백승하는 것보다 병도로 임해 싸우지 않고 이기는 부전승이 훨씬 낫다는 것이 『손자병법』의 요체다.

정복을 통한 식민지 개척으로 부를 창출한 팍스 로마나의 전통을 잇는 팍스 브리타니카의 후신 미국은 병도를 한 곳으로 밀어둔 채 전술 전략에 초점을 맞추고 있다. 땅 따먹기 원리를 스포츠에 도입한 미식축구 결승전을 새해 첫날에 치르는 것이 그 증거다. 전 국민들로 하여금 새해 벽두부터 전략 마인드를 갖도록 부추기려는 속셈이다. 미식축구가 영국에서 시작된 럭비를 기원으로 하듯이 야구 역시 영국에서 시작된 후 미국에서 꽃을 피웠다. 주목할 것은 야구와 미식축구를 즐기는 나라가 많지 않다는 점이다. 왜 그럴까? 바로 약탈 문화를 상징하기 때문이다.

미식축구와 야구의 요체는 '스틸'이다. 상대방이 모르게 재빨리 움직여 점차 상대방의 안방으로 파고드는 전략 전술을 위주로 삼는 이유다. 홈으로 들어와 점수를 얻는다는 것은 곧 상대방의 안방 한 귀퉁이를 야금야금 차지해 나가는 것을 상징한다. 동양에서 발달한 두뇌 스포츠인 바둑에는 이런 것이 없다. 몇 수 앞을 읽고 포석을 하거나 성동격서의 전략 전술을 구사하기는 해도 스틸과 같은 노골적인 수작을 벌이지는 않는다. 똑같이 『손자병법』을 연구했는데도 미국 MBA가 21세기에 들어와 한계를 드러내는 것도 이와 무관할 수 없다. 병도의 이치를 생략한 채 '스틸'의 관점에서 온통 상대방의 것을 빼앗는 데 초점을 맞추기 때문이다.

최근 재정 위기에서 보듯 효과적인 약탈을 위한 전략 전술에 초점을 맞춘 서구의 역사 문화가 그 한계를 드러내는 만큼 21세기 디지털 시대는 동양의 시대가 될 공산이 크다. '나'를 내세우기 이전에 '나'와 '남'의 공존을 전제로 한 인간관계에 초점을 맞추기 때문이다. 잡스는 겉만 서양인일 뿐 속은 완전히 동양의 역사 문화 세례를 받은 인물이다. 세계인을 놀라게 한 아이폰이 서구 전래의 해체와 분석의 산물이 아닌 동양 전래의 종합과 직관의 산물이라는 사실이 이를 뒷받침한다.

노벨상 수상자인 스티글러가 역설했듯이 우리 스스로 독자적인 경제 경영 이론과 모델을 조속히 만들어 낼 필요가 있다. 스틸의 전략을 중시하는 미국을 따라 하는 것은 천하대세를 거스르는 길이다. 99%의 '반反월가 시위'가 이를 상징적으로 보여 준다. 21세기 현재 상황은 총과 칼만 들지 않았을 뿐 사실상 국가 총력전의 전시 상황을 방불케 한다. 속칭 '경제 전쟁 시대'다. 드러커가 '경영 혁명'을 역설한 것도 바로 이 때문이다. 한국이 안팎의 난관을 모두 돌파해 명실상부한 동북아 허브로 약진하기 위해서는 흉내 내기 식의 구태를 완전히 벗어나야만 한다. 4강국 속에서 통일 이후의 시대를 대비해야 하기에 더욱 그렇다. 독자적인 경제 경영 모델이 시급한 이유다.

지금 한국을 대표하는 글로벌 기업 삼성과 LG, 현대기아차 등은 나름 마부정제馬不停蹄의 자세로 애플과 구글, 토요타 등을 넘어서기 위해 열심히 노력한다. 동반 성장을 촉구하는 취지는 좋으나 '동물원' 운운하며 비판 일색으로 나가는 것은 전혀 도움이 되지 않는다. 잘하는 점을 격려하며 미흡한 점을 보완하도록 충고하는 성숙한 자세가 필요하다. 대기업 중심의 낡은 틀을 깨고 중소기업을 집중 육성해 새로운 산업 생태계를 마련한 뒤 너나 할 것 없이 해당 분야에서 창의적으로 업무에 임하는 것이 관건이다. 이는 부존 자원이 없기에 더욱 인재 육성에 기댈 수밖에 없고, 4강국에 둘러싸여 있기에 더욱 치열하게 살아야 하는 한국인의 운명이자 과제다. 고진감래苦盡甘來라고 했다. 이런 시련을 능히 극복할 수만 있다면 통일 시대의 '동북아 허브 시대'가 단순한 구호가 아닌 현실로 다가올 수 있다. 이게 가시권에 들어왔기에 이런 요구는 더욱 클 수밖에 없다.

이웃 중국은 G2의 일원이 된 것을 계기로 팍스 시니카의 개막을 위해 박차를 가하지만 아직 전 세계에 통용될 만한 경제 경영 이론과 모델을 만들어 내지 못하고 있다. 우리는 그가 열심히 일본과 미국 모델을 좇다가 많은 우여곡절 끝에 현재에 이르렀다. 중국보다 상대적으로 더 많은 경험과 노하우를 축적해 온 셈이다. 우리가 노력하면 중국은 물론 일본과 미국에도 통용되는 새로운 경제 경영 패러다임을 얼마든지 만들 수 있다. K-Pop이 전 세계를 열광시키며 팝의 총아로 등장한 것이 그 실례다. 모두 하기 나름이다.

## 내부부터 단속하라

용병의 실패 유형으로 크게 여섯 가지를 들 수 있다. 첫째는 힘이 달려 달아나는 주병走兵, 둘째는 기율이 해이해져 패하는 이병弛兵, 셋째는 적에게 함몰되어 패하는 함병陷兵, 넷째는 군사 조직이 무너져 내리는 붕병崩兵, 다섯째는 군기가 혼란스러운 난병亂兵, 여섯째는 적진에 투항하는 배병北兵이 그것이다. 이들 여섯 가지 유형은 불가항력의 천재지변에서 비롯된 것이 아니라 장수의 용병 실패에서 비롯된 것이다. 무릇 양측의 전력이 비슷한데도 1의 병력으로 10의 병력을 공격하면 당연히 패주敗走할 수밖에 없다. 이를 '주병'이라고 한다(장수가 적의 실력을 제대로 파악하지 못한 탓이다). 병사들은 강하고 용감하지만 지휘관이 나약하면 군기가 해이해진다. 이를 '이병'이라고 한다(지휘관이 부하들을 제대로 통솔하지 못한 탓이다. 조직이 이내 느슨해져 스스로 무너져 내리고 만다). 지휘관은 강한데 병사들이 나약하면 전력이 쓸모없게 된다. 이를 '함병'이라고 한다(지휘관이 강경 일변도로 병사들을 내몰면 병사들은 더욱 움츠러든다. 이내 영루가 함몰되는 참패를 당하게 된다). 소장小將이 불만을 품어 대장大將의 명에 불복하고, 적과 조우했을 때 울분을 이기지 못해 멋대로 부하들을 이끌고 나가 싸우는 경우가 있다. 장수가 휘하 장병들의 능력을 제대로 파악하지 못한 탓이다. 이를 '붕병'이라고 한다(고위 지휘 관은 큰 부대를 통솔하는 장수 다음가는 소장小將에 해당한다. 이들이 대장의 명에 불만을 품고 멋대로 군사를 이끌고 적진으로 돌진할 경우 아군과 적군 의 전력을 전혀 고려하지 못한 탓에 반드시 패할 수밖에 없다. 군대 조직 또한 이내 무너지고 만다). 장수가 나약해 위엄이 없고 병사를 제대로 가르치 지 못하면 지휘관과 병사 사이에 질서가 없고 진형 또한 혼란스럽게 될 것이다. 이를 '난병'이라고 한다(능력이 없는 자를 장수에 임명하는 것 자체 가 혼란을 자초하는 길이다). 장수가 적의 내부 사정을 정확하게 판단하 지 못하고, 적은 병력으로 적의 주력군과 맞붙고, 약한 병력으로 강한 적을 공격하면서 자신을 따르는 자만 가까이 두고 유능한 자를 멀리 해 선봉으로 내세울 정예병조차 없으면 이내 적진에 투항하는 부대가 나오게 된다. 이를 '배병'이라고 한다(형세가 이미 기울어져 돌이킬 수 없는 상황이 빚어지면 반드시 적진으로 도주하는 부대가 나오기 마련이다). 이들 여섯 가지 유형은 모두 패배에 이르는 길이다. 이는 장수의 중요한 임 무이니 신중히 살피지 않을 수 없다.

「지형」은 패배의 여섯 가지 유형을 들면서 최악의 경우로 배병을 든 다. 중국의 전사를 연구하는 학자들은 중국의 전 역사를 통틀어 배병의 가장 대표적인 예로 흔히 남북조 때 빚어진 '비수지전淝水之戰'을 든다. 서기 383년 회수 지류인 비수에서 동진東晉과 전진前秦 사이에 빚어진 결 전이 그것이다. 사서는 동진의 장수 사현謝玄이 8만 명의 군사를 이끌고 전진의 부견苻堅이 이끄는 100만 대군을 격파한 것으로 기록했다.

당시 처음에는 동진의 정예 군사 8만 명이 비수의 남쪽에 진을 쳤고, 전진의 선봉 부대 10만 여 명이 비수의 북쪽에 진을 쳤다. 부견 뒤에는 뒤따른 전진의 군사 수십만 명이 속속 도착했다. 학자들은 전진의 군사가 모두 80만 명이었을 것으로 본다. 마침내 동진의 군사가 도하를 개시해 전진의 군진이 움칠해 뒤로 물리는 순간 부견이 잠시 후퇴하라고 명한 것이 막강한 무력을 자랑하던 전진의 패망을 불러오는 계기로 작용했다. 이후 중국은 다시 사분오열되어 서로 죽고 죽이는 살육전을 전개한다.

서진이 패망한 후 황하 유역은 흉노와 선비, 갈, 저, 강족 등 다섯 개 민족의 각축장이 됐다. 수십 년 동안 모두 16개의 왕조가 명멸했다. 이들은 문득 출현했다가 홀연히 사라졌다. 이들 중 가장 안타까운 것은 당대의 영웅 부견이 세운 전진이다. 부견은 춘추시대의 관중에 비유되는 대학자 왕맹王猛 등과 같은 인물들의 보필을 받아 북중국을 통일했다. 당시 부견이 백성을 다독이며 천시를 기다렸다면 동진의 내란을 틈타 천하를 통일할 수도 있었다. 그랬다면 수문제의 천하통일 시대는 몇백 년 앞서 그의 시대 때 가능했을 것이다. 그러나 그는 군신들의 반대를 무릅쓰고 단기간 내에 대군을 동원해 일거에 동진을 삼키고자 했다. 이는 비수지전의 참패로 나타났다. 이는 후대 문인들의 상상력을 자극했다. 당시의 상황과 관련한 성어와 글이 무수히 등장한 배경이다.

『진서』「부견재기」에 나오는 투편단류投鞭斷流와 풍성학려風聲鶴唳, 초목개병草木皆兵 등이 그 실례다. 통상 투편조류投鞭阻流로도 쓰이는 투편단류는 채찍을 던져 강의 흐름을 끊는다는 뜻으로 병력이 많고 강대함을 비유해 이르는 말이다. 부견은 전연과 전량을 항복시켜 강북을 통일한 여세를 몰아 동진을 멸해 천하를 통일하려고 보병 60만, 기병 27만의 대군을 거느리고 장안을 출발했다. 석월石越 등이 반대했다.

"동진은 장강에 의거하고 있고 그 조정에 혼란의 증후도 없으므로 군사를 움직이는 것은 불리합니다."

그러나 부견은 전진 대군이 가지고 있는 말채찍으로도 능히 장강의 흐름을 막을 수 있다며 공격을 감행했다. '투편단류'의 성어가 나온 배경이다. 비수지전은 단지 군사의 수가 많다고 승리하는 것이 아니라는 것을 뚜렷이 증명했다. 당시 혼란에 빠진 전진의 군사는 아군이 적군으로 보이는 혼란 속에 서로 짓밟으며 달아났다. 물에 빠져 죽는 자가 부지기수였다. 겨우 목숨을 건진 남은 군사들은 갑옷을 벗어던지고 밤을 새워 달아났다. 얼마나 겁에 질렸던지 바람소리와 학의 울음소리만 들려도 동진의 군사가 뒤쫓아 온 줄 알고 도망가기 바빴다. 여기서 '풍성학려' 성어가 나왔다. 겁을 먹은 사람이 하찮은 일이나 작은 소리에도 몹시 놀람을 비유하는 말이다. 적을 두려워한 나머지 온 산의 초목까지도 모두 적군으로 보인다는 뜻의 '초목개병'이라는 말은 시각적인 착각을 말하는 것으로 같은 고사에서 나왔다.

그러나 풍성학려와 초목개병은 모두 후대의 한족 사가들이 북방 이민족 출신인 부견을 비하하려는 취지에서 만든 것으로 지나친 바가 있다.

홍콩과 대만에서 활약한 사학자 뇌해종雷海宗은 비수지전을 중국의 전 역사를 양분하는 대사건으로 본다. 그의 주장에 따르면 비수지진 이전의 제1분기는 북방 이민족인 호인胡人이 큰 역할을 하지 못하고 주로 남쪽의 한인漢人이 문화를 만들고 발전시킨 시기였다. 이를 '고전중국'으로 불렀다. 제2분기는 비수지전 이후 21세기에 이르는 시기다. 호인이 북중국을 중심으로 천하를 호령하고, 이들이 숭배한 불교가 유교를 비롯한 중국 전래 문화에 심대한 영향을 끼친 시기에 해당한다. 혈통적으로도 호한융합胡漢融合이 이루어져 '고전중국'과 다른 '신중국'이 형성되는 배경이 되었다는 것이다.

그는 비수지전 당시 부견이 승리를 거두었을 경우 이후 한족은 사라졌을 것으로 보았다. 첫째, 북방 이민족이 중원을 차지하자 한족 지배층은 상당수 양자강 이남으로 피신한 후 동진정권을 세웠다. 당시 한족 세력은 강남에서 아직 뿌리를 내리지 못한 상태여서 이후의 몽골족이나 만주족이 장강을 건넜을 때와는 상황이 크게 달랐다. 당시 강남지역에는 '남만'으로 통칭되는 이민족이 상당한 세력을 지니고 있었고 한족은 사실 희소한 편이었다. 만약 부견이 비수의 전쟁에서 이겨 그가 이끄는 호족이 장강을 건널 수 있었다면 남방의 취약한 한족 세력은 그때 완전히 소멸될 위험이 있었다. 설령 한족이 완전히 사라지지 않았을지라도 고전중국과 단절되어 지금과 같은 문화유산을 갖기 어려웠을 것으로 본다.

일리 있는 지적이다. 전진을 대신해 북중국을 통일한 선비족의 북위와 그 후신인 수나라와 당나라 모두 호인이 주류가 되고 한인이 비주류가 되는 호주한종胡主漢從의 역사가 무려 1700년 가까이 유지됐다. 선비족의 당제국, 몽골족의 원제국, 만주족의 청제국은 그야말로 장성 안팎을 아우른 명실상부한 대제국이었다. 황제의 칭호를 황제와 칸可汗을 합친 '황제칸'으로 부르고, 황실 내에서 선비어와 몽골어, 만주어를 사용한 사실이 이를 뒷받침한다. 한족이 세운 송나라와 명나라는 당제국과 원제국, 원제국과 청제국 사이에 잠시 끼어든 일시적인 현상에 지나지 않았다. 말만 통일제국이었지 영역이 장성의 이남 또는 황하 이남에 국한되어 있었다. 실제로 당시 천하를 호령한 것은 막강한 무력을 배경으로 늘 송나라와 명나라를 압도한 거란족의 요나라와 여진족의 금나라, 몽골족의 북원 및 만주족의 후금 등 북방 민족의 나라였다.

부견이 북중국을 사상 최초로 통일한 남북조시대 이래 21세기 현재까지 1700년 동안 장성 안팎을 하나로 묶어 볼 경우 중국사는 시종 북방 민족이 우위를 점한 '호주한종'의 역사였다고 해도 과언이 아니다. 비수지전을 고전중국과 신중국의 분기점으로 파악한 뇌해종의 분석은 탁견이다. 그의 분석을 따를 경우 청조가 패망한 후 한족이 우위에 서게 된 것은 청조 패망 이후 100년 사이에 빚어진 극히 최근의 일에 불과하다. 한족 위주의 중국 수뇌부가 획책하는 역사 공정이 얼마나 황당한 허구 위에 서 있는 것인지를 보여 준다.


## 백성을 보호하라

지형은 용병에 도움을 주는 기본 조건이다. 적의 내부 사정을 정확히 파악해 승리를 견인하기 위해서는 우선 지형의 험준함과 평탄함, 행군 거리가 멀고 가까움 등을 헤아릴 줄 알아야 한다. 이는 현명한 장수인 상장上將이 반드시 알아 두어야 하는 것이다. 이를 알고 싸우는 자는 반드시 승리하고, 알지 못하고 싸우는 자는 반드시 패한다. 따라서 전쟁의 이치인 전도戰道에 비춰 승리가 확실할 경우, 싸우지 말라는 군명君命을 거슬러 싸울지라도 무방하다. 반면 전도에 비춰 승리를 기약할 수 없을 경우, 싸우라는 군명을 거슬러 싸우지 않을지라도 무방하다. 장수는 진격하면서 전승戰勝의 명예를 구하지 않고, 퇴각하면서 전패戰敗의 처벌을 피하지 않는다. 오로지 백성을 보호하고 군주의 이익에 부합하도록 행보하는 장수야말로 나라의 보배다.

「지형」에서 눈에 띄는 대목은 "지형은 용병의 보조 수단이다"라고 언급하며 "전쟁의 기본 이치에 비춰 승패가 분명할 경우 군명君命을 거슬러도 무방하다"고 역설한 점이다. 지형은 용병의 보조 수단이라고 한 것은 장수의 전일적專一的인 지휘권을 언급한 것이다. 원천적으로 군명의 개입이 불가능하다. 전쟁의 기본 이치에 비춰 승패가 분명할 경우 군명을 거슬러도 무방하다고 한 것은 장수의 지휘권이 군주의 명령과 충돌하는 특수한 경우에 대한 해답을 제시한 것이다. 급박하고도 명백한 상황에 한해 항명抗命의 예외를 인정한 셈이다.

「지형」의 논리에 따르면 장수가 군명을 거부할 때는 두 가지 전제 조건이 충족되어야만 한다. 첫째는 군명이 전쟁의 기본 이치인 전도戰道에 어긋나야 하고, 둘째는 객관적으로 누가 볼지라도 승패가 분명해야만 한다. 둘 중 하나만 충족시킬 경우는 부득불 군명을 따라야 한다. 군명이 전도에 어긋날지라도 승패가 객관적으로 분명하지 않거나, 객관적으로 승패가 분명할지라도 군주의 명이 전도에 어긋나지 않을 경우는 승복해야 한다는 얘기다.

두 가지 전제 조건이 충족되지 않았는데도 군명을 거부할 경우 이는 장수 스스로 쿠데타, 즉 반군叛軍을 자처하는 것이다. 고려 말 이성계가 위화도에서 임의로 회군한 것이 그 대표적인 사례다. 이는 말할 것도 없이 정도전의 계책을 좇아 새 왕조를 세울 생각을 품고 출병한데 따른 것이었다. 조정으로부터 요동 공벌의 계책을 통보받자 곧바로 이에 반대하는 상소를 올린 것이 그 증거다. 우왕 14년(1388) 초에 올린 상소문의 골자다.

"지금 출사出師하는 일은 네 가지 옳지 못한 점이 있습니다. 소국이 대국에 거역하는 것이 첫째입니다. 여름철에 군사를 동원하는 것이 둘째입니다. 온 나라 군사를 동원해 멀리 정벌하면 왜적이 그 허술한 틈을 타게 되는 것이 셋째입니다. 지금 한창 장마철이므로 궁노弓弩는 아교가 풀어지고 많은 군사들이 역병疫病을 앓게 될 것이니 이것이 넷째입니다."

이것이 그 유명한 이른바 '4불가론四不可論'이다. 적잖은 사람들은 이성계가 위화도 회군 때 4불가론을 개진한 것으로 알고 있으나 회군 때 올린 상소의 4불가론은 출병 이전의 4불가론을 정당화하기 위한 것에 지나지 않는다. 애초부터 쿠데타를 염두에 두고 출병했음을 암시한다.

이성계의 위화도 회군은 분명 「지형」에서 말한 두 가지 전제 조건이 모두 충족되지 않았는데도 군명을 거부한 것이다. 첫째, 요동 정벌에 대한 우왕의 명은 전쟁의 기본 이치인 전도에 전혀 어긋나지 않았다. 당시의 어지러운 국제 정세에 비춰볼 때 소국이 대국을 섬기는 것이 나라 보전의 도리라는 '이소역대以小逆大' 운운은 핑계에 지나지 않았다. 나아가 이런 주장은 장수가 언급할 사항이 아니다. 전두 위에 병도가 있다. 병도는 고도의 정치 판단에 따른 것으로 통치 영역에 속한다. 전도 차원의 판단에 그쳐야 할 장수가 이소역대 운운한 것은 쿠데타의 속셈을 드러낸 것이나 다름없다. 둘째 회군 당시 여러모로 여건이 불리하기는 했으나 객관적으로 누가 볼지라도 패배가 분명했던 상황이 아니었다. "싸워도 승리를 기약할 수 없고, 공격해도 탈취를 기약할 수 없고" 운운은 이성계가 쿠데타의 명분을 찾기 위해 멋대로 지어낸 얘기에 지나지 않는다. 『손자병법』이 「지형」에서 장수의 예외적인 '항명'을 언급한 것은 군주와 장수를 보민보국保民保國의 두 축으로 간주한 데 따른 것이다. 결코 막강한 무력을 빌미로 보위를 차지하라고 부추긴 것이 아니다. 「지형」의 다음 구절이 이를 뒷받침한다.

"오로지 백성을 보호하고 군주의 이익에 부합하도록 행보하는 장수야말로 나라의 보배다."

장수가 나라의 보배가 되기 위해서는 두 가지 조건을 충족시켜야 한다. 첫째는 오로지 백성을 보호하는 일에 충실하고, 둘째는 군주의 이익에 부합하도록 행보하는 것이 그것이다. 장수는 무신武臣을 상징한다. 무신이 진면목을 발휘하는 것은 전장에서 군명을 좇아 용병할 때다. 지상의 목표는 병사들을 온존시킨 가운데 적을 굴복시키는 데 있다. 오로지 백성을 보호하는 일에 전념해야 한다고 언급한 것이 이를 뜻한다. 원문은 '유인시보惟人是保'라고 되어 있다. 유민시보惟民是保와 같은 말이다. 나라와 백성을 보호하는 보민보국은 구체적인 방법론에 해당한다.

유민시보를 추구하는 일에 군주와 장수의 차이가 있을 수 없다. 공자가 『논어』 전편을 통해 군주와 신하가 일면 서로 협조하고 일면 서로 견제하는 군신공치君臣共治를 역설한 이유다. 『논어』는 이를 군군신신君

君臣臣으로 표현했다. 군주는 군주답고 신하는 신하다워야 한다는 뜻이다. 이는 군도君道와 신도臣道가 서로 같은 면도 있지만 다른 면도 있다는 것을 뜻한다. 유민시보는 군도와 신의 궁극적인 목표에 해당한다. 「지형」에서 장수가 나라의 보배가 될 수 있는 두 가지 조건 중 첫 번째로 언급한 "오로지 백성을 보호하는 일에 충실해야 한다"는 조건이 이에 해당한다. 『손자병법』을 관통하는 병도가 바로 이를 말한 것이다.

「지형」에서 두 번째로 언급한 "장수는 군주의 이익에 부합하도록 행보해야 한다"는 조건은 군도와 신도의 차이를 말한 것이다. 원문은 이합어주利合於主라고 되어 있다. 장수는 유민시보 이외에도 이합어주의 조건을 충족시켜야만 비로소 나라의 보배가 될 수 있다. 두 번째 조건을 충족시키지 못하면 이내 반란군의 괴수로 돌변할 수 있다.

삼국시대 당시 군웅들의 토벌 대상이 된 동탁도 깃발만큼은 유민시보를 내걸었다. 그 또한 초기에는 나름 볼 만한 정책을 대거 시행했다. 조야의 많은 인재들이 그의 부름을 좇아 기꺼이 동탁 정권에 가담한 사실이 이를 뒷받침한다. 고금의 역사가 보여 주듯이 반란이 성공하면 새 왕조의 창업주가 되고 실패하면 만고의 역적이 된다. 동탁은 실패한 경우이고 이성계는 성공한 경우다.


## 자식처럼 아껴라

장수가 병사를 마치 어린아이 대하듯 아끼면 병사들은 깊은 계곡이라도 함께 들어갈 것이다. 장수가 병사를 사랑하는 자식처럼 대하면 병사들은 기꺼이 생사를 같이할 것이다. 그러나 병사를 후대해 부리지 못하거나, 총애해 제대로 가르치지 못하거나, 어지러운데도 다스리지 않거나 하면 이런 병사는 마치 버릇없는 자식과 같아 전쟁에 쓸 수 없게 된다(장수는 일방적으로 은혜만 베풀어서도 안 되고, 오로지 형벌만 사용해서도 안 된다. 은혜만 베풀면 패거리가 형성되고, 형벌만 내리면 장수의 독선을 막을 길이 없기 때문이다. 총애를 입은 자들이 교만을 떨며 멋대로 일을 벌이면 해만 초래할 뿐 아무 짝에도 쓸모없게 된다). 아군이 적을 공격할 수 있다는 것만 알고 적이 아군을 공격할 수 없다는 것을 모르면 승부를 예측하기 어렵다. 적이 아군을 공격할 수 있다는 것만 알고 아군이 적을 공격할 수 없다는 것을 모르면 이 또한 승부를 예측하기 어렵다. 적이 아군을 공격할 수 있고 아군도 적을 공격할 수 있다는 것을 모두 알지라도 지형이 불리하다는 사실을 모르면 이 또한 승부를 예측하기 어렵다(승률이 절반이라고 한 것은 승패 여부를 알 길이 없다는 뜻이다). 그래서 전쟁을 아는 장수는 일단 출격하면 과단성 있게 행동하고, 작전 또한 적의 내부 사정 변화에 따라 무궁히 변화시킨다. 그래서 말하기를 "적을 알고 나를 알면 승리를 거두는 데 어려움이 없고, 천시와 지리를 알면 승리를 얻는 방법이 무궁무진하다"고 하는 것이다.

역사상 병사를 자식처럼 아껴 매번 승리를 거둔 장수로 전국시대 초기 위나라에서 활약한 오기吳起를 들 수 있다. 「지형」에서 말한 나라의 보배에 해당한다. 오기를 발탁한 위문후魏文侯는 문무를 겸비한 당대의 명군이었다. 당시 위문후가 가장 경계한 나라는 상무尚武의 기풍이 강한 서쪽의 진나라였다. 진나라가 부강해지면 그 힘이 중원으로 발산될 수밖에 없었다. 위문후가 대비책 마련에 부심한 이유다. 하루는 척황과 대책을 상의하던 중 척황으로부터 오기를 추천받았다. 오기에 대해서는 '모친이 죽었는데도 분상奔喪을 하지 않고, 자신의 처를 죽이면서 장수가 되고자 한 각박한 자'라는 소문이 있었으나, 위문후는 그의 능력을 믿고 마침내 오기를 등용했다.

오기는 서하 땅의 태수로 임명되자마자 곧바로 성루를 높이 수축하고, 성지城池를 깊이 파고, 군사를 조련하며 사졸과 숙식을 같이 했다. 잠잘 때도 잠자리를 펴지 않고, 나다닐 때도 말을 타지 않고, 자신이 먹을 양식도 직접 짊어지고 다니며 병사들과 고락을 같이 했다.

한 번은 한 병사가 종기로 고생을 하자 오기가 직접 입으로 그 종기를 빨아 치료했다. 그 병사의 모친이 이 얘기를 듣고 통곡했다. 어떤 사람이 의아해하며 물었다.

"그대 아들은 병사에 불과한데도 장군이 직접 그대 아들의 종기를 입으로 빨아 치료해 주었는데 어찌해 운단 말이오?"

병사의 모친이 울면서 대답했다.

"그렇지 않소. 옛날 오공이 내 남편의 종기를 빨아 준 적이 있었소. 이에 내 남편은 감복한 나머지 후퇴할 줄도 모르고 분전하다가 마침내 적에 의해 죽고 말았소. 오공이 이제 또다시 내 아들의 종기를 빨아 주었으니 나는 내 아들이 어느 곳에서 죽을지 모르게 됐소. 그래서 통곡하는 것이오."

마침내 오기가 군사를 이끌고 가 진나라의 다섯 개 성읍을 취했다. 이후 진나라는 오기가 서하 땅을 지키고 있다는 소문을 듣고는 감히 침범할 엄두를 내지 못했다. 이 일화에서 바로 오기연저吳起吮疽 성어가 나왔다. 오기가 종기를 빤다는 뜻으로, 이후 장수가 병사들을 잘 보살피는 것이라는 의미로 전용됐다.

이후 오기는 위문후의 뒤를 이은 위무후魏武侯와 갈등을 빚고 초나라로 망명한 후 초도왕楚悼王의 전폭적인 지지를 배경으로 일련의 변법을 실시해 초나라를 부강하게 만들었으나 초도왕 사후 비참한 최후를 맞았다. 전국시대 중엽 법가인 상앙商鞅이 진효공秦孝公의 신임을 배경으로 두 차례에 걸친 변법을 통해 서쪽 진나라를 당대 최고의 부강한 나라로 만들었음에도 진효공 사후 횡사한 것과 닮았다.

당대 최고의 병가와 당대 최고의 법가가 하나같이 나라를 부강하게 만드는 대공을 세웠음에도 비참한 최후를 맞이한 것은 변법의 실시 과정에서 많은 사람들의 원망을 샀기 때문이다. 맹자가 '인의'를 들먹이며 덕치로 천하를 얻을 것을 주장해 훗날 공자의 뒤를 잇는 아성亞聖의 칭송을 받은 것과 대비된다. 그러나 맹자를 사상적 비조로 삼은 성리학을 유일한 통치 이데올로기로 삼았던 남송과 명나라 및 청나라는 물론 극단적인 명분론에 치우친 조선조 모두 천하가 요동치는 격변기에 제대로 대응하지 못해 패망하고 말았다.

정반대로 상앙의 『상군서』를 위시한 『한비자』 등의 법가 사상서와 오기의 『오자병법』을 비롯한 『손자병법』 등의 병서를 열심히 연구한 이웃 일본은 막강한 무력을 배경으로 천하를 호령했다. 100여 년에 걸친 일본의 전국시대를 마무리 지은 도요토미 히데요시는 비록 실패하기는 했으나 한반도를 교두보로 삼아 대륙으로 진출하고자 했고, 이후 300년 뒤 메이지유신 당사자들은 기필코 조선을 점탈하는 데 성공했다. '악우惡友' 운운하며 이웃만 탓할 일이 아니다. 동서고금을 막론하고 국방을 소홀히 하면 이웃나라의 침탈 대상이 될 뿐이다. 이웃이 모두 나처럼 착하기만 바랄 수는 없는 일이다.

동양은 아편전쟁 이래 일본을 훨씬 능가하는 악우들과 치열하게 싸워야 하는 상황에 처해 있다. 서양은 『대학』에서 역설하는 '치국평천하' 이치를 21세기 현재에 이르기까지 알지도 못하고, 알려고 하지도 않는다. 19세기 이래 20세기 중반까지 풍미한 서구 제국주의 열강의 악랄한 약탈 행위가 그 증거다. 당시 서구 열강의 번견番犬을 자처한 일본은 한 술 더 떠 조선과 중국을 더욱 철저히 짓밟았다. 일본의 제국주의 약탈 행위만 부각시키고 서구 열강이 아프리카와 아시아에서 저지른 만행을 소홀히 취급하는 것은 잘못이다. 서구 열강이 볼 때 일본은 집을 잘 지키는 번견番犬에 지나지 않았다.

21세기 현재도 맹자와 성리학자들이 그토록 갈구했던 '인의'의 세계는 존재하지 않는다. G1 미국의 팍스 아메리카나 체제가 계속되는 한 결코 인의와 예양을 앞세운 세계 평화는 오지 않을 것이다. 무력을 기반으로 식민지를 개척하며 풍요를 누리던 팍스 로마나와 팍스 브리타니카를 뒤이은 팍스 아메리카 역시 『대학』의 치국평천하 논리와 『논어』와 『관자』의 예의염치 이치를 모르기 때문이다. 『손자병법』 등의 병가서와 『한비자』 등의 법가 사상서는 난세의 논리 위에 서 있다. 난세에는 한가하게 인의 등의 윤리 도덕만으로 접근해서는 안 된다는 것이 요체다.

우리가 유비무환 자세로 국방을 튼튼히 하면서 통일시대와 그 이후의 동북아 허브 시대를 대비해야 하는 이유가 여기에 있다. 최소한의 자위력을 보유한 뒤에야 비로소 내가 행하는 인의와 예양도 빛을 내게 된다. 부국강병을 이루지도 못한 채 이웃한 일본과 중국, 미국이 우리와 똑같은 심경에서 인의와 예양을 발휘하기를 바라는 것은 호랑이 입에 고깃덩이를 내던지는 것과 같다. 전 국민이 난세의 치국평천하 방략을 설파한 『손자병법』과 『한비자』 등의 병가서와 법가 사상서를 깊이 탐구해야 하는 이유다.

  과거 조선조 사대부들이 왜란에서 교훈을 얻지 못하고 유혈당쟁을 벌인 후과가 바로 한민족의 패망이었다. 몽골이 천하를 호령하던 팍스 몽골리카 시절에도 나라를 빼앗기지는 않았다. 식민지에서 해방된 지 환갑이 넘도록 분단 상태에서 벗어나지 못하고 있다. 이웃 나라들로부터 '미욱한 민족'이라는 손가락질을 받을 만하다. 3대 세습을 획책하며 연평도 포격 등의 패악을 일삼는 북한 정권을 두고 아직도 흡수 통일과 평화 통일 등의 방법론을 놓고 다투는 것은 개화 방안을 둘러싼 논쟁으로 허송세월한 구한말의 전철을 밟는 것과 같다. 21세기의 경제 경영 환경은 총성 없는 전쟁이다. 스마트 시대에 들어와 글로벌 시장을 무대로 활약하는 글로벌 비즈니스맨은 특전 용사에 해당한다. 기업 CEO는 수시로 변하는 상황을 토대로 임기응변의 상략과 상술을 전개하는 장수에 비유할 만하다. 「지형」에서 역설하는 병도와 전도, 전략, 전술의 이치와 상호관계를 통찰해야 하는 이유다.

제11장

# 오월동주
## 吳 越 同 舟

---

필요하면 적과
함께 배에 올라라
···

[구지九地]

승패를 가르는 결전의 장소는
모두 아홉 가지 유형으로
나눌 수 있다.

# 상황에 적응하라

손자가 말했다. 용병의 원칙에 따르면 지형은 모두 아홉 가지다. 산지散地, 경지輕地, 쟁지爭地, 교지交地, 구지衢地, 중지重地, 비지圮地, 위지圍地, 사지死地 등이 그것이다(이들 아홉 가지 지형은 「구변」 등에서 말한 자연적인 지형과 달리 아군과 적군의 접전을 기준으로 한 심리적인 지형에 해당한다). 본국 내에서 전쟁이 벌어진 곳을 '산지'라고 한다(산지에서는 병사들이 나라 안에서 싸우는 까닭에 고향을 더욱 그리워하게 된다. 전쟁터와 고향 간의 거리가 가까울수록 병사들은 쉽게 탈영한다). 적지로 들어가기는 했으나 깊숙이 들어가지 않는 곳을 '경지'라고 한다(경지에서는 병사들이 적지라는 개념이 없는 까닭에 언제든 쉽게 본국으로 돌아갈 수 있다고 생각한다). 아군이 빼앗으면 아군에 유리하고 적이 점령하면 적에게 유리한 곳을 '쟁지'라고 한다(쟁지에서는 요충지 쟁탈 여부에 따라 적은 병력으로도 능히 많은 적을 제압할 수 있고, 약한 전력으로도 능히 강한 전력을 이길 수 있다). 아군은 물론 적도 공격할 수 있고 사방으로 통하는 곳을 '교지'라고 한다(교지에서는 길이 사방으로 교차하는 까닭에 뜻하지 않게 적군과 맞닥뜨리거나 아군의 행군 위치가 쉽게 드러날 수 있다). 세 나라 이상의 많은 나라가 인접해 있는 지역에서 싸움이 벌어질 경우가 있다(아군과 적군이 대치하는 지역이 공교롭게도 제3국의 국경과 맞대고 있는 경우를 말한다). 이 경우 먼저 도착하는 쪽이 주변의 제3국과 우호관계를 맺는 데 유리하다. 이런 곳을 '구지'라고 한다(구지에서는 적보다 먼저 도착해 전쟁에 중립적이거나 소극적인 제3국을 끌어들여 아군을 돕도록 만들 수 있다). 적지 안으로 깊숙이 들어간 결과 그 나라의 많은 성읍이 등 뒤에 있어 돌아오기 어려운 부담스러운 곳을 '중지'라고 한다(중지의 명칭은 적지 안으로 너무 깊숙이 들어와 임의로 되돌아가기가 어렵게 된 탓에 붙여진 것이다). 산림, 험준한 지형, 늪과 소택지 등 행군하기 어려운 곳을 '비지'라고 한다(비지에서는 단단한 땅이 적어 행군하기가 어렵다). 들어가는 입구는 좁고, 돌아올 때는 우회해야 하고, 소수의 적이 다수의 아군을 공격할 수 있는 곳을 '위지'라고 한다. 빨리 전투를 끝내면 살 수 있으나 그렇지 못하면 퇴로를 차단당해 몰살되는 곳을 '사지'라고 한다(사지는 앞에 높은 산이 우뚝 서 있고, 뒤에 큰 강이나 호수 등이 있어 이러지도 저러지도 못하는 장소를 말한다. 장애물과 적의 기습 공격 위협 등으로 인해 전진하기도 어렵고, 물러나기도 쉽지 않은 진퇴양난 상황이 이에 해당한다). 그래서 산지에서는 정면 대결을 피하고, 경지에서는 오래 머물지 않도록 해야 한다. 쟁지에서는 함부로 공격하지 않도록 한다(적이 먼저 점령한 곳을 공격해서는 안 되고, 다양한 기만술 등을 동원해 적보다 먼저 쟁지를 점거해야만 유리하다). 교지에서는 앞뒤 연락이 끊기지 않도록 주의해야 한다(앞뒤 부대가 서로 긴밀한 연락을 취해야만 적의 기습 공격에 기민하게 대처할 수 있다). 구지에서는 속히 주변의 제3국과 동맹을 맺고 사방의 공격에 대비해야 한다(제후들과 우호관계를 맺어 지원을 이끌어내는 것을 말한다). 중지에서는 군량과 보급 물자의 현지 조달에 힘쓴다(군량이 풍족해야 전력을 유지할 수 있다). 비지에서는 가능한 한 속히 빠져나와야 한다(비지에서는 주변을 살피며 머뭇거릴 여유가 없다). 위지에서는 임기응변 계책으로 속히 포위망을 벗어나야 한다(적이 생각하지 못하는 기이한 계략을 구사해야 가능한 일이다). 사지에서는 전군이 사력을 다해 싸워야 한다(죽기를 각오하고 싸우면 활로를 열 수 있다).

「구지」는 『손자병법』 13편 가운데 편폭이 가장 길다. 전체 분량의 5분의 1에 달한다. 내용 또한 방대해서 다양한 해석을 낳는다. 그러나 「구지」 전체를 관통하는 요지는 한마디로 적정을 훤히 꿰는 상황에서 적으로 하여금 아군에 관해서는 까막눈으로 만드는 데 있다. 이른바 '아명적암我明敵暗'이 그것이다. 이는 나를 알고 상대방을 아는 전략 차원의 지피지기용병을 전술 차원에서 보다 구체화한 경우에 해당한다. 내가 아무리 상대방에 대해 지피지기 단계에 있을지라도, 상대방 역시 지피지기 단계에 이르렀다면 승리를 장담할 수 없다. 반드시 상대방이 나의 행보와 동선 및 의도 등을 전혀 눈치 채지 못하게 만들어야만 지피지기용병이 그 취지를 다할 수 있다.

상대방에 대한 어설픈 지피지기는 극히 위험하다. 상대방의 나에 대한 보다 높은 수준의 지피지기가 맞물릴 경우 참패를 초래할 가능성이 크다. 대표적인 사례로 삼국시대 제갈량이 주도한 가정전투街亭戰鬪를 들 수 있다. 『삼국연의』는 제갈량을 미화하기 위해 그 실상을 크게 왜곡했다. 역사 왜곡의 대표적인 사례다.

『삼국연의』는 제갈량을 미화하고자 한 경우 항시 적장을 상당 수준 미화한 뒤 궁극에는 결국 제갈량보다 한 수 아래 인물에 지나지 않는다는 식으로 묘사했다. 싸움에 직접 참여하지도 않은 사마의를 제갈량의 상대로 등장시켜 지략 싸움에서 패하는 것으로 그려놓은 것이 그 증거다.

제갈량이 유선에게 '출사표'를 올린 뒤 나선 첫 번째 북벌이 실패로 돌아간 것은 자업자득의 성격이 강하다. 뒤이은 어설픈 책임 추궁은 흔히 읍참마속泣斬馬謖으로 알려져 있다. 이 대목은 제갈량의 실책을 호도하는 데 지대한 공헌을 했다. 당시 싸움이 지구전으로 전개되어 근 1년이 다 되자 화흠이 위나라 명제 조예에게 권했다.

"촉병이 장안을 넘보려고 하나 폐하가 친정에 나서는 것이 좋을 듯싶습니다. 장안을 잃게 되면 관중 일대가 모두 위태로워집니다."

조예가 이 말을 듣고 내심 기뻐하며 말했다.

"제갈량은 험고한 산세에 의지해야 하는데도 지금 직접 군사를 이끌고 왔으니 이는 『손자병법』의 '적을 불러들이는 계책'에 바로 맞아떨어지는 것이오. 이제 짐이 곧 친정해 반드시 제갈량을 격파할 터이니 경들은 두고 보도록 하시오."

그러고는 친정에 앞서 먼저 우장군 장합에게 명해 보기步騎 5만 명을 이끌고 가 촉병이 장안으로 나오는 것을 틀어막게 했다. 이어 완성에서 오나라 군의 진출을 방비하던 사마의에게 사자를 보내 속히 병마를 이끌고 장안으로 오도록 했다. 당시 제갈량은 맹달이 죽은데다 조예가 친정에 나섰다는 보고를 접하고는 크게 낙담했다. 참군參軍 마속이 격려했다.

"원래 승상께서 북벌을 단행할 때 맹달을 염두에 두었던 것은 아니니 그가 죽었다고 해서 너무 낙담할 필요는 없을 듯싶습니다. 당초의 계획대로 관서關西로 들어가 관중 일대를 진동시킨 후 장안을 점거하면 가히 대사를 도모할 수 있습니다."

"지금 우리 대군이 관서로 진출하려면 반드시 진령秦嶺을 넘어가야만 하는데 진령 서편에 길이 하나 있소. 그 길에 가정街亭이라는 곳이 있소. 이곳은 한중의 목구멍에 해당하는 곳이오. 우리가 관서를 제압하려면 반드시 이곳을 차지하고 있어야만 하오. 누가 군사를 거느리고 가서 가정을 지키겠소?"

마속이 자원했다.

"제가 가겠습니다."

제갈량이 물었다.

"만일 가정을 잃는 날에는 양도가 끊겨 앞으로 나아갈 수도 없고, 퇴로마저 차단당해 퇴각하기도 어렵게 되오. 참군은 그곳을 어찌 지킬 생각이오?"

"제가 병서를 숙독해 병법을 제법 알고 있는데 어찌 가정쯤 하나 지키지 못하겠습니까!"

마속이 큰소리를 치자 제갈량이 이내 승낙하면서 왕평王平에게 마속을 보좌하도록 했다. 왕평은 원래 위나라 군교로 있던 중 조조의 한중 정벌에 나섰다가 조조가 패하자 이내 유비에게 항복한 인물이다. 사서의 기록에 따르면 원래 아는 글자라고는 채 열 자도 안 되었으나 바쁜 업무 속에서도 시간을 내 각고의 노력 끝에 글을 익혔다. 오나라 장수 여몽이 손권의 권유를 좇아 노력한 끝에 노숙을 경탄하게 만든 괄목상대刮目相對 고사를 연상시키는 대목이다. 왕평과 함께 군사를 이끌고 곧바로 가정에 도착한 마속은 주변의 지세를 살핀 뒤 크게 웃으며 이같이 말했다.

"승상은 왜 이리도 세심하게 신경을 쓰는 것인가? 이런 궁벽한 산속
으로 위나라 군사가 어찌 감히 올 수 있단 말인가!"

왕평이 말했다.

"비록 위나라 군사가 감히 오지 못한다 하더라도 길 어귀에 영채를
세우고 목책을 둘러치면 보다 안전할 것입니다."

마속은 손을 내저으며 말했다.

"길에 어떻게 영채를 세운단 말이오? 저 옆에 산이 하나 있는데 사면
이 모두 이어진 데가 없고 수목이 매우 많으니 그야말로 천험의 요새
요. 산 위에 군사를 주둔시키느니만 못하오."

왕평이 반대했다.

"길목에 군사를 주둔시키고 목책을 둘러 놓으면 적병이 비록 10만
명이라 할지라도 지날 수 없지만 만약 이를 버리고 산 위에 군사를 주
둔시켜 놓았다가 적들이 문득 사면을 에워싸면 무슨 방법으로 이를 대
처하겠습니까?"

마속이 화를 내며 말했다.

"『손자병법』「구지」에 이르기를 '병사들을 도저히 살아남지 못할 듯
싶은 사지에 빠뜨려야만 죽을 고비를 넘기고 살아남을 수 있다'고 했
소. 내가 병서를 많이 읽은 까닭에 승상도 모든 일을 내게 물어 처리하
오. 당신은 어찌해 나를 막으려 드는 것이오?"

왕평이 부득불 이같이 청했다.

"만일 참군이 산 위에 영채를 차리려 한다면 일부 군사를 저에게도
나누어 주십시오. 제가 산 아래 서쪽에 작은 영채를 세워 기각지세掎角

之勢를 이루면 혹여 위나라 군사가 이를지라도 안전할 수 있습니다."

마속이 이를 좇았다. 얼마 후 과연 장합이 군사 5만 명을 이끌고 기산 부근에 도착했다. 촉병들이 산 위와 산에서 10리 떨어진 곳에 영채를 세우고 있다는 척후斥候의 보고를 접한 장합이 크게 기뻐했다. 기병 100여 기를 이끌고 주변을 직접 시찰한 그는 급수 통로를 끊는 계책을 생각해 냈다. 마속이 산 위에 세워진 영채에서 장합의 모습을 내려다보고는 곁에 있는 부장 이성李盛에게 물었다.

"만일 장합이 오래 살고 싶으면 산을 에워싸는 무모한 짓은 하지 않겠지?"

이성이 대답했다.

"『손자병법』「행군」에 이르기를 '주둔할 때는 지대가 높고 볕이 잘 드는 생지를 골라야 한다'고 했으니 적들이 함부로 쳐들어오지는 못할 것입니다."

장합은 영채로 돌아온 뒤 일부 장수에게 명해 야음을 틈타 군사들을 이끌고 가 왕평의 길을 막게 한 뒤 자신은 나머지 군사를 모두 이끌고 가 촉병들이 물을 긷는 길을 차단했다. 이튿날 아침 위나라 군사가 산과 들을 까맣게 뒤덮은 모습을 보고 촉병들은 모두 간담이 서늘해져 감히 산 아래로 내려갈 엄두를 내지 못했다. 그러나 마속은 오히려 기회가 왔다고 생각했다. 『손자병법』「병세」의 다음 구절을 고식적으로 해석한 결과다.

"모난 나무와 돌은 정지하고, 둥근 나무나 돌은 저절로 굴러가기 마련이다. 전쟁을 잘하는 자의 전세를 보면 마치 1000길 높은 산 위에서 둥근 돌을 굴리는 것과 같다. 이것이 병세다."

약속한 바대로 이때다 싶어 깃발을 마구 휘둘렀다. 병사들이 「병세」의 해당 구절처럼 1000길 높은 산 위에서 굴러 내려가는 둥근 돌의 모습을 보여 줄 것으로 기대한 것이다. 하지만 병사들이 너나 할 것 없이 서로 얼굴만 쳐다볼 뿐 감히 움직이려 하지 않았다. 대로한 마속이 칼을 빼어들고 위협하자 병사들이 마지못해 산에서 내려가 위나라 군사와 접전했다. 위나라 군사가 까딱도 하지 않자 촉병들은 다시 산 위로 올라갔다. 크게 당황한 마속은 부장 이성에게 명해 영채의 문을 굳게 지키도록 했다. 왕평과 합세해 협세를 가할 심산이었다. 그러나 이 또한 그의 생각에 지나지 않았다.

당시 왕평은 위나라 군사가 다가오는 것을 보고 급히 달려오다가 장합과 만났다. 나름 열심히 맞서 싸웠으나 중과부적이었다. 기운이 다하자 이내 퇴각해 영채를 굳게 지키는 수밖에 없었다. 이로써 산 위 영채에 있는 마속의 군사들은 완전히 고립되고 말았다. 산 위 영채에는 물이 없어 밥을 지어먹지도 못했다. 소동이 점차 커지더니 한밤중이 되자 남쪽에 있던 군사들이 영채 문을 열고 산 아래로 내려가 투항했다. 마속이 부득불 남은 군사들을 수습한 뒤 곧장 서쪽으로 말을 내달려 포위를 뚫고 달아났다. 장합 군사들이 이들을 뒤쫓아 30여 리쯤 갔다가 위연 군사가 앞을 가로막자 협공을 받을까 염려해 뒤로 물러섰다. 위연은 가정에서 도주해 온 촉병들을 이끌고 서서히 퇴각했다. 왕평도 패잔병을 수습한 뒤 추격하는 위나라 병사들을 막으면서 사천으로 들어가는 관문인 양평관陽平關 쪽으로 후퇴했다. 제갈량 역시 가정이 무너진 상황에서 더 이상 버틸 수 없었다. 군사들을 보내 또 다른 관문인 검각劍閣의 산길을 수선하도록 조치한 뒤 은밀히 영을 하달해 속히 행장을 수습해 퇴각 준비를 서두르게 했다.

『삼국연의』는 제갈량이 퇴각하는 와중에 거문고를 타며 적을 헷갈리게 만드는 공성계空城計를 구사해 추격하는 사마의를 물리치는 것으로 묘사했으나 이는 허구다. 사마의는 가정전투에 참여하지도 않았고 제갈량 역시 공성계를 구사한 적이 없다. 나관중은 『삼국연의』에서 제갈량을 극도로 미화했으나, 분명히 드러난 가정전투의 실패마저 승리로 둔갑시킬 수는 없었다.

가정전투와 관련한 『삼국연의』 묘사는 몇 가지 점에서 역사적 사실과 동떨어져 있다. 당시 마속과 싸운 위나라 장수는 사마의가 아닌 장합이다. 『삼국연의』는 만고의 군신軍神으로 미화한 제갈량이 일개 무장에게 패한 사실을 인정할 수 없어 위나라 장수를 멋대로 바꿔 놓은 것이다. 마속이 제갈량의 주문을 무시하고 멋대로 행동하는 것처럼 묘사한 것도 같은 맥락이다. 당시 마속은 장합에게 덜미를 잡힌 것이고, 제갈량 또한 장합에게 그 속셈을 간파당한 것이 진실이다.

『삼국연의』는 제갈량의 패배를 덮어 주기 위해 마속의 목을 벨 수밖에 없었던 제갈량의 모습을 매우 비장하게 그려 놓았다. 제갈량이 눈물을 흘리며 마속의 목을 베었다는 읍참마속이 나오게 된 배경이다. 그러나 이는 사서의 기록과 다르다. 『삼국지』 「마량전」의 해당 대목이다.

"마속은 옥에 갇혀 있던 중 물고物故를 당했다. 제갈량이 그를 위해 눈물을 흘렸다."

'물고'는 죄를 지은 사람이 죽은 것을 말한다. 그 사람이 쓰던 물건이 낡은 것이 되었다는 뜻에서 나온 말이다. 이는 『삼국연의』에 나오는 읍참마속이 역사적 사실과 다를 수 있다는 가능성을 암시한다. 그렇다면 '읍참'의 진실은 무엇일까? 사마광의 『자치통감』에 그 해답이 있다.

"제갈량이 마속을 하옥시킨 뒤 죽였다. 이내 조상弔喪을 가 눈물을 흘리며 통곡했다."

제갈량은 마속을 하옥시켜 참형에 처한 뒤 문상을 가 눈물을 흘렸다고 한다. 읍참이 아니라 읍조泣弔가 역사적 사실에 가까운 셈이다. 나관중이 읍조마속泣弔馬謖을 읍참마속으로 둔갑시킨 것은 가정전투 패배의 모든 책임을 마속에게 떠넘기고자 하는 의도다. 실제로 읍참마속을 매우 비판적으로 바라보는 사람들은 모든 책임을 제갈량이 져야 한다는 주장을 편다.

아직까지는 마속의 책임을 가장 무겁게 보는 '마속책임설'이 대종을 이룬다. 마속은 병서만 달달 외웠을 뿐 실전에 임해서는 정석을 버리고 상대방 움직임에 따라 임기응변의 대처를 해야 한다는 지극히 간단한 이치를 깨닫지 못했다. 병서를 아무리 많이 읽었을지라도 실제 응용을 잘 하지 못해 참패를 부른 만큼 차라리 병서를 읽지 않은 것만도 못했다는 비난을 받을 만하다. 그를 발탁한 제갈량의 책임을 추궁할 수밖에 없는 이유다. 마속의 책임이 일선 지휘관이 짊어져야 할 전술 차원의 책임이라면 제갈량은 총사령관으로서 전략 차원의 책임을 떠안아야 한다. 비중으로 본다면 제갈량의 책임이 더 무겁다.

실제로 가정전투 패배의 파장은 심대했다. 제갈량이 초반에 거둔 혁혁한 전과가 무효가 되었을 뿐 아니라 전세가 일거에 역전되어버렸기 때문이다. 퇴로가 차단될 위기에 처한 촉군은 협격을 피하기 위해서라도 급히 철수하는 일 이외에는 달리 방도가 없었다. 가정전투 패배에 따른 책임을 면할 길이 없다. 많은 사람들이 『삼국연의』의 읍참마속 대목을 두고 가정전투의 실패를 전술 차원의 실패로 호도한 것에 지나지 않는다는 비판을 가하는 배경이다. 제갈량이 이른바 '6출기산六出祁山'으로 상징되는 잇단 북벌에서 유사한 실패를 거듭하며 소모적인 지구전을 벌인 점에 비춰 일리 있는 지적이다. 어설픈 지피지기는 오히려 상대방의 보다 높은 지피지기와 맞물려 참패를 초래할 수 있다는 대표적인 사례다. 『손자병법』 가르침의 이면을 읽을 줄 아는 안목이 필요한 이유다.

## 불리하면 중지하라

옛날 용병을 잘하는 사람은 적들로 하여금 앞뒤가 서로 연락하지 못하게 하고, 대소 부대가 서로 보조를 맞추지 못하게 하며, 지휘관과 병사가 서로 지원하지 못하게 하고, 상하가 서로 협조하지 못하게 하며, 병사들이 이산해 다시 모일 수 없게 하고, 교전할 때 진형이 질서를 유지하지 못하게 했다. 아군에게 유리하면 곧바로 공격하고 불리하면 곧바로 중지했다(거칠게 위협하며 적의 내분을 부추기면 적군의 내부 조직을 지리멸렬하게 만들 수 있다. 적이 크게 어지러워졌다고 판단될 때 기회를 놓치지 않고 병력을 집중시켜 공격한다). 누군가 나에게 "적이 큰 병력으로 정연한 대오를 갖춰 공격해 오면 어찌 대처해야 하는가?"라고 물을 수 있을 것이다(어떤 사람이 손자에게 의미 있는 질문을 한 셈이다). 나는 대답하기를 "먼저 적이 가장 아끼는 것을 빼앗아 기선을 제압하면 곧 적은 아군의 요구를 듣게 된다"고 할 것이다(적이 굳게 믿는 요충지를 빼앗는 것이 구체적인 실례다. 아군이 유리한 지형을 선점하면 싸움의 주도권을 장악해 마음대로 판세를 조종할 수 있다). 용병의 기본 이치는 신속을 가장 중요한 과제로 삼는다. 이는 적이 미처 대비하지 못한 빈틈을 노리고, 적이 예상하지 못한 길로 진격하고, 적이 전혀 경계하지 않는 곳을 치는 것을 뜻한다(손자는 용병상의 난문難問에 대해 병법의 기본 이치를 예로 들어 절묘하게 응답한 셈이다).

"옛날 용병을 잘하는 사람은 아군에게 유리하면 곧바로 공격하고 불리하면 곧바로 중지했다"는 대목 가운데 중요한 것은 불리할 때 중지하는 일이다. 유리할 때 공격하는 것은 그리 어려운 일이 아니다. 웬만한 장수라면 능히 할 수 있다. 그러나 불리할 때 중지하는 것은 차원이 다르다. 객관적인 잣대를 들이대 판단하기도 쉽지 않을 뿐만 아니라, 설령 그런 판단을 내렸을지라도 이미 투자한 것이 많은 까닭에 선뜻 발을 빼기가 쉽지 않기 때문이다. 리더십의 진면목은 바로 이때 나온다. 이를 잘한 인물로 삼국시대의 조조를 들 수 있다.

삼국시대에는 모두 100여 차례의 크고 작은 전쟁이 잇따랐다. 조조는 거의 모든 삶을 전장에서 보냈다. 그는 이겼을 때나 졌을 때나 속도전의 원칙을 엄수했다. 특히 패했을 때 단호히 결단해 신속히 철군하는 모습을 보였다. 한중漢中을 포기할 때 이른바 계륵鷄肋의 미련을 버리고 신속히 퇴각한 것이 그 좋은 실례다. 관동의 호걸들이 동탁토벌의 연합군을 결성했을 때 조조가 제시한 계책이 바로 속전속결이었다. 조조는 관중의 장수가 형주의 유표와 손을 잡고 완성으로 진출해 허도를 기습하려고 하자 곧바로 여포에 대한 공격을 멈추고 군사를 돌렸다. 원소와 건곤일척의 관도대전을 벌일 때도 속전속결 원칙에 입각해 대승을 거두었지만 곧바로 허도로 돌아왔다.

그러나 오랜 기간에 걸쳐 논란이 되는 대목이 있다. 바로 계륵의 경우다. 당시 조조는 촉을 차지한 유비가 동오의 손권과 다투는 틈을 노려 단숨에 한중을 점령하고 농서를 손에 넣었다. 이때 사마의는 조조에게 농서를 얻은 김에 촉 땅까지 쳐들어갈 것을 적극 권했다. 유비가 기만적인 수법으로 촉 땅을 얻은 지 얼마 안 된 시점이기에 쉽게 평정할 수 있다는 것이 논거였다. 그러나 조조는 '득롱망촉得隴望蜀'을 들먹이며 이같이 말했다.

"사람이란 만족을 모른다고 하더니 이미 농을 얻었는데 다시 촉까지 바라는 것이오?"

그러고는 이내 '계륵'이란 말을 남기고 철수하고 말았다. 만일 당시 조조가 사마의처럼 평시에도 아무 거리낌 없이 기만술을 구사하는 행보를 보였다면 촉 땅을 평정하고 이내 동오까지 제압해 천하통일의 위업을 이룰 공산이 컸다. 그러나 그는 그리 하지 못했다. 이는 역설적으로 조조가 흔히 알려진 것과 달리 전장에서조차 궤도를 제대로 행하지 못했음을 방증한다.

원래 득롱망촉 고사는 후한제국 초기의 '평롱망촉平隴望蜀' 고사에서 나온 것이다. 『후한서』 「잠팽전岑彭傳」에 따르면 왕망의 신나라가 패망할 당시 군웅들이 각지에 난립한 바 있다. 장안을 점거한 적미군赤眉軍의 유분자를 비롯해 농서隴西 감숙의 외효, 촉 땅의 공손술 등이 그들이다. 낙양을 도읍으로 정한 광무제 유수는 황제를 칭하며 이들을 차례로 토벌해 나갔다. 외효와 공손술만이 남았을 때 세력이 약한 외효는 양다리 외교로 명맥을 유지하려 했으나 실패했다. 외효가 죽자 그 아들이 광무제에게 항복함으로써 마침내 농서도 후한의 손에 들어왔다.

이에 앞서 건무 8년(32년) 대장군 잠팽이 군사를 이끌고 유수의 뒤를 좇아 천수군을 격파하면서 오한吳漢과 함께 서성西城에서 외효를 포위한 바 있다. 이때 공손술은 휘하 장수 이육李育을 시켜 군사를 이끌고 가 외효를 구하게 했다. 이육이 상규上邽 땅을 지키자 광무제 유수는 개연과 경엄 등에게 이들을 저지하게 했다. 이어 동쪽 낙양으로 돌아가면서 잠팽에게 칙서를 내려 이같이 명했다.

"두 성이 함락되거든 곧 군사를 거느리고 남쪽으로 내려가 촉 땅의 공손술을 쳐라. 사람은 실로 만족할 줄 모르는가 보다. 이미 농서를 평정했는데 다시 촉을 바라게 되는구나. 매양 군사를 출동시킬 때마다 그로 인해 머리가 희어진다."

「잠팽전」은 이를 '평롱망촉'으로 표현했다. 대략 득롱망촉과 같은 뜻이다. 그러나 본래 취지는 천양지차다. 평롱망촉은 유수가 잠팽에게 농 땅의 외효를 격파한 뒤 촉 땅의 공손술을 치라고 격려한 것이다. 사람의 욕심은 끝이 없으니 하나를 얻은 김에 또 하나를 얻자는 의미를 지닌다. 이는 사람의 욕심은 끝이 없으니 하나를 얻었으면 만족할 줄 알아야 한다는 조조의 당위론과 정반대되는 뜻을 지닌다.

인간의 욕망을 억제하고 줄이는 제욕制欲과 과욕寡欲을 강조한 당위론 입장에서 본다면 조조의 득롱망촉이 옳다. 그러나 천하통일을 이루기 위한 현실론적 시각에서 볼 때는 유수의 평롱망촉이 정답이다. 유수가 천하통일을 이루어 후한제국을 세운 데 반해 조조는 끝내 천하통일을 이루지 못한 채 숨을 거둔 것도 이와 무관하지 않을 것이다. 득롱망촉과 평롱망촉의 고사는 「구지」에 나오는 "불리할 때 중지한다"는 가르침을 이행하는 일이 얼마나 어려운 것인지를 웅변한다.


## 사지로 내던져라

무릇 적지에서 작전을 펼 때는 다음 사항을 주의해야 한다. 적국 깊숙이 들어갈수록 병사들은 더욱 단결하고 마침내 적은 이를 이겨내지 못하게 된다. 풍요로운 들에 있을 때는 적의 군량을 약탈해 전군을 넉넉히 먹인다. 거듭 병사들을 쉬게 해 피로하지 않도록 조치하고, 사기를 진작시켜 전력을 축적한다. 병력 운용 계책은 적이 전혀 예측하지 못하도록 짠다(병사들을 잘 먹이며 사기를 북돋운 뒤 용병하는 것이 요체다. 적이 전혀 예측할 수 없는 필승의 계책에 해당한다). 병력 운용 계책이 마련되면 곧바로 병사들을 도주할 수 없는 곳에 투입한다. 그러면 죽기로 싸울지언정 결코 물러나지 않을 것이다. 죽기로 싸우며 결코 투항할 생각을 하지 않으니 어찌 임무를 제대로 충실히 수행하지 못할 리 있겠는가?(병사들이 죽기로 싸우는데 어찌 이루지 못할 일이 있겠는가?) 장교와 사병이 한마음이 되어 죽기로 싸운 덕분이다(위험한 상황에 처하면 서로 마음을 합치기 마련이다). 병사들은 빠져나갈 길이 없으면 더욱 단결하고, 적국 깊숙이 들어갈수록 더욱 뭉친다(뭉친다는 것은 곧 마치 서로를 줄로 꽁꽁 묶은 것처럼 한 덩어리가 된다는 뜻이다). 병사들이 부득이한 상황에 처하면 더욱 필사적으로 싸우는 이유다(쥐도 궁기에 몰리면 고양이를 물듯이 사람 역시 궁지에 몰리면 죽기로 싸우기 마련이다). 이런 군대는 정돈

하지 않아도 병사들 스스로 경계할 줄 알고, 억지로 요구하지 않아도 스스로 애쓰며, 굳이 약속하지 않아도 긴밀히 협조하고, 명령을 내리지 않아도 성실히 군율을 지키며 신뢰관계를 형성한다(군이 기본 목표를 상기시키지 않을지라도 자율적으로 움직이며 커다란 힘을 발휘한다). 점을 치거나 푸닥거리를 행하는 등의 미신으로 인해 근거 없는 유언비어가 퍼져 군심을 흩뜨리는 일이 없도록 엄히 조치해 의구심을 제거하면 병사들은 싸우다 죽을지언정 결코 물러서지 않는다(행운과 불운을 뜻하는 요상지언妖祥之言이 떠돌지 못하도록 엄히 금해야 한다는 것은 승리에 대한 병사들의 의구심을 제거하는 계책을 언급한 것이다). 병사들이 군사 용품 이외의 여타 재물을 곁에 두지 않는 것은 재물을 혐오하기 때문이 아니고, 남아 있는 여생을 생각하지 않고 싸우는 것은 장수를 바라지 않기 때문이 아니다(병사들이 전투를 위해 자신의 재물을 모두 불사르는 것은 재물이 많은 것을 싫어하기 때문이 아니다. 거리낌 없이 재물을 버리고 목숨을 내던지는 것 역시 전쟁이라는 상황이 어쩔 수 없이 그리 만든 것에 지나지 않는다). 통상 출동 명령이 내리면 앉아 있는 병사들은 눈물로 옷깃을 적시고, 누워 있는 병사는 두 뺨이 온통 눈물범벅이 된다(그러나 이들 모두 전쟁터로 떠나는 날 저마다 죽기로 싸울 각오를 다진다). 이들을 달아날 길이 없는 곳에 투입하면 모두 전제專諸와 조귀처럼 용감하게 싸운다.

전제와 조귀는 『사기』 「자객열전」에 언급된 대표적인 자객이다. 조귀는 제환공을 협박해 잃었던 노나라 땅을 되찾은 인물이고, 전제는 오자서의 사주를 받고 오왕 요僚를 척살한 인물이다. 오왕 요의 사촌형인 공자 광光이 보위에 오르게 됐는데, 그가 바로 오왕 합려다.

「구지」에서 전제와 조귀를 예로 든 것은 오직 단도 하나만 든 채 삼엄한 경계를 뚫고 들어가 목적을 성사시킨 점을 높이 평가한 결과로 보인다. 내용상 한 사람이 100명을 감당하는 일당백, 한 사람이 1000명을 당하는 일기당천一騎當千, 1만 명이 한 사람을 감당하지 못할 정도의 용맹을 떨치는 만부부당지용萬夫不當之勇 등을 지칭한 것이다.

「구지」는 휘하 병사들을 전제와 조귀처럼 용맹한 군사로 만드는 비결을 사지로 내던진 데서 찾는다. 이는 강이나 물을 등지고 싸우는 배수진의 이치를 언급한 것이다. 배수진을 칠 경우 병사들은 퇴로가 막힌 까닭에 궁지에 몰린 쥐가 고양이에게 덤비듯이 죽기로 싸울 수밖에 없다.

인구에 회자되는 가장 유명한 일화는 초한전 때 유방의 군사軍師 한신이 펼친 배수진이다. 『사기』「회음후열전」에 따르면 기원전 204년 겨울 10월, 한신과 장이張耳가 군사 수만 명을 이끌고 동진해 조나라를 쳤다. 조왕 조헐趙歇과 승장 진여陳餘가 이 소식을 듣고 하북성 정형현 북쪽의 정형구井陘口에서 군사를 모았다.

정형구의 '형陘'은 산맥이 끊긴 두 산 사이가 좁게 형성되어 '입 구口'의 형상을 한 곳을 말한다. 지키기는 쉽고 공격하기는 어려운 천혜의 험지로 일종의 관關에 해당한다. 당시 이들은 병사가 20만 명이라고 내세웠다. 전국시대 말기 조나라 명장 이목의 손자인 광무군廣武君 이좌거李左車가 진여에게 한신과 장이를 바로 공격하지 않고 곤궁에 빠뜨릴 계책을 내놓았다.

그러나 진여는 일찍부터 의병義兵을 자처하며 속임수와 기병 등의 계책을 쓰지 않았다. 한신은 이좌거의 계책을 쓰지 않은 것은 알고는 그게 기뻐했다. 곧바로 군사를 이끌고 정형구로 내려갔다. 정형구에서 30리도 못 미치는 곳에서 행군을 멈추고 영채를 세웠다. 한밤중에 출병 전령을 내렸다. 날쌘 기병 2000명을 뽑은 후 각기 한나라를 상징하는 붉은 깃발을 하나씩 갖고 샛길을 통해 산속에 몸을 가린 채 조나라 군사의 동정을 살피게 했다. 한신이 병사들에게 주의를 주었다.

"조나라 군사는 내가 도망치는 것을 보면 반드시 영루를 비우고 나를 쫓아올 것이다. 그때 그대들은 재빨리 영루로 들어가 조나라 깃발을 뽑은 뒤 우리 한나라의 붉은 깃발을 세우도록 하라."

그러고는 1만 명의 군사들을 먼저 나아가게 했다. 그들이 출병하자 이내 배수진을 쳤다. 당시 한신이 배수진을 친 곳은 지금의 산서성과 내몽골 자치구 일대인 병주幷州에서 시작해 북쪽으로 흐르다가 정형구의 경계 지역으로 들어가는 면만수였다. 조나라 군사들이 한신이 배수진을 치는 것을 보고 크게 웃었다.

새벽을 넘긴 시점에 한신이 대장군의 깃발을 세운 뒤 북을 치면서 정형구를 빠져나갔다. 이를 본 조나라 군사들이 영루의 문을 열고 공격해 왔다. 큰 전투가 제법 오래 지속됐다. 도중에 한신과 장이가 깃발을 거짓으로 버린 채 물가에 영채를 세운 군진을 향해 달려갔다. 한신의 군사가 문을 열어 이들을 받아들인 뒤 재차 맹렬히 싸웠다.

얼마 후 과연 조나라 군사들이 완승을 거둘 생각으로 영루를 비운 채 총출동했다. 이들은 한나라 깃발을 앞다투어 빼앗으며 한신과 장이의 뒤를 쫓았다. 한신의 군사는 물러섰다가는 물에 빠져 죽는 수밖에 없는 까닭에 죽기 살기로 싸웠다. 조나라 군사는 이들을 이길 수가 없었다.

그 사이 한신이 보낸 기병 2000기騎는 조나라 군사들이 영루를 비우는 것을 기다렸다가 밀고 들어가 조나라 깃발을 모두 뽑은 뒤 한나라의 붉은 깃발을 세웠다. 이런 사실도 모른 채 조나라 군사들은 한신 등을 잡는 것이 어려워지자 이내 영루로 귀환하다가 영루가 온통 한나라의 붉은 깃발로 둘러쳐져 있는 것을 보고 경악했다. 조나라 장수들이 비록 달아나는 군사들의 목을 베며 저지하고자 했으나 이미 늦었다. 한나라 군사가 달아나는 조나라 군사를 양쪽에서 협공했다. 지금의 하북성 내 괴하槐河인 저수泜水에서 조나라 승상 진여의 목을 베고 조왕 조헐을 사로잡았다. 한나라 장수들이 서로 분분히 축하하며 한신에게 승리의 이유를 물었다.

"『손자병법』「구지」에 이르기를 '살아나지 못할 위험한 사지에 빠진 뒤에야 생환할 수 있고, 패망이 우려되는 망지에 놓인 뒤에야 생존할 수 있다'고 하지 않았소. 게다가 나 한신은 평소 장병들과 가까이 지낼 길이 없었소. 이들을 부리는 것은 훈련받지 않은 저잣거리 사람을 이용해 전투를 벌이는 것과 다름없는 짓이오. 그래서 형세상 부득불 이들을 사지에 두어 각자 스스로 분전하도록 만들지 않을 수 없었던 것이오. 지금 이들에게 사방으로 달아날 수 있는 생지에서 싸우게 했다면 모두 달아나고 말았을 것이오. 어찌 그런 사람들을 지휘하며 작전할 수 있겠소?"

한신이 『손자병법』을 얼마나 깊이 연구했는지를 짐작하게 하는 대목이다. 이후 한신은 욱일승천 기세로 연나라는 물론 제나라까지 손에 넣었는데, 모두 배수진을 쳐 조나라를 격파한 뒤 당대 책사인 이좌거를 손에 넣어 핵심 참모로 삼은 덕분이었다.

# 오월동주를 행하라

용병에 능한 장수는 마치 솔연率然처럼 병사를 지휘한다. 솔연은 항산
恒山에 있는 뱀의 이름이다. 그 뱀은 머리를 치면 꼬리가 달려들고, 꼬
리를 치면 머리가 달려들며, 허리를 치면 머리와 꼬리가 함께 달려든
다. 누군가 "군대도 솔연처럼 움직일 수 있는가?"라고 물으면 나는 "가
능하다"고 답할 것이다. 무릇 오나라와 월나라 사람은 서로 미워하는
사이다. 그러나 그들은 같은 배를 타고 강을 건너던 중 풍랑을 만나자
한 몸에 있는 양손처럼 서로 도와 살아났다.

'솔연率然'은 전설상의 뱀을 말한다. 솔연을 언급한 것은 인구에 회자
되는 '오월동주吳越同舟'를 얘기하기 위해 도입한 것이다. 원문에는 오월
동주 이외에도 '동주이제同舟而濟'와 '동주상구同舟相救'로 되어 있다. 모
두 같은 배에 탄 사람들이 서로 다른 생각을 품고 있음에도 배가 전복
되는 위기에 닥쳐 서로 힘을 모아 구조한다는 뜻을 담고 있다.

중국 역사상 가장 유명한 오월동주는 20세기 초에 빚어진 국공합작
이다. 이는 장개석의 패퇴와 모택동의 천하 장악으로 귀결됐다. 결정적
인 빌미는 장학량張學良이 장개석을 가두는 1936년 12월의 시안 사건西
安事件에서 촉발됐다. 당초 장개석에게 궤멸적인 타격을 입고 '대장정'으
로 미화된 일패도지의 패주敗走를 거듭한 홍군은 악전고투 끝에 1935년
말에 간신히 섬서의 북부로 들어갈 수 있었다. 당시 섬서 일대는 지방
군벌 양호성楊虎城이 장악하고 있었다.

1934년 일본군에게 동북 3성을 잃고 1년 동안 유럽으로 망명 차 떠

나 있던 장학량이 귀국하자 장개석이 그를 '서북초비부사령西北剿匪副司令'에 임명했다. 일거에 홍군을 궤멸시킬 속셈이었다. 그러나 당시 장학량이 이끌고 온 동북군은 일본군에 대한 적개심에 불탔고 연안의 홍군에 대해서는 특별한 감정이 없었다. 장학량도 마찬가지였다. 장학량과 양호성이 의기투합한 이유다. 장개석으로서는 혹을 떼려다가 혹을 붙인 셈이었다. 그러나 그는 이런 사실을 까마득히 몰랐다. 홍군이 먼저 선수를 쳤다. 대장정 끝에 섬서성에 도착한 이듬해인 1936년 1월 5일 모택동과 주은래 등 공산당 수뇌부 20여 명의 명의로 '동북군 전 장교와 사병에게 보내는 글'을 발표했다.

"중국 소비에트 정부와 홍군은 모든 무장 항일 세력과 연합군을 결성해 일본 제국주의자와 전면전을 벌이고자 한다. 우리는 우선 동북군과 뜻을 같이해 중국 전 인민의 항일 투쟁에 선봉이 될 것이다."

그러고는 동북군 67군과 항일투쟁 협력관계를 맺었다. 그해 4월 9일 주은래가 은밀히 연안으로 장학량을 찾아가 구국을 위한 연합군 결성 방안을 논의했다. 이게 장학량을 국공합작의 선도자로 끌어들이는 결정적인 계기로 작용했다. 당시 섬서성과 감숙성 일대는 국민당 군대에 포위되어 있던 까닭에 장학량이 마음만 먹으면 홍군을 완전히 궤멸시킬 수도 있었다. 그러나 역사는 홍군의 손을 들어 주었다. 따지고 보면 장개석이 제2차 국공합작의 '오월동주'에 올라탔다가 이내 패망하게 된 단초가 여기에 있다고 해도 과언이 아니다.

그해 12월 4일 서안으로 온 장개석은 동북군이 연안의 홍군 본거지를 즉각 공격하지 않을 경우 중앙군을 투입할 뜻은 밝혔다. 장학량과 양호성은 장개석이 내전을 중단할 의사가 없고, 항일운동의 억압을 중지하지 않는 것을 알고는 병간兵諫을 시도하기로 의견을 모았다. 이는 무력시위로 주군에게 간언해 뜻을 관철하는 것을 말한다.

12월 12일 새벽, 동북군 소속 장교들이 장개석의 숙소를 덮쳤다. 어수선한 소리에 잠이 깬 장개석은 황급히 야전 침대에서 벌떡 일어나 틀니를 목욕탕 선반에 둔 채 슬리퍼 한 짝만을 끌고 창문을 넘어 사지를 빠져나왔다. 그러나 이내 수색 군인들에게 붙잡히고 말았다.

주은래와 모택동은 이 소식을 듣고 환호했다. 장개석을 제거하고자 하는 모택동의 안과, 협상을 지지하는 주은래의 안을 놓고 논의를 벌이는 와중에 장개석의 석방을 주문하는 스탈린의 전문이 날아들었다. 일본군을 중국에 묶어 두려는 속셈이었다. 모택동과 주은래 모두 스탈린의 속셈을 잘 알고 있었다. 스탈린의 주문을 충족시키면서 최대한 얻을 수 있는 것을 얻어야만 했다. 장학량으로 하여금 소련 측의 주문에 동의하도록 만드는 것이 결코 쉬운 일이 아니었다. '협상의 명수' 주은래가 나선 이유다. 그는 서안으로 출발하기에 앞서 홍군 수뇌부에 자신이 장학량에게 어떤 태도를 취하라고 강요할 수 없다는 점을 미리 밝혀 두었다.

"어떻게 할 것인가를 우리가 독자적으로 결정할 수는 없다. 우리는 그의 태도를 고려해야 한다."

장개석을 죽일 경우 이는 일본만 좋은 일을 시켜 주는 꼴이 된다. 어떻게 해서든 '시안 사건'을 최대한 활용해 국공합작을 성사시켜야만 했다. 그는 장개석을 만나 정중하게 말했다.

"저는 장 선생님의 제자입니다. 우리가 일본에 맞서 함께 싸우는 한 선생님이 어떤 지시를 내려도 우리는 기꺼이 따를 것입니다."

장개석이 대답했다.

"우리가 지금 서로 싸우는 동안에도 나는 자주 그대를 생각했네. 나는 내전 중에도 그대가 나를 잘 보필해 주었다는 것을 잊지 않았네. 우리가 다시 손잡고 일할 수 있기를 바라네."

회담이 끝난 후 주은래가 모택동에게 전문을 보냈다.

"장개석이 저에게 향후 공산당에 대한 탄압을 중지할 것이고, 홍군과 협력해 일본군을 물리칠 것이라고 말했습니다. 지금까지의 상황으로 판단하건대 장개석의 태도에는 분명 변화가 있습니다."

이해 12월 25일 장학량이 마침내 장개석을 석방했다. 제2차 국공합작이 성사된 배경이다. 이후 국민당 군에 편입되어 항일 전선에 투입된 홍군은 지지 기반 확충에 모든 역량을 기울였다. 일본이 연합군에 항복할 즈음 홍군의 숫자는 무려 120만 명으로 늘어나 있었다. 국민당 정부군 430만 명에 비하면 턱없이 부족한 수였으나 내용 면에서 보면 자웅을 겨룰 만했다. 실제로 천하의 패권을 놓고 본격적인 국공 내전이 벌어지면서 이 숫자는 아무 의미가 없다는 사실이 이내 드러났다. 장개석 입장에서 보면 장학량과 양호성의 병간으로 인해 마지못해 오월동주에 올라탄 후과로 해석할 수밖에 없다.

양호성은 시안 사건 직후 군을 떠나 외국으로 망명했다가 중일전쟁이 일어나자 다시 항일전에 참가하기 위해 귀국했다가 장개석 정부의 특무 기관에 의해 감금됐다. 감금 상태에서 각지를 전전하다가 국공 내전 말기인 1949년 9월 중경에서 살해당했다. 장개석군의 패색이 짙어지자 원망의 표적이 된 결과다

특이하게도 장학량의 경우는 비록 50여 년 동안 연금을 당했으나

천수를 누렸다. 그는 죽기 전까지 자신이 일으킨 시안 사건에 대해 나름 자부심을 갖고 있었을 공산이 크다. 실제로 중국 학계에서는 그를 긍정적으로 평가하는 목소리가 높다. 오늘날 중국이 G2의 일원이 될 수 있었던 것은 공산당이 대륙을 석권했기에 가능했고, 이는 시안 사건이 결정적인 계기로 작용한 덕분이라는 식의 주장이 그렇다. 역사는 늘 승자 입장에서 기록될 수밖에 없음을 시사한다.

## 필승을 기하라

고대에는 말을 나란히 묶은 뒤 수레와 함께 땅속에 묻는 의식을 통해 결전 의지를 내보이며 병사들을 결속시켰다. 그러나 이런 방안은 결코 따를 만한 것이 못 된다(방마方馬는 말이 움직이지 못하게 묶고, 매륜埋輪은 수레바퀴를 땅에 묻어 움직이지 못하도록 한 것을 말한다. 이를 언급한 것은 이런 의식보다는 임기응변의 절묘한 방법으로 곤경을 헤쳐 나오는 것이 더 낫다는 취지에서 나온 것이다. "말을 나란히 묶은 뒤 수레와 함께 땅속에 묻는 의식은 결코 따를 만한 것이 못 된다"고 언급한 이유다). 전군을 한 사람처럼 단결시키는 것은 오직 공정한 지휘와 관리에 달려 있다. 강건한 자와 유약한 자 모두 용감히 싸우게 만들려면 지형을 잘 활용해야 한다(적재적소에 배치해 강한 병사와 약한 병사를 하나로 묶어 용병한다는 뜻이다). 용병을 잘하는 장수가 전군을 마치 한 사람을 부리듯 하는 것은 객관적인 형세가 전군으로 하여금 그리 움직이지 않을 수 없도록 만들었기 때문이다(전군이 일사불란한 모습을 보이는 이유다). 군사 지휘는 계책이 침착하며 주도면밀해야 하고, 부대 관리 또한 엄정하고 조리가 있어 흐트러지지 않아야 한다(무릇 장수라면 마음을 청정하게 하고, 계책을 헤아릴 수 없이 깊게 하며, 법령을 공평무사하게 집행해야 한다는 취지로 언급한 것이다). 먼저 병사들의 눈과 귀를 가려 작전 계획 등을 전혀 알 수 없도록 해야 한다(이 대목을 두고 병사를 어리석게 만드는 것으로 풀이하는 것은 잘못이다. 공자가 『논어』에서도 말했듯이, 백성은 함께 더불어 즐거움을 누릴 수는 있어도 함께 더불어 계책을 만들 수는 없는 일이다). 작전 부서를 바꾸고 원래 계책을 변경하는 방법으로 그 전모를 파악할 수 없게 한다. 주둔지를 바꾸고, 행군로를 우회해 내막을 추측할 수 없게 한다. 작전 임무를 부여할 때는 마치 사람을 높은 곳에 오르게 한 뒤 사다리를 치우는 것처럼 한다. 적지 깊숙이 들어갔을 때는 전기戰機가 무르익기를 기다려 도강 후 배를 태우고 취사용 가마솥을 깨뜨리는 분주파부焚舟破釜 방법으로 필사의 각오를 드러낸다. 양떼를 몰듯 병사들을 이리저리 몰고 다니는 까닭에 아무도 가는 곳을 모른다(병사들 마음을 하나로 만들기 위한 조치다). 이후 전 병력을 집결시킨 뒤 위험한 곳에 투입해 결사적으로 싸우게 만든다. 이를 일컬어 '장군이 취해야 할 기본 임무'라고 한다(위험한 곳은 살아남기 어려운 전쟁터를 의미한다). 장수는 구지九地로 표현되는 다양한 상황 변화를 좇아 제대로 된 임기응변을 구사하려면 공수진퇴攻守進退의 득실을 면밀히 검토하는 것은 물론 병사들 심리 변화 등에 대해서도 신중히 살피지 않으면 안 된다(사람은 눈앞에 이익이 보이면 진격하고 손해가 보이면 후퇴하는 것이 기본 심성이다).

조조는 이 '분주파부焚舟破釜' 대목을 두고 "병사들 마음을 하나로 만들기 위한 조치다"라는 주석을 달았다. 도강 후 배를 태우고 취사용 가마솥을 깨뜨리는 행위를 필승을 향한 단호한 의지와 결단의 표현으로 본 결과다. 항간에서는 분주파부보다 파부침주破釜沈舟 성어가 더 널리 통용된다. 타고 온 배를 불에 태우는 분주파부든, 구멍 등을 뚫어 물속에 가라앉히는 파부침주든 결연히 싸우며 뒤로 물러서지 않겠다는 취지로 배수진을 쳤다는 점에서 하등 차이가 없다.

가장 대표적인 사례로 초한전 당시 황하를 건너자마자 파부침주를 결행해 진제국의 수도 함양을 점거한 뒤 초패왕楚霸王 자격으로 천하를 호령한 항우를 들 수 있다. 기원전 210년 진시황이 천하 순행 도중 급서하자 이내 진승陳勝이 반기를 들었다. 이를 신호로 각지에서 군웅이 일거에 일어났다.

얼마 뒤 관군의 반격으로 진승이 패주하던 중 자신의 마부에게 비명횡사한 사실이 확인되자 휘하 장수 항량項梁이 곧 별장들을 불러 모아 대책을 논의했다. 자신이 진승의 뒤를 이으려는 속셈이었다. 항량은 초나라 장수 항연項燕의 아들로 일찍이 사람을 죽인 일로 인해 조카인 항우와 함께 오현吳縣으로 몸을 피했다.

항량이 곧 백성들 틈에 끼어 양치기 머슴노릇을 하는 초회왕의 손자 미심羋心을 찾아내 옹립했다. 횡사한 '초회왕'의 시호를 그대로 사용한 것은 초나라 백성들을 격동하기 위한 것이었다. 사실 당시 초나라 유민들만큼 진제국에 이를 가는 백성들도 없었다. 진승과 항우, 유방 모두 초나라 출신인 것이 결코 우연이 아니다.

기원전 209년, 항우와 유방이 이끄는 별동대가 지금의 하남성 기현인 옹구雍丘에서 대승을 거두자 항량은 더욱 교만해져 진나라 군사를 가벼이 여겼다. 이를 우려한 휘하 장수 송의宋義가 간했다.

"승리한 후 장수가 교만해지고 병졸이 게을러지면 반드시 패하게 됩니다. 지금 병졸들이 점차 나태해지고 진나라 군사는 날로 많아지니 자칫 그런 일이 빚어질까 두렵습니다."

항량은 이를 귓등으로 흘려들었다. 송의가 제나라에 사자로 가던 중 우연히 제나라 사자인 고릉군高陵君 전현田顯을 만났다.

"그대는 지금 항량을 만나러 가는 길이오?"

"그렇소."

"그는 반드시 패할 것이오. 그대가 천천히 찾아가면 죽음을 면하고, 급히 찾아가면 화를 입을 것이오!"

과연 2세 황제가 대대적으로 군사를 일으켜 지원군을 보내자 항량은 정도의 결전에서 패사하고 말았다. 인근 진류陳留에서 접전 중이던 항우와 유방은 이 소식을 듣고는 급히 장군 여신呂臣과 함께 초회왕을 팽성으로 옮긴 뒤 이곳을 새 도읍으로 정했다. 여신은 팽성의 동쪽, 항우는 팽성의 서쪽, 유방은 팽성 부근의 탕산碭山을 수비했다. 이때 항우와 유방은 의형제를 맺었다.

초회왕은 여신과 항우의 군사를 통합한 뒤 자신이 직접 거느렸다. 유방은 그의 포섭 대상이었다. 유방을 무안후武安侯에 봉하면서 탕군碭郡의 군사지휘권을 부여했다. 정반대로 항우는 장안후長安侯에 봉해지고 노공魯公으로 불렸으나 아무런 실권이 없었다.

당시 진나라 장수 장함章邯은 항량을 격파한 여세를 몰아 조나라 수도 한단을 압박했다. 조왕 조헐趙歇과 재상 장이張耳가 거록성鉅鹿城 안으로 들어가자 진나라 부장副將 왕리王離가 성을 겹겹이 포위했다. 조헐과 장이는 수차례에 걸쳐 초나라에 사람을 보내 속히 구원해 줄 것을 청했다. 팽성에 머물던 제나라 사자 고릉군이 초회왕에게 말했다.

"송의는 전에 항량이 반드시 패할 것이라고 말했는데 과연 그리 됐습니다. 그는 가히 군사를 안다고 하겠습니다."

초회왕이 이내 송의를 불러 얘기를 나누고는 곧바로 상장군으로 삼은 뒤 모든 장수들을 그 휘하에 배속시켰다. 이에 항우는 차장次將이 되고 범증은 말장末將이 되어 조나라 구원에 나섰다. 이때 초회왕이 출정에 앞서 제장들을 불러놓고 이같이 약속했다.

"먼저 관중으로 진공한 자를 관중의 왕으로 삼을 것이다."

사실 이는 항우를 따돌리기 위한 것이었다. 『사기』「고조본기」에 나오는 노장들의 발언이 그 증거다.

"항우는 위인이 성급하고 포학합니다. 진승과 항량 등이 패한 데서 알 수 있듯이 모두 여의치 않은 상황이니 덕이 있는 자를 보내 함양의 부형들을 설득하느니만 못합니다. 항우는 불가합니다. 유방은 후덕한 사람이니 가히 보낼 만합니다."

초회왕이 이를 좇았다. 유방을 불러 진승과 항량 휘하에 있던 병졸들을 모두 거두어들여 속히 함양으로 들어갈 것을 주문했다. 편파적인 조치였다. 기원전 207년 겨울 10월, 송의는 지금의 산동성 조현인 안양安陽에 이른 뒤 46일 동안 머물며 전혀 앞으로 나아갈 생각을 하지 않았다. 초조해진 항우가 건의했다.

"조나라가 위급한 상황이니 속히 황하를 건너야 합니다. 초나라가 그 외곽을 치고 조나라가 안에서 응하면 틀림없이 진나라 군사를 깨뜨릴 수 있습니다."

송의가 핀잔을 주었다.

"그렇지 않소. 무릇 소의 몸에 앉아 피를 빨아먹는 등에를 잡을 때는 이와 서캐를 때려잡는 수법이 통할 수 없소. 지금 진나라가 조나라를 공격해 이기면 군사들은 곧 피로해질 것이오. 먼저 두 나라가 서로 싸우게 하느니만 못하오. 무릇 전투는 내가 그대만 못하나 전략을 짜는 것은 그대가 나만 못하오."

그러고는 이런 명을 내렸다.

"호랑이처럼 흉포하고 이리처럼 욕심이 많으면 성질이 모질어 부릴 수 없다. 이런 자는 모두 참할 것이다."

항우를 겨냥한 말이었다. 그는 고릉군의 천거로 자신의 아들 송양이 제나라 재상에 발탁되자 곧 산동성 동평현인 무염無鹽 땅까지 전송을 나가 성대한 연회를 베풀었다. 날씨가 찬데다 큰비까지 내려 병사들이 추위에 떨며 크게 굶주렸다. 항우가 분통을 터뜨렸다.

다음날 아침 일찍 항우는 아침 문안 인사 차 장막 안으로 들어가 송의의 머리를 베어버렸다. 곧 군사들 앞에서 큰소리로 말했다.

"송의가 제나라와 모의해 우리 초나라를 배반했다. 초왕이 나에게 밀명을 내려 그를 주살하게 했다."

제장들이 두려워하며 입을 모아 말했다.

"초나라를 먼저 세운 자는 장군의 집안입니다. 지금 장군은 반기를 든 자를 죽인 것입니다!"

초회왕은 부득불 이를 추인할 수밖에 없었다. 항우는 휘하 장수에게 명해 병사 2만 명을 이끌고 도강하도록 했다. 이들이 도강한 후 양두를 끊자 왕리가 이끄는 진나라 군사가 양식을 거르게 됐다. 이 틈을 타 항우가 곧 전군을 이끌고 황하를 건넌 뒤 배를 침몰시기고 솥과 시루 등을 모두 깨뜨렸다. 인구에 회자되는 '파부침주'의 성어가 나온 배경이다.

항우가 파부침주를 결행해 초패왕이 된 과정은 노무현 전 대통령이 '토굴 속 고시준비'를 결행해 인권 변호사 활약을 배경으로 천하를 거머쥔 것과 사뭇 닮았다. 죽음에 이르는 극적인 과정도 유사하다. 항우가 초패왕 자리에 오르는 과정은 『손자병법』 가르침을 충실히 좇은 덕분으로 볼 수 있다. 송의의 목을 먼저 벤 뒤 조정에 보고하는 선참후계先斬後啓, 황하를 건넌 뒤 솥을 깨고 배를 불태우는 파부침주, 경무장으로 행군의 속도를 높여 기습적으로 진나라 군사를 격파한 출기불의出其不意 등이 그 실례다. 그러나 그게 끝이었다.

원래 『손자병법』에서 말하는 파부침주와 배수진은 같은 의미를 달리 말한 것에 지나지 않는다. 그러나 미묘한 차이가 있다. 한신이 구사한 배수진은 냉정한 판단에 따른 것으로 어둡고 은밀한 색채를 지닌다. 그러나 솥을 깨고 배를 수장시킨 항우의 파부침주는 금의야행 일화를 통해 알 수 있듯 밝고 역동적이다. 명성을 중시하며 모욕을 참지 못하는 항우의 조급한 성미가 그대로 드러난다. 문제는 실패했을 경우다.

배수진은 패할 경우 장수와 휘하 장수 모두 물속에 수장될 뿐이다. 조용하고 정적이다. 일본 사무라이들의 할복을 연상시킨다. 이에 반해 파부침주는 패할 경우 적의 창칼이나 화살 등에 난자를 당하거나 고슴도치가 되어 숨을 거둔다. 시끄럽고 격렬하다. 파부침주를 행한 항우의 한계가 여기에 있다. 좋아하고 꺼리는 것이 너무 선명하다. 파부침주로 일시 천하를 거머쥔 항우와 노 전 대통령이 끝내 유종의 미를 거두지 못한 이유다.

# 천하를 품어라

무릇 적지에서 작전을 펼 때는 다음 사항을 주의해야 한다. 깊숙이 들어가면 병사들이 단결하고 얕게 들어가면 산만해진다. 본국을 떠난 후 국경을 넘어 적지 내에서 작전하는 곳을 절지, 사방으로 통하는 교통 요충지를 구지, 적국 안으로 깊숙이 들어간 곳을 중지, 적국 국경에서 가까운 곳을 경지, 험하고 견고한 지형을 등지고 좁은 지형을 앞에 둔 곳을 위지, 빠져나갈 길이 없는 곳을 사지라고 한다. 앞서 언급한 산지에서는 병사들 마음을 하나로 단결시켜야 한다. 경지에서는 상호 연락이 끊어지지 않도록 해야 한다(병사들이 흩어지지 않도록 부대 간의 연락을 긴밀히 하는 것을 뜻한다). 앞서 언급한 쟁지에서는 신속히 이동해 적의 후미를 공격해야 한다(유리한 지역이 적의 눈앞에 펼쳐져 있으면 속히 나아가 적의 후미를 쳐야 한다는 취지다). 교지에서는 수비를 신중히 해야 한다. 구지에서는 이웃 나라와 동맹을 견고히 다져야 한다. 중지에서는 군량의 현지 조달에 세심한 신경을 써야 한다(적지에서 식량 등의 보급 문제를 스스로 해결해야 한다는 의미다). 비지에서는 되도록 재빨리 빠져나가야 한다(행군 속도를 배로 높여 속히 지나치는 것을 뜻한다). 위지에서는 탈출구를 막고 필사적으로 싸우도록 해야 한다(전군의 마음을 하나로 모으는 것이 중요하다). 사지에서는 결사의 각오를 보여 주어야 한다(장수가 솔선하는 자세로 병사들 마음을 격동시켜 결사 항전을 고취하라는 취지다). 병법의 기본 이치를 살펴보면 대국에 둘러싸인 소국은 서로 힘을 합쳐 방어한다(백성들이 나라를 지키기 위해 서로 도우며 애쓰기 때문이다). 다른 나라의 침공으로 상황이 절박해지면 필사적으로 싸운다(사세事勢가 불가피하게 그리 만드는 것이다). 패망 위기에 몰리면 총사령관의 지휘를 충실히 따른다(절체절명의 패망 위기 아래서는 나라를 구하기 위해 지도자 계책을 좇는 방안 외에 달리 도리가 없다). 이웃나라 속셈도 모른 채 함부로 친교를 맺을 수는 없는 일이다. 마찬가지로 산림, 험난하고 막힌 곳, 소택지 등 행군할 곳의 지형을 모르면 제대로 행군할 수 없다. 길 안내자를 활용하지 못하면 지리적 이점을 얻을 수 없다(외교와 행군, 지리 등 세 가지 사항에 관해서는 이미 앞서 「군쟁」에서 서술한 바 있다. 이들 세 기지 사항을 제대로 이행하지 않으면 용병 자체가 불가능하다. 그래서 거듭 그 취지를 밝힌 것이다). 실제로 앞서 말한 아홉 가지 지형 변화에 따른 임기응변 조치 가운데 단 하나만 몰라도 대업을 이룰 패왕霸王의 군사가 될 수 없다(이는 적과 아군의 승패를 가르는 아홉 가지 심리적인 지형의 유불리有不利를 언급한 것이다. 혹자는 앞서 나온 네 가지 상황 변화와 다섯 가지 자연적인 지형에 따른 전술을 언급한 것으로 본다). 무릇 패왕의 군사는 큰 규모의 적국을 칠 때 미리 적국이 병력을 동원하지 못하도록 조치한다. 또한 그 위세로 적을 제압해 적국의 동맹국들이 감히 적국과 외교를 맺지 못하도록 만든다. 외국과 동맹을 맺기 위해 다툴 필요도 없고, 굳이 패권 장악을 위해 열국에 본국의 세력을 기를 필요도 없다. 자신의 의지를 얼마든지 펼칠 수 있고 그 위세로 적을 제압할 수 있다. 패왕의 군사가 상황에 따라 적국의 성읍을 빼앗거나 도성을 허물어뜨리는 이유다(패왕은 천하의 군웅과 동맹을 맺은 뒤 이들의 합의 하에 권력을 행사하는 존재가 아니다. 천하의 군웅과 절연한 채 모든 권력을 한 손에 거머쥐고 지존의 권위와 높은 덕망을 배경으로 자신의 의지를 과감히 펼치며 천하를 다스리는 자를 말한다).

「구지」의 요체는 전쟁터 상황을 최대한 활용한 임기응변에 있다. 마속은 이를 거꾸로 해석해 가정전투에서 패했고, 한신은 기본 이치를 통찰한 까닭에 승리를 거둘 수 있었다. 「구지」는 이를 두고 대업을 이루는 '패왕지병霸王之兵'으로 표현했다. 21세기 글로벌 경제 전쟁에 비유하면 전 세계 시장을 석권하는 것을 뜻한다. 크게 보면 제국의 흥망성쇠와 기업의 성패가 끊임없이 이어지는 것은 패왕지병이 수시로 바뀌는 탓으로 볼 수 있다.

고금의 역사를 보면 알 수 있듯이 영원한 제국은 존재하지 않는다. 글로벌 시장의 석권도 마찬가지다. 세계 시장을 호령하는 초일류 글로벌 기업의 수명은 제국의 수명보다 더 짧다. 천하대세가 뒤바뀌는 변화의 흐름보다 시장의 변화가 더 빠르게 나타나기 때문이다. 새로운 패왕지병의 등장은 경무장으로 속히 내달려 고지를 선점하는 것에 비유할 만하다. 세인들이 '세상에 영원한 1등은 없다'고 말하는 이유다.

필부가 패자로 변신한 대표적인 예로 지난 세기 스포츠 산업 시장의 판도를 뒤바꾼 나이키의 등극과 21세기 총아로 부상한 필라의 거침없는 행보를 들 수 있다. 원래 나이키는 일본의 대표적인 신발업체인 '오니츠카 타이거'의 판매 대리점에 지나지 않았다. 그야말로 필부의 전형에 해당한다. 오니츠카 타이거는 1977년 아식스를 출시했고 한때 아디다스와 쌍벽을 이루는 위상을 갖기도 했다.

하지만 아식스의 미국 판매점에서 출발한 나이키가 마침내 본사에 해당하는 아식스를 누르고 세계 스포츠 산업의 정상에 우뚝 서게 되는데, 이것은 크게 두 가지 요인이 복합적으로 작용한 결과로 볼 수 있다. 하나는 미국 프로 농구의 존재고, 다른 하나는 스타 스포츠맨을 이용한 적극적인 마케팅이다. 일본에는 이것이 없었다. 일본의 국기는 우리 씨름에 해당하는 '스모'다. 신발을 신을 턱이 없다.

지금도 '나이키' 하면 떠오르는 것이 천재적인 농구 선수 마이클 조던이다. 조던이 없었다면 지금의 나이키도 없었을 것이란 말이 나오는 이유다. 조던의 이름을 따서 만든 '에어조던'은 나이키의 상징어였다. 주목할 것은 소비자들의 심금을 울리는 뛰어난 광고 문안이다. 당시 조던은 광고 '실패'에 나와 이같이 말했다.

"나는 살면서 실패에 실패를 거듭했고, 그래서 성공할 수 있었다."

나이키의 슬로건인 우리말의 '그냥 한번 해 봐'라는 뜻의 'Just do it' 이 출현한 배경이다. 광고 문안이 조던의 성공 이미지와 그대로 맞아떨어졌다. 소비자들이 나이키 제품을 단순한 스포츠웨어로 인식하지 않고 스토리가 담긴 특별한 제품으로 인식하게 된 것이 성공 비결이다. 조던의 삶과 감성적인 이야기가 나이키 이미지에 그대로 이입된 결과다.

나이키는 최근 스마트 시대에 부응해 SNS를 통한 고객과의 소통에 심혈을 기울인다. 자체적으로 음악과 결합한 프로모션을 기획하는 등 스포츠 차원을 뛰어넘어 전 분야에 걸친 마케팅을 전개하는 것이다. 일방적인 제품 판매가 아닌 쌍방향 소통을 통한 기업 이미지 제고 작업에 해당한다. 스포츠 자체와 동반 성장을 꾀하는 것이 그 증거다. 우즈와 조던처럼 될성부른 나무에 미리 과감한 투자를 해 최대 효과를 거두는 식이다. 나이키는 골프 황제 우즈가 일련의 스캔들로 슬럼프에 빠졌을 때 방패 역할을 자임하며 성원을 아끼지 않았다. 부활을 믿은 것이다. 실제로 우즈는 최근 뛰어난 성적을 거두며 황제의 복위를 준비하고 있다. 지금도 지속되는 'Just do it' 문구에 어울리는 마케팅 행보가 아닐 수 없다. 나이키의 어제와 오늘은 「구지」에 나오는 패왕지병의 대표적인 사례다.

현재 스포츠 제품 분야에서 나이키와 함께 세계 시장을 양분하는 업체는 독일에 본사를 둔 아디다스다. 유럽은 농구와 야구 또는 미식축구보다 축구에 열광한다. 아디다스는 바로 이 틈을 노려 유럽에서 확고한 우위를 지키며 나이키와 함께 세계 스포츠 제품 시장을 반분한다. 한때 미국에서 나이키와 순위 자리를 놓고 격렬한 다툼을 벌이던 리복을 지난 2006년 흡수한 것도 이런 저력이 있기 때문에 가능했다.

21세기 현재 전 세계 스포츠 시장은 아디다스와 나이키를 빼고는 설명하기 힘들다. 유럽축구연맹 주도의 챔피언스 리그에 쏟아지는 전 세계 축구팬들의 관심은 미국의 프로 농구와 미식축구, 월드시리즈 야구에 대한 관심을 모두 합친 것보다 크다. 월드컵이 세계 최대의 스포츠 이벤트로 통하는 현실이 이를 뒷받침한다. 나이키가 아디다스와 무한 경쟁을 벌이는 이유가 여기에 있다. 2011년 리그에서는 나이키의 독무대였다. 결승전에 오른 바르셀로나와 맨유(맨체스터 유나이티드)를 모두 후원한 덕분이다. 레알 마드리드와 샬케를 지원한 아디다스로서는 뼈아픈 패착이다.

현재 아디다스는 나이키에 빼앗긴 명성을 되찾기 위해 과학 기술을 이용한 '응답하는 축구화' 등 다양한 신제품을 선보이고 있다. 무선으로 정보를 수집하고 전송하는 칩이 내장되어 있다. 동료와 상대 선수 및 세계적인 스타의 동작과 비교가 가능하다. 이 신발은 메시가 시범 경기에서 착용한 후 조기 축구회를 비롯한 많은 축구팬들의 관심을 모으고 있다. 권토중래를 꾀하는 아디다스와 정상 유지를 꾀하는 나이키의 대결은 소프트웨어의 최강자인 애플과 하드웨어의 최강자인 삼성의 혈전을 방불케 한다.

주목할 것은 최근 한국에 뿌리를 둔 휠라코리아가 세계 스포츠 제품 시장을 양분하는 아디다스와 나이키에 도전장을 던지며 맹추격을 벌이고 있다는 점이다. 사령탑은 지난 2007년 이탈리아에 본사를 두고 있던 세계적인 스포츠웨어 업체 휠라를 집어삼킨 윤윤수 휠라코리아 회장이다. 그는 2011년 7월 내친 김에 세계 1위 골프용품 업체인 미국 '아큐시네트'를 인수하는 기염을 토했다. 휠라 지사를 세워 본사를 삼킨 데 이어 '아큐시네트'까지 손에 넣은 것은 놀라운 일이다.

그는 스포츠 패션 업계에서 '샐러리맨의 신화'로 통한다. 과거 대우그룹을 세운 김우중을 연상시키는 대목이다. 그가 입지전적인 삶으로 최고경영자가 될 수 있었던 비결은 무엇일까? 그의 술회다.

"성공은 고정된 개념이 아니다. 인생은 구름 낀 가을 하늘을 항해하는 것과 같다. 성실한 자세로 노력하면 구름이 어찌 구름일 수 있겠는가?"

이제 휠라 본사까지 인수한 만큼 노력하기에 따라서는 나이키와 아디다스를 누르고 능히 정상에 오를 수 있다. 이웃 일본의 아식스가 가지 못한 길을 가는 셈이다. 한국은 일본과 달리 프로 농구와 프로 축구, 프로 야구, 프로 골프 등이 모두 활성화되어 있다. K-Pop의 성공 사례도 있다. 현재 여러모로 그에게 유리한 환경이 조성되고 있다. 중국이 조만간 세계 최대의 스포츠 제품 시장으로 부상할 공산이 커졌기 때문이다. 그는 2013년부터 북경과 상해 등에 플래그십 매장을 설치할 복안이다. 그의 향후 포부다.

"수익이 나면 자동적으로 투자가 몰려오기 마련이다. 중국에도 이런 방식이 통할 것이다. 중국 시장의 잠재력 등을 감안할 때 회사의 성장 가능성이 매우 높다."

중국은 골프 인구가 폭발적으로 늘어나고 있다. 그럼에도 골프용품과 골프장 등 인프라는 여전히 부족한 상태다. 그의 행보는 『손자병법』「구지」에서 주변 상황 변화에 따른 발 빠른 임기응변 대처로 평할 만하다. 삼성 신화를 익히 아는 국민들이 휠라코리아의 글로벌 시장 석권을 의심하지 않는 이유다.


## 임무만 알려라

장수는 관례를 깨는 파격적인 포상인 무법지상無法之賞을 행하고, 상규常規를 뛰어넘는 법령인 무정지령無政之令을 반포한다(적을 굴복시키기도 전에 군법과 군령에 따른 포상을 미리 시행할 수는 없으나 그렇다고 포상을 내걸지 않을 수도 없는 일이다. 『사마법』에 이르기를 "적과 대적할 때는 파격적인 포상을 내걸어 병사들의 사기를 높이고, 승리 후에는 그 공에 따라 대대적인 포상을 해야 한다"고 했다. 장수가 현장에서 파격적인 포상과 상규를 뛰어넘는 법령을 반포하는 이유가 여기에 있다). 전군을 마치 한 사람을 부리듯 자유자재로 다루는 배경이 여기에 있다(본문 범삼군지중犯三軍之衆의 범犯은 용用과 통한다. 여기서는 상벌을 명확히 해야 한다는 취지를 밝히고 있다. 그래야만 수많은 병사를 마치 한 사람을 부리듯 할 수 있다). 장수는 부하에게 임무를 맡길 때 작전 의도를 알려 주어서는 안 된다. 위험한 임무를 맡길 때도 유리한 사항만 알려 주고 불리한 사항을 알려 주어서는 안 된다(알려 줄 경우 위험한 결과에 대해 회의를 품을 수도 있고 정보가 새나갈 수도 있기 때문이다). 병사들은 극히 위험한 망지亡地에 내던져야 필사의 각오로 적을 물리칠 수 있고, 살아남지 못할 사지에 빠뜨려야 생존본능으로 인해 죽을 고비를 넘기고 살아남을 수 있다(이 경우 병사들은 필사의 각오로 싸우는 까닭에 망지와 사지에서도 패하지 않고 살아남는다.『손빈병법』에 이르기를 "병사는 사지에 내던져지지 않으면 공포에 떨게 된다"고 했다). 무릇 죽기를 각오하고 싸우는 군대는 열악한 처지에 놓여야 비로소 분투하며 싸움을 승리로 이끈다. 용병할 때 적의 의도를 깊이 검토하는 이유가 여기에 있다(적을 기만하려면 짐짓 어리석은 모습을 보여야 한다. 혹자는 말하기를 "적이 적극 공세로 나오면 군사를 매복한 뒤 물러나는 식으로 유인하고, 적이 물러나려고 하면 군사를 앞질러 보내는 식으로 적극적인 공세를 가해 격퇴한다"고 했다). 이같이 하면 병력을 집결한 뒤 한 지역을 목표로 삼아 적지 안으로 1000리나 깊숙이 쳐들어갈지라도 단숨에 적장을 죽일 수 있다(아군의 병력을 결집시킨 가운데 미끼를 내걸어 적을 유인하는 것을 말한다. 적지 안으로 1000리나 깊숙이 쳐들어갈지라도 능히 적장의 목을 베는 것은 물론 포로로 잡을 수 있는 이유다). 이를 일컬어 절묘한 계책으로 승리를 거둔다는 뜻의 교능성사巧能成事라고 한다(이런 일은 뛰어난 계책을 구사하는 자만이 할 수 있다). 전쟁이 결정되면 국경의 관문을 막고 통행증을 폐지하고, 기밀 누설을 막기 위해 적국 사절의 왕래를 허락하지 말아야 한다(기본 전략이 마련되면 먼저 국경의 관문과 교량 등을 폐쇄해 사람들이 오가지 못하게 한다. 이때 국론을 분열시키며 사기를 꺾는 논의가 일어나지 않도록 주의한다. 백성과 병사들의 결전 투지를 해칠까 우려되기 때문이다). 조정에서 군사 회의를 열고 거듭 신중히 검토해 계책을 마련한 뒤 기밀이 누설되지 않도록 엄중히 단속한다(기밀을 엄수한다는 뜻으로 사용된 주사誅事의 주誅는 단속한다는 뜻의 치治와 통한다). 적국이 허점을 드러내면 신속히 진공한다(적에게 빈틈이 보이면 적이 방비 태세를 갖추기 전에 급속히 쳐들어가야 한다). 진공 즉시 적의 요충지부터 기습적으로 점거한다(반격 거점으로 활용될 수 있는 이점을 미리 제거해 주도권을 장악하기 위한 것이다). 적이 반격을 가할 여유를 조금도 허용하지 않아야 한다(「군쟁」에서 지적했듯이 설령 적보다 늦게 출발했을지라도 앞질러 목적지에 이르는 계책 등이 이에 해당한다). 이때 기존의 교범과 전략 전술을 묵수墨守하려는 경직된 자세를 과감히 버리고, 오로지 적의 움직임을 좇아 기민하게 대응하는 임기응변 자세가 절실히 필요하다(통상적인 병법 이론을 내던지고 상황에 따른 임기응변이 필요하다는 취지다). 전투가 시작되기 직전에는 마치 처녀처럼 조용한 모습을 보여 적으로 하여금 경계를 소홀히 하도록 유인한다. 전투가 시작된 후에는 마치 덫에서 빠져나온 토끼처럼 재빨리 기습 공격을 가해 적이 미처 저항할 겨를이 없도록 만들어야 주도권을 장악할 수 있다(짐짓 처녀처럼 연약한 척하면 싸움이 시작된 후 적을 더욱 놀라게 만드는 효과가 있다. 이후 덫에서 풀려난 토끼처럼 적이 전혀 예상하지 못한 수법으로 적의 빈틈을 노려 기습 공격을 가하면 효과적으로 공략할 수 있다).

망지亡地라는 표현은 이 대목에서 처음으로 등장한다. 살아남지 못할 사지 다음으로 위험한 곳을 말한다. 조조는 이 대목에 대한 주서에서 처음으로 『손빈병법』을 인용한다. 『손빈병법』「진기문루陳忌問壘」에서 손빈은 위기 상황 타개 방안을 묻는 질문에 위나라 장수 방연을 포획한 예를 들어 병사들을 사지에 내던지는 방안을 제시한다. 조조의 주석은 그가 생존할 당시만 해도 『손자병법』과 함께 『손빈병법』이 동시에 존재했음을 방증한다.

여기서 주목할 것은 전쟁의 진행 과정을 수줍은 모습의 처녀와 덫에서 빠져나온 토끼에 비유한 대목이다. 조조는 적을 기만해 착각에 빠뜨린 후 전혀 예상하지 못한 수법으로 빈틈을 노려 기습 공격을 가하는 것으로 풀이했다. 장수가 일련의 작전을 수행할 때 휘하 장수와 병사들에게 작전 의도는 물론 행군로조차 알려 주어서는 안 되는 것은 바로 이 때문이다.

당나라 때 「구지」의 이런 가르침을 뒷받침하는 실화가 있다. 당나라는 당현종 때 일어난 '안록산의 난'을 계기로 절도사들이 사실상의 독립국을 유지하는 바람에 크게 어지러웠다. 시간이 갈수록 그런 경향이 더욱 심해졌다. 당나라 말기인 당헌종 원화 9년(814) 7월, 창의절도사 오소양이 병사하자 장남 오원제가 이를 속인 채 부친이 중병에 걸려 있다고 보고한 뒤 스스로 군무를 장악했다. 당나라 조정이 그 내막을 알아보기 위해 어의를 보내려 했으나 모두 오원제에 의해 거절당했다. 오소양이 죽은 지 40일째 되던 날 시신 썩는 냄새가 진동했다. 휘하 장수 소조 등이 입조를 권하자 오원제는 곧바로 이들마저 제거했다. 이 사실을 안 당헌종이 오원제의 관직을 삭탈했다.

이후 궁지에 몰린 오원제가 은밀히 세력을 키우자 당헌종은 태자첨사太子詹事로 있는 이소李愬로 하여금 오원제 부대를 토벌하게 한다. 이소는 계략에 밝은 모장謀將이었다. 특히 그는 투항한 적장을 이용하는 데 탁월한 재주를 보였다. 당시 이소는 항장 오수림의 건의를 적극 받아들여 오원제의 회서군 기병대장 이우를 생포했다. 당연히 이우는 회서군의 내부 사정을 훤히 꿰고 있었다.

필승을 거두기 위해서는 천시와 지리, 인화 중 어느 하나라도 빠지면 안 된다. 이소가 대공을 세울 때 이 세 가지 조건이 절묘하게 맞아떨어졌다. 얼마 후 이소가 채주 기습의 계책을 실행에 옮겼다. 이우 등에게 명해 결사대 3000명을 이끌고 선봉에 서게 하고, 자신은 3000명의 군사로 구성된 중군을 이끌었다. 이어 휘하 장수 이진성에게 3000명의 군사를 이끌고 군진의 후위를 맡게 했다. 이때 중국의 역대 전사에서 매우 희귀한 사태가 빚어진다.

『구당서』 등의 기록에 따르면 당시 이소의 군사가 출진할 때 병사들 모두 어디로 가는지 전혀 알지 못했다. 이소는 단지 "동쪽으로 간다"고만 말했다. 「구지」에 나오는 "장수는 부하에게 임무를 맡길 때 작전 의도를 알려 주어서는 안 된다"는 가르침을 충실히 좇은 것이다.

60리를 갈 즈음 밤이 되어 장시촌張柴村에 이르렀다. 잠시 휴식을 취한 뒤 군사 500명을 남겨 두어 낭산朗山을 넘어오는 적의 구원병을 차단하게 한 뒤 정사량에게 명해 병사 500명을 이끌고 가 회곡과 주변 다리를 모두 끊게 했다. 그러고는 야음을 이용해 강행군에 나섰다. 이때 정기旌旗가 찢어질 정도로 많은 눈이 내리고 바람이 크게 불었다. 얼어 죽는 장병과 말이 매우 많았다.

장시촌에서 동쪽으로 가는 길은 관군이 한 번도 가지 않은 길이었다. 병사들 모두 틀림없이 죽게 될 것이라며 크게 두려워했으나 군령이 두려워 감히 입을 열지 못했다. 제장들이 재차 행선지를 묻자 이소가 비로소 오원제 토벌의 취지를 밝혔다. 장수들의 안색이 일순 창백해졌다. 환관 출신 감군監軍이 울며 소리쳤다.

"우리 모두 이우의 간계에 빠진 것이다!"

눈발이 더욱 굵어지는 가운데 다시 70리를 행군해 마침내 채주성蔡州城 부근에 이르렀다. 성 주변에 아압지鵝鴨池가 있었다. 이소가 병사들에게 오리들을 놀라게 해 시끄럽게 만들었다. 오리들의 시끄러운 소리에 병사들 발자국 소리가 이내 파묻혔다. 반기를 든 이후 30여 년 동안 관군이 온 적이 없는 까닭에 채주성은 그야말로 무방비 상태였다. 이소의 군사가 성 아래에 당도한 새벽 3시 가까이가 되도록 아무도 이를 알지 못했다.

이소가 갈고리를 이용해 먼저 성벽 위로 올랐다. 곤히 잠든 수문병을 모두 처치한 뒤 시간을 알리기 위해 딱따기를 치는 병사만 남겨 두었다. 전과 다름없이 딱따기가 울리자 이내 문이 열리고 사람들이 성 안으로 들어 왔다. 모든 것이 이전과 다름없었다. 성 안팎 사람들 모두 밤새 무슨 일이 일어났는지 알 길이 없었다. 얼마 후 새벽닭이 울고 눈이 그쳤다. 누가 오원제에게 고했다.

"관군이 쳐들어왔습니다!"

침상에 누워 있던 오원제가 웃으며 말했다.

"감옥에 갇혀 있는 자들은 모두 도둑들뿐이다. 아침에 모두 참수할 것이다."

또 다른 자가 보고했다.

"성이 함락됐습니다!"

오원제가 말했다.

"이는 회곡 땅에 있는 군사들이 추위를 막을 옷을 구하러 온 것이다."

오원제가 천천히 일어나 마당으로 나가자 멀리서 이소의 군사가 호령하는 소리가 들려 왔다.

"늘 대기하며 명을 전하도록 하라."

1만여 명의 목소리가 일시에 응했다. 늘 대기한다는 표현은 상시常侍다. 오원제가 말했다.

"무슨 놈의 상시가 여기까지 왔다는 말인가!"

오원제는 상시를 황제 비서관으로 해석한 것이다. 그는 곧 좌우의 친병들을 이끌고 아성牙城으로 올라갔다. 이때 오원제의 휘하 장수 동중질이 이끄는 1만여 명의 정예병은 회곡 땅에 있었다. 이소가 말했다.

"오원제가 기대하는 것은 오직 동중질의 구원병뿐이다!"

곧 동중질의 집을 찾아가 정중히 예우하면서 그의 아들을 시켜 투항을 권하는 효유문曉諭文을 전하게 했다. 동중질이 이내 단기로 달려와 이소에게 투항했다. 이소가 휘하 장수 이진성을 보내 아성을 치게 했다. 아성의 바깥문이 부서지자 무기고가 이진성의 손에 들어갔다. 다음 날 재차 공격해 남문을 불태웠다. 한낮쯤에 성루가 무너져 내리자 오원제가 아성의 성벽 위에서 죄를 청하며 항복했다. 이튿날 이소가 오원제를 함거에 실어 장안으로 압송하면서 재상인 배도에게 승전보를 올렸다. 이상이 사서의 기록이다.

원래 아성은 장군이 지휘하는 성곽의 중심부를 말한다. 이는 외성과 내성으로 이루어진 고구려 성곽에서 유래했다. 대장이 올라가 병사들을 지휘하던 내성이 곧 아성에 해당한다. 당시 이소가 채주성을 급습해 오원제를 토벌하는 과정을 보면 「구지」의 가르침을 그대로 실천한 것임을 알 수 있다. 전투가 시작되기 전에는 마치 수줍은 처녀처럼 조용한 모습을 보여 적의 방심을 유도하고, 전투가 시작된 후에는 마치 덫에서 빠져나온 토끼처럼 재빠른 기습 공격을 가해 승리를 낚은 결과다. 똑같은 상시를 두고 전혀 다르게 해석한 것이 이를 상징한다. 망할 때는 똑같은 말도 이처럼 다르게 해석하기 마련이다. 방심 탓이다.

제12장

# 비 리 부 동
## 非 利 不 動

---

이익이 없으면
움직이지 마라

...

[화공火攻]

화공
火攻

조조가 말했다.
불로 공격할 때는
천기의 변환 시점을
잘 택해야 한다.

## 도구부터 준비하라

손자가 말했다. 화공火攻에는 다섯 가지 유형이 있다. 적군의 막사를 불태우는 화인火人, 적군이 쌓아둔 곡식과 양초를 불태우는 화적火積, 적의 치중輜重을 불태우는 화치火輜, 적의 창고를 불태우는 화고火庫, 적의 군량 보급로인 양도糧道 등을 불태우는 화대火隊가 그것이다. 화공을 행하려면 반드시 일정 조건을 갖춰야 한다(화공은 적군 내에 아군에게 동조하는 첩자가 있어야 한다). 불을 붙이려면 평소 도구와 재료를 반드시 미리 준비해 두어야 한다(불을 붙인다는 것은 곧 도구와 재료를 전제로 한 것이다). 화공을 가할 때는 적절한 시기를 보아야 하고, 불을 놓을 적절한 날을 택해야 한다. 적절한 시기는 건조한 계절을 말한다(건조한 계절은 가뭄이 드는 가을이나 겨울을 뜻한다). 적절한 날은 기성箕星, 벽성壁星, 익성翼星, 진성軫星 등 네 개 별자리가 지나는 날을 말한다. 무릇 달이 이 네 개의 별자리를 통과할 때가 바로 바람이 이는 날이다.

『손자병법』에 「화공」이 편제된 가장 큰 이유는 춘추전국시대를 포함한 고대 병법가들이 불을 질러 적을 제압하는 화공을 즐겨 사용했기 때문이다. 즐겨 화공을 사용했다는 것은 속전속결의 필요성에 대한 반중이다. 지구전에 따른 재정 고갈과 민생 피폐를 막기 위해서는 신속히 승리를 거두는 방법을 택할 수밖에 없다. 화공 전술은 「모공」에서 역설하는 "온전한 승리에 따른 전리戰利"를 포기한 데 따른 최후 수단에 해당한다. 전리를 챙기기보다는 전화戰禍를 최소화하기 위한 고육책의 성격을 띤다. 사서에 '화공' 사례가 많이 나타나지 않는 이유다.

정사 『삼국지』와 『자치통감』에 등장하는 화공 사례는 크게 세 가지다. 관도대전 때 조조가 원소의 군량 기지인 오소를 불태워 승기를 잡은 화소오소火燒烏巢, 적벽대전 때 오나라 주유가 조조의 군선을 일거에 불태운 화소적벽火燒赤壁, 이릉대전 때 오나라 육손이 유비의 연이은 영채를 불태운 화소이릉火燒夷陵이 그것이다. 『삼국연의』는 제갈량을 미화하기 위해 이들 세 가지 화공 이외에도 화소박망火燒博望과 화소신야火燒新野, 화소상방곡火燒上方谷의 세 가지 화공 일화를 삽입시켜 놓았다. 말할 것도 없이 허구다.

『삼국연의』가 제갈량의 신출귀몰한 용병술을 드러내기 위해 굳이 화공으로 점철된 허구를 삽입시킨 것은 독자들에게 통쾌감을 안겨 주기 위한 것이다. 화공은 수공에 비해 화끈하다. 수공은 저수지를 판 뒤 물이 넘칠 때까지 기다려야만 한다. 시간이 많이 소요되는 까닭에 독자들이 지루해할 수 있다. 가장 큰 제약은 반드시 작전을 전개하는 지역 주변에 큰 강 등이 있어야 하는 점이다. 화공은 아무런 제약이 없다. 나관중이 제갈량을 미화하기 위해 시종 화공의 허구를 끼워 넣은 이유다.

정사 『삼국지』와 『자치통감』에 기록된 3대 화공 역시 이런 맥락에서 이해할 수 있다. 싸움이 전격전 내지 전면전 양상을 띨 때 화공만큼 일시에 커다란 효과를 얻을 수 있는 전술이 없다. 하북의 패권을 다툰 관도대전, 조조의 천하통일 성사 여부를 가늠한 적벽대전, 유비와 손권의 해묵은 갈등이 폭발한 이릉대전 모두 화공으로 일관한 배경이 여기에 있다. 조조와 주유, 육손 모두 『손자병법』「화공」내용에 크게 공명했음을 암시하는 대목이다. 여기서 삼국시대의 3대 대전인 관도대전과 적벽대전, 이릉대전을 관통한 화공의 전후 진행 과정과 배경 등을 통해 그 이해득실을 간략히 살펴보기로 하자.

건안 5년(200) 9월, 관도대전이 한창 진행될 때였다. 원소와 조조 군사의 차이가 너무 컸다. 조조군은 수도 적고 군량도 얼마 안 됐다. 원소군의 대규모 병력과 접전하느라 병사들이 극도로 피로해졌다. 백성들도 세금을 견디기 어려워 분분히 조조를 배반하고 원소에게 귀부했다. 조조가 순욱에게 서신을 보내 허현으로 돌아간 뒤 원소를 유인하는 계책을 구사하려고 하자 순욱이 급히 회신을 보내 이를 막았다. 조조는 순욱의 뜻을 좇아 성을 굳건히 지키며 대치했다.

조조가 군량을 운반하는 사람들을 보고 이같이 위로했다.

"보름이 지나면 원소를 깨뜨려 너희들을 다시는 고생시키지 않도록 하겠다."

얼마 후 원소의 군사가 수천 대의 수레에 양곡을 가득 싣고 관도에 도착했다. 순유가 조조에게 건의했다

"군량 운송을 책임진 원소군의 한맹韓猛은 비록 정예하기는 하나 적을 우습게 보는 자입니다. 그를 치면 반드시 승산이 있습니다."

"누구를 보내는 것이 좋겠소?"

"서황徐晃이 적격입니다."

편장군 서황이 한맹을 격퇴하고 치중을 모두 불살라버렸다. 그해 겨

울 10월, 원소가 또 좌우에 명해 군량을 운송하도록 하면서 그의 부장 순우경에게 1만 명의 군사를 이끌고 가 수레를 호송하게 했다. 이들이 원소의 영채에서 북쪽으로 40리 되는 곳에서 야영하게 되자 저수가 원소에게 건의했다

"별도 군사를 편성해 군량 운송 수레의 외곽을 보호하도록 해 조조의 양곡 탈취를 막아야 합니다."

원소가 듣지 않자 조조, 원소와 어릴 때부터 친구로 지냈던 허유許攸가 다른 계책을 제시했다.

"조조는 적은 병력을 모두 동원해 우리를 막고 있으니 허현은 방비가 반드시 허술할 것이오. 경병輕兵을 보내 야음을 틈타 기습하면 가히 허현을 취할 수 있소. 허현을 취해 천자를 맞아들인 뒤 조조를 토벌하면 조조는 이내 포로가 될 수밖에 없소. 설령 허현을 일시에 함락하지 못할지라도 조조가 앞뒤로 분주히 뛰어다녀야 하니 그를 능히 깨뜨릴 수 있을 것이오."

객관적으로 볼 때 당시 상황에서 허유의 계책은 한꺼번에 두 마리 토끼를 잡을 수 있는 최상의 계책이었다. 그러나 원소는 너무 자신감에 넘쳐 있었다.

"나는 우선 조조부터 취할 것이오!"

원소는 조조를 무너뜨린 뒤 곧바로 새 왕조를 세워 보위에 오를 생각이었다. 전풍과 저수, 허유가 관도대전 이전부터 잇달아 헌제를 모시는 방안을 제시했으나 이를 일언지하에 거절한 배경이 여기에 있다. 성급한 욕심이 화를 불렀다고 해도 과언이 아니다. 상황을 너무 낙관적으로 바라보고 자만한 후과다.

당시 허유 집안의 사람이 법을 어긴 일이 있었다. 심배가 그를 잡아들이자 허유가 이에 분노해 조조에게 투항했다. 조조가 허유가 왔다는 얘기를 듣고 신발도 신지 않은 채 맨발로 달려 나와 영접하는 자리에서 박장대소하며 말했다.

"자경원래子卿遠來하니 나의 사업이 완성됐소!"

허유의 자字가 자원子遠이다. '자경원래'는 '자가 자원인 허유 선생이 멀리서 왔다'는 뜻이다. 자에 경卿이라는 경칭을 붙이는 경우는 거의 없다. 당시 그가 얼마나 기뻐했는지를 짐작할 수 있는 대목이다. 조조가 허유와 함께 자신의 장막으로 들어와 앉자 허유가 조조에게 물었다.

"원소의 군사가 강성한데 무엇을 가지고 대적하려는 것이오? 지금 식량은 얼마나 남았소?"

"아직 1년은 버틸 수 있소."

"그렇게 많을 리 없소. 다시 말해 주시오."

"가히 반년은 버틸 만하오."

"그대는 원소를 격파할 생각이 없소! 왜 진실을 얘기하지 않는 것이오?"

조조가 웃으며 대답했다.

"방금 한 얘기는 농담이었소. 사실 한 달 치밖에 없으니 어찌하면 좋겠소?"

허유가 말했다

"그대는 외로운 군사로 홀로 지키고 있는데다 외부 지원도 없고 더구나 양식마저 이미 바닥나고 있소. 참으로 위급한 상황이오. 원소의 치중은 지금 1만여 대가 고시故市와 오소烏巢에 있으나 이를 지키는 군사의 방비가 허술하오. 만일 경병을 보내 불시에 급습해 이를 태우면 3일도 안 되어 원소는 싸우지도 못한 채 패할 것이오."

조조가 이를 좇아 조홍과 순유에게 군영을 지키도록 한 뒤 직접 보병과 기병 5000명을 이끌고 나갔다. 각자 땔감으로 쓸 마른 풀을 들고 한밤에 옆길을 따라 숨을 죽인 채 길을 떠났다. 노상에서 만난 사람들이 행군의 이유를 묻자 천연덕스럽게 말했다.

"원공이 조조가 군진의 후방을 칠까 염려스러워 군사를 보내 수비를 더욱 굳건히 하려는 것이오."

사람들은 조조의 군사가 원소군의 깃발을 든 까닭에 아무런 의심도 하지 않은 채 모두 일상처럼 일했다. 조조의 군사가 드디어 오소에 도착해 영채를 포위한 후 가지고 온 마른 풀에다가 불을 질렀다. 영내 군사들이 모두 놀라 큰 소란에 빠졌다. 바로 날이 밝자 순우경이 조조의 군사가 적은 것을 알고 영문을 열고 출격했다. 조조가 급히 반격을 가하자 크게 놀라 군영 안으로 들어간 뒤 영문을 굳게 닫았다. 조조가 잇달아 군영을 공격했다. 보고를 접한 원소가 전혀 놀란 기색도 없이 오히려 아들 원담을 돌아보며 이같이 호언했다.

"설령 조조가 순우경을 격파하더라도 나는 그의 군영을 공략할 것이다. 그리 되면 그는 돌아갈 곳조차 없게 될 것이다."

곧 부장 고람高覽과 장합張郃 등에게 명해 조조의 군영을 치게 했다. 장합이 이의를 제기했다

"조조는 정예병을 이끌고 갔기 때문에 반드시 순우경을 격파할 것입니다. 순우경이 패하면 대사는 곧 끝나게 됩니다. 시급히 순우경을 구해야 합니다."

그러나 곽도郭圖는 끝까지 조조 군영을 칠 것을 주장했다. 장합이 반박했다

"조조의 군영은 견고해서 공략할 수 없소. 만일 순우경이 잡히면 우리 모두 포로가 되고 말 것이오."

원소가 절충안을 취했으나 사실 곽도의 계책을 좇은 것이나 다름없었다. 순우경에게는 경기병만 보내 구원하도록 조치한 뒤 여타 장수들 모두 전군을 이끌고 가 조조의 군영을 치도록 한 것이 그렇다. 조조의 군영을 함몰시킬 수만 있다면 크게 탓할 수는 없었다. 그러나 그게 말처럼 쉬운 일이 아니었다. 원소가 파견한 경기병이 오소에 도착했을 때 조조 군의 한 사람이 말했다.

"적의 기병이 점점 가까이 오니 군사를 나누어 막아야 합니다."

조조가 일축했다.

"적이 등 뒤까지 다가왔을 때 다시 보고하도록 하라!"

조조 군이 모두 죽기로 싸워 원소의 경기병을 대파했다. 여세를 몰아 순우경의 목을 벤 후 원소군의 양초를 모두 불태웠다. 조조의 병사들이 원소군의 병사 1000여 명의 코를 베고 우마의 주둥이와 혀를 잘라 원소군에게 보냈다. 원소군이 크게 놀라 두려워했다. 이게 관도대전의 승패를 가르는 결정적인 배경으로 작용했다. 후대 사가들이 관도대전을 소수의 병력으로 모든 면에서 압도적인 우위를 점한 대병력을 격파한 '이소격중以少擊衆'의 대표적인 사례로 꼽는 이유다.

이순신 장군도 왜란 때 얼마 안 되는 함선을 이끌고 가 왜선을 대파한 이소격중의 전공을 세운 바 있다. 세계의 전쟁 사가들은 이를 세계 8대 해전의 하나로 꼽는다. 국가 총력전으로 전개되는 21세기 글로벌

경제 전쟁에서도 『손자병법』 「화공」에 나오는 전술을 적극 활용할 수만 있다면 능히 이소격중의 대공을 세울 수 있다. 관건은 이종격투기가 적나라하게 보여 주듯이 적시에 온 힘을 모아 상대방의 가장 취약한 급소를 치는 데 있다. 적벽대전 당시의 화공이 그 대표적인 사례에 해당한다.


## 바람을 따르라

무릇 화공을 가할 때는 다음 다섯 가지 상황 변화에 따라 대처한다. 첫째, 불이 적진 안에서 일어나면 밖에서 때에 맞춰 호응해 공격한다(재빨리 매복한 병력 등을 움직여 호응하는 것을 말한다). 둘째, 적이 불이 났는데도 침착하게 안정을 유지하면 밖에서 상황을 지켜보아야 하고 조급히 공격해서는 안 된다. 불길이 가장 거세게 타오를 때 공격이 가능한 상황이면 공격하고, 불가능한 상황이면 포기한다(화공은 허를 찌르는 전술인 까닭에 여러 조건이 맞아떨어질 때에 한해 진격한다. 적에게 발각되어 상황이 어렵다고 판단될 때는 과감히 물러나야 한다). 셋째, 불을 적진 밖에서 붙일 수 있으면 적진 안에서 내응하기를 기다리지 말고 적절한 시기에 불을 질러야 한다. 넷째, 바람이 불 때 불은 바람 부는 쪽으로 놓아야 하고, 바람을 안은 채 화공을 가해서는 안 된다(바람을 안은 채 불을 놓고 공격하면 불리하다). 다섯째, 바람이 낮에 오랫동안 지속적으로 불면 밤에는 이내 잠잠해진다는 것을 알아야 한다(낮과 밤의 차이를 비교하면 알 수 있듯 당연한 이치다). 무릇 군대는 반드시 상황에 따른 이

다섯 가지 화공 변화 이치를 잘 알고, 기상 변화 시기를 헤아려 작전을 실행해야 한다.

「화공」이 여기서 초점을 맞추는 것은 '바람'이다. 아무리 철저히 화공을 준비했을지라도 불을 활활 타게 하는 기본 동력인 바람이 불지 않으면 허사다. 화공과 바람을 21세기 경제 경영 전략으로 풀이하면 천하대세 시류에 올라타는 것을 뜻한다. 아무리 천하의 부를 한 손에 거머쥐는 뛰어난 지략과 포부를 지녔을지라도 시류와 맞아떨어지지 않으면 결코 성공할 수 없다.

바람에 의해 승부가 엇갈린 대표적인 전례를 들라면 단연 삼국시대의 적벽대전을 들 수 있다. 『삼국연의』는 제갈량이 남병산에서 동남풍을 부르는 모습을 극적으로 그려 놓았다. 말할 것도 없이 적벽대전 승리를 제갈량의 몫으로 둔갑시키기 위한 허구다. 정사 『삼국지』에는 제갈량이 동남풍을 부른 사실이 나오지 않는다. 적벽대전을 주도한 인물도 오나라 장수 주유다.

사실상의 적벽대전 주인공 주유가 본격적으로 움직이기 시작한 것은 건안 13년(208) 11월 초다. 그는 오나라의 전군을 이끌고 조조와 일전을 결하기 위해 한수가 장강에 합류하는 지점인 삼강구三江口 쪽으로 진군했다. 당시 유비는 휘하 군사를 이끌고 번구樊口에 진을 친 뒤 매일 척후병을 강변으로 보내 손권의 군사가 오는지를 알아보도록 했다. 주유의 배가 다가온다는 보고를 접한 유비가 사람을 보내 주유의 노고를 치하한 뒤 번구로 와줄 것을 부탁했다. 주유가 일언지하에 거절했다.

"나는 임무 때문에 자리를 비울 수가 없소. 유예주가 오는 것이 합당하겠소."

유비가 작은 배를 타고 가 처음으로 주유와 인사를 나눈 뒤 가장 궁금한 내용부터 물었다.

"조조를 막으려면 치밀하게 계책을 마련해야 할 것이오. 지금 오나라 군사는 모두 얼마나 되오?"

"3만 명입니다."

"약간 적은 것이 애석하오."

주유가 쏘아붙였다.

"이 정도면 충분히 대적할 수 있습니다. 내가 적을 깨뜨리는 것이나 구경토록 하시오."

유비가 부끄러운 나머지 더 이상 묻지 못하고 번구로 돌아갔다. 주유가 계속 전진하자 조조의 군사와 마침내 적벽에서 만나게 됐다.

바야흐로 적벽대전에 대한 묘사는 '화소적벽' 대목에서 절정을 이룬다. 당시 상황을 시간별로 추적해 보자. 그해 11월 15일, 드디어 결전의 날이 다가왔다. 주유는 화공을 펼칠 계책을 면밀히 세워 놓았다. 당시 조조 군은 장강 서북쪽에 위치해 있었다. 전함들을 모두 끌어다가 거대한 수채를 만들어 놓았던 까닭에 화공을 펼치기에 안성맞춤이었다. 방통의 연환계에 넘어갔기 때문이 아니라 조조 스스로 이같이 하는 것이 수군 훈련과 함선 관리에 유리하다고 판단한 데 따른 것이다.

황개는 불을 지를 화선火船 20척을 준비하고 뱃머리마다 큰 못들을 빽빽하게 박아 놓았다. 배 안에는 갈대와 마른 섶이 가득했다. 그 위에 생선 기름을 뿌리고 위에는 유황과 염초 등을 얹은 뒤 천 등으로 덮어

씌웠다. 주유의 명이 떨어지기만을 기다렸다. 날이 저물자 서북쪽으로 바람이 일기 시작했다. 주유가 먼저 감녕甘寧에게 명했다.

"남쪽 언덕을 따라 조조 군의 군량이 쌓여 있는 오림烏林 방면으로 가도록 하시오. 군중에 깊이 들어가거든 곧바로 불을 들어 신호를 보내도록 하시오."

여몽에게 명해 군사 3000명을 이끌고 가 감녕을 돕도록 했다. 또 능통에게는 지금의 호북성 의창시 동남쪽에 있는 이릉夷陵 방향의 길을 끊은 뒤 오림에서 불이 오르면 곧바로 합세하도록 했다. 주유의 휘하 장수들이 각자 군사를 이끌고 길을 나누어 떠났다. 주유는 이어 황개에게는 심복을 시켜 조조에게 글을 보내 오늘 밤에 항복하러 가겠다고 약속하게 했다. 나머지 수군은 네 개 부대로 나누어 전선 1000여 척을 이끌고 황개 뒤를 쫓게 했다.

명을 하달한 뒤 주유 자신은 노장 정보와 함께 지휘선인 몽충艨衝에 올랐다. 일명 몽동艨艟으로도 불리는 몽충은 선체가 좁고 길며 소가죽을 씌운 배를 말한다. 배의 양 측면 아래쪽에 구멍이 나 있어 배 안의 오물을 버릴 수 있고, 위쪽에도 구멍이 나 있어 활을 쏘거나 긴 창으로 찌를 수 있었다. 이는 지금의 전함에 해당한다. 당시 주유는 서성과 정봉을 좌우 호위로 삼은 뒤 노숙에게는 뒤에 남아 본채를 지키도록 했다. 바람이 거세게 불 때를 기다려 총공격령을 내릴 생각이었다. 이런 사실도 모른 채 조조는 수채 안에서 여러 장수들과 함께 대책을 논의하며 황개한테서 소식이 오기를 기다렸다. 동남풍이 세차게 불었다. 정욱이 충고했다.

"오늘 동남풍이 심하니 미리 방비함이 좋을 듯합니다."

조조가 허허 웃으며 대답했다.

"동짓날이 되면 음기가 줄어들기 시작하면서 양기가 생기는 법이요. 절기가 전환하는 때에 어찌 동남풍이 없겠소. 괴이하게 여길 일은 아니오."

이때 작은 배 한 척이 와 황개의 밀서를 가져왔다고 보고했다. 조조가 그를 불러들여 황개의 서신을 뜯어보았다. 그 글의 사연은 대략 다음과 같았다.

"지금까지 주유의 방비가 엄해 미처 빠져나올 수가 없었습니다. 오늘 파양호에서 새로 운반해 오는 군량이 있어 주유가 저더러 순시하라고 하기에 탈출할 기회를 얻었습니다. 강동의 장수 몇 명을 죽여 그 수급을 갖고 가 투항하고자 하니 오늘 밤 2경에 배 위에 정기를 꽂고 가는 배가 바로 군량을 실은 배인 줄로 아십시오."

조조가 흡족해하며 제장들과 함께 수채 안의 큰 배 위로 올라가 황개의 배가 오기만을 기다렸다. 드디어 2경 가까이 되자 주유가 진군령을 발포했다. 황개의 배가 가장 앞장서서 적벽을 향해 나아갔다. 이때 동남풍이 크게 불어 파도가 높이 일었다. 조조가 멀리 장강 저쪽을 바라보니 이윽고 달이 떠올라 강물을 훤히 비추었다. 조조가 바람을 대하고 앉아 크게 웃으며 의기양양해했다. 이때 문득 한 군사가 손을 들어 앞쪽을 가리키며 말했다.

"저쪽에서 범선 한 떼가 바람을 타고 이쪽으로 오고 있습니다."

다른 군사가 또 보고했다.

"배마다 모두 정기를 꽂았는데, 그중 큰 깃발에는 황개 이름이 크게 쓰여 있습니다."

"황개가 항복해 오니 이는 하늘이 나를 돕는 것이다!"

황개는 10척의 몽충 배를 맨 앞에 내세워 앞으로 나아가다가 강의 중심에 이르러 돛을 올려 배에 속력을 내게 했다. 조조군의 장병들 모두 영채 밖으로 나와 손가락으로 가리키며 황개가 투항하러 온다고 기뻐했다. 배들이 점차 가까이 오자 정욱이 조조에게 말했다.

"오는 배들이 수상쩍으니 수채 가까이 들어오지 못하게 하십시오."

"무엇을 보고 그것을 알 수 있소?"

"군량을 실었으면 배가 필시 무거울 것인데 저기 오는 배를 보니 가볍게 물 위에 떠 있습니다. 게다가 오늘 밤 동남풍이 크게 부니 만약 간사한 계교라도 있으면 무엇으로 막을 것입니까?"

조조가 그제야 깨닫고 즉시 하령했다.

"누가 나가서 저 배를 멈추게 하라!"

문빙이 말했다.

"제가 물에 익숙하니 한번 가보겠습니다."

문빙이 작은 배에 뛰어 내려 손으로 가리키자 10여 척의 배가 뒤를 따랐다. 잠시 후 문빙이 황개의 배에 접근해 큰소리로 말했다.

"승상의 분부이시다. 남쪽의 배는 수채에 가까이 오지 말고 닻을 내리도록 하라."

그러나 그 말이 채 끝나기도 전에 '휘익' 하는 소리와 함께 화살이 비 오듯이 날아들었다. 문빙이 할 수 없이 퇴각하자 순식간에 동남풍을 타고 황개의 배들이 수채 가까운 곳까지 다가왔다. 조조 군의 수채로부터 2리가량 떨어진 곳에 이르렀을 때 황개가 칼을 한 번 공중으로 휘둘렀다. 이를 신호로 앞에 세워 두었던 몽충 배에 일제히 불을 붙였다.

미친 듯이 부는 바람을 타고 불붙은 몽충 배들이 쏜살같이 조조 군의 수채로 나아갔다. 순식간에 불이 수채에 옮겨 붙기 시작했다. 조조 군의 배는 모두 수채 안에 갇혀 있었기 때문에 어디로 피할 곳이 없었다. 수채 안의 배가 활활 타기 시작하면서 화광이 충천했다. 조조가 급히 언덕 위에 있는 영채로 피했다. 수채는 이미 불바다가 되어 있었다. 얼마 후 불이 언덕 위에 있는 조조의 영채에까지 옮겨 붙기 시작했다. 조조의 군사들이 사방으로 도주하느라 정신이 없었다.

이때 주유 등이 이끄는 오나라 군사들이 대거 배에서 내려 북을 울리며 조조 군의 뒤를 맹렬히 추격했다. 창에 찔리거나 화살을 맞아 죽는 자들은 물론 불에 타거나 물에 빠져 죽는 자가 즐비했다. 나관중은 심혈을 기울여 '화소적벽' 대목을 마치 눈앞에 펼쳐지는 파노라마처럼 상세하게 묘사했다. 적벽대전과 관련한 숱한 고사가 인구에 회자되는 배경이다. 그러나 이들 고사는 역사적인 사실과 동떨어진 허구에 기초한 것이어서 예로부터 많은 논란의 대상이 됐다.

화소적벽에 관한 역사상의 기록은 『삼국지』 「주유전」이 가장 그럴듯하다. 이는 적벽대전의 승리가 주유의 공적이라는 사실을 방증한다. 그러나 여기에도 개략적인 내용만 나온다. 배송지는 이곳에 주석을 달면서 『강표전』을 많이 인용했다. 이 또한 소략하기는 마찬가지다. 사마광의 『자치통감』은 화소적벽에 관한 여러 자료를 종합한 것이라고 할 수 있다. 여기에는 황개의 고육계도 나오지 않고, 방통의 연환계도 없으며, 제갈량이 동남풍을 부르는 호풍환우呼風喚雨도 없다.

조조가 참패한 것은 분명한 사실인 만큼 『삼국연의』가 이런저런 허구를 끼워 넣어 제갈량과 관우를 미화하고 조조를 희극적인 인물로 묘사해 놓은 것을 크게 탓할 수는 없다. 중요한 것은 막강한 군세를 자랑한 조조의 대군이 왜 주유의 화공에 맥없이 무너졌는가 하는 점이다.

현재 전문가들의 견해는 크게 두 가지 설로 나뉜다. 화공설火攻說과 역질설疫疾說이 그것이다. 화공설은 주유의 지략에 초점을 맞춘 것으로 주유가 미리 조조군의 약점을 파악해 일찍부터 화공을 준비한 덕분에 승리를 낚았다는 것이 골자다. 『삼국지』 「선주전」과 「주유전」의 기록이 논거로 제시된다. 『자치통감』 기록도 기본적으로 화공설에 입각해 있다.

이에 반해 역질설은 조조의 자만심에 무게 중심을 둔 것으로 조조의 패배는 화공 때문이 아니라 역질이 유행해 전투력을 상실한 데 따른 것이라는 내용을 골자로 한다. 『삼국지』 「무제기」의 기록이 논거로 제시된다. 실제로 여기에는 조조군이 적벽에서 곤욕을 치른 것은 사실이나, 퇴각의 근본 원인은 이 때문이 아니라 전염병이 유행해서 병사하는 장병이 속출한 데 있다고 기록되어 있다. 훗날 조조가 손권에게 보낸 편지가 결정적인 논거로 제시된다.

"적벽의 싸움 때 마침 질병이 돌아 나는 배를 불태우고 스스로 후퇴했소. 그러나 이로 인해 공연히 주유에게 헛된 명성만 얻게 했소."

배송지 주에 인용된 『강표전』에도 유사한 내용이 나온다. 손권 역시 "조조가 나머지 배를 불태우고 스스로 물러났다"고 언급한 바 있다. 역질설을 주장하는 사람들은 이런 사료들을 근거로 화공설이 역사적 사실과 다르다는 주장을 펼치는 것이다.

화공설보다는 역질설이 역사적 사실에 더 가깝다. 그러나 이것이 승승장구하던 조조의 기세를 일거에 꺾은 주유의 공을 낮추는 이유가 될 수는 없다. 조조는 관도대전에서 화공을 통해 천하를 호령하는 계기를 잡았다면, 적벽대전에서는 주유의 화공으로 인해 천하통일의 결정적인 계기를 놓친 셈이다. 『손자병법』 「화공」이 후대에 얼마나 큰 영향을 미쳤는지를 짐작하게 하는 대목이다.

## 감정을 자제하라

화공으로 공격을 보완하면 이기기가 훨씬 용이하고, 수공水攻까지 더해 보완하면 그 위력이 더욱 커진다. 수공은 적을 격리시켜 끊어 놓을 수는 있으나 적의 군수 물자를 결정적으로 훼손하지는 못한다(화공을 공격의 보조 수단으로 쓰면 승기를 결정적으로 굳힐 수 있다. 이에 반해 수공은 적의 퇴로를 끊거나 적군을 분산시킬 때 쓴다. 적의 군량과 보급품을 불태우는 화공처럼 적에게 결정적인 타격을 가하지는 못한다). 무릇 전쟁에서 이겨 적의 영토를 손에 넣었을지라도 재빨리 논공행상을 실행해 그 성과를 공고히 다지지 못하면 화난이 닥친다. 이를 일컬어 헛되이 군사력을 낭비했다는 뜻의 비류費留라고 한다(비류는 마치 호수로 흘러들어간 물이 다시 돌아오지 않는 것과 같다. 혹자는 말하기를 "시기를 놓친 포상은 비류에 지나지 않는다. 포상은 당일을 넘기지 않는 것이 최상이다"라고 했다). 그래서 말하기를 "이치에 밝은 명군은 전공戰功을 따지는 문제를 신중히 고려하고, 양장良將은 이 문제에 신중히 대처한다"고 하는 것이다. 나라에 이익이 없으면 거병하지 않고, 승리의 확신이 없으면 용병하지 않으며, 국난의 위기가 아니면 전쟁을 벌이지 않는다(부득이할 때에 한해 용병하는 병도의 이치를 언급한 것이다). 군주는 한때의 노여움으로 전쟁을 일으켜서는 안 되고, 장수 또한 한때의 분노로 전투를 해서는 안 된다. 나라의 이익에 부합하면 움직이고, 그렇지 못하면 곧바로 멈춘다(군주나 장수의 사사로운 기쁨과 노여움을 좇아 용병해서는 안 된다는 점을 역설한 것이다). 무릇 노여움은 기쁨으로 바뀔 수 있고, 분노는 즐거움으로 바뀔 수 있다. 한 번 멸망한 나라는 다시 세울 수 없고, 한 번 죽은 자는 다시 살릴 수 없다. 명군이 전쟁을 일으키는 것을 삼가고, 양장이 전쟁을 경계하는 이유다. 이것이 나라를 안전하게 하고 군대를 보전하는 안국전군安國全軍의 방법이다.

이 대목에서의 핵심은 "군주는 한때의 노여움으로 전쟁을 일으켜서는 안 되고, 장수 또한 한때의 분노로 전투를 해서는 안 된다"는 구절이다. 대표적인 사례로 삼국시대 당시 유비가 일으킨 이릉대전을 들 수 있다. 배경에 관해 여러 해석이 있으나 전쟁의 진행 양상만큼은 유비의 분노와 아집으로 점철되어 있다. 반면교사로 삼을 만하다.

원래 100년에 걸친 삼국시대를 크게 3기로 나눌 경우 '화소오소'와 '화소적벽'이 분기점으로 작용한다. 적벽대전의 화소적벽을 계기로 명실상부한 삼국정립三國鼎立이 조성된 사실이 이를 뒷받침한다. 그런 점에서 삼국시대 후기 촉한과 오나라 사이에 빚어진 이릉대전은 관도대전과 적벽대전에 비해 역사적 의미가 상대적으로 떨어진다.

그럼에도 이릉대전 역시 천하를 뒤흔든 핵심 전술이 화공의 계책이었다는 점에 주의할 필요가 있다. 이릉대전은 황초 2년(221) 7월부터 이듬해 윤6월까지 꼬박 1년 동안 계속된 매우 큰 전쟁이었다. 싸움의 발단은 오나라 군사가 형주를 강제로 탈환하는 과정에서 관우를 패사하게 만든 데 있다. 당시 유비가 신하들의 반대를 무릅쓰고 친히 대군을 이끌고 쳐들어오자 손권은 육손陸遜을 대도독으로 삼아 이를 저지하도록 했다.

황초 3년(222) 5월, 유비가 지금의 호북성 파동현 서쪽에 있는 무협巫峽을 빠져나온 뒤 무협에서 이릉까지 700여 리에 걸쳐 40여 채의 영채를 일렬로 세웠다. 낮이면 깃발들이 해를 가리고 밤이면 불빛이 하늘을 밝혔다. 오나라 군사들은 그해 정월부터 반년이 다가도록 전혀 움직이지 않았다. 전격전을 통해 일거에 오나라를 제압하려고 생각했던 유비는 초조해지기 시작했다. 병사들의 예기 역시 크게 떨어졌다. 오나라 군이 기습을 가할지도 모를 일이었다. 이때 선봉대를 이끌던 풍습馮習이 건의했다.

"지금 날씨가 더운데 군사들이 모두 땡볕 속에 있는 형편이며 물을 길어다 쓰기도 매우 불편합니다."

유비가 곧 명을 내려 숲이 우거진 곳으로 영채를 옮기도록 했다. 골짜기 물을 끼고 여름을 보낸 뒤 가을이 오기를 기다려 일제히 진병할 요량이었다. 이어 오나라 군을 유인해 낼 계책으로 오반五班에게 명해 군사 1만 명을 데리고 가 평지에 영채를 세우게 했다. 오반이 군사들을 시켜 온갖 욕설로 오나라 군을 자극하게 했다. 육손이 엄명을 내렸다.

"귀를 막고 듣지 말라. 나가서 싸우는 자는 참할 것이다!"

유비가 더욱 초조해하자 중군호위 부융傅肜이 간했다.

"육손은 계략이 많은 자입니다. 폐하가 봄부터 여름에 걸쳐 원정하고 있는데도 나오지 않는 것은 우리가 지치기를 기다리는 것입니다. 그러다가 적들이 갑자기 쳐들어오면 어찌하려는 것입니까?"

그러나 유비는 오히려 육손이 겁을 먹고 싸우지 않는 것으로 해석했다.

"짐은 오반으로 하여금 허약한 병사 1만여 명을 이끌고 오나라 군의 영채에 가까운 평지에 주둔하게 했소. 적을 유인하고자 한 것이오. 정병 8000명을 짐이 직접 뽑아 산골짜기에 매복시켜 두었소. 짐이 영채를 옮기는 것을 육손이 알게 되면 필시 그 틈을 타 군사를 이끌고 와서 칠 것이오. 그때 오반으로 하여금 거짓으로 패해서 달아나게 하고 만약 육손이 그 뒤를 쫓아오면 짐이 매복시켜 두었던 정병을 이끌고 가 그들의 퇴로를 끊을 생각이오. 그리 하면 그 어린아이가 빠져나갈 길이 없을 것이오!"

당시 유비는 지나친 자만에 빠져 있었다. 자만에 빠지면 상대방을 얕보게 된다. 상대방을 얕보면 이내 방심해 허점을 보이게 된다. 유비는 이런 쪽으로 가고 있었다. 더구나 육손은 『손자병법』을 훤히 꿴 당대 병략가였다. 그는 보고를 받은 뒤 휘하 장수들과 함께 직접 적정을 살피러 나갔다. 한동안 적의 형세를 살펴보다가 채찍을 들어 한편을 가리키며 이같이 말했다.

"저 앞 산골짜기 안에 은은히 살기가 일어나니 그 아래에는 필시 복병이 있을 것이다. 우리를 유인하려는 속셈이다. 경거망동해서는 안 된다."

장수들은 육손이 겁이 많다며 속으로 비웃었다. 오반이 연일 군사를 이끌고 와 오나라 군을 자극했다. 갑옷을 벗은 채 알몸으로 땅바닥에 풀썩 주저앉는 자도 있었고, 뒤로 나자빠져 자는 이들도 있었다. 오나라 장수들이 육손을 찾아갔다.

"적들이 우리를 너무나 업신여깁니다. 속히 출격해 저자들을 무찌르고자 합니다."

"그대들은 혈기만 믿을 뿐 병법을 모르고 있소. 여기에는 궤계詭計가 숨겨져 있으니 며칠간 한번 지켜보도록 하시오."

장수들이 또 비웃으며 물러갔다. 얼마 후 육손이 장수들과 함께 언덕 위에 올라가 바라보니 오반의 군사는 모두 물러가고 없었다. 육손이 손을 들어 적진을 가리키며 말했다.

"조만간 유비가 산골짜기에서 나올 것이오."

그의 말이 채 끝나기도 전에 촉병들이 유비와 함께 산골짜기를 빠져나오는 모습이 보였다. 유비는 자신의 계책이 무위로 돌아가자 부득불 복병 8000명을 이끌고 산골짜기를 빠져나온 것이다. 오나라 장수들은 이 모습을 보고 육손의 지략에 탄복했다. 이때 육손은 이미 촉병을 깨뜨릴 계책을 정해 놓았다. 육손이 곧 손권에게 표문을 올렸다

"이릉은 전략 요지인 동시에 국가의 문호이나 쉽게 얻을 수 있는 만큼 쉽게 잃을 수도 있습니다. 그러나 이릉을 잃는 것은 단순히 한 군郡의 땅을 잃는 것이 아니라 형주까지도 위험해지는 만큼 지금 취하고자 한다면 반드시 성공해야만 합니다. 유비는 하늘의 이치를 어기고 자신의 소굴을 지킬 생각을 하지 않고 감히 자진해 죽으러 왔습니다. 신은 비록 재주는 없으나 대왕의 위엄을 빌려 불의한 자들을 토벌하고자 합니다. 눈앞에서 곧바로 적을 토벌할 수 있는데 무엇을 염려하겠습니까? 신은 당초 적들이 수륙병진水陸竝進으로 침공할까 우려했으나 지금 적들은 오히려 배를 버리고 육로로 진군해 곳곳에 영채를 차렸습니

다. 영채의 배치를 보니 다른 변화가 없을 것이 확실합니다. 엎드려 바라건대 대왕은 베개를 높이 베고 편히 주무십시오."

손권이 찬탄했다.

"강동에 다시 이런 이인異人이 나왔으니 무엇을 근심하겠는가? 여러 장수들이 글을 올려 그가 겁이 많은 사람이라고 했으나 과인 홀로 그렇지 않다고 생각했다. 표문을 보니 과연 과인의 생각이 옳았다는 것을 알 수 있다!"

'이인'은 재주가 신통하고 비범한 사람을 말한다. 황초 3년(222) 윤 6월, 육손이 군사를 이끌고 촉한의 군사를 공격하려고 하자 제장들이 반발했다.

"유비를 공격하려고 했으면 당초에 했어야 합니다. 그가 700리에 걸쳐 영채를 세우도록 방치한 후 서로 대치한 지 벌써 7, 8개월이나 흘렀습니다. 이미 요새를 구축해 놓고 견고하게 지키고 있는데 지금 공격한들 무슨 이익이 있겠습니까?"

육손이 달랬다.

"유비는 매우 교활한 인물이다. 일찍이 산전수전을 겪은 까닭에 군사를 동원할 때는 이미 나름 주밀한 계책을 세웠다고 보아야 한다. 우리가 그를 공격할 수 없었던 이유다. 그러나 지금 밖에서 주둔한 지 이미 오래되어 적들의 의기가 크게 떨어져 있다. 게다가 우리 속사정을 알지도 못하니 다른 계책을 세울 수도 없을 것이다. 일시에 기습 공격을 가해 적들을 토벌하는 일이 오늘에 달려 있다."

먼저 촉병의 한 군영을 골라 공격했으나 여의치 않았다. 휘하 장수들이 불만을 표시했다.

"병사들만 헛되이 희생시킬 뿐입니다."

육손이 강한 어조로 말했다.

"나는 이미 적을 깨는 방법을 알고 있다. 조금도 염려하지 말라!"

이에 병사들에게 한 사람당 한 다발의 띠 풀을 들고 가 촉병의 영채 밑에 갖다 놓도록 한 뒤 화공을 이용해 영채를 불태웠다. 이같이 해 한 번 이기자 병사들의 사기가 충천했다. 육손이 곧 총공격령을 내렸다. 직접 전군을 이끌고 진공했다. 촉병 장수들의 목을 무수히 베고 영채 40여 채를 모두 함몰시켰다. 촉병 장수 두로杜路 등은 궁지에 몰린 나머지 투항하고 말았다.

촉병이 사방으로 도주하기 시작하는 와중에 유비 역시 황급히 말에 올라 지금의 호북성 의창宜昌인 마안산馬鞍山으로 내달렸다. 오나라 군사가 마안산을 에워싸기 시작했다. 유비가 호위 군사를 주변에 포진시켜 대적하게 했으나 싸움은 이미 끝난 것이나 다름없었다. 마안산전투에서 희생된 유비의 군사가 1만여 명에 달했다. 유비는 중군호위 부융이 죽을힘을 다해 분투한 덕분에 간신히 사지를 빠져나와 포로 신세를 면할 수 있었다. 길을 지키던 촉병들이 길에 떨어진 갑옷 등을 주어다 불을 지르며 오나라 군의 추격을 막았다. 유비는 겨우 수하 100여 명을 이끌고 간신히 백제성白帝城으로 달아날 수 있었다. 셀 수 없을 정도로 많은 촉병의 시체가 장강의 물결을 따라 둥둥 떠내려갔다.

유비가 패한 가장 큰 이유는 육손이 지적했듯이 수륙병진의 계책을 택하지 않고 산속에 요새를 구축하면서 전선을 길게 형성한 데 있다. 육손이 전면 기습의 화공을 펼치자 길게 이어진 40여 개 요새가 일거에 함몰된 이유다. 이릉대전의 참패는 전략 부재 탓으로 볼 수밖에 없다.

이릉대전에서 육손이 일거에 승기를 잡은 것은 화공 덕분이었다. 육손이 구사한 '화소이릉'의 화공 계책은 관도대전 당시 조조가 원소의 곡식 창고인 오소烏巢를 불태우고, 적벽대전 당시 주유가 화공을 구사한 것과 닮았다. 육손이 길게 이어진 촉병의 영채를 전면 기습 작전으로 일거에 불태운 것은 삼국시대의 3대 화공 작전으로 간주할 만하다.

화공은 고대 전투에서 적군을 대량으로 살상할 수 있는 가장 효과적인 전술이다. 그래서 당시 조조가 원소를 칠 때도 화공을 사용했고 주유가 조조를 칠 때도 화공을 사용했던 것이다. 육손이 유비를 칠 때 화공을 사용한 것도 같은 맥락이다. 그러나 똑같은 화공이면서도 세 경우는 각각 내용이 상이했다.

관도대전은 조조가 경기병을 이끌고 신속하게 달려가 군량을 불태우고 군심을 어지럽힌 뒤 다시 승세를 몰아 맹공을 퍼붓는 방식으로 전개됐다. 적벽대전은 주유가 조조 군의 함대가 모두 쇠고리로 연결되어 있는 것을 이용해 일제히 화공을 가하는 방식으로 이루어졌다. 이에 반해 이릉대전의 경우는 병사들이 각자 마른 풀과 불씨 등을 지참해 일제히 불을 지르는 방식으로 전개됐다. 효과 면에서 볼 때 육손의 화소이릉 계책은 쌓아둔 군량미를 불태운 화소오소나 한곳에 모여 있는 배를 불태운 화소적벽의 경우보다 떨어진다. 그러나 규모 면에서 볼 때는 화소오소와 화소적벽을 압도한다. 육손이 구사한 화공 계책이 얼마나 뛰어난 것인지를 방증하는 대목이다.

제13장

# 이 지 위 간
## 以 智 爲 間

---

## 지략이 뛰어난 자를
## 활용하라

...

[용간用間]

부득이해 나라의 흥망을 좌우하는

전쟁을 치르게 될 때는

반드시 먼저 첩자를 활용해야 한다.

그래야 적의 실정과 속셈을

정확히 파악할 수 있다.

## 정보망을 갖춰라

손자가 말했다. 무릇 10만의 병력을 동원해 1000리 되는 먼 곳에 원정할 때 백성 부담과 국가 재정을 따져보면 하루에 1000금 넘게 소비한다. 게다가 나라 안팎이 소란해지고, 군수 물자를 나르는 백성과 전선으로 출정하는 병사가 지친 모습으로 길을 분주히 오가며, 전쟁으로 인해 농사를 짓지 못하는 가구가 70만 호에 달하게 된다(고대 정전제井田制에서는 8호를 하나의 생산 단위로 삼았다. 1호에서 병사가 출정하면 나머지 7호가 남겨진 가족을 보살폈다. 10만 명의 군사가 출정하면 70만 호가 농사일을 제대로 할 수 없다고 한 이유다). 전쟁에 돌입한 양국이 이런 상태로 몇 년 동안 대치하는 것은 오로지 하루아침의 결전으로 승리를 얻기 위한 것이다. 만일 벼슬과 금전을 아끼느라 첩자를 활용해 적의 내부 사정을 파악하는 일을 게을리해 패한다면 이는 지극히 어리석은 짓이다. 이런 자는 군대를 지휘할 수도 없고, 군주를 제대로 보좌할 수도 없으며, 승리를 주도적으로 견인할 수도 없다. 명군과 현장賢將이 일단 움직이기만 하면 반드시 승리하고 다른 사람보다 더 많은 공을 세우는 것은 미리 적의 내부 사정을 징확하게 파악하고 있기 때문이다. 이는 귀신에게 빌어 알 수 있는 것도 아니고, 유사한 사례로 유추해 알 수 있는 것도 아니다(귀신에게 기도하거나 제사를 올려 정보를 구하는 것은 터무니없는 짓이다. 장수가 경험한 지난 일 가운데 유사한 사례를 찾아 유추하는 것 역시 타당하지 못하다). 나아가 일월성신의 움직임을 헤아려 그 징조를 알 수 있는 것은 더더욱 아니다(겉으로 드러난 사안의 대소와 장단, 원근 등을 토대로 추론해 낼 수 있는 것도 아니다). 반드시 사람을 통해 알아내야만 한다. 적의 내부 사정을 깊숙이 아는 첩자가 필요한 이유다(반드시 첩자를 통해 정확한 정보를 알아내야 한다는 취지다).

「용간用間」의 간間은 말 그대로 간첩을 뜻한다. 『손자병법』은 마지막 편인 제13편 「용간」에서 전술의 백미에 해당하는 첩보 문제를 깊이 다룬다. 「용간」을 굳이 마지막 편에 편제한 것은 제1편 「시계」에서 역설한 병도의 기본 취지를 재차 강조하기 위한 것으로 볼 수 있다. 병도와 전도, 쟁도의 이치가 마치 『주역』의 체體와 용用처럼 불가분의 관계를 이루고 있음을 수미일관해 역설하고자 한 것이다. 『논어』가 쉬지 않고 배우는 자세를 찬미한 제1편 「학이」에서 시작해 군자의 치국평천하를 논한 제20편 「요왈」에서 끝나는 것과 닮았다.

내용적으로 볼 때 예양과 충서忠恕를 종지로 삼는 유가의 문도文道와 부득이용병과 부전승不戰勝을 종지로 삼는 병가의 무도武道는 동공이곡에 해당한다. 그게 바로 문무겸전이다. 『손자병법』 대미를 장식하는 「용간」은 가능한 한 유혈전을 피하고, 비용도 가장 적게 들이면서 승리에 따른 이익을 극대화할 수 있는 최상의 전술을 논한다.

사실상 첩자의 역할을 이토록 높이 평가한 고전은 없다. 『손자병법』 「용간」이 유가에서 성신聖臣 또는 현신賢臣의 표상으로 삼는 은나라 개

국공신 이윤伊尹과 주나라 개국공신 여상呂尙을 '반간反間' 사례로 거론한 것도 이런 맥락에서 이해할 수 있다. 이윤과 여상을 반간의 구체적인 사례로 거론한 것은 선진시대의 제자백가 중 병가가 유일하고, 병가의 여러 병서 가운데 『손자병법』만이 오직 이같이 규정한다. 『손자병법』이 반간을 포함한 용간을 얼마나 중시했는지를 반증한다.

『손자병법』은 5가지 유형의 용간 가운데 반간을 최상으로 쳤다. 최상급의 정보를 얻을 수 있는 가능성이 가장 높고, 활용도가 그만큼 높기 때문이다. 전술 문제를 실용적인 차원에서 집중적으로 다룬 『36계』는 '반간계'를 33번째 계책으로 삼는다. 적의 첩자를 포섭해 아군의 첩자로 활용하거나, 적의 첩자인 줄 알면서도 모르는 척하며 거짓 정보를 흘려 적을 속이는 방법을 말한다.

『삼국연의』는 적벽대전 당시 주유가 반간계를 펼쳐 화소적벽을 성사시킨 것으로 묘사했다. 이에 따르면 주유와 동문수학한 장간이 조조의 명을 받아 항복을 권하러 주유를 찾아갔을 때 주유는 대취해 자는 척하며 탁자 위에 조조에 투항한 채모와 장윤에게 보내는 양 꾸민 거짓 편지를 놓아둔다. 당시 채모와 장윤은 위나라 수군의 훈련을 책임지고 있었다. 내막을 모르는 장간이 몰래 이를 들고 나와 조조에게 고하자 조조는 투항한 오나라 장수를 첩자로 간주해 목을 베는 잘못을 저지른다. 결국 조조는 이들을 통해 수전에 약한 위나라 군사를 훈련시키려던 당초 계책을 관철하지 못해 이후 수전에 강한 오나라 군사에게 패하는 빌미를 제공했다는 것이 골자다.

『사지동짐』에는 장간이 주유를 설득하기 위해 오나라로 간 내용이 나오나 이는 어디까지나 적벽대전 이후의 일이다. 『삼국연의』처럼 주유의 반간계에 걸릴 이유가 없었다. 장간은 혼란스러운 삼국시대에 매우 특이한 인물이었다. 난세의 와중에 교역을 통해 엄청난 부를 얻은 것도 그렇고, 위나라와 오나라를 가리지 않고 넘나들며 세객으로 활동한 사실도 그렇다. 범상치 않은 인물이었음에 틀림없다. 그럼에도 『삼국연의』는 장간을 적벽대전 와중에 등장시켜 한낱 주유의 반간계에 놀아나는 어리석은 인물로 묘사했다. 조조를 암우한 인물로 묘사하기 위한 소도구로 이용한 것이다.

『삼국연의』가 장간을 주유가 구사하는 반간계의 소도구로 묘사한 것은 기본적으로 반간의 '간間'을 첩자를 뜻하는 명사로 해석한 결과로 볼 수 있다. 그런 해석도 가능하나 그보다는 적으로 하여금 서로 의심해 믿지 못하도록 한다는 동사로 풀이하는 것이『손자병법』기본 취지에 더 부합한다. 반간계의 요체가 이간離間에 있다는 얘기다. 두 사람 사이에 끼어든 뒤 없는 사실을 그럴듯하게 꾸며 두 사람 사이를 서로 멀어지게 만드는 모든 종류의 기만 전술이 이에 해당한다.

예나 지금이나 싸움은 규모가 커질수록 총력전의 양상을 띠게 마련이다. 상하간의 일치단결이 절대 필요하다. 객관적으로 중과부적 열세에 처해 있을지라도 상하가 일치단결하면 막강한 무력을 지닌 대적大敵도 능히 물리칠 수 있다. 이를 가장 효과적으로 가능하게 하는 것이 바로 반간계의 꽃에 해당하는 이간책이다. 이간의 '간間'은 떨어뜨릴 '이離'와 마찬가지로 동사로 풀이해야 이간책의 기본 취지를 제대로 이해할 수 있다. 일치단결되어 있는 적의 군주와 신하들 사이는 물론 신하들 내부에서도 서로를 믿지 못해 의심하며 대립하도록 만드는 것이 바로 '간'의 진정한 의미다. 이는 극히 교묘한 까닭에 겉만 보아서는 도무지 그 내막을 알 길이 없다. 교묘한 언변을 구사해 적의 자중지란自中之亂을 야기하는 것이 요체다.

이를 실현시키는 수단은 무궁무진하다. 『36계』에서 말하는 미인계는 말할 것도 없고, 뇌물로 적의 수뇌부를 매수하는 회뢰계賄賂計 등 상황에 따라 적의 결속을 해칠 수 있는 모든 기만 전술이 이에 속한다. 이순신이 해전에서 연승을 거두던 중 문득 백의종군하게 된 것도 왜군이 구사한 이간책에 넘어간 결과로 볼 수 있다. 당시 고니시 유키나가는 대마도주 소오 요시토시 휘하에서 일종의 외교 사절에 해당하는 통사通事 요시라를 시켜 경상우병사 김응서와 긴밀하게 접촉하도록 했다. 요시라가 조선의 기록에 처음 등장한 것은 선조 27년(1594) 10월 경상좌병사 고언백과 만나면서부터였다. 이후 그는 큰 신임을 얻어 조선 조정으로부터 관직을 하사받기까지 했다. 왜란이 한창 진행 중인 선조 29년(1596) 가을 이후 그는 조선의 조정에 고니시 유키나가와 가토 기요마사 간의 갈등 상황을 비롯해 일본의 재침 움직임 등에 대한 정보를 흘렸다. 이는 이순신의 파직을 유도하기 위한 고단수의 이간책이었다.

당시 이순신은 일본 측이 예측한 대로 요시라의 정보를 무시했다. 이순신이 가토 기요마사에 대한 조정의 요격邀擊 명령을 정면으로 거부한 이유다. 요시라의 정보를 그대로 믿은 선조가 대로했다. 이순신이 군왕의 명을 거역한 죄로 파직된 이유다. 유성룡의 『징비록』은 당시 선조가 서인인 윤근수와 남이신의 말을 듣고 요시라가 흘린 정보를 사실로 믿은 나머지 동인 계열의 이순신을 파직한 것으로 기록했다. 호남 출신 의병장 조경남이 남긴 『난중잡록亂中雜錄』 내용도 이와 유사하다.

"요시라의 전후 행동이 모두 우리를 속이는 일인데도 우리는 이를 알지 못했으니 참으로 가슴 아픈 일이다!"

원래 고니시 유키나가와 가토 기요마사는 조선 출병 이전부터 더 큰 전공을 세우기 위해 치열하게 경쟁하고 있었다. 그러나 두 사람의 갈등이 일본의 조선 정벌 계책에 중대한 차질을 만들 만큼 심각한 것은 아니었다. 고니시 유키나가의 이간책이 가토 기요마사를 궁지로 몰아넣으려는 속셈에서 나온 것이 아니었음을 암시한다. 그보다는 오히려 이순신과 원균의 갈등과 두 사람을 지지하는 동인과 서인의 갈등을 적극 활용하고자 했다고 보는 것이 옳다. 이순신의 백의종군이 이를 뒷받침한다. 원균과 갈등을 빚으며 해상 봉쇄를 주문한 조정의 명을 거부한 이순신에게도 일단의 책임이 있지만 두 사람을 후원하면서 주도권 다툼을 벌인 동인과 서인이 더 큰 책임을 져야 한다.

고니시 유키나가의 이간책을 성사시킨 장본인은 사실 동인과 서인 등 붕당 정치의 당사자들에게 있다는 얘기다. 붕당 정치를 적극 수용한 선조도 연대 책임을 져야 한다. 당시 두 사람의 갈등을 무마하기보다는 오히려 이를 더욱 심화하는 데 일조한 권율 역시 조선군 총사령관으로서 더 큰 책임을 져야만 한다. 왜란의 근본 배경은 '숭문천무'를 당연시하며 권력 다툼을 일삼은 조선조 붕당 정치에 있다. 당시 민심이 이반하고, 강토가 쑥대밭이 된 상황에서 조선조가 패망하지 않은 것은 기적에 가까운 일이다.

조선군과 합세해 왜군의 북상을 가까스로 저지했던 명나라가 정유재란 직후 다시 당쟁의 소용돌이에 휘말려 맹장 원숭환袁崇煥을 혹형에 처한 것도 동일한 맥락이다. 이순신은 장렬한 전사로 그 이름을 죽백竹帛에 올렸지만, 원숭환은 청나라 군사의 남하를 저지하는 대공을 세웠음에도 저잣거리에서 마치 생선회처럼 떠내는 혹형을 당하고 죽었다. 청나라의 이간책에 걸려 만고의 역적으로 몰린 탓이다. 원숭환이 만고의 역적으로 몰리는 배경 및 과정이 이순신의 백의종군과 사뭇 닮아 있다.

사실상 원숭환의 처형 과정은 명제국의 몰락 과정과 닮았다. 이 과정에서 결정적인 역할을 한 부류가 두 마음을 품은 바로 이신貳臣들이다. 명나라에서 벼슬을 하다가 후금으로 귀순하거나 투항해 벼슬한 한족 관원을 말한다. 명나라 입장에서 보면 반역자에 해당하나 청나라 입장에서 보면 「용간」에 나오는 이윤, 여상과 같은 건국공신에 해당한다. 실제로 청태종 홍타이지는 범문정을 비롯한 이신들을 중용해 중원 장악의 탄탄한 기반을 다져 나갔다. 원숭환과 범문정 모두 한족이다. 청조가 패망한 후 원숭환은 '한족의 영웅'으로, 범문정은 '한간漢奸'으로 매도됐다. 21세기에 들어와 역대 최고의 재상으로 재평가받은 증국번曾國藩이 한때 한간으로 매도된 것과 닮았다. 물론 21세기 들어와 범문정 역시 청조 최고의 재상으로 평가받는다. 한국 학계에서 고려조의 유신遺臣으로 남겠다며 두문동으로 들어갔다가 조선조에 참여한 탓에 이신으로 평가받았던 권근權近과 하륜河崙 등에 대한 재조명 작업이 전개되는 것과 닮았다.


## 보안에 주의하라

첩자를 이용하는 방법은 크게 다섯 가지다. 향간鄕間, 내간內間, 반간反

間, 사간死間, 생간生間이 그것이다. 이들 다섯 가지 부류의 첩자를 함께 활용해 적이 그 내용을 전혀 눈치 채지 못하도록 한다. 이를 일컬어 신묘해 헤아릴 수 없다는 뜻의 신기神紀라고 한다. 이는 군주의 보배다(다섯 가지 부류의 첩자를 동시에 모두 활용해 때를 가리지 않고 첩보 활동을 펴나가야 한다는 취지다). '향간'은 적국의 일반인을 첩자로 이용하고, '내간'은 적국의 관원을 첩자로 삼으며, '반간'은 거짓 정보로 적의 첩자를 역이용하는 것을 말한다. '사간'은 밖에서 유포한 거짓 정보를 적국에 잠입해 있는 아군 첩자에게 알린 뒤 고의로 이를 적국의 첩자에게 전달하도록 하는 방법이다. '생간'은 적국에 잠입해 수집한 정보를 보고하도록 이용하는 것을 말한다. 군대 내에서 병사를 다루면서 첩자만큼 친밀한 관계가 없고, 첩자보다 더 후한 상을 받는 자가 없으며, 첩자의 업무보다 더 비밀스런 일은 없다. 뛰어난 지혜인 성지聖智가 없으면 첩자를 이용할 수 없고, 어질고 의로운 인의仁義가 없으면 첩자를 부릴 수 없으며, 정밀하고 오묘한 미묘微妙가 없으면 첩자로부터 참된 정보를 얻을 수 없다. 미묘하고, 미묘하구나! 어느 때 어느 곳일지라도 첩자를 사용하지 않는 경우가 없구나! 첩보 공작이 시작되기도 전에 기밀이 누설되면 첩자는 물론 기밀을 알게 된 자 모두 처형한다. 무릇 적의 군대를 공격하고, 적의 요새를 공략하며, 적의 관원을 제거하고자 할 때는 반드시 적장과 그 측근, 부관, 수문장, 막료 등의 이름을 미리 알아내야 한다. 적국에 잠입한 아군의 첩자에게 명해 이를 은밀히 탐지해 알아내도록 지시한다.

　　러일전쟁 당시 일본과 러시아는 동북아 패권을 놓고 일대 혈전을 벌였다. 서구 열강 모두 러시아의 승리를 점쳤다. 아시아의 2등 국가가 유럽의 1등 국가를 이길 수 없으리라고 판단한 것이다. 그 결과는 일본의 승리였다. 이런 기적을 만든 장본인이 바로 일본 연합함대 사령장관 도고 헤이하치로 중장이다. 도고 헤이하치로는 세계적인 해전사海戰史에서 종종 이순신과 비교된다. 어떤 면에서는 이순신보다 더 높은 지명도를 누린다. 이순신이 세계 최초로 철갑선을 만들고 백전백승의 상승常勝 제독이었다는 사실을 아는 사람은 그리 많지 않다. 이에 반해 도고 헤이하치로는 제1차 세계대전 와중에 치러진 유틀란트 해전, 제2차 세계대전 당시 미국과 일본의 운명을 가른 미드웨이 해전과 함께 세계 3대 해전으로 꼽히는 쓰시마 해전의 영웅으로 칭송받는다.

쓰시마 해전은 1905년 5월 일본의 연합함대가 쓰시마 동북쪽 동해상에서 러시아의 발틱 함대와 정면으로 맞붙어 대승을 거둔 해전을 말한다. 유틀란트와 미드웨이 해전에서 공격을 가한 쪽은 비록 목표를 이루지 못한 채 퇴각했으나 전과 면에서는 방어에 나선 쪽과 호각세를 이루었다. 그러나 쓰시마 해전에서는 방어에 나선 쪽인 일본 해군이 압도적인 승리를 거두었다. 양쪽이 대형 함정 열두 척씩을 나란히 달리게 하며 함포를 쏘는 대혈투를 벌인 결과 공격 측인 러시아는 아홉 척이 수장되고, 방어 측인 일본은 단 세 척만 잃었다. 게다가 일본은 울릉도 남서쪽 70km 해상에서 나포한 러시아 구축함에서 중상을 입고 숨어 있던 적장 로제스트벤스키 중장을 생포했다. 해전에서 패한 사령관은 대개 배와 함께 수장되는 쪽을 택하는 까닭에 생포되는 경우는 매우 드물다. 압도적인 승리를 거둔 데 이어 석상까지 생포했으니 일본의 자부심은 하늘을 찌를 수밖에 없었다. 실제로 전 세계인은 일본의 압승에 경악했다.

서구 열강은 2등 국가로 치부한 황인종의 대표 주자 일본이 당대 최고의 지상군을 보유하며 1등 국가의 일원으로 활동한 백인종의 러시아를 격파한 사실에 입을 다물지 못했다. 이와 정반대로 서구 열강의 침략에 신음하던 아시아 국가는 열등한 인종으로 치부된 황인이 백인을 힘으로 제압한 사실에 믿을 수 없다는 표정을 지으며 감격했다. 당시만 해도 조선을 포함해 중국과 베트남, 인도, 심지어 중동에 이르기까지 아시아의 모든 민중은 마치 자국이 승리한 것인 양 열광했다. 사회진화론에 입각한 인종주의와 오리엔탈리즘이 그만큼 강했다는 반증이기도 했다.

조선조의 이순신은 두 번이나 백의종군하며 힘겹게 운명을 개척했으나 왜란의 마지막 전투인 노량해전에서 유탄에 맞아 서거했다. 그러나 도고 헤이하치로는 쓰시마 해전에서 살아남아 대장을 거쳐 원수로 진급해 86세까지 천수를 누리며 '대일본제국'의 살아 있는 상징으로 추앙됐다. 이순신과 도고 헤이하치로의 대비된 삶은 이후에 전개된 조선조와 '대일본제국'의 엇갈린 운명을 예고하는 전조에 해당했다. 조선조는 내리 쇠락의 길을 걸은 데 반해 '대일본제국'은 비록 제2차 세계대전에서 패하기는 했으나 중국이 G2 일원으로 우뚝 설 때까지 아시아 전체를 대표하는 유일무이한 패권국으로 군림했다. 많은 사람들이 쓰시마 해전을 세계 3대 해전의 첫 번째 사례로 꼽는 이유다.

세계 3대 해전의 두 번째 사례로 꼽히는 유틀란트 해전은 쓰시마 해전이 벌어진 지 꼭 11년 뒤에 일어났다. 1916년 5월부터 이듬해 6월까지 1년여에 걸쳐 독일의 대양함대와 영국의 대함대는 덴마크의 유틀란트 부근의 북해에서 상호 한 치의 양보도 없는 치열한 공방전을 펼쳤다. 당시 신흥 강국으로 부상한 독일은 육상에서 파리의 북동쪽 마른 강을 사이에 두고 영불연합군과 치열한 접전을 벌이는 한편 해상에서는 전통적인 해상 강국인 '대영제국'과 한판 승부를 전개한 것이다. 유틀란트 해전은 결국 독일의 대양함대가 영국 본토 공략이라는 목표를 달성하지 못하고 퇴각함으로써 영국의 승리로 끝나기는 했으나 그 내막을 보면 꼭 영국의 승리로 보기도 어렵다. 유틀란트 해전이 끝난 후 양국이 동시에 승리를 선언한 사실이 이를 뒷받침한다. 객관적으로 볼 때 화력 면에서 영국의 대함대가 훨씬 앞섰다. 그럼에도 독일의 대양함대에 큰 타격을 주기는커녕 오히려 전력의 대부분을 잃고 말았다. 속도에 앞선 독일 순양함의 활약이 그만큼 눈부셨다. 독일이 자국의 승리를 선언한 것이 전혀 근거 없는 것이 아니었다.

세계 3대 해전의 세 번째 사례인 미드웨이 해전은 제2차 세계대전의 와중인 1942년 6월 5일부터 7일까지 하와이 북서쪽 미드웨이 앞바다에서 벌어졌다. 일본의 해군 대장 야마모토 이소로쿠가 이끄는 일본의 연합함대가 미국의 니미츠 해군 제독이 지휘하는 태평양함대와 맞붙은 이 해전은 사상 최대 규모의 해전으로 기록되어 있다. 단 3일 동안 벌어진 해전이기는 하나 그 규모와 역사적인 의미에서 볼 때 쓰시마 해전과 유틀란트 해전을 압도한다. 당시 일본은 진주만 기습 공격 성공 이후 우세한 해군력을 바탕으로 동부 태평양 전역을 공격하고 오스트레일리아 침공을 준비하는 등 승승장구할 때였다. 이에 반해 미국은 유럽의 전황에 초점을 맞추던 까닭에 일본함대에 비해 너무도 열세였다. 이를 잘 아는 일본의 연합함대는 미드웨이 섬을 일거에 점령하기 위해 항공모함 네 척을 포함해 수십 척의 함정을 동원했다. 미국의 태평양함대도 항모 세 척을 포함해 수십 척의 군함으로 맞섰다. 승리의 여신은 미국의 손을 들어주었다. 미국 역시 상당한 피해를 입었으나 일본은 항모 네 척을 모두 잃는 등 치명적인 상처를 입었다. 태평양전쟁 개전 이래 계속 열세에 있던 미국이 일거에 해상 주도권을 잡게 된 배경이다. 미국의 승리를 견인한 결정적인 관건은 암호 해독에 있었다. 21세기 현재까지 첩보전 승리의 대표적인 사례로 미드웨이 해전을 드는 이유다.

미드웨이 해전 결과 일본은 네 척의 주력 항모와 수많은 베테랑 조종사들을 잃었다. 단 한 번의 패전으로 태평양에서 주도권을 상실하고 말았다. 정반대로 미국은 이를 계기로 대대적인 반격을 가할 수 있는 전기를 마련했다. 이후 일본이 1945년의 항복 선언 때까지 내리 몰락의 길을 걷게 된 근본 배경이 여기에 있다.

기본적으로 미드웨이 해전 패배는 일본 군부 수뇌부의 과민 반응에서 비롯된 것이다. 자업자득의 성격이 짙다. 객관적으로 볼 때 당시 일본은 해상과 공중에서 주도권을 쥐고 있었다. 미 해군은 진주만 기습의 후유증으로 단 한 척의 전함도 전열에 복귀하지 못하고 있었다. 더구나 산호해 해전에서 일본 해군에 맞서 싸우다가 대형 항공모함 렉싱턴을 상실한 데 이어 또 다른 항공모함 요크타운까지 큰 피해를 입었다. 도쿄 공습이 연이어질 가능성은 희박했다.

미드웨이를 점령할 경우 나름 전략적 의의는 매우 컸지만 그에 앞서 지피지기 차원에서라도 적정에 대한 보다 정밀한 첩보 활동이 필요했다. 그런데도 일본 군부 수뇌부는 레이더 개발을 태만히 하고 첩자를 침투시켜 정보를 캐는 등의 첩보 활동을 등한시했다. 가장 치명적인 것은 암호를 해독당한 사실을 전혀 몰랐던 점이다. 도쿄 공습에 대한 과민 반응, 부실한 첩보 활동, 암호의 노출 등 세 가지 요인이 동시에 작용한 결과가 미드웨이 해전의 패배 요인이라고 해도 과언이 아니다. 『손자병법』이 첩보 활동의 중요성을 역설한 이유다.

태평양전쟁 당시 미드웨이 해전의 패배에도 불구하고 일본은 한동안 해상과 공중에서 우위를 점했다. 일본이 그만큼 뛰어난 전함과 항모, 전투기 등을 보유했었다는 반증이다. 이런 우위가 점차 사라지게 된 것 역시 첩보전에서 패한 데 따른 것이었다. 대표적인 예로 당시 최신예 전투기인 레이센의 제원諸元을 미군 측에 해킹당한 것을 들 수 있다.

레이센은 일본 해군의 요청을 받은 미쓰비시중공업의 설계 기사 호리코시 지로가 심혈을 기울여 개발한 최신예 전투기로 당시 최고 성능을 자랑했다. 1942년 6월의 미드웨이 해전 때까지 태평양의 하늘을 제압한 것이 그 증거다. 레이센의 몰락은 미드웨이 해전에서 일본 해군이 주력 항모 네 척을 잃은 것이 결정적인 계기로 작용했다.

당시 알류산열도의 더치 하버를 공습하고 귀함하던 레이센 21형 한 대가 아쿠탄 섬에 불시착했다. 수색에 실패한 일본군이 철수하자 얼마 후 미군이 상공에서 우연히 이를 발견했다. 미군이 레이센을 노획해 미국 본토로 보냈다. 미군은 크게 손상되지 않은 레이센 수리를 끝낸 뒤 다양한 테스트를 통해 성능과 제원 등을 철저히 분석했다. 이는 '레이센 킬러'로 불린 신형 전투기 F6F헬캣의 개발에 결정적인 공헌을 했다. 일본은 선생이 끝날 때까지 아쿠탄 섬에 불시착한 레이센이 노획되어 헬캣의 개발에 활용된 사실을 전혀 모르고 있었다.

21세기 경제 전쟁 상황에서도 유사한 일이 빚어진다. 바로 삼성과 애플 사이에 벌어지는 특허 전쟁이 그것이다. 태평양전쟁 당시의 미드웨이 해전을 방불케 한다. 실제로 이 싸움에서 패할 경우 패한 쪽은 치명적인 타격을 입을 수밖에 없다. 많은 전문가들이 도중에 협상을 통해 휴전을 선언할 것으로 내다보는 이유다.


## 인재를 활용하라

적이 파견한 첩자는 반드시 색출해 두터운 이익으로 매수하거나 후한 대접으로 회유해 전향시킨 뒤 국내에서 계속 태연하게 활동하도록 조치한다. 그러면 매우 유용한 반간으로 활용할 수 있다(전향한 자를 국내에서 태연하게 활동하도록 조치한다는 것은 곧 적에게 거짓 정보를 흘려보내는 반간 계책을 언급한 것이다). 반간을 통해 적의 내부 사정을 알게 되면 곧 이를 토대로 향간이나 내간을 얻어 적절히 활용할 수 있다. 또 반간을 통해 적의 내부 사정을 알게 되면 사간을 침투시켜 거짓 공작을 펼칠 수 있다. 나아가 반간을 통해 적의 내부 사정을 알게 되면 생간으로 하여금 예정된 기간 내에 돌아와 보고하도록 여건을 조성할 수 있다. 이들 다섯 가지 부류의 첩보 활동을 군주는 반드시 숙지하고 있어야 한다. 적의 내부 사정을 가장 잘 알 수 있는 관건은 반간의 활용에 있다. 반간을 후하게 대접해야 하는 이유다. 옛날 상商나라가 흥기할 수 있었던 것은 이지伊摯가 하夏나라에 첩자로 있었기 때문이다(이지는 상나라 건국 공신 이윤伊尹을 말한다). 주周나라가 흥기할 수 있었던 것은 여아呂牙가 상나라에 첩자로 있었기 때문이다(여아는 주나라 건국 공신 여상呂尙을 말한다). 오직 이치에 밝은 명군과 현장賢將만이 지략이 뛰어난 인재를 첩자로 활용할 수 있다. 사실 그래야만 능히 대업을 이룰 수 있다. 용간은 용병의 핵심에 해당한다. 전군이 첩자가 제공하는 정보를 토대로 움직이기 때문이다.

경제 전쟁은 총칼만 들지 않았을 뿐 기업의 흥망을 건 격전 양상을 보이는 점에서 무력전과 별반 다를 것이 없다. 양자 모두 흔히 유혈전으로 표현하는 이유다. 원래 유혈을 최초로 언급한 문헌은 『서경』이다. 「주서, 무성」편에 전장에서 죽은 병사의 피가 내를 이루어 무거운 절구 공이가 떠다닐 정도라는 의미의 혈류표저血流漂杵 구절이 나온다. 중국 특유의 과장된 표현이기는 하나 당시 싸움이 얼마나 처절하게 전개되었는지를 선명하게 드러낸다.

현재 애플과 삼성 간의 싸움 양상이 꼭 이와 같다. 정상의 자리는 오직 하나다. 설령 법정 다툼이 끝날지라도 양사의 생사를 건 다툼은 계속될 것이다. 양자 모두 비장의 무기를 갖고 있다. 애플은 소프트웨어, 삼성은 하드웨어의 최강자다. 누가 이길까? 승부를 점치기가 쉽지 않다. 소프트웨어와 하드웨어가 결합된 스마트 시대의 '혈전'인 만큼 이 싸움에서 이기는 자는 명실상부한 스마트 시대의 지존 자리에 오르게 될 것이다. 거시사 관점에서 볼 때 동서의 힘이 정면으로 부딪친 아편전쟁을 기점으로 볼 때 삼성과 애플의 격돌은 사상 네 번째 격돌에 해당한다.

첫 번째 충돌은 1840년대에 빚어진 아편전쟁이었다. 프랑크가 쓴

『리오리엔트』에 따르면 객관적인 국력 면에서 천하의 중심을 자부했던 청국은 인도를 포함해 전 세계에 식민지를 두었던 대영제국에 결코 뒤지지 않았다. 그러나 청국은 태평천국의 난 등으로 인해 제대로 힘도 써보지 못하고 패퇴하고 말았다. 이후 청국은 1900년의 의화단 사건이 일어날 때까지 미국까지 합세한 서구 열강의 연합 세력에 번번이 밀려 반식민지 신세로 전락한 후 이내 역사의 무대에서 사라지고 말았다. 신해혁명 이후 중국은 20세기 후반까지 근 100년 동안 국공 내전과 정치 투쟁 등으로 인해 국제 무대에서 크게 힘을 쓰지 못했다.

두 번째 충돌은 제2차 세계대전 와중에 빚어진 태평양전쟁이다. 러일전쟁 이후 동아시아 패자로 등장한 일본은 중국을 대신해 '동풍'의 주인공을 자처하며 근 100년 동안 서구열강으로 상징되는 '서풍'과 맞섰다. 일본은 중일전쟁이 벌어지는 1930년대부터 동아시아의 중심에 천황이 군림하는 이른바 대동아 공영권을 기치로 내세웠다. 이는 서구 열강에 신음하는 전 아시아를 해방시킨 후 천황의 덕정을 통해 지상 낙원을 건설하는 '왕도낙토王道樂土'로 포장됐다. 왜란 때 도요토미 히데요시가 천황의 왕궁을 교토에서 북경으로 옮겨 덕정을 펴겠다고 장담한 지 400여 년 만에 이와 유사한 복안이 다시 등장한 셈이다.

왕도낙토의 결과로 빚어진 전쟁이 바로 태평양전쟁이다. 당시 조선과 만주를 완전히 손아귀에 넣은 일본은 남경에 왕정위王精衛 괴뢰 정권을 세운 뒤 대영제국을 대신한 미국에 도전장을 던졌다. 조선조차도 도이島夷로 취급했던 일본이 문득 힘을 길러 황인의 해방을 기치로 내걸고 백인의 세계 지배를 당연시한 대영제국의 후신 미국에 도전장을 내민 것은 놀랄 만한 일이었다. 이는 과학 기술 문명에서 한참 뒤진 것으로 간주된 동양이 어느덧 서양과 어깨를 나란히 하는 수준에 올라섰음을 뜻했다. 이를 상징한 것이 바로 태평양전쟁 초기 일본군의 승리에 결정적인 기여를 한 레이센 전투기다.

세 번째 충돌은 1980년에서 1990년대에 벌어진 미일 간의 총성 없는 '경제 전쟁'이다. 이는 당시 일본이 독일과 함께 세계 최강의 기술력을 자랑했기에 가능했다. 1980년대 당시 뛰어난 품질을 자랑하는 '메이드 인 재팬'의 최첨단 제품이 미 본토를 무차별 폭격하자 미국 경제는 제2차 세계대전 이후 최악의 상황에 빠졌다. 무역 수지 적자는 계속해서 늘어나 해마다 최대치를 경신했다. 1970년대 말까지만 해도 자동차와 TV, 카메라, 복사기 등 당시 최첨단 제품 시장은 모두 미국의 독무대였으나 이 시점을 계기로 미국 제품은 설 자리를 잃고 말았다.

반면 일본 경제는 유사 이래 최고의 호황을 구가했다. 1989년 당시 일본의 무역 흑자는 사상 최대치인 580억 달러를 기록했다. 록펠러센터, 라디오시티 뮤직홀, 컬럼비아 영화사 등 미국을 상징하는 건물과 기업이 모두 일본에 넘어갔다. 미국 정부와 학계 및 산업계가 '제2의 진주만 공습'을 들먹이며 경악한 것은 결코 과장이 아니었다.

이들 모두 자신들이 패배한 원인이 고비용과 저효율에 있다고 생각했다. 정확한 진단이기는 했으나 미국 정부는 일본과 독일의 통화를 절상하는 안이한 방법을 택했다. 상황이 나아질 리 없었다. 이들은 다시 면밀히 검토한 끝에 결국 '품질'이 관건이라는 결론을 내렸다.

당시 미국 정부의 품질 경쟁력 강화 움직임에 앞장 선 인물이 GE의 잭 웰치였다. 그는 모토로라에서 개발한 품질 관리 기법인 '6시그마'를 도입해 GE의 트레이드마크로 삼았다. 여기에 가세하고 나선 사람이 마이크로소프트의 빌 게이츠였다. 이는 세계 경제의 중심축이 하드웨어에서 소프트웨어로 이동하는 결정적인 계기로 작용했다. 미국이 역전의 계기를 마련한 배경이 여기에 있다. 이는 태평양전쟁 당시 세계 최고 성능을 자랑하던 '레이센'을 철저히 해부한 뒤 '헬캣'을 만든 것에 비유할 만하다.

이로써 레이센 대신 최첨단 제품을 내세워 미국 본토를 장악하려던 일본의 미국 점령 시도는 실패로 끝나고 말았다. 일본 경제는 깊은 침잠에 들어갔다. 토요타는 이 와중에 마지막까지 남아 고군분투한 경우에 속한다. 한때 일본의 언론과 기업들이 토요타에 대한 미 의회의 강도 높은 추궁을 두고 포드와 GM 등을 살리기 위한 정치 공세 일환으로 파악하는 것도 이런 배경과 무관하지 않다. 토요타의 '리콜' 사태는 '제2의 진주만 공습'이 완전히 실패로 돌아갔음을 상징한다.

네 번째 충돌은 2010년 6월에 촉발된 애플 아이폰과 삼성 갤럭시S의 대회전이다. 이 싸움은 애플제국의 창업주인 스티브 잡스의 사후에도 지속되고 있다. 특징은 주인공이 일본에서 한국으로 바뀐 점이다. 애플의 하드웨어 시장 잠식은 곧 삼성에 대한 도전이나 다름없다. 애플이 삼성을 제압할 경우 미국은 천문학적인 재정 적자와 월스트리트 발 금융위기로 인한 경제 침체에도 불구하고 중국의 추격을 따돌리고 세계 경제를 다시 지배하는 구도를 구축할 수 있다.

중국 경제는 아직 소프트웨어는 말할 것도 없고 하드웨어에서도 '질'보다는 '양'에 치우쳐 있다. 일본도 소니와 도시바, 히타치 등 아직도 유수한 하드웨어 업체를 많이 보유하고 있으나 삼성과 비교되지 않는다. 결국 한중일 3국에서 애플과 싸울 수 있는 업체는 삼성밖에 없는 셈이다.

이 싸움은 삼성에 유리하게 전개될 공산이 크다. 가장 큰 이유는 스티브 잡스의 부재다. 세계인이 그의 죽음을 애도한 것은 역설적으로 향후 애플 내에서 그를 대신할 만한 사람이 등장하기는 극히 어렵다는 사실을 반증한다. 나아가 세 번째 충돌 때와는 달리 이웃한 중국이 '세계의 공장'에서 '세계의 시장'으로 탈바꿈하는 과정에서 삼성에 훨씬 유리하게 작용한다. 지리경제학에서 말하는 물류物流와 인류人流는 『손자병법』이 역설하는 지리를 달리 표현한 것이다. 세기적 결판은 결국 중국 시장을 누가 장악하는가에 달려 있다. 상대적으로 삼성에게 유리할 수밖에 없다. 하드웨어 부문의 강세도 득점 요인이다.

문제는 소프트웨어다. 세계 제일의 기술을 자랑하는 일본의 경쟁 업체를 제압하기 위해 일로매진해 온 삼성에게 소프트웨어는 아직 생소한 분야다. '앱 스토어' 규모 차이가 이를 대변한다. 그러나 이 또한 심기일전 자세로 부단히 노력하면 능히 극복할 수 있다.

우리는 안팎의 온갖 도전을 슬기롭게 물리친 역사를 지니고 있다. 더구나 수천 년 전부터 이웃한 일본에게만큼은 무슨 일이 있어도 져서는 안 된다는 역사적 전통을 지니고 있다. 각 부문의 지도자들이 솔선수범한 가운데 하나로 뭉치면 아직도 세계 최고의 기술을 자랑하는 일본을 넘어설 수 있다. 삼성과 애플의 각축은 작게는 한국 경제의 성쇠를 좌우하고, 크게는 세계의 중심축을 근 200년 만에 동양으로 환원시키는 '세기적 대결'에 해당한다. 위정자를 비롯한 글로벌 기업 CEO들의 대오각성과 심기일전 각오가 필요한 이유다.

# 21세기 승부는 손자병법 손에 있다!

원래 『손자병법』은 삼국시대 위나라 조조가 완전히 새롭게 편제한 것이다. 조조가 사실상의 저자나 다름없다. 최근 하버드를 비롯해 미국의 많은 경영대학원이 『손자병법』을 교재로 삼은 것에 자극을 받은 경제 경영학 전공자들이 『손자병법』 재해석 작업에 나선 것은 매우 고무적이다. 전략 전술을 다양한 유형의 상략 상술로 변형해 놓은 것은 전적으로 그들의 공이다. 그럼에도 조조의 통치 사상 등에 관한 고찰이 생략되어 아쉬움을 남겼다.

이종오는 『후흑학』에서 조조를 당대 최고 수준의 심흑술을 구사한 인물로 평가해 놓았다. 그러나 이는 반만 맞는 말이다. 조조가 군사를 이끌고 적과 맞붙어 용병할 때 적을 감쪽같이 속이는 궤도를 무시로 구사한 것은 맞다. 이는 『손자병법』이 역설한 것처럼 생사를 가르는 전장에서는 불가피한 일이기도 하다. 그러나 조조는 사마의와 달리 사람을 얻고 쓰는 득인과 용인에 궤도를 구사한 적이 단 한 번도 없다. 오히려 후흑과 정반대인 박백薄白의 모습을 보였다.

『손자병법』도 바로 이런 맥락에서 접근해야만 제대로 된 해석이 가능하다. 『손자병법』이 출현한 후 수많은 사람들이 주석을 가했으나 21세기 현재에 이르기까지 조조보다 뛰어난 주석을 단 사람은 없다는 사실이 이를 방증한다. 조조의 주석을 보면 알 수 있듯이 그는 결코 득인과 용인에서 궤도를 달리 표현한 '후흑'을 구사한 적이 없다. 그가 생전에 후한제국을 대신한 새 왕조를 세워 위에 오르는 일을 하지 않은 이유다. 그는 천하통일을 이룰 때 천명이 자연스럽게 바뀔 것으로 생각했다.

그럼에도 21세기 현재에 이르기까지 이를 제대로 평가하지 않는다. 이중천易中天의 『삼국지 강의』가 그 실례다. 그는 지난 2006년 CCTV의 「백가강단」의 강사로 나와 조조를 이종오처럼 심흑의 인물로 평가했다. 『삼국연의』 내용을 그대로 수용한 것이다. 대표적인 것이 무고한 여백사를 죽인 일화다. 만일 조조가 여백사를 살해한 뒤 '내가 천하 사람들을 버릴지언정' 운운했다면 인재들 모두 그의 곁을 떠나버리고 말았을 것이다.

『손자병법』을 관통하는 키워드는 싸우지 않고 이기는 '부전승'의 병도다. 이는 노자의 '무위지치'를 병가 차원에서 재해석한 것이다. 마치 한비자가 『도덕경』을 사상 최초로 주석하면서 이상적인 통치를 노자의 무위지치에서 찾은 것과 같다. 『손자병법』으로 상징되는 병가 사상을 반드시 법가 사상과 연결시켜 해석해야 하는 이유가 여기에 있다.

제자백가 가운데 법가와 병가는 봉선의 양면과 같다. 부국강병을 치국평천하의 제일의第一義로 삼은 것이 그렇다. 법가와 병가 사상은 같은 곡을 달리 연주한 것에 지나지 않는다. 필자가 이 책에서 조조의 주석을 빠짐없이 언급하면서 『손자병법』의 요체를 병도에서 찾은 이유다. 실제로 『손자병법』에는 난세를 치세로 바꾸기 위해 치열하게 고민했던 조조의 통치 사상이 그대로 농축되어 있다. 조조 사상은 병가와 법가 사상이 하나로 융해되어 있는 것이 가장 특징이다. 죽을 때까지 부국강병을 천하통일의 대전제로 삼은 결과다. 그가 주석을 통해 자신의 경험을 토대로 한 다양한 유형의 전략 전술을 소개하면서 시종 병도를 역설해 놓은 것도 바로 이 때문이다. 그가 볼 때 상황에 따른 무궁무진한 임기응변의 전략 전술은 오직 병도를 이루기 위한 방법론에 지나지 않았다. 병가 사상의 위대한 면모가 바로 여기에 있다.

중국에서는 『손자병법』이 출현하기 이전에 이미 많은 병서가 나왔다. 대부분 도중에 사라지고 조조가 생존했을 때는 『손자병법』과 『오자병법』 등 몇 종류만 남아 있었다. 조조가 오직 『손자병법』을 새롭게 편제하면서 정밀한 주석을 가한 것은 『손자병법』만이 병가 사상의 요체를 담고 있다고 판단했기 때문이다. 현존 『손자병법』의 원래 명칭은 그가 새롭게 편제한 『손자약해』다. 『손자약해』가 출현한 후 이를 모방한 많은 병서가 나왔다. 송대에 이르러 기왕에 전해진 병서를 정리해 '무경7서'로 묶었다. 『손자병법』이 으뜸인 것은 말할 것도 없다. 조조의 공이 컸다고 볼 수밖에 없다.

『손자병법』은 말 그대로 병서의 압권에 해당한다. 오랜 시간을 두고 조조 등과 같은 뛰어난 사람들이 뛰어들어 이론을 정밀하게 다듬은 결과다. 그럼에도 안타까운 것은 아직도 많은 사람들이 『손자병법』을 오직 실리론에 입각한 병서로 이해하는 점이다. 오히려 정반대로 보는 것이 옳다. 『손자병법』에는 병도에 어긋나는 전략 전술을 언급한 대목이 단 한 군데도 없다. 부득이할 때에 한해 궤도를 구사하라고 주문한 것이 그 증거다.

『손자병법』은 전장에서도 계속 적을 설득할 것을 권한다. 설득이 통하지 않을 때에 한해 최후 수단으로 칼과 창이 부딪치는 전투를 용인했다. 국가 간의 외교 협상에서 설득이 통하지 않을 경우 최후 수단으로 군사를 동원해 전쟁을 벌이라고 권한 것과 같은 이치다. 막상 선전포고가 이루어져 전쟁 상황에 돌입했는데도 개별 전투에서마저 유혈전만큼은 최대한 피하라고 주문한 병서는 동서고금을 통틀어 오직 『손자병법』밖에 없다.

그렇다면 작금의 시대에 우리나라가 『손자병법』에서 구체적으로 구해야 할 지혜와 전략은 무엇일까?

세계의 내로라하는 학자들 모두 지난 2008년의 경제 위기를 계기로 중국이 미국과 어깨를 나란히 하는 G2시대가 도래했다는 데 별다른 이견이 없는 상황이다. 과거 G2의 일원이 된 중국이 과거 당제국 등이 그랬듯이 '호한융합'의 개방적인 방향으로 나아가면 미국을 제치고 명실상부한 G1의 시대를 열 수도 있다.

그러나 송나라와 명나라처럼 화이론華夷論에 갇혀 장성 이남으로 응축될 경우 G2는커녕 청조 말기를 방불케 하는 서구 열강의 먹잇감으로 전락할 수 있다. 자금성의 수뇌부는 중대한 기로에 서 있는 셈이다. 『손자병법』「지형」에서 "장수가 병사를 마치 어린아이를 대하듯 아끼면 병사들은 깊은 계곡이라도 함께 늘어가고, 사랑하는 자식처럼 대하면 병사들은 기꺼이 생사를 같이할 것이다"라고 역설한 이유가 여기에 있다. 『손자병법』관점에서 보면 천하대세는 중국에 유리한 쪽으로 전개되고 있다.

지난 2006년 4월 '신중화제국' 제4대 황제인 호금도 국가 주석이 미국을 방문해 부시 대통령에게 영문과 중문으로 된 『손자병법』을 선물한 사실이 이를 웅변한다. 창업주인 모택동은 생전에 중국을 찾은 외국 정상들에게 늘 인간의 낭만적인 열정을 노래한 『초사楚辭』 필사본을 선물로 주었다. 호금도 역시 G1 미국을 처음으로 방문한 자리에서 중국의 역사 문화를 대표하는 고전을 선물하고 싶다면 『초사』를 건네는 것이 모양이 더 나았다. 그럼에도 그는 『초사』 대신 『손자병법』을 건넸다. 그 이유는 무엇일까?

여기에는 나름 이유가 있었다. 원래 부시는 하버드 대학 MBA 출신이다. 그곳의 교재 중에 『손자병법』이 있다. 하버드 대학 경영대학원은 오래전부터 글로벌 시장을 석권하기 위한 비즈니스 모델을 『손자병법』에서 찾아왔다. 호금도가 부시에게 『초사』 대신 『손자병법』을 선물로 건넨 것은 일리가 있다. 그러나 아무리 그럴지라도 굳이 전장의 살벌한 전략 전술 이론을 담고 있는 『손자병법』을 택할 필요가 있었을까? 객관적으로 볼 때 양국 간의 우위를 다지려는 취지라면 아무래도 『손자병법』보다는 『초사』가 더 낫다.

혹여 당시 '악의 축' 운운하며 전 세계를 향해 마구 완력을 휘두르던 부시에게 『손자병법』의 요체가 싸우지 않고 이기는 '부전승'에 있다는 사실을 일러 주고자 했던 것은 아닐까? 이런 추론이 전혀 틀린 것만도 아니다. 당시 《뉴욕타임스》는 이들의 회동 장면을 마치 『손자병법』 해석을 둘러싼 다툼처럼 묘사해 놓았다. 호금도는 내심 『손자병법』을 배운 사람이 부전승의 이치도 모르고 천둥벌거숭이처럼 나대느냐고 훈계하고 싶었는지도 모른다.

이 일화는 『손자병법』이 이제는 동서를 막론하고 최고의 병서이자 경영 전략서로 공히 통용되고 있음을 보여 준다. 『손자병법』은 21세기에 들어와 그 중요성이 더욱 커지고 있다. 1세기 넘게 천하를 호령한 미국의 추락이 가시화한 탓이다. 학술 면에서도 크게 다르지 않다. 전 세계 학자의 70% 이상을 차지한 정치학을 위시해 노벨경제학상을 싹쓸이하다시피 한 경제 경영학에 이르기까지 강한 회의론이 제기되고 있다. 'MBA 무용론'이 그 증거다. 이론과 모델이 지나치게 서구의 역사 문화에 치우쳐 있고, 시대에 뒤떨어져 있다는 것이다.

유수 경영 컨설턴트로서 활약했던 스튜어트는 자신의 경험을 토대로 2009년 펴낸 『경영학 신화』에서 현재 미국 MBA과정에 개설된 경영학 이론은 인간적인 경영학으로 나아가지 못한 까닭에 기업에 도움이 되기는커녕 오히려 해가 된다고 비판했다. 같은 옥스퍼드 대학 출신인 금융 전문가 오렐 역시 지난 2010년에 비슷한 제목의 『경제학 신화』에서 거의 유사한 주장을 폈다. 인간을 원자화된 개인으로 상정한 금융 공학 자체가 잘못된 전제 위에 서 있다는 것이다. 이는 미국에서 만개한 경제 경영학 전반에 대한 대대적인 수술이 불가피하다는 사실을 반증한다. 하버드 대학을 비롯한 미국의 경영대학원이 『손자병법』을 제대로 이해하지 못한다는 얘기나 다름없다.

일찍이 러셀은 서양이 아무리 동양의 고전을 공부할지라도 지혜의 정수를 이해하는 데는 한세가 있을 수밖에 없다고 지적한 바 있다. 그는 서구의 특징을 세 가지로 정리했다. '나'를 중심으로 한 플라톤 철학, 절대적인 유일신을 믿는 구약성서, 과학의 힘을 상징하는 갈릴레오가 그것이다. 이는 우주 만물 가운데 신을 제외한 유일하고도 절대적인 존재는 아트만, 즉 '나'밖에 없다고 간주한 데서 나온 것이다.

사실 서양의 이런 사유 방식은 태어날 때부터 자연과 공동체 속의 '나'를 상정하는 동양의 사유 방식과 정반대된다. 스스로를 낮추는 노자의 겸하와 공자의 예양 정신이 끼어들 여지가 없다. 한때 서구 열강이 비기독교 지역의 사람들을 인간 이하로 취급하면서 식민지 수탈을 자행하는 제국주의 착취를 일삼은 근본 배경이 여기에 있다. 그러나 21세기에는 이것이 불가능하다. 한때 서구가 자랑하던 과학 기술이 보편화되었기 때문이다.

그리스와 로마시대 이래 식민지 개척의 역사로 점철된 서양의 사유 방식은 강철에 비유할 수 있다. 겸하와 예양으로 상징되는 동양의 사유 방식은 솜에 가깝다. 솜과 강철이 부딪칠 경우 누가 이길까? 강철은 이내 솜에 파묻힐 수밖에 없다. 『손자병법』이 부전승을 최상의 병법으로 내세운 이유다. 부드러움을 강조한 노자 사상의 진수가 바로 『손자병법』을 관통하는 것이다. 비록 하버드 대학이 MBA과정을 개설해 『손자병법』을 교재로 사용할지라도 그 진수를 터득하기가 쉽지 않을 것으로 내다보는 이유다. 21세기에 빚어지고 있는 미국의 추락은 조만간 동양적 사유 방식이 서양적 사유 방식을 제압할 날이 다가왔음을 예고하는 것이기도 하다.

그렇다면 메이지유신 당시 『손자병법』의 가르침을 적극 활용해 1세기 반 가까이 아시아의 패자로 군림한 일본은 왜 21세기에 들어와 추락을 거듭하는 것일까? 일각에서는 아시아를 벗어나 서구로 진입하자는 취지에서 나온 후쿠자와 유기치의 '탈아입구脱亞入歐'가 오히려 족쇄로 작용하는 점을 든다. 서구 문물을 동양 전래의 문물보다 한 수 위로 본 열등감이 '만년 2위' 일본을 만들었고, 중국의 급부상을 계기로 정체성 혼란이 겹치면서 국가 동력이 떨어진다는 것이다. 미국과 달리 부전승을 역설한 『손자병법』의 진수를 알고는 있으나 열등감과 정체성의 혼란 등으로 인해 그 이치를 제대로 활용하지 못한다는 지적이다.

이들은 중국의 급부상에 대해서도 동일한 논리를 적용한다. 중국은 오랫동안 중화사상으로 인해 일본을 포함한 서구 열강의 무자비한 침탈을 감수해야만 했으나 이제는 이게 오히려 약이 되어 G2를 넘어 G1으로 도약하는 동인으로 작용한다는 것이다. 비록 '신중화제국' 건립 이후에도 문화대혁명 등의 시행착오로 인해 발전이 더디고 심한 내부 갈등을 겪기는 했으나 개혁 개방 이후 자본 확충이 이루어지면서 곧바로 G2로 도약할 수 있었다는 분석이다. 일본의 추락과 중국의 G2 비상을 수미일관하게 설명하는 점에서 나름 일리 있는 분석이다.

사실 제2차 세계대전 패전 이후 시종 G1 미국에 주눅이 들어 만년 2위에 자족했던 일본과 달리 중국은 현재 미국조차 '우습게' 보고 있다. 사방을 오랑캐로 보는 중화사상이 얼마나 강한 자부심 위에 서 있는지를 극명하게 보여 준다. 중국이 장차 G2를 넘어 G1이 될 경우 부시처럼 완력이나 휘두르는 '천박한 G1'이 될지 그 여부는 알 길이 없다. 노자의 겸하와 공자의 겸양 이치가 『손자병법』 병도 사상에 그대로 녹아 있는 만큼 하버드 대학 MBA과정에서 『손자병법』을 얼치기로 배운 부시와는 다른 모습을 보일 공산이 크나. 러셀이 지적했듯이 부전승의 미묘한 이치를 아는 것과 모르는 것은 하늘과 땅만큼의 차이가 있다.

중국이 21세기에 들어와 G2 일원이 된 것도 이와 무관하지 않을 듯 싶다. 실제로 중화주의에 뿌리를 둔 중국인들의 자부심이 G1을 향한 강력한 열망으로 표출된다. 비록 '동북공정' 등과 같이 비뚤어진 모습으로 나타나는 측면이 있기는 하나 유구한 역사 문화에 대한 자부심이 중화사상의 뿌리를 이룬다. 자부심과 자만심은 다르다. 현재 중국의 G1 가능성에 대해 학계 반응은 엇갈리나 중국이 '자만심'이 아닌 '자부심'을 배경으로 열심히 노력할 경우 G1 등극이 결코 불가능한 것이 아니다. 오랫동안 서구 사유 방식을 깊이 탐사한 바 있는 『먼 나라 이웃 나라』의 저자 덕성여자대학교 이원복 교수의 증언이 이를 뒷받침한다. 그는 2011년 4월 《아시아경제》와 가진 인터뷰에서 G2 시대의 앞날을 이같이 전망했다.

"서구는 18세기 이후 제국주의로 세계를 정복한 뒤 21세기 현재까지도 자신들의 근대화 방식만이 옳다고 믿고 있다. 그러나 이제는 이것이 얼마나 오만한 생각인지 깨달아야 한다. 한국도 근대화 과정에서 서구 문물을 여과 없이 받아들인 탓에 은연중 서구식 사유 방식에 물들었는지 모른다. 근대화 과정에 나타난 서구식 사유 방식이 과연 옳은 것인지 이제는 진지하게 되돌아볼 때다."

팍스 아메리카를 대신할 팍스 시니카의 도래를 예견한 언급이다. 미국을 중심으로 한 기존의 경제 경영학 이론을 신화에 불과하다며 통렬한 비판을 가한 스튜어트와 오렐은 구체적인 대안을 제시하지 못했다. 이들이 만일 러셀처럼 동양의 역사 문화에 대한 소양이 있었다면 '장차 중국의 시대가 다가올 것이다'라는 식으로 보다 구체적인 언급을 할 수도 있었을 것이다. 그런 점에서 팍스 시니카는 하나의 전망을 넘어 미국에서 꽃핀 모든 학문에 대한 새로운 대안 가능성을 제시한다.

최근 『손자병법』을 군사 외교 책략뿐만 아니라 정략 정술과 상략 상술에 이르기까지 다양한 분야에서 광범위하게 활용하려는 움직임이 크게 이는 것도 결코 우연으로 볼 수 없다. 실제로 『손자병법』을 잘만 활용하면 일거에 글로벌 시장을 석권할 수 있다. 그만큼 뛰어난 전략 전술 이론이 담겨 있다. 『손자병법』을 관통하는 병도의 이념을 제대로 정립할 수만 있다면 21세기 경제 경영 이론의 새로운 패러다임으로 내세울 수도 있다. 실제로 베이징대 국제 MBA교수 궁위전宮玉振은 지난 2010년에 펴낸 『손자, 이기는 경영을 말하다取勝之道―孫子兵法與競爭原理』에서 병도를 이같이 풀이했다.

"지금까지 중국 기업의 성공은 주로 장수에 해당하는 유능한 기업가가 예리한 안목과 뛰어난 추진력으로 개혁 개방 및 경제 발전이 가져온 천시를 발견하고 시장이라는 지리를 얻어 이룬 것이다. 그러나 기업의 성공을 천시에만 의존하면 천시의 수명이 곧 기업의 수명이 되어버린다. 중국 기업이 최종적으로 직면하게 될 도전은 『손자병법』이 역설하는 '병도'다. 위대한 기업의 배후에는 항상 위대한 가치를 추구하는 기업 문화가 존재했다. 중국 기업들 가운데 얼마나 많은 기업이 진정으로 위대하고 뛰어난 가치를 추구하는 기업으로 탈바꿈했는가?"

중국의 기업들에게 애플제국의 창업주 잡스와 같이 '우주를 놀라게 하자'는 거창한 비전을 갖고 '손 안의 세계'처럼 기술과 예술을 결합시킨 혁신 제품의 개발에 박차를 가하라고 주문한 것이다. 한국의 기업에노 그대로 적용할 수 있는 얘기다.

시대가 바뀌면 전략도 바뀌어야 한다. 스튜어트가 역설했듯이 『손자병법』의 묘리를 제대로 이해할 길이 없는 하버드 대학 MBA의 잘못된 비즈니스 이론과 모델은 이제 과감히 내던질 필요가 있다. 메이지유신 때부터『손자병법』을 깊이 탐사했던 일본의 모델도 좇을 것이 못 된다. 중국은 뒤늦게 뛰어들어 독자적인 이론 및 모델 개발에 박차를 가하고 있으나 아직 가시적인 성과를 내지 못하고 있다. 그런 점에서 서울대학교 경영대 교수 조동성의 지적을 귀담아들을 필요가 있다. 그는 지난 2005년에 펴낸『김우중』에서 이같이 주장한 바 있다.

"김우중의 세계 경영 방식은 이 시대에 가장 적합한 경영 방식이었다. 만일 그가 5년만 더 그의 방식대로 국제 경영 활동을 할 수 있었다면 선진국 중심의 이론에서 벗어나 후진국과 개도국의 경영자들에게 선진화와 경쟁력 강화의 희망을 주는 새로운 이론을 만들어 낼 수 있었다."

대우그룹 해체가 너무 성급했다는 지적이다. 대우조선 등이 대우의 로고를 달고 계속 약진하는 점을 보면 그의 지적에 머리를 끄덕이지 않을 수 없다. 조 교수의 지적처럼 우리 역사 문화에 뿌리를 둔 독자적인 경제 경영 이론과 모델 정립이 시급한 실정이다. 현재 가장 유력한 것은 '삼성 방식'과 '현대·기아차 방식'이다. 잘만 가다듬으면 전 세계에 통용되는 모델이 될 수 있다. 객관적으로 볼지라도 미국과 일본의 실패 사례를 익히 알고 있는 한국이 중국보다 유리하다. 한반도 통일을 전제로 한 '동북아 허브 시대' 개막은 우리가 하기 나름이다.

## 1. 기본서

『논어』, 『맹자』, 『관자』, 『순자』, 『열자』, 『한비자』, 『윤문자』, 『도덕경』, 『장자』, 『묵자』, 『손자병법』, 『오자병법』, 『상군서』, 『안자춘추』, 『춘추좌전』, 『춘추공양전』, 『춘추곡량전』, 『여씨춘추』, 『회남자』, 『춘추번로』, 『오월춘추』, 『신어』, 『세설신어』, 『잠부론』, 『염철론』, 『국어』, 『설원』, 『전국책』, 『논형』, 『공자가어』, 『정관정요』, 『자치통감』, 『독통감론』, 『일지록』, 『명이대방록』, 『근사록』, 『송명신언행록』, 『설문해자』, 『사기』, 『한서』, 『후한서』, 『삼국지』

## 2. 저서 및 논문

### 1) 한국

가나야 사다무 외, 『중국사상사』(조성을 역, 이론과 실천, 1988).
가노 나오키, 『중국철학사』(오이환 역, 을유문화사, 1995).
가이쯔카 시게키, 『제자백가』(김석근 외 역, 도서출판까치, 1989).
강상구, 『마흔에 읽는 손자병법』(흐름출판, 2011).
강신주, 『노자, 국가의 발견과 제국의 형이상학』(태학사, 2004).
고성중 편, 『도가의 명언』(한국문화사, 2000).
곽말약, 『중국고대사상사』(조성을 역, 도서출판까치, 1991).
국학서원 계열 편집위, 『도설천하 손자병법』(이현서 역, 시그마북스, 2010).
궁위전, 『손자, 이기는 경영을 말하다』(류방승 역, 와이즈베리, 2011).
김덕삼, 『중국도가사 서설』(경인문화사, 2004).
김승혜, 『원시유교』(민음사, 1990).
김연수, 『전략, 손자병법을 중심으로』(시그마인사이트컴, 2003).
김예호, 『한비자, 법치로 세상을 바로 세운다』(한길사, 2010).
김원중, 『한비자, 제왕학의 영원한 성전』(글항아리, 2010).
김충열, 『노장 철학 강의』(예문서원, 1995).

김태수, 『51% 게임 손자병법』(미래를소유한사람들, 2011).

김학주, 『장자』(연암서가, 2010).

나카지마 다카시, 『한비자의 제왕학』(오상현 역, 동방미디어, 2004).

노병천, 『기적의 손자병법』(양서각, 2006).

노태준, 『손자병법』(홍신문화사, 2007).

니담, 『중국의 과학과 문명』(이석호 역, 을유문화사, 1988).

니시지마 사다이키, 『중국 고대사회경제사』(변인석 편역, 한울아카데미, 1996).

동광벽, 『도가를 찾아가는 과학자들』(이석명 역, 예문서원, 1994).

류징즈, 『똑똑한 리더의 손자병법』(홍민경 역, 북메이드, 2010).

마쥔, 『손자병법 교양강의』(임홍빈 역, 돌베개, 2009).

모리모토 준이치로, 『동양정치사상사 연구』(김수길 역, 동녘, 1985).

모리야 히로시, 『한비자, 관계의 지략』(고정아 역, 이끌리오, 2008).

미조구치 유조, 『중국 사상문화 사전』(김석근 외 역, 책과함께, 2011).

민경서, 『한비자 인간경영』(일송미디어, 2001).

박일봉, 『손자병법』(육문사, 2011).

박재희, 『손자병법으로 돌파한다』(문예당, 2003).

서복관, 『중국 예술정신』(이건환 역, 이화문화사, 2001).

서울대 동양사학 연구실 편, 『강좌 중국사』(지식산업사, 1989).

서지원, 『손자병법, 전쟁과 경영을 말하다』(아름다운날, 2011).

소공권, 『중국 정치사상사』(최명 역, 서울대출판부, 2004).

손무, 『손자병법, 세상의 모든 전쟁을 위한 고전』(김원중 역, 글항아리, 2011).

　　『시대를 초월한 최고의 용병술 손자병법』(유재주 역, 돋을새김, 2007).

　　『손자병법』(유동환 역, 홍익출판사, 2002).

　　『손자병법』(이민수 역해, 혜원출판사, 1998).

　　『손자병법』(이종학 역, 명문당, 1993).

송영배, 『제자백가의 사상』(현암사, 1994).

송원옥, 『한비자, 전국책의 지혜』(큰산, 2008).

슈월츠, 『중국 고대사상의 세계』(나성 역, 살림출판사, 1996).

신동준, 『팍스 시니카』(이가서, 2011).

　　『후흑학』(인간사랑, 2010).

오강남, 『도덕경』(현암사, 2002).

오오하마 아키라, 『노자의 철학』(임헌규 역, 인간사랑, 1993).

오카모토 류조, 『한비자 제왕학』(배효용 역, 예맥, 1985).

왕경국 외 편저, 『조조 같은 놈』(스타북스, 2009).

요감명, 『노자 강의』(손성하 역, 김영사, 2010).

웨난, 『손자병법의 탄생, 은작산 손자병법』(심규호 외 역, 일빛, 2011).

위저우허우 외, 『손자병법과 전략경영』(최만기 외 역, 계명대출판부, 1998).

유동환, 『조조 병법』(바다출판사, 1999).

유소감, 『노자 철학』(김용섭 역, 청계, 2000).
유종문, 『한 권으로 읽는 손자병법』(아이템북스, 2010).
유필화, 『역사에서 리더를 만나다』(흐름출판, 2010).
이병호, 『손자 군사사상과 병법 이론』(울산대출판부, 1999).
이상교, 『손자병법 속에 숨은 조직관리의 비밀』(에세이, 2009).
이상수, 『한비자, 권력의 기술』(웅진지식하우스, 2007).
이성규 외, 『동아사상의 왕권』(한울아카데미, 1993).
이인복, 『손자병법 경영전략』(고려원, 1993).
이철, 『가슴에는 논어를, 머리에는 한비자를 담아라』(원앤원북스, 2011).
이치카와 히로시, 『영웅의 역사, 제자백가』(이재정 역, 솔, 2000).
이택후 외, 『중국미학사』(권덕주 역, 대한교과서주식회사, 1992).
전목, 『중국사의 새로운 이해』(권중달 역, 집문당, 1990).
전일환, 『난세를 다스리는 정치철학』(자유문고, 1990).
전해종 외, 『중국의 천하사상』(민음사, 1988).
정비석, 『소설 손자병법』(은행나무, 2002).
조병덕, 『하룻밤에 읽는 손자병법』(발해그후, 2011).
진고응, 『노장신론』(최진석 역, 소나무, 1997).
최명, 『춘추전국의 정치사상』(박영사, 2004).
최윤재, 『한비자가 나라를 살린다』(청년사, 2000).
키신저, 『중국이야기』(권기대 역, 민음사, 2012).
풍우란, 『중국철학사』(정인재 역, 형설출판사, 1995).
한무희 외 편, 『선진제자문선』(성신여대출판부, 1991).
한비자, 『한비자의 처세학』(김영진 역, 힐하우스, 2008).
황원구, 『중국사상의 원류』(연세대출판부, 1988).
후쿠나가 미쓰지, 『장자, 고대 중국의 실존주의』(이동철 외 역, 청계, 1999).
후타미 미치오, 『자기관리 손자병법』(조주영 역, 인디북, 2002).

## 2) 중국

姜國柱, 『孫子兵法精粹解讀』(中華書局, 2002).
高明, 『帛書老子校注』(中華書局, 1996).
高懷民, 「中國先秦道德哲學之發展」『華岡文科學報』14(1982).
郭沂, 『郭店竹簡與先秦學術思想』(上海敎育出版社, 2001).
郭末若, 『十批判書』(古楓出版社, 1986).
金德建, 『先秦諸子雜考』(中州書畵社, 1982).
羅世烈, 「先秦諸了的義利觀」『四川大學學報(哲學社會科學)』1988-1(1988).
童書業, 『先秦七子思想硏究』(齊魯書社, 1982).
樓宇烈, 『王弼集校釋』(中華書局, 1999).

牟宗三,『中國哲學的特質』(臺灣學生書局, 1980).

方立天,『中國古代哲學問題發展史(上,下)』(中華書局, 1990).

傅樂成,「漢法與漢儒」『食貨月刊』復刊5～10(1976).

徐復觀,『中國思想史論集』(臺中印刷社, 1951).

蕭公權,『中國政治思想史』(蕭公權先生全集4)(臺北聯經出版事業公司, 1980).

蘇誠鑑,「漢武帝"獨尊儒術"考實」『中國哲學史研究』1(1985).

蘇俊良,「論戰國時期儒家理想君王構想的產生」『首都師範大學學報』2(1993).

孫武,『孫子兵法』(上海古籍, 2006).

梁啓超,『先秦政治思想史』(商務印書館, 1926).

楊寬,『戰國史』(上海人民出版社, 1973).

楊榮國 編,『中國古代思想史』(三聯書店, 1954).

楊幼炯,『中國政治思想史』(商務印書館, 1937).

楊義,『孫子兵法評注』(岳麓書社, 2006).

楊鴻烈,『中國法律思想史』(商務印書館, 1937).

呂思勉,『秦學術概論』(中國大百科全書, 1985).

吳光,『黃老之學通論』(浙江人民出版社, 1985).

吳辰佰,『皇權與紳權』(儲安平, 1997).

王明,『道家和道教思想研究』(中國社會科學出版社, 1990).

王文亮,『中國聖人論』(中國社會科學院出版社, 1993).

姚華飛,『諜戰與孫子兵法』(學林, 2008).

于霞,『千古帝王術, 韓非子』(江西教育, 2007).

熊十力,『新唯識論－原儒』(山東友誼書社, 1989).

劉修鐵,『孫子兵法與三國精髓』(新疆人民出版社, 2002).

劉澤華,『先秦政治思想史』(南開大學出版社, 1984).

游喚民,『先秦民本思想』(湖南師範大學出版社, 1991).

李錦全 外,『春秋戰國時期的儒法鬪爭』(人民出版社, 1974).

李宗吾,『厚黑學』(求實出版社, 1990).

李澤厚,『中國古代思想史論』(人民出版社, 1985).

關峰 外,『春秋哲學史論集』(人民出版社, 1963).

張君勱,『中國專制君主政制之評議』(弘文館出版社, 1984).

張岱年,『中國倫理思想研究』(上海人民出版社, 1989).

蔣重躍,『韓非子的政治思想』(北京師範大出版社, 2010).

錢穆,『先秦諸子繫年』(中華書局, 1985).

鍾肇鵬,「董仲舒的儒法合流的政治思想」『歷史研究』3(1977).

周立升 編,『春秋哲學』(山東大學出版社, 1988).

周燕謀 編,『治學通鑑』(精益書局, 1976).

陳鼓應,『老子注譯及評價』(中華書局, 1984).

陳潤華,『孫子兵法教程』(軍事科學, 2007).

戚文, 『孫子兵法十講』(上海人民出版社, 2007).

蒲友俊, 『孫子兵法』(巴蜀書社, 2008).

馮友蘭, 『中國哲學史』(商務印書館, 1926).

胡適, 『中國古代哲學史』(商務印書館, 1974).

侯外廬, 『中國思想通史』(人民出版社, 1974).

宮玉振, 『取勝之道-孫子兵法與競爭原理』(北京大學出版社, 2010).

## 3) 일본

加藤常賢, 『中國古代倫理學の發達』(二松學舍大學出版部, 1992).

岡田武彦, 『中國思想における理想と現實』(木耳社, 1983).

鎌田 正, 『左傳の成立と其の展開』(大修館書店, 1972).

高文堂出版社 編, 『中國思想史(上, 下)』(高文堂出版社, 1986).

高須芳次郎, 『東洋思想十六講』(新潮社, 1924).

顧頡剛, 『中國古代の學術と政治』(小倉芳彦 等 譯, 大修館書店, 1978).

舘野正美, 『中國古代思想管見』(汲古書院, 1993).

溝口雄三, 『中國の公と私』(研文出版, 1995).

宮崎市定, 『アジア史研究(I~V)』(同朋社, 1984).

金谷治, 『秦漢思想史研究』(平樂寺書店, 1981).

大久保隆郎也, 『中國思想史(上)-古代.中世-』(高文堂出版社, 1985).

大濱晧, 『中國古代思想論』(勁草書房, 1977).

渡邊信一郎, 『中國古代國家の思想構造』(校倉書房, 1994).

富谷至, 『韓非子 不信と打算の現實主義』(中央公論新社, 2003).

上野直明, 『中國古代思想史論』(成文堂, 1980).

西野廣祥, 『中國の思想 韓非子』(德間文庫, 2008).

小倉芳彦, 『中國古代政治思想研究』(靑木書店, 1975).

守本順一郎, 『東洋政治思想史研究』(未來社, 1967).

守屋洋, 『右手に論語 左手に韓非子』(角川マガジンズ, 2008).

安岡正篤, 『東洋學發掘』(明德出版社, 1986).

安居香山 編, 『讖緯思想の綜合的研究』(國書刊行會, 1993).

宇野精一 外, 『講座東洋思想』(東京大出版會, 1980).

栗田直躬, 『中國古代思想の研究』(岩波書店, 1986).

伊藤道治, 『中國古代王朝の形成』(創文社, 1985).

日原利國, 『中國思想史(上, 下)』(ペリカン社, 1987).

中島孝志, 『人を動かす「韓非子」の帝王學』(太陽企畵出版, 2003).

中村哲, 『韓非子の專制君主論』『法學志林』74-4(1977).

中村俊也, [孟荀二者の思想と'公羊傳'の思想]『國文學漢文學論叢』20(1975).

紙屋敦之, 『大君外交と東アジア』(吉川弘文館, 1997).

貝塚茂樹 編, 『諸子百家』(筑摩書房, 1982).
戸山芳郎, 『古代中國の思想』(放送大敎育振興會, 1994).
丸山松幸, 『異端と正統』(每日新聞社, 1975).
丸山眞男, 『日本政治思想史硏究』(東京大出版會, 1993).
荒木見悟, 『中國思想史の諸相』(中國書店, 1989).

## 4) 서양

Ahern, E. M., *Chinese Ritual and Politics* : Cambridge, Cambridge Univ. Press, 1981.
Allinson, R., ed., *Understanding the Chinese Mind - The Philosophical Roots* : Hong Kong, Oxford Univ. Press, 1989.
Ames, R. T., *The Art of Rulership - A Study in Ancient Chinese Political Thought* : Honolulu, Univ. Press of Hawaii, 1983.
Aristotle, *The Politics* : London, Oxford Univ. Press, 1969.
Barker, E., *The Political Thought of Plato and Aristotle* : New York, Dover Publications, 1959.
Bell, D. A., 「Democracy in Confucian Societies : The Challenge of Justification」 in Daniel Bell et. al., *Towards Illiberal Democracy in Pacific Asia* : Oxford, St. Martin's Press, 1995.
Carr, E. H., *What is History* : London, Macmillan Co., 1961.
Cohen, P. A., *Between Tradition and Modernity - Wang T'ao and Reform in Late Ch'ing China* : Cambridge, Harvard Univ. Press, 1974.
Creel, H. G., *Shen Pu-hai. A Chinese Political Philosopher of The Fourth Century B.C.* : Chicago, Univ. of Chicago Press, 1975.
Cua, A. S., *Ethical Argumentation - A study in Hsün Tzu's Moral Epistemology* : Honolulu, Univ. Press of Hawaii, 1985.
De Bary, W. T., *The Trouble with Confucianism* : Cambridge, Mass. Harvard Univ. Press, 1991.
Fingarette, H., *Confucius: The Secular as Sacred* : New York, Harper and Row, 1972.
Fukuyama, F., *The End of History and the Last Man* : London, Hamish Hamilton, 1993.
Hegel, F., *Lectures on the Philosophy of World History* : Cambridge, Cambridge Univ. Press, 1975.
Held, D., *Models of Democracy* : Cambridge, Polity Press, 1987.
Hsü, L. S., *Political Philosophy of Confucianism* : London, George Routledge & Sons, 1932.
Huntington, S. P., "The Clash of civilization," *Foreign Affairs* 7, no.3, summer.

Johnson, C., *MITI and the Japanese Miracle* : Stanford, Stanford Univ. Press, 1996.

Kissinger, H., *On China* : New York, Penguin Press, 2011.

Machiavelli, N., *The Prince* : Harmondsworth, Penguin, 1975.

Macpherson, C. B., *The Life and Times of Liberal Democracy* : Oxford, Oxford Univ. Press, 1977.

Mannheim, K., *Ideology and Utopia* : London, Routledge, 1963.

Marx, K., *Oeuvres Philosophie et Économie* : Paris, Gallimard, 1982.

Martin, J., *When China Rules the World - The End of the Western World and the Birth of a New Global Order* : New York, Penguin Press, 2009.

Mills, C. W., *The Power Elite* : New York, Oxford Univ. Press, 1956.

Moritz, R., *Die Philosophie im alten China* : Berlin, Deutscher Verl. der Wissenschaften, 1990.

Munro, D. J., *The Concept of Man in Early China* : Stanford, Stanford Univ. Press, 1969.

Orell, D., *Economyths* : Hoboken NJ, Wiley, 2010.

Peerenboom, R. P., *Law and Morality in Ancient China - The Silk Manuscripts of Huang-Lao* : Albany, State Univ. of New York Press, 1993.

Plato, *The Republic* : Oxford, Oxford Univ. Press, 1964.

Rawls, J., *A Theory of Justice* : Cambridge, Harvard Univ. Press, 1971.

Rubin, V. A., *Individual and State in Ancient China - Essays on Four Chinese Philosophers* : Columbia Univ. Press, 1976.

Sabine, G., *A History of Political Theory* : Holt, Rinehart and Winston, 1961.

Schumpeter, J. A., *Capitalism, Socialism and Democracy* : London, George Allen & Unwin, 1952.

Schwartz, B. I., *The World of Thought in Ancient China* : Cambridge, Harvard Univ. Press, 1985.

Stewart, M., *The Management Myth* : New York, W. W. Norton & Company, 2009.

Strauss, L., *Natural Right and History* : Chicago, Chicago Univ. of Chicago Press, 1953.

Taylor, R. L., *The Religious Dimensions of Confucianism* : Albany, State Univ. of New York Press, 1990.

Tocqueville, Alexis de, *Democracy in America* : Garden City N.Y., Anchor Books, 1969.

Tomas, E. D., *Chinese Political Thought* : New York, Prentice-Hall, 1927.

Todd, E., *Après l'empire - Essai sur la décomposition du système américain* : Paris, Gallimard 2002.

Tu, Wei-ming, *Way, Learning and Politics - Essays on the Confucian Intellectual* : Albany, State Univ. of New York Press, 1993.

Waley, A., *Three Ways of Thought in Ancient China* : Stanford, Stanford Univ. Press, 1939.

Weber, M., *The Protestant Ethics and the Spirit of Capitalism* : London, Allen and Unwin, 1971.

Wu, Geng, *Die Staatslehre des Han Fei - Ein Beitrag zur chinesischen Idee der Staatsräson* : Wien & New York, Springer–Verl., 1978.

Wu, Kang, *Trois Theories Politiques du Tch'ouen Ts'ieou* : Paris, Librairie Ernest Leroux, 1932.

Zenker, E. V., *Geschichte der Chinesischen Philosophie* : Reichenberg, Verlag Gebrüder Stiepel Ges. M. B. H., 1926.

KI 신서 4086

# 대여대취

1판 1쇄 인쇄 2012년 7월 16일
1판 1쇄 발행 2012년 7월 20일

**지은이** 신동준
**펴낸이** 김영곤 **펴낸곳** (주)북이십일 21세기북스
**부사장** 임병주
**MC기획1실장** 김성수 **BC기획팀** 심지혜 장보라 양으녕 **해외기획팀** 김준수 조민정
**출판개발실장** 주명석 **편집1팀장** 박상문 **디자인 표지** 씨디자인 **본문** 성인기획
**마케팅영업본부장** 최창규 **마케팅** 김현섭 강서영 **영업** 이경희 정병철
**출판등록** 2000년 5월 6일 제10-1965호
**주소** (우 413-120) 경기도 파주시 회동길 201(문발동)
**대표전화** 031-955-2100 **팩스** 031-955-2151
**이메일** book21@book21.co.kr **홈페이지** www.book21.com
**21세기북스 트위터** @21cbook **블로그** b.book21.com

ⓒ 신동준, 2012

ISBN 978-89-509-3842-0 03320
책값은 뒤표지에 있습니다.